Johnny

UNE ÉTOILE DANS NOS YEUX

Photos de couverture :
© ANGELI-RINDOFF-GARCIA / BESTIMAGE
et © BORDE-CORLOUER-JACOVIDES-MOREAU / BESTIMAGE

TALENT ÉDITIONS
115 rue de l'Abbé Groult, 75015 Paris

ISBN : 978-2-37815-168-3

THIBAUT GEFFROTIN

Johnny

UNE ÉTOILE DANS NOS YEUX

Talent Éditions

À Johnny Hallyday, qui a illuminé ma vie.
À Océane, ma merveilleuse fiancée et directrice artistique.

SOMMAIRE

JOHNNY HALLYDAY, UNE ÉTOILE DANS NOS YEUX

LISTE DES PERSONNAGES

Acteurs : Bruno Putzulu, Yves Rénier, Catherine Jacob, Antoine Duléry, Laurent Olmedo, Julien Cottereau, Sandrine Bonnaire.

Auteurs-compositeurs : Manou Roblin, Jean Renard, Philippe Labro, Michel Mallory, Jacques Revaux, Pierre Billon, Patrice Guirao, Didier Golemanas, Pierre Grillet, Lionel Florence, Sophie Nault, Fred Blondin, Marie Nimier, Marc Lévy, Jérôme Attal, Pierre-Dominique Burgaud, Isabelle Bernal, Emmanuelle Cosso-Merad, Daran, Pierre-Yves Lebert, Mike Ibrahim, Katia Landréas.

Chanteurs : Nanette Workman, Liliane Davies, Zeeteah Massiah, Bryan Adams, Paul Personne, Lara Fabian, Louis Bertignac, Thomas Dutronc, Carmel Helene, Stefan Filey.

Fans : Nadine Kerwyn, Joël Mazevet, Xavier Louy, Michel Poggi, Mina, Christine et Jacky Letort, Nathalie Jaskulski, Bruno Escure, Pascal Labelle, Patrick Pennetier, Corinne Lemasson, Thierry Lemasson, Laurent Viterbo, Jacques Fossé, Ginette Canet, Eddie Ledrapier, David Hocq, Didier Moser, Lucien Périn, Laurent Chauvel, Christine Bodart, Bruno Baille, Sébastien Morisseau, Stéphane Bertin, Yann Ekwalla, Sébastien Jounel, Didier Duval, Gwénola Letort, Florence Tiggelovend, Julien Parent, Océane Guers-Jacquillat, Laurine Falconetti, Pauline Pasquier, Fabrice Thoumire, Tennessee Thelier, Steven Castot, Paul Laboulais, Florian Large, Alexandrine Hugueny, Laura Morantin, Jonathan Luciani, Teddy Bezet, Ekaterina Lokhovina, Dimitriy Garine, Maëva Bermand, Alban Bertin, Aurélien Thoumire.

Journalistes : Sam Bernett, Patrick Sabatier, Jean-Pierre Foucault, Georges Lang, Anthony Martin, Eric Jean-Jean, Marie Drucker, Daniel Rondeau.

Musiciens : Joey Gréco (guitare), Roberto Briot (basse), Eric Bouad (guitare), Bernard Margarit (guitare), Jean-Pierre Llabador (guitare), Rocky (guitare), Jean-Philippe Audin (violoncelle), Mike Bazzani (guitare), Hugo Ripoll (guitare), Norbert Krief (guitare), Michel Amsallem (claviers), Alex Perdigon (trombone), Christophe Dupeu (harmonica), Robin Le Mesurier (guitare), Walfredo Reyes Jr (batterie), Geoff Dugmore (batterie), Rejean Lachance (guitare), Greg Zlap (harmonica), Yarol Poupaud (guitare), Fred Jimenez (basse), Alain Lanty (piano), Renaud Gensane (guitare), Philippe Almosnino (guitare).

Photographes : Jean-Marie Périer, Tony Frank, Daniel Angeli.

Réalisateurs : Claude Lelouch, Patrice Gaulupeau, Stéphane Giusti, Patrice Leconte, Laurent Firode, Christophe Turpin (scénariste), Pierre Rambaldi, François Goetghebeur.

Saint-Barth' : David Blanchard (maître-nageur), Jean-Pierre Millot, Carole Gruson (Ti Saint-Barth), Olivier Genet (Pasha), Christophe Fostok (coiffeur), Bruno Magras (président).

Staff : Claude Pierre-Bloch (attaché de presse), René Hivert (marketing), Sacha Rhoul (secrétaire), Michel (secrétaire), Jacques (montage Johnny Circus), Monique Lemarcis (RTL), Jacques Rouveyrollis (lumières), Jean-Claude Camus (producteur), Jacques Verrecchia (avocat), Guy Nouvel (fan-club), Nathalie Jacquillat (fan-club), Hervé Lewis (coach), Jo Rodriguez (chauffeur), Franck Ansaldi (cuisine), Michel Marseguerra (régisseur), Micheline Pisoni (RTL), Brigitte Delouis (maquilleuse), Caroline Molko (directrice artistique), Philippe Dedeckere (Hallyday.com), Pistache (garde du corps), Mathieu André (coiffeur), Philippe Lacarrière (road-trips), Valmont (coach vocal et maquettiste), Johnny Bednarz (chauffeur).

Sportifs : René Metge (co-pilote), André Dessoude (Nissan), Rio Mavuba (footballeur), Jean-Marc Pilorget (footballeur).

Autres personnalités : Jean-Pierre Raffarin (Premier ministre), Jean-Pierre Velders (camarade de régiment), Serge Bueno (garagiste), Michael Ketcham-Halliday.

CHAPITRE 1

TOUT ABANDONNER POUR JOHNNY

Playlist du chapitre :

Une vie à l'envers (2015)

Lettre de fans (1967)

Plus près de vous (1998)

Entre nous (2002)

Je serai là (1993)

« J'aime ma famille, mais Johnny me manque tellement que je donnerais femme et enfants pour le revoir juste une seule fois en face de moi sur scène. » Extrême, irréfléchie, insensée, cette unique phrase lâchée par l'un des personnages de ce livre résume la philosophie des plus inconditionnels "hallydéens" : Tout abandonner pour Johnny. Ce dernier avait conscience de toutes les folies de ses admirateurs. Je me souviens de ce week-end diaboliquement rock'n'roll, en 2013, quand Johnny enchaîna quatre concerts en trois jours pour fêter ses 70 ans. Trois spectacles à Bercy, et un showcase rock au Théâtre de Paris en plein milieu de la nuit, pour la crème de la crème des fans. À l'aube du 15 juin à Bercy, le jour de son anniversaire, j'avais compté toutes les tentes plantées devant la porte 27 qui donnait accès au devant de la scène. Il y en avait plus de quatre-vingts ! Près de deux cents acharnés avaient dormi là une ou plusieurs nuits avant le show afin de croiser le regard de leur idole le jour J. Les premiers arrivés s'étaient installés quatre jours avant le concert, pour une petite semaine de camping sauvage devant Bercy. « Avec mes rhumatismes, je n'arrivais plus à entrer ni sortir de ma tente », raconte Nadine Kerwyn, 71 ans, incontournable spectatrice du premier rang depuis… 1961. Ému au soir de la dernière représentation parisienne, le rocker s'était avancé sur le devant de la scène, s'adressant à son public : « J'ai voué ma vie au rock'n'roll. J'y serai fidèle jusqu'au bout. Et je vous serai toujours fidèle. C'est vous qui avez fait de moi Johnny Hallyday. C'est grâce à vous si nous pouvons faire tous les soirs la musique que nous aimons. Mon Dieu, du fond du cœur, qu'est-ce que j'vous aime ! »

L'amour de ses fans a toujours été le moteur de Johnny. Ce fut sa première confidence, lors de mon premier entretien avec lui, après un concert à Amiens, le 6 novembre 2012. « Avec un super public comme le nôtre, ce serait difficile de ne pas s'éclater. On est vraiment contents de faire cette tournée. » Ce soir-là, Johnny venait de boucler son quarante-troisième concert de l'année, à… 69 ans ! Alors que son corps lui disait stop, le rocker montait toujours, inlassablement, sur scène. « J'ai vu Johnny fatigué, sur son canapé à Saint-Barth, il avait parfois du mal à respirer, confie Christophe Fostok, ancien coiffeur de la star sur l'île paradisiaque. Quelques semaines après, j'avais été stupéfait de le voir sur la scène du Royal Albert Hall de Londres. En l'observant chanter ainsi, je m'étais dit : "Comment il fait, bordel !" Un truc magique. Il entre sur scène, il fonce. C'était ça,

Johnny. Incroyable. » Un sentiment que l'acteur Bruno Putzulu a souvent ressenti : « Plusieurs fois, je l'ai vu avant ses concerts dans la loge : fatigué, pas solide. J'en ressortais en me disant, "Ça va être dur ce soir". Et quelques instants plus tard, j'étais en bord de scène, et je voyais un Johnny magnifique, plein de force et d'énergie. C'était impressionnant mais aussi émouvant. Je versais ma larme à chaque fois. » L'envie d'éblouir ses fans a toujours été une priorité. Tout abandonner pour son public...

Une philosophie, voire même une marque de fabrique. Secrétaire particulier de Johnny Hallyday de 1966 à 1980, Sacha Rhoul fut le témoin de nombreuses luttes d'influence entre le rocker et son médecin : « Lorsqu'il était fiévreux, le docteur lui interdisait d'aller sur scène. Entendant cela, je le suppliais d'annuler la représentation. Mais il n'y avait rien à faire : "Jamais ! Les gens m'attendent dans la salle, je dois y aller", tonnait le rocker épuisé. J'ai vu Johnny chanter avec quarante de fièvre. Quitte à s'évanouir sur scène, il fallait qu'il s'arrache ! Quoi qu'il arrive, le bonhomme était toujours là. Cela explique l'extrême fidélité du public. Johnny ne vivait que pour ses fans, et eux savaient qu'il ne trichait pas. Jamais. Avec lui, pas de cinéma, pas de faux-semblant. »

Cette doctrine était la même pour ses admirateurs, à en croire cette conversation avec Thierry et Corinne Lemasson, un couple qui a vécu sa passion à deux. Mariés pour le meilleur et pour le pire... avec toutefois quelques limites : « J'ai toujours dit à mon mari : "Si tu fais un malaise pendant le concert, tant pis pour toi, je ne te suivrai pas jusqu'à la Croix-Rouge, on se retrouve après." » Deuxième limite : « Le soir où Johnny a chanté devant moi ma chanson préférée *Si j'étais un charpentier*, j'ai tellement hurlé qu'il s'est agenouillé devant moi. Ses yeux dans les miens, il a chanté "Voudrais-tu m'épouser / Et porter notre enfant ?" En rentrant à la maison, j'ai dit aux enfants : "Je quitte votre père, je vais faire des enfants à Johnny !" »

Johnny et son public, c'est une promesse jamais démentie et une réciprocité des sentiments. « Si vous êtes là comme ce soir, je serai toujours là pour vous », lança-t-il au Parc des Princes, en 1993, lors du concert-anniversaire de ses 50 ans. Johnny, maître de la *standing-ovation* aurait pu rester planté derrière son micro, vingt-quatre heures d'affilée sans à peine prononcer un mot, le public serait resté à l'ovationner. Autre exemple, à la Cigale en 1994 :

– Encore une chanson et j'm'en vais !

Rumeur de désapprobation. Nouvelles propositions de la star :

– Encore deux et j'm'en vais !

– …

– Encore dix et j'm'en vais !

Le public n'acquiesçait toujours pas.

– Il va bien falloir s'arrêter un jour ! s'esclaffa un Johnny hilare.

Nouveaux hurlements de négation…

Du *Flashback Tour* aux *Vieilles Canailles*, j'ai vécu dix années incroyables au milieu du public de Johnny, suffisamment longtemps pour me forger une certitude : si Johnny Hallyday avait organisé un concert sur Mars ou sur la Lune, le nombre d'apprentis-astronautes en France aurait explosé de plusieurs milliers. « Le public nous aurait suivis n'importe où », confirme Jean-Claude Camus.

Tout abandonner pour Johnny… au point de ne plus manger ! Pascal Labelle a voué sa vie entière à son idole. De 1976 à 2016, il a assisté à quatre cent dix concerts. « Je l'ai découvert à la télévision en 1974. J'avais 6 ans. Je voulais absolument le voir en vrai. Ses chansons, la manière dont il bougeait sur scène, ce n'était que du rêve. Il représentait tout pour moi. » À tel point qu'il s'est mis en danger pour rester fidèle à l'icône du rock. Avec la crise du disque, l'inflation du prix des tickets de concert a été considérable. Lors des dernières tournées, il fallait débourser de 50 à 110 euros – selon les villes – pour se procurer une place au premier rang. Ne disposant que d'un salaire modeste d'éboueur, Pascal Labelle s'est résolu à l'impensable : « Pour acheter mes billets de concerts, mon seul choix était de me passer de manger. Je prenais un repas une fois tous les deux jours. C'était très difficile, mais avec l'habitude, ça allait. Ma famille ne le savait pas, car la plupart des gens ne comprenaient pas. » Faisant fi des conséquences sur sa santé (perte de 15 kg, dentition abîmée, soucis aux cervicales…), Pascal enchaînait de surcroît les journées de travail, puisque comme de nombreux fans, il avait passé un accord avec son patron pour reporter ses congés lors des années "de tournée". « Cela m'a permis d'assister à quarante-cinq concerts de la tournée 2012. J'ai parcouru la France du nord au sud, d'est en ouest, la Belgique, la Suisse… Quarante mille kilomètres en voiture ! La nuit, je dormais sous la tente, devant les zéniths. Lorsque Johnny chantait à deux ou trois heures de chez moi, je rentrais dans la foulée pour aller travailler le lendemain matin. Et le soir, je repartais dans la ville suivante ! »

Stéphane Bertin a lui mis en péril la santé financière de sa petite entreprise : « Plusieurs fois, j'ai fermé ma boîte pendant deux ou trois semaines à cause des tournées. Sur le répondeur, j'indiquais que j'étais en formation. Pour aller voir Johnny à Quiberon, j'ai envoyé mon ouvrier et mon stagiaire au repos. »

Yann Ekwalla est un spécialiste du "Tout abandonner pour Johnny". « J'ai donné ma vie à Johnny, assure le Finistérien de 51 ans. J'ai refusé plusieurs CDI de peur que cela ne m'empêche de suivre les tournées. De marin-pêcheur à chauffeur-routier, j'enchaînais les missions d'intérim. À chaque annonce de tournée, je mettais de l'argent de côté et je ne prenais plus de vacances. Je travaillais à Noël et tous les jours fériés. Rien ne pouvait se mettre entre Johnny et moi. Cela m'a coûté mon couple. Ensuite, quand j'ai rencontré ma deuxième femme, je n'ai pas voulu lui faire peur : "J'ai une passion… *J'aime bien* Johnny." Si je lui avais tout dit d'emblée, elle n'aurait pas compris. "Tu parles tout le temps de Johnny, tu ne veux pas t'intéresser à autre chose ?" Elle a compris que j'étais un fanatique, mais elle a accepté ma passion. Pour moi, c'était comme une drogue. Avant même de m'identifier à ses chansons, je suis tombé amoureux de l'homme, quand je l'ai vu au Palais des Sports en 1982. Quel charisme ! Son apparition m'a produit l'effet d'un boulet de canon dans mon cœur. Après, tout s'est enchaîné comme avec une addiction. Je ne suis jamais allé voir un autre artiste en concert. De toute ma vie, je n'ai vu que Johnny. Grâce à lui, j'ai découvert des lieux inconnus pour moi. J'ai pris l'avion pour la première fois en m'envolant à Las Vegas en 1996, et je suis allé au théâtre Édouard VII à Paris. Je n'aurais jamais imaginé assister à une pièce de théâtre là-bas ! »

Avec le recul, Pascal Labelle trouve aussi les mots pour définir ses folies et celles de ses amis : « C'était beaucoup plus qu'une passion : une religion, une drogue. » Mais il ne le regrette pas : « Johnny m'a fait rêver pendant quarante ans. » Sur scène lors de cette tournée 2012, le bassiste Fred Jimenez a compris ce lien déraisonnable qui liait son patron au public : « Il y a une dimension christique dans la relation entre Johnny et ses fans. Johnny est un archétype. Lui-même en était dépassé ! »

En concert, la star savait repérer et récompenser ses fidèles. Lors des ultimes tournées, il avait pris l'habitude de descendre de scène pour saluer les fans du premier rang pendant la chanson *Quelque chose de Tennessee* : « En 2012, Johnny m'a serré la main dix-huit fois, récite Pascal. En 2013, six fois ! Ces instants sont gravés dans ma mémoire, pour toute ma vie. »

Tout abandonner pour Johnny… au point de laisser tomber ce qu'on a construit pendant toute une vie. Pour ne pas rater ce qui devait être initialement la tournée d'adieux de Johnny, en 2009, Bruno Baille a vendu sa boulangerie. « Je n'ai pas hésité car je n'ai pas réfléchi longtemps, s'amuse-t-il en repensant à cette journée du premier concert. J'ai signé l'acte de vente en cinq minutes. Je suis entré dans le bureau de ma conseillère juridique : "Je signe où ?" Elle m'a dit qu'elle n'avait jamais conclu une vente aussi rapidement. Je suis sorti du bureau, direction le zénith de Saint-Etienne. »

Bruno dit *Le Boulanger* a ainsi suivi la tournée – soixante-douze concerts en six mois - au volant de sa "Dauph'Hallyday", une rutilante Dauphine rose entièrement customisée « Johnny Hallyday ». « À la dernière chanson du spectacle, je partais en courant récupérer ma voiture et je roulais toute la nuit jusqu'à la ville suivante. La Dauphine n'ayant pas le confort d'une voiture moderne, c'était dur physiquement. Comme je ne pouvais pas me payer l'hôtel, je dormais sous une tente ou dans le camping-car d'un copain. » Chaque matin, les musiciens découvraient ainsi en ouvrant la fenêtre de leur chambre d'hôtel la "Dauph'Hallyday" sur le parking. Un rituel s'était instauré : chacun leur tour, ils venaient signer la voiture. « Dans chaque ville, on se réveillait et on voyait la Dauphine décorée Johnny. On discutait avec Bruno et les autres fans autour d'un café, raconte Fred Jimenez. J'ai découvert des gens très touchants, respectueux. Quand tu comprends qu'ils ont pris des congés sans solde et qu'ils dorment sous la tente, tu réalises que tu dois te défoncer pour eux ! Ce qui était parfois détestable, c'était de voir le milieu parisien du show-business qui n'avait rien compris et qui s'en gaussait, un peu comme de la France des gilets jaunes des ronds-points. J'ai vécu un moment très désagréable, après le concert anniversaire de 2013. Au bar du Théâtre de Paris, je discutais avec des fans, émerveillés de leur présence dans cet after-show VIP. Témoin de notre conversation, François

Berléand me glissa à l'oreille : "Laisse tomber, c'est des nazes." Quel mépris ! J'ai vu rouge, et lui ai répondu que les vrais VIP, c'étaient les fans de Johnny. »

Le chanteur était évidemment conscient et reconnaissant des sacrifices concédés par son public. Responsable des partenariats à RTL, Micheline Pisoni se souvient d'un jour où, arrivant devant un zénith, Johnny avait vu un grand nombre de tentes installées devant les portes d'entrée : « "Les pauvres, qu'est-ce qu'ils font là ?" avait-il simplement demandé. Mais il savait bien pourquoi, et il en était fier, explique Micheline Pisoni. Il n'a jamais eu le moindre mépris pour ses fans. Dans ma carrière à RTL, j'ai entendu d'autres chanteurs faire des remarques désobligeantes, mais pas lui. Jamais. Et pourtant, aucun autre artiste n'avait de fans avec un amour aussi débordant ! Sauf Jean-Jacques Goldman, mais lui était plus distant, il se cachait la plupart du temps. »

Parmi les irréductibles hallydéens, j'ai souvent entendu cette question : Johnny sait-il tout ce que nous endurons pour le suivre ? « Nous en discutions souvent ensemble, répond Jean-Claude Camus. Il se demandait comment les fans faisaient pour tenir financièrement tournée après tournée. Il savait quel sacrifice cela représentait. »

Au fil des concerts, Bruno *Le Boulanger* a tissé des liens très étroits avec les musiciens. « J'ai invité Greg Zlap à manger une côte de bœuf à la maison. Pour s'y rendre, il a même conduit lui-même la Dauphine. Un privilège rare, car mes propres enfants n'ont pas le droit d'y toucher. On a beaucoup ri… car il a calé ! » La passion de Bruno Baille est née subitement, lorsqu'il avait 6 ans.

Apprenant le décès de sa sœur, il se réfugia dans sa chambre, et mit en route le vinyle qu'elle avait laissé sur son électrophone : *Jeune homme*, qu'il écouta en boucle. « J'ai toujours gardé ce disque. J'avais voulu écouter ce qu'elle écoutait, et j'ai fini par ne plus écouter que lui. L'année suivante, j'ai acheté *Je suis né dans la rue* et c'est devenu ma passion. »

Tout abandonner pour Johnny… même sa propre identité. Au fil des interviews, plusieurs musiciens me parlent ainsi d'un incontournable fidèle du premier rang, facilement reconnaissable à son faciès de… Johnny Hallyday. « Tu connais Bernard ? », me demandent plusieurs guitaristes, qui l'appellent par son prénom à force de l'avoir côtoyé pendant des années. Je me souviens en effet de ma première rencontre avec Bernard. Devant l'Arena de Montpellier en mai 2012, sous un soleil de plomb, nous attendions tous le grand retour sur scène de Johnny. Écrasé par l'attente, la chaleur et la courte nuit, je me réveillais progressivement d'une petite sieste sous les arbres. En ouvrant les yeux, j'ai cru pendant quelques secondes avoir perdu l'esprit : Johnny Hallyday se tenait devant moi. Parmi les centaines de gens ayant tenté de prendre son apparence, Bernard était sans doute celui qui avait le mieux réussi. Intrigué, j'ai cherché à en savoir plus sur l'histoire de ce bonhomme qui, chaque matin, se coiffait et s'habillait comme son idole. « Je ne suis pas un sosie, m'expliqua le Belge. Je ne chante pas, je ne l'imite pas, et je ne donnerai jamais de spectacle. Je ne tire pas le moindre profit de mon apparence. Ma ressemblance à *Monsieur Hallyday* est un hommage. Je ne le fais pas pour moi, mais pour *lui*. Mon bonheur, c'est de me promener dans la rue et d'être arrêté par un enfant qui veut faire une photo avec Johnny. » Ce jour-là, j'ai compris pourquoi Bernard était celui qui ressemblait le plus à Johnny. De tous ses clones, il en était le plus authentique…

« Pendant les concerts, je tentais parfois d'imaginer ce que pouvait ressentir Johnny à chanter en face de gens qui essayaient de lui ressembler, indique Rejean Lachance, éminent guitariste canadien des années 2000. Ce niveau d'idolâtrie, une telle loyauté envers un artiste, je n'ai vu ça que pour Johnny. Cela m'intriguait beaucoup. »

« Johnny était le guide et la figure paternelle de Bernard », poursuit le bassiste Fred Jimenez. « À chaque concert, je le regardais au premier rang et j'avais l'impression de voir Johnny. Non seulement il lui ressemblait mais en plus il reproduisait les mêmes gestes à la seconde près. C'était époustouflant. »

Si Bernard lui ressemble, une centaine de fans ont Johnny... dans la peau ! « Avoir la signature de Johnny sur mon bras, j'y pensais tous les jours, assure Stéphane Bertin, chef d'entreprise de 44 ans. En permanence ! Ça me pourrissait la vie. Je voulais quelque chose de lui en moi, pas sur un bout de papier. J'ai essayé des dizaines de crayons sur mon avant-bras afin de trouver le meilleur. Mon tatoueur m'avait offert un stylo spécial de chirurgie esthétique que j'emmenais partout avec moi. » Le 13 juin 2013, alors que sa tente était bien plantée devant Bercy, Stéphane reprit une position d'attente, mais cette fois-ci devant le siège de TF1. Johnny était l'invité du journal de 20 heures. En entrant pressé dans la Tour TF1, le rocker en retard lui fit un signe : « Tout à l'heure ! »

« Je n'ai jamais trouvé un journal télévisé aussi long. J'étais placé idéalement devant la portière de sa voiture. Au milieu des nombreux autres fans, j'ai fait sauter le cordon de sécurité et Johnny a hoché la tête positivement à l'attention du vigile. À quelques centimètres de moi, mon idole écrivait son nom sur mon bras, c'était indescriptible. J'étais paralysé. »

– Vous ne pouvez pas savoir ce que vous êtes en train de me faire, bafouilla Stéphane.

Présent à Bercy, je vis revenir Stéphane Bertin, visage connu du public hallydéen, en larmes, tenant son bras, dans un curieux mélange de fierté, bonheur, soulagement, et crainte d'abîmer sa signature en la montrant à ses amis. Combien d'artistes au monde peuvent bouleverser à ce point une personne équilibrée, pour quatorze lettres écrites à la hâte sur un bras ? Bertin ne sait pas l'expliquer. « On est des gens normaux, on gère une vie, une entreprise, des familles... et il nous met dans un de ces états ! C'est surnaturel. »

Dans la famille Bertin, cette signature a été fêtée comme une naissance. Alban, le fils qui a aussi attrapé le virus Hallyday, avait 13 ans à l'époque et se trouvait en voyage scolaire en Angleterre : « Mon père m'a appelé en pleurs. J'ai dit à tous mes copains que Johnny avait signé le bras de mon père. Ceux qui le connaissaient bien savaient que c'était possible, les autres n'y croyaient pas. Quand il m'a envoyé la photo, ils ont tous fermé leur bouche. Ma mère a appelé les oncles, les tantes et les grands-parents pour les prévenir. »

Restait à finaliser le travail... « Mon tatoueur m'avait expliqué que grâce au stylo, l'encre pouvait tenir une semaine. Sauf qu'après le premier concert, la signature commençait à s'effacer. » Vent de panique... Au matin du 15 juin, Stéphane laissa de nouveau sa tente devant Bercy pour filer chez un tatoueur parisien. « Je me suis fait tatouer son autographe le jour de ses soixante-dix ans. Le soir, j'ai payé le resto à tout le monde, même à ceux que je ne connaissais pas. »

Stéphane ne rêvait alors plus que d'une seule chose : montrer son tatouage à son maître. « Le 16 juin, lorsqu'il est descendu dans la fosse, j'ai tendu mon bras, et il m'a mis un grand coup de poing pile sur sa signature ! » Sur Internet circule une vidéo du fameux autographe : « Il y a des milliers de vues... mais ma femme dit que c'est moi qui l'ai regardée les trois quarts des fois ! »

Il doit exister plus d'une centaine de signatures *Johnny Hallyday* tatouées sur des bras, épaules, poitrines... « Demain, je peux perdre toute ma collection chez moi, s'inquiète Sébastien Morisseau, qui possède un nombre important de costumes, guitares, photos... Mais cette signature de Johnny sur mon bras, personne ne pourra jamais me l'enlever. C'est une grande fierté, je la regarde tous les jours. Et ce n'est pas qu'un coup de stylo : c'est une histoire, une discussion de deux minutes. » Lorsqu'il a tendu son épaule à Johnny pour lui demander sa signature, Patrick Pennetier a montré à son idole un tatouage de tête de loup effectué chez le tatoueur de la star, à Los Angeles. « Quand il a su qu'il signait en dessous d'un dessin de *Shamrock Tatoo*, il s'est appliqué ! »

Le 9 octobre 2015 à Lille, ce fut au tour de Teddy Bezet (28 ans à l'époque) de réaliser son rêve. Invité dans la loge de son idole, stylo en main, le jeune homme était tétanisé, incapable de prononcer un mot face à Johnny. Heureusement, Lætitia Hallyday prit la situation en main.

– Je crois que le jeune homme voudrait un autographe, suggéra l'épouse du rocker.
– Bien sûr, pas de problème, répondit Johnny. Vous avez une feuille ?
– Sur mon bras, pour un tatouage, osa le jeune admirateur.
– Mais vous êtes complètement fou ! s'écria Lætitia.
Teddy s'assit à côté de Johnny, lequel prit son bras.
– Vous pouvez signer "Johnny Hallyday" ?
– Non, pas Johnny Hallyday, rétorqua mystérieusement la star. "Johnny", ça fait plus classe.
Pensait-il à ce moment-là au mythique perfecto de Marlon Brando dans *L'Équipée sauvage*, sur lequel le prénom Johnny est inscrit ?

Des larmes de bonheur aux yeux, Teddy Bezet s'est ensuite mis en quête d'un tatoueur ouvert et disponible. En pleine nuit à Lille, dans une région qui n'était pas la sienne et avec peu d'argent en poche, le jeune homme s'inquiétait de laisser sa signature à l'abandon. C'est finalement Ahmed Decante, garde du corps de Johnny, qui a indiqué une bonne adresse à Valenciennes. Artiste, le tatoueur n'a pas aussitôt pris la mesure de ce qu'il était en train de faire. « Il a pris mon tatouage en photo et voulait ensuite effacer l'encre pour la reposer. J'ai dit que c'était hors de question, qu'il fallait juste repasser sur ce qu'avait écrit Johnny. D'ailleurs, le "J" était un peu raté, j'ai absolument voulu le garder ainsi, dans les moindres détails. J'ai l'encre que Johnny a utilisée en moi. Comme si son sang coulait dans mes veines ! » Le lendemain, Teddy Bezet était déjà de retour à Lille pour le deuxième concert du rocker au Stade Pierre-Mauroy. Il en profita pour montrer son tatouage à Læticia lorsque celle-ci est venue saluer les fans avant le concert.

« Mais comment faites-vous pour trouver des tatoueurs aussi vite et être encore là ce soir au premier rang ? » s'étonna Læticia, interloquée devant l'organisation sans limite des fans de son mari.

Écrire son nom sur les bras des gens, qu'en pensait Johnny Hallyday ? Le parolier Vincent Delerm a tenté de l'exprimer dans la chanson *Une vie à l'envers*, sortie en 2015 :

Ton tatouage sur l'avant-bras

Ce prénom je le connais

Pourtant je ne m'habitue pas

Je ne m'y ferai jamais

Marqués au fer rouge par l'empreinte de Johnny, les fans ont été secoués par les mots de leur idole. Pour Stéphane, « c'est tellement fort. Mais ça m'a fait bizarre, comme s'il ne comprenait pas pourquoi on voulait cet autographe sur le corps. » Quant à Sébastien, « cette chanson, c'est comme si elle était pour moi. À chaque fois que je l'écoute, je me remémore ce souvenir. C'est magique. »

Dans l'extase et la folie d'une rencontre avec Johnny, il est parfois difficile de penser au regard des autres, ou aux différents problèmes que ce tatouage pourrait engendrer dans les futures relations amoureuses ou professionnelles. Ceux comme Thierry Lemasson qui n'ont pas eu le privilège de rencontrer Johnny Hallyday ont trouvé une alternative, encore moins discrète : un tatouage du portrait de Johnny. « C'était un besoin, et encore plus après son décès. » Consciente de l'obsession de son mari, Corinne l'a encouragé : « Il en parlait depuis dix ans ! Je lui disais : "Trouve une photo qui te plaît et on en parle avec les enfants." » Leur réaction ? « Ma fille a dit : "C'est bizarre mais c'est Papa, il fait ce qu'il veut." *Johnny à Papa*, c'est comme ça qu'elle a toujours surnommé Johnny Hallyday. En revanche, mon fils était réticent : "Maman, tu ne peux pas le laisser faire ça. Tu te rends compte, un visage sur sa poitrine ? Mais tu dors avec lui ! Et imagine s'il le rate..." »

Corinne Lemasson n'était pas fan de Johnny Hallyday lorsqu'elle a rencontré son mari. « Il m'a collé le virus en 1987. J'étais serveuse dans un restaurant, Thierry était le cuisinier. Dans sa chambre, tout était tapissé de Johnny. C'était oppressant. Lors de notre première soirée en amoureux, il était tout content de me faire écouter son disque rare de *Que je t'aime* en japonais. Pour moi, c'était de la musique de vieux. Je ne voulais pas aller le voir en concert. Mais en épousant Thierry, j'ai épousé Johnny en même temps. Donc j'y suis allée à reculons. Mais dès que je l'ai vu sur scène, c'était mort ! Je n'ai pas pu faire autrement que dire : Johnny, c'est le boss. »

Tout abandonner pour Johnny... y compris la raison. Pour le public de Johnny, l'insubordination était une routine. Un seul et unique fil conducteur : être là où Johnny se trouvait... En 1995, David Hocq a eu le malheur d'apprendre que la rentrée parisienne du *Lorada Tour* se tiendrait à Bercy pendant... son service militaire ! Un mois de concert devait se dérouler sans lui. Inimaginable. « J'avais le statut de "libérable". J'avais ainsi le droit à des permissions afin de préparer ma sortie, pour répondre à des offres d'emploi. J'ai demandé à tous mes amis qui travaillaient dans des banques ou compagnies d'assurance de m'écrire des propositions d'entretien factices. Chaque matin, je quittais la caserne pour un entretien imaginaire et j'allais à Bercy ! Je plaide coupable par rapport à l'armée mais je n'avais pas le choix. Sur les dix-neuf concerts de Bercy, j'en ai raté un seul… » Il faut dire que l'éducation de David Hocq avait été particulièrement réussie. Le 21 mars 1970, il était face à Johnny mais… dans le ventre de sa mère ! « Enceinte de trois mois, ma mère avait eu un malaise, mais mon père avait envoyé un copain s'occuper d'elle, car il voulait rester devant Johnny ! »

Ce soir-là le rocker fêtait ses dix ans de carrière au Golf Drouot, et le futur papa Daniel Hocq avait usé de ses talents de gardien de but pour attraper au vol une bouteille en verre (!) jetée par Johnny. À 12 ans, David – qui par un curieux hasard porte le même prénom que le fils de Johnny – était déjà au Palais des Sports tous les soirs pour assister au *Fantasm'Hallyday*. « Mon père achetait les places les moins chères. On se cachait sous les panneaux publicitaires. Et dès que la séquence rock'n'roll débutait, on courait vers le premier rang. Cette époque m'a coûté cher scolairement. J'arrivais à l'école pas très frais, et sans avoir fait mes devoirs. » Deux ans plus tard, rebelote avec le Zénith 1984. Cette fois, Hocq père et fils devaient traverser Paris pour atteindre la Porte de Pantin. Le soir du premier concert, des embouteillages énormes avaient bloqué le périphérique. L'heure du show approchait dangereusement… « On était en voiture avec trois amis de mon père, dans une R5 à antenne courte qui ressemblait aux voitures de police de l'époque. Entraîneur de foot, mon père avait un sifflet. Il est descendu pour faire la circulation, marchant devant la voiture, nous ouvrant le passage. Je me souviens avoir pensé : "Si on tombe sur de vrais flics, on ne verra pas le concert." » Quelques mois plus tard, le 2 février 1985, Johnny Hallyday a livré une *dernière* d'anthologie après quatre mois de show. Une fois encore, David Hocq put compter sur le soutien de son père. « J'avais été malade lors de l'intégralité de la nuit précédente. Ma mère ne voulait pas me laisser y aller et s'emportait avec virulence contre mon père. Il m'a dopé à l'aspirine, et j'ai participé à ce spectacle mythique. Johnny avait terminé le concert en *jeans* et veste en cuir, à la Springsteen. Un vrai rocker ! J'étais contre la barrière. Pendant la chanson *La bagarre*, Johnny a balancé un mec hors de la scène et je l'ai pris sur la tronche ! »

Lors de cette même tournée, le jeune Laurent Chauvel n'a pas eu la même chance. Alors que ses parents avaient accepté de l'emmener voir Johnny, le concert a été annulé après la syncope du chanteur. La date de report tombait mal : un soir en semaine, veille d'école, interdiction formelle. La suite de ce livre prouvera qu'il s'est bien rattrapé...

Je peux témoigner que Johnny Hallyday aimait les transgressions en tout genre. En 2012, j'étais étudiant en école de journalisme. Après avoir jonglé entre cours et concerts pendant toute l'année, la dernière semaine de la tournée était une impasse : je décidai de suivre l'option Hallyday. Pau, Grenoble, Lyon, Marseille. Quatre spectacles en une semaine, en dormant – évidemment – sur place, sous la tente. La course au premier rang... Cette année 2012 marquait les débuts du rocker sur les réseaux sociaux. À l'époque, Twitter avait moins de succès qu'aujourd'hui et une réelle proximité s'était installée entre Johnny et ses *followers*. Insomniaque, l'idole des jeunes avait trouvé une nouvelle occupation. « Avant le décollage de son jet, Johnny était scotché à son téléphone, confirme Mathieu André, le coiffeur. Il lisait les messages des fans reçus par les réseaux sociaux après le concert. Il y passait énormément de temps et y attachait beaucoup d'importance ». C'est ainsi que je pris l'habitude durant cette tournée de poster un tweet à Johnny après chaque concert, en guise de débriefing. Problème d'absentéiste, après le concert de Grenoble : je ne pouvais pas dévoiler en public ma présence au concert de Johnny Hallyday. Au moment des concerts, quand une caméra de télévision débarquait dans la file d'attente pour un reportage, il y avait toujours une poignée d'étudiants faussement souffrants et d'ouvriers en arrêt maladie fictif qui baissaient brusquement leur capuche et tournaient le dos aux objectifs, afin de ne pas être repérés dans les médias par leur patron. Je décidai alors d'écrire un message privé au rocker, puisque j'avais la chance de le compter parmi mes abonnés. Une fois mon bref compte rendu envoyé, je lui précisai la raison de cette soudaine proximité :

> « Je vous écris en privé car je sèche les cours pour venir, je suis à Grenoble incognito ! »

Quelle ne furent pas ma surprise et mon excitation, lorsque Johnny me répondit, quarante-huit heures plus tard, à 1 h 30 du matin :

> « Merci ! Ça c'est Rock and Roll. »

À l'heure où j'ai reçu son message, j'étais sur la route entre Lyon et Marseille pour assister au dernier concert du *JH Tour 2012*. Pour quelqu'un qu'on appelait l'idole des jeunes dès 1962, cela devait être grisant de constater qu'une nouvelle génération était prête pour ce genre de folies. « J'étais étudiante en fac de droit à Aix-en-Provence lors des tournées 2012 et 2013, je ne saurais comptabiliser le nombre de cours et de partiels que j'ai manqués, sourit Laurine Falconetti. Au moindre concert ou à la moindre émission télé, je prenais le train pour monter à Paris. C'était une époque d'insouciance où je ne vivais que pour Johnny. »

Avant d'écrire ce livre, j'en ai longuement discuté avec Daran, le compositeur de *L'Attente*. Avant d'être le mélodiste de Johnny, il avait passé de nombreuses heures à épier le public hallydéen, « pour apprendre », lorsqu'il assurait les premières parties de Johnny, à l'Olympia et au Canada. De mauvaises langues lui avaient promis un public de « beaufs ». Ce n'est pas ce qu'il a vu : « On entend souvent que le fan de Johnny, c'est le fan "de base", mais ce n'est pas vrai. Le public de Johnny, c'est un médecin, un cuisinier, un ministre, un peintre, un maçon. En fait, c'est n'importe qui. La force de Johnny, c'était qu'il mourait pour eux tous les soirs. Il donnait tout, tout le temps, toujours. Les gens le recevaient en plein ventre. »

En intégrant le groupe de Johnny en 2015, Phil Almos a découvert un public différent de l'image renvoyée dans les médias. Dans l'avion qui nous ramenait à Paris après un concert à Pau, j'avais partagé avec lui une conversation passionnante. « Ceux qui disent que les fans de Johnny ont un t-shirt de chien-loup et une coupe mulet n'ont rien compris. C'est ridicule et réducteur. Quand on prend le temps de discuter un quart d'heure avec les fans, on apprend toujours des choses touchantes et étonnantes. »

À force de l'éclairer chaque soir pendant quarante ans, Jacques Rouveyrollis en a obtenu des certitudes : « Johnny n'aimait que deux personnes dans sa vie : son public et lui-même. Plaire à ses fans, les faire rêver, c'était son obsession. » Tel un effet miroir, des milliers de Français ont également résumé la quasi-totalité de leur vie à l'adoration de leur idole. Dans l'esprit des gens, Johnny a été un père, un frère, un amant, un ami… « Mon papa est décédé quand j'avais à peine 3 ans, raconte Nathalie Kersten. Les seules photos que je possède sont en noir et blanc. Il était grand. À entendre parler mes tantes, il était blond aux yeux bleus, le même faciès que Johnny. Automatiquement, il est devenu mon papa de cœur. Je vivais dans un foyer d'orphelins. J'écoutais ses chansons dans mon mange-disque, ça me ressourçait. Il m'a aidée à évoluer et avancer. Je l'ai vu au Pavillon de Paris en 1979, puis je suis retournée à chaque concert auquel je pouvais assister ! Je guettais Johnny un peu partout. Chaque été, j'emmenais mon fils dans une ferme à Saint-Tropez. Ce n'était pas vraiment des vacances ludiques pour un enfant : on était sur les traces de Johnny ! On attendait des heures devant le portail de la Lorada, ne serait-ce que pour l'apercevoir. Mon fils jouait avec celui de la cuisinière de l'hacienda, on l'avait même emmené à la plage. Mais nous ne sommes jamais entrés. Johnny était très physionomiste. Un clin d'œil suffisait à mon bonheur. Je le traquais partout. Une nuit, je l'ai suivi sur la place des Lices, vers 2 heures du matin. Il n'avait pas bu que de la grenadine ! Hormis son coach Hervé Lewis, j'étais vraiment seule avec lui. Je l'ai ramené jusqu'à sa Moke, je lui tenais la main. Je lui ai demandé si je pouvais l'embrasser. Je l'ai serré fort dans mes bras, c'est un moment que je n'oublierai jamais. Les photos de ce moment sont en permanence avec moi, dans mon sac à main. » Depuis 2015, Nathalie Kersten a la chance de vivre sa passion avec un autre fan, Bruno, rencontré sur un forum. « On a suivi toute la dernière tournée ensemble. Notre maison est devenue un musée, nous faisons vivre Johnny dans toutes les pièces. Nos chats s'appellent Johnny et Harley Davidson. Chaque jour quand j'époussette notre mannequin Johnny grandeur nature, je lui parle. Nous avons aussi un jukebox avec une centaine de 45 tours à l'intérieur. »

Je m'interromps un instant pour vous raconter le contexte de cette interview avec Nathalie Kersten. Au moment où elle me raconte sa décoration intérieure – et sa vie – dédiées à Johnny Hallyday, nous sommes au cimetière de Lorient, à quelques mètres de l'endroit où Johnny repose. À la nuit tombée, les yeux de Nathalie brillent intensément des souvenirs qu'elle partage avec son compagnon, Bruno, et leur idole. Les deux amoureux échangent un regard, et Nathalie m'explique alors leur ultime folie : « Bruno a fait construire sur la terrasse une réplique de la tombe de Johnny, en plus petit. La même plaque de marbre, avec les mêmes bougies et des éclairages identiques. Cela nous permet de nous recueillir. J'y ai déposé une plaque et un galet, les mêmes que ceux que j'ai déposés à Saint-Barth. »

Au cours de l'écriture de ce livre, je n'ai pas cessé d'être éberlué, émerveillé, impressionné. Chaque nouvelle rencontre m'amenait à des anecdotes inédites et touchantes. Cependant, je n'ai pas été surpris, car je connais le peuple hallydéen. J'ai vu Johnny six fois au Stade de France. À chaque fois, j'ai ressenti quelque chose d'inexplicable. Et si nous faisions partie d'une gigantesque famille Hallyday ? Une nation Hallyday ? Il est très rare de se retrouver dans un endroit où tout le monde a la même passion, le même avis, le même objectif. Journaliste sportif, j'ai l'habitude des grands rassemblements, mais il y a toujours deux équipes, deux camps qui s'affrontent. Et au milieu, des forces de police qui effacent ce sentiment de plénitude, de passion commune. Même dans les meetings politiques, tout le monde n'est pas d'accord. Vous ne soutenez pas forcément tous un candidat pour les mêmes raisons. Et surtout, cinq ou douze ans plus tard, la foule se détourne souvent de son ancien héros. « Les concerts de Johnny étaient une forme de cohésion sociale, rappelle l'ex-Premier ministre Jean-Pierre Raffarin. Socialement et politiquement, c'était très ouvert. On y trouvait des blousons noirs comme des Giscardiens ! La première performance de Johnny a été de rassembler tous ces gens. Et la performance supérieure, c'est que ce public lui reste fidèle. » « Les vrais amis de Johnny Hallyday comprendront », avait joliment improvisé Jean-Claude Camus le 4 septembre 1998, face à 70 000 spectateurs trempés et tétanisés à l'annonce de l'annulation du concert en raison du déluge. « De toute façon ce n'est pas compliqué, tout ce qu'a fait Johnny est bien ! », me glisse Jacky Letort en pleine interview. Même si d'autres fans ont conservé leur sens critique, un seul et unique sentiment rassemblait plusieurs centaines de milliers de personnes au même endroit : l'amour pour Johnny. Je n'ai jamais trouvé le métro parisien aussi beau que sur la ligne 13 lors d'un week-end de concert au Stade de France. La nation Hallyday. En marchant autour du stade, c'était encore mieux. Tous les restaurants avaient adapté leur playlist : une infusion de Johnny, du petit-déjeuner jusqu'à la bière d'après-concert. Et le lendemain, on recommence… « Johnny a fait battre le cœur de toutes les générations, s'extasie Claude Lelouch. Sa part d'irrationalité a toujours fasciné les foules. Et le public a toujours été de son côté. »

Je repense à une conversation avec Jean-François Chenut, l'un des meilleurs spécialistes de la discographie et la carrière de l'Idole des jeunes. Selon lui, le *Cadillac Tour* (1990-91) a été la meilleure tournée de Johnny : « À cette époque, tout le monde voulait Johnny : il a cartonné à Lourdes, a rempli la Place de la République pour la Fête de la musique, a chanté devant les gens friqués au Sporting de Monte-Carlo, et dès le lendemain, les potes de Georges Marchais l'applaudissaient à la Fête de l'Huma ! » Guitariste lors de cette folle tournée, Hugo Ripoll a été soufflé par l'engouement des gens : « Certains suivaient le *Cadillac Tour* en voiture avec la famille entière, après s'être privés de vacances pendant trois ans. Les fans connaissaient le prénom de mon fils, portaient ma guitare dès que je sortais de ma voiture. Un jour, l'un d'entre eux m'a même suivi chez moi pour m'offrir des gâteaux car il était pâtissier. On pouvait faire n'importe quelle bêtise sans conséquence. Même la police adorait Johnny ! En tournée, j'ai grillé un feu rouge. Quand j'ai dit que j'étais le guitariste de Johnny Hallyday, le flic m'a escorté jusqu'à la salle de spectacle au lieu de me donner une contravention. On l'a invité au concert, il était ravi… »

Pendant ces grandes tournées à travers les pays francophones, rien n'aurait pu arrêter les hallydéens. Rien. « Selon les saisons et les villes, soit nous étouffions, soit nous étions frigorifiés, se souvient Pauline Pasquier, cinquante concerts en onze ans. Des nuits d'insomnie sous la tente, impossible de dormir par plus de 30 degrés à Nîmes, ou -5 à Marseille en plein mois de décembre. » Avec parfois des conséquences inattendues, comme en 2006, lorsque Johnny assurait une semaine de shows dans la petite salle parisienne de *La Cigale*, dans le quartier Pigalle, à quelques jours de Noël. Un spectacle revisité pour les *ultras* de Johnny, dont faisait partie Laurent Chauvel : « On se les caillait, on dormait à même le sol. En plein Paris, les tentes étaient interdites. On avait des cartons pour s'isoler du froid, et on buvait pour se réchauffer. Par conséquent, des passants nous ont pris pour des sans-abris et nous ont jeté des pièces ! Au petit matin, des mecs sortant de boîte ont crié *Optic 2000* pour se moquer. On les a vite fait fuir. » Un soir, c'est carrément Michou, le célèbre directeur de cabaret, qui est venu leur porter du champagne afin de les féliciter. Pendant cinq soirs, la mécanique était rodée : « Une chanson avant la fin, on sortait tous pour se remettre dans la file d'attente pour le lendemain. À la Cigale, il n'y a qu'une dizaine de places au premier rang… »

Au milieu des irréductibles présents dans ce temple du blues, Nadine Kerwyn était là pour mettre une fois encore ses rhumatismes à rude épreuve. Doyenne du premier rang, elle n'a pas manqué un seul grand spectacle en cinquante-six ans. « J'ai tout connu. Des nuits sous la neige, la grêle, sans rien pour me protéger. J'ai consacré ma vie à suivre Johnny en concert. J'ai eu la chance d'avoir un mari qui accepte ma passion et s'occupe de nos trois enfants. Dans le cas contraire, je ne serais pas restée avec lui… Ma famille en a souffert énormément. Ma fille aînée m'en veut toujours d'avoir été si souvent absente pour Johnny. Elle en veut aussi à Johnny, et c'est normal. Car je n'étais jamais là, et en plus je travaillais beaucoup afin de me payer les tickets de concerts. Mais je ne le regrette pas, car je suis fière d'avoir été fan de Johnny. C'est une réussite dans ma vie. » En sanglots, Nadine Kerwyn me raconte alors ses plus grandes folies pour suivre son dieu : « À l'époque des places assises, on n'était pas obligés de camper devant les salles pour être devant. En 1987, j'avais réussi à obtenir des billets au premier rang pour les dix-neuf concerts de Johnny à Bercy. Comme j'habite et travaille en Belgique, je faisais les allers-retours en voiture, seule, chaque nuit et chaque après-midi. Dix-neuf fois ! Avec la fatigue, je me suis endormie au volant à deux reprises, j'ai démoli deux voitures. » Voici une histoire qui n'aurait pas laissé insensible notre personnage principal, Johnny Hallyday, qui a lui aussi réalisé de beaux exploits au volant de ses voitures de sport. En 1979, Nadine a donné naissance à deux jumeaux, un garçon et une fille. Prénoms : Johnny et Sylvie. La maman belge a aussitôt fait envoyer un faire-part aux *vrais* Johnny Hallyday et Sylvie Vartan. Touché, le couple de stars lui avait répondu : « Ils m'avaient envoyé une grande photo d'eux deux et adressé un message de félicitations, indiquant qu'ils étaient charmés et sensibles au fait que j'aie donné leurs prénoms à mes jumeaux. »

Cher lecteur, laissez-moi vous prévenir : tout au long de ce livre, vous constaterez une redondance dans l'emploi des prénoms. Il ne s'agit pas d'un manque d'originalité… Dans chaque rangée de Bercy, un soir de concert, vous pouviez trouver au moins un Johnny, un David ou une Laura. Des Sylvie aussi, donc, et plus récemment, des petites filles prénommées Jade ou Joy… Dans un autre genre, il y a les Gabrielle, Carole, Marie ou Sarah, du nom des grandes chansons du répertoire hallydéen. Dès leur enregistrement à l'état civil, des centaines de bébés ont été biberonnés *Hallyday*.

Tout donner à Johnny Hallyday, même son propre nom… « Je m'appelle Laura, mon frère s'appelle Johnny et ma sœur Jade. Ma mère a résisté pour le petit dernier, il s'appelle Jessy. Mais ils ont quand même inscrit David en deuxième prénom. On est tous tombés dans la soupe dès la naissance. » Parfaits personnages de fiction, Laura Morantin et sa famille sont pourtant le reflet d'une réalité, celle d'une passion dévorante, assumée, décomplexée. Et récompensée. Comment Johnny aurait-il pu ne pas craquer en apprenant de tels dévouements ?

Aimer un chanteur au point de traduire cette passion dans les événements les plus importants de la vie, comme le choix du prénom à donner à son enfant.

« Dans l'esprit de mon père, il était hors de question que mon prénom soit sans rapport avec Johnny Hallyday. Il voulait évidemment m'appeler Johnny, mais ma mère lui a mis un stop ! C'est ainsi que je m'appelle Tennessee. » Tennessee Thelier est né en 1994, neuf ans après la sortie de *Quelque chose de Tennessee*, la chanson écrite par Michel Berger qui a fait entrer dans tous les foyers français l'histoire de ce dramaturge américain, Tennessee Williams. « Mon père ne vivait que pour Johnny. Dans sa maison, là où vous imaginez des objets de décoration, il y avait des coffrets collector ! » En 2012, alors que Tennessee avait repris le flambeau familial et se trouvait au cœur de cette jeune génération qui rajeunissait le public hallydéen, il donna une interview au *Courrier Picard*. Le titre : « Tennessee, un fan sur les routes pour Johnny Hallyday ». « Le soir même au zénith, j'étais au premier rang. Johnny s'est planté devant moi et m'a chanté un couplet et le refrain de *Quelque chose de Tennessee* dans les yeux. Lors du concert suivant, pareil ! J'ai su qu'il avait lu l'article. » Pour tromper le trac, Johnny s'évadait effectivement autant qu'il le pouvait avant un concert, dans sa loge, en lisant la presse, les réseaux sociaux ou en regardant le journal télévisé.

Il fallait évidemment s'appeler Johnny Hallyday pour s'accommoder de ce genre de situations étranges, et de surcroît loin d'être isolées. Encore une fois, combien de personnes au monde peuvent prétendre qu'elles sont la cause directe de plusieurs centaines de choix de prénoms ? Même ses proches n'en revenaient toujours pas. En 2018, j'étais près de Læticia Hallyday lorsqu'elle saluait un groupe de fans venus en pèlerinage à Saint-Barthélemy. Tout à coup, une dame surgit : « Bonjour Læticia ! Je vous présente mes enfants : Johnny, Laura, Marie… » Que répondre face à un tel déferlement d'amour envers son mari ?

Avant la naissance de sa fille, Sébastien Jounel annonça à son idole l'heureux événement alors qu'il était reçu en loge.

– Je vais avoir une fille. Elle s'appellera Laura.

– Ah, ben comme la mienne, s'esclaffa Johnny. Et la petite sœur s'appellera Jade ?

Quelques années plus tard, une petite Jade Jounel viendrait effectivement au monde.

Très peu d'artistes au monde ont suscité de telles excentricités.

Tout abandonner pour Johnny… y compris une carrière internationale. Fidèle guitariste intégré au groupe dès 1994, Robin Le Mesurier n'a jamais manqué une tournée solo de son ami, pendant vingt-deux ans. Le virtuose anglais aurait pourtant pu quitter la star française pour intégrer la grande tournée mondiale d'Elton John. « Je n'ai jamais voulu quitter Johnny, car c'était la famille. Et puis tout simplement parce que Johnny était l'un des meilleurs chanteurs du monde. J'aurais eu du mal à trouver mieux. » Une trentaine d'années plus tôt, c'est Jean Renard qui refusait de s'occuper de la carrière de Claude François afin de rester directeur artistique de Johnny. Même René Metge, triple vainqueur du rallye Paris-Dakar, m'a assuré qu'il aurait volontiers échangé l'une de ses victoires sur l'épreuve contre sa participation avec Johnny. Pour n'importe quel artiste, quand il s'agit de Johnny Hallyday, tout le reste passait au second plan.

Tout abandonner pour devenir choriste de Johnny… Un après-midi de 2014, Stefan Filey a reçu un coup de fil de Sébastien Farran, le manager de Johnny.

– Vous faites quoi ce soir avec ton frère ? Johnny chante au Grand Journal de Canal+, ce serait bien que vous veniez.

– C'est compliqué, je suis en studio avec d'autres musiciens, on doit enregistrer. Je vois ce qu'on peut faire.

L'ex-choriste de Mariah Carey et Céline Dion réfléchit un instant puis appela son frère, également chanteur. « Johnny avait entendu parler de nous et voulait nous voir. C'était une opportunité à saisir. On a tout annulé, on s'est bien habillés pour aller à Canal+. Une fois arrivés là-bas, nous avons été présentés. J'ai reconnu le charisme de ce chanteur que j'avais suivi toute ma vie, et découvert une poignée de main et un regard authentiques. » Une fois les présentations faites, une surprise les attendait.

– Bon, les gars, vous êtes chauds pour faire le live ?

Alors qu'ils pensaient venir à un simple rendez-vous, les frères Filey étaient en fait bombardés sur la scène du Grand Journal pour une audition déguisée sur la toute nouvelle chanson *Rester Vivant.* « Nous avions quarante minutes pour apprendre les voix avec Amy Keys, la chef des choristes. On savait que si on se cassait la gueule, c'était fini. » Présent sur le plateau, j'avoue ne pas avoir remarqué que les deux petits nouveaux avaient eu moins d'une heure pour répéter. « Chanter avec Johnny, c'était comme un accomplissement. Heureusement qu'on a eu la bonne intuition… »

Les grands artistes eux-mêmes comprenaient qu'on puisse les lâcher du jour au lendemain pour Johnny Hallyday. « Quand il m'a engagé pour sa tournée en 2012, j'étais déjà sur les routes avec Julien Clerc pour son spectacle symphonique, explique le pianiste Alain Lanty. Je suis allé discuter avec Julien car généralement, les artistes n'aiment pas changer de musicien en cours de tournée. »

– Alain, il n'y a aucun problème, dit Julien Clerc. Tu as une chance inouïe. Je ne peux pas te priver d'une tournée avec Johnny Hallyday.

Dans le staff de Johnny, la règle tacite était claire : autorisation de travailler pour autrui, avec une priorité hallydéenne. Si Michel Sardou avait un concert très important dans une grande salle, mais que Johnny devait interpréter une chanson dans une émission de télévision pendant dix minutes, les techniciens privilégiaient systématiquement le *Patron*. Coiffeur de nombreuses personnalités comme Alain Delon ou Michel Drucker, Mathieu André s'est souvent fait des cheveux blancs avec les plannings, mais… « Quand c'était pour Johnny, les autres vedettes s'alignaient. Ils avaient tous un tel respect que cela rendait les choses simples. » En 1966, Jean-Marie Périer eut la lourde tâche de photographier toutes les vedettes yéyé. Il décida que Johnny devait être un cran au-dessus de tous les autres. « Il a fallu envoyer un avion privé à Johnny pour qu'il puisse s'échapper de sa tournée d'hiver, explique le photographe. Limousines, billets de train, l'organisation a été élyséenne. Les artistes sont arrivés un à un et se sont agglutinés devant un buffet en regardant le décor. Il s'agissait de gradins posés contre un mur de briques que Régis Pagniez et moi avions peint dans la nuit. Prévoyant la difficulté de ne vexer personne, j'avais laissé traîner une échelle sur la dernière marche, comme si un dernier coup de pinceau manquait à une lettre du sigle *Salut les copains*. Richard Anthony, Claude François, Antoine, il y avait quand même là pas mal d'ego justifiés au mètre carré et j'avais intérêt à faire preuve de doigté. Ils sont tous entrés dans la pièce, c'était impressionnant à voir. France Gall et Michel Berger ne se connaissaient pas encore. Françoise, Eddy Mitchell, Sheila, Adamo, et Gainsbourg égaré qui se demandait sans doute ce qu'il faisait là. J'ai installé tout le monde sur les gradins, virevoltant, disant des blagues pour tenter de faire diversion quant à l'obsession du placement qui gagnait l'assistance. Dans ce genre de photo, tout le monde veut toujours être devant, le deuxième rang étant considéré comme un camouflet et le troisième comme une insulte. Lorsque Sylvie et Johnny sont arrivés, je les ai installés tout en haut, créant ainsi un frisson d'incompréhension sur l'éventail des hiérarchies. Après avoir demandé à Johnny de s'appuyer à l'échelle, j'ai insisté pour qu'il monte d'un cran sur un des barreaux, prétextant que je le voyais mal, alors qu'il dépassait déjà tout le monde de trente centimètres. Lorsque les flashes sont partis, le problème était réglé. Johnny était au-dessus du lot, ce qui, sans mépris aucun, me semblait normal. L'avenir m'a donné raison. »

Travailler avec Johnny est d'autant plus impressionnant si l'on en a été fan dans son enfance. C'est le cas de Louis Bertignac, ex-membre du groupe Téléphone. En 2012, après avoir écouté son album *Grizzly*, un opus rempli de riffs de guitare, Johnny lui proposa d'assurer les premières parties de sa tournée des stades et de le rejoindre sur scène pour *Fils de personne*. « Quand j'avais 10, 15 ans, Johnny était mon héros, raconte le guitariste. Je ne connaissais ni les Beatles, ni les Stones. Ma frangine écoutait Claude François, moi c'était Johnny. J'adorais *Reviens donc chez nous*, *Le pénitencier*, et particulièrement *Let's twist again*. J'entendais mon héros chanter en anglais et je trouvais ça génial. Un jour, à Saint-Barth', j'ai raconté ça à Johnny, il m'a regardé avec de grands yeux. J'étais extrêmement intimidé de savoir que j'allais chanter avec lui. J'ai essayé de lui dire, mais c'est compliqué de parler simplement à une personne que l'on admire. »

– Tu sais Johnny, j'ai encore du mal à me faire à l'idée que je vais faire une tournée avec toi, tenta Louis Bertignac.
– Hallyday ! détourna le rocker, gêné par les compliments.

« En riant, c'est tout ce qu'il m'a répondu. Mais j'ai été accueilli comme un prince. L'après-midi, Johnny assistait à mes balances, ce qui est très rare pour une vedette. »

– J'adore quand tu joues de la guitare avec les dents, tu devrais faire ça plus souvent, l'encouragea la star."

« Après mes premières parties, j'assistais à tout le concert. Avant *Fils de personne*, je détalais en coulisses pour préparer ma guitare et en rater le moins possible. Une fois sur scène, c'était le pied ! Johnny avait toujours un immense sourire quand j'arrivais. J'ai joué avec beaucoup de stars, il est très rare de recevoir autant d'attention de la part de la vedette. »

Et ça se voyait… « Johnny et Louis étaient sur la même longueur d'ondes, rapporte Fred Jimenez, très amusé d'observer chaque soir Bertignac en train de hurler *Que je t'aime* à Johnny en plein solo. J'avais dit à Louis que Johnny ne risquait pas de l'entendre. »

« Peu importe. Dans la vie, je n'ose pas lui parler. Sur scène, je peux enfin lui crier tout mon amour ! »

Sitôt le rideau tombé, Johnny allait encore surprendre son talentueux admirateur : « Quand on assure la première partie d'une grande tournée, le rituel est immuable : train – concert – hôtel – train. » Toutefois, quelques minutes après la fin de la première représentation, Johnny frappa à la porte de la loge de Louis Bertignac.

– Il y a une place dans mon avion, proposa le rocker. Tu rentres avec nous ?

« J'ai cru qu'il avait fait ça exceptionnellement pour me faire plaisir, mais il a recommencé tous les soirs ! C'était tellement classe. Chaque soir, j'étais chez moi après le concert, c'était assez inattendu. »

Trente ans plus tôt, le guitariste Jean-Pierre Llabador avait carrément eu la chance de se retrouver dans l'orchestre de Johnny afin d'assurer la transition entre le *Night Rider Band* et la formation musicale du spectacle du *Fantasm'Hallyday* 1982. Pendant une saison, le musicien de Castelnau-le-Lez a changé de statut : de fan à guitariste, au sein du groupe *Energy*, dirigé par Eric Bouad. « Adolescent, je vénérais Johnny Hallyday, confie Llabador dans une tirade passionnée à l'accent chantant. Je l'avais vu au théâtre municipal de Montpellier dans les *mid-sixties*. Johnny s'était accroché au rideau à la fin d'un morceau, j'avais été très impressionné. En devenant son guitariste, j'ai vécu un conte de fées. Nous avions réenregistré tout le catalogue de son époque Vogue (*Kili Watch*, *T'aimer follement*, *Laisse les filles*...). Ayant toujours adoré le titre *Souvenirs, souvenirs*, j'avais reproduit exactement les mêmes accords que dans la version de 1960. Johnny avait remarqué que je connaissais toutes les versions originales par cœur. »

Pourtant, Jean-Pierre Llabador n'a jamais osé dire à son patron qu'il était aussi... son idole. « Il ne l'a jamais su car il n'aimait pas qu'on se comporte de manière trop admirative. Il se demandait parfois si c'était intéressé. Un soir à table, il avait détesté une manifestation exagérée de sollicitude : “J'ai envie de fumer”, lança Johnny sur le ton de la conversation. Dans le quart de seconde, plusieurs paquets de ses cigarettes préférées furent tendus par les gens assis près de lui. “C'est bon, j'ai mes propres cigarettes”, s'emporta le rocker. Autour de lui, tout le monde lui faisait la cour. Alors qu'on sentait que Johnny aimait parfois enlever sa panoplie Hallyday. »

Dans l'esprit de Jean-Pierre Llabador, impossible d'évaporer le souvenir de sa première rencontre avec Johnny. Alors que les premières répétitions se tenaient au Martin's, la star est en retard. Le guitariste se dirigea vers les toilettes, quand tout à coup, Johnny y entra... La scène ressemble à celle du film *Jean-Philippe*, avec Fabrice Lucchini. « Je ne savais plus quoi dire, ni que faire, je me retrouvais juste à côté de Johnny Hallyday, dans une posture inattendue. »

– T'es guitariste dans l'orchestre ? demanda la star.
– Oui, répondit timidement Jean-Pierre Llabador, gêné.

Johnny Hallyday recula alors d'un bon mètre, se retourna et déclencha la chasse d'eau avec le talon de sa botte !

– Rock and roll ! lança Johnny, dévisageant son nouveau guitariste.

« C'était lui dans toute sa splendeur. Un putain de grand souvenir pour moi. »

Pendant près d'une année, le guitariste héraultais a vécu dans un autre monde, où l'émerveillement de jouer avec Johnny Hallyday se confondait avec celui de croiser les stars du showbiz. « Tous les soirs, on se "finissait" au Martin's. Johnny se lâchait énormément en troisième mi-temps, il était vraiment sympa. À cette époque-là, Catherine Deneuve était souvent avec lui, ils étaient vraiment très proches. C'était assez irréel de la côtoyer, elle était rigolote, sensuelle, et fumait comme un pompier. Elle était avec lui en boîte de nuit, mais aussi durant les répétitions. Elle buvait le thé avec nous pendant les pauses. »

Tout abandonner pour Johnny, c'est aussi une histoire de couples qui se font et se défont au gré des tournées. Plus qu'un maire de 70 ans qui n'a jamais lâché son écharpe, plus qu'un curé à la paroisse prolifique, Johnny Hallyday pourrait revendiquer le record de France de mariages dont la première étincelle a scintillé entre *Que je t'aime* et *Je te promets*. S'il l'avait fait, j'aurais été l'un de ses premiers témoins, puisque j'ai rencontré ma fiancée grâce à lui, dans l'anonymat d'un stade, au son du romantique rockabilly *De l'amour*, par un merveilleux soir d'automne. Johnny a rendu meilleure la vie de milliers de gens...

Je voudrais vous parler d'un couple mythique des tournées Hallyday : Christine et Jacky. Pendant quinze ans ils ont sillonné le monde, emportant avec eux une immense banderole systématiquement accrochée à la barrière devant la scène : « Quand tu voudras, si tu es là, nous serons là ».

Tragédie grecque, leur histoire a ému toute la communauté hallydéenne, Johnny le premier.

Jacky Letort raconte : « Je connaissais Christine depuis des années, comme tout le monde dans le public. Mais en 2000, lors du concert de Johnny à Toulouse, nous avons eu un coup de foudre. Exactement comme dans le film *Le gendarme se marie* entre Louis de Funès et Claude Gensac. Quelques jours après, Johnny partait en tournée au Canada. Christine m'a dit : "Je plaque tout et je pars avec toi". Nous étions tous les deux mariés, on a divorcé aussi vite qu'on a pu et vécu ensemble notre passion pendant quinze ans. Au-delà du bonheur, quel est le mot ? »

Christine et Jacky ont suivi leur idole dans toutes ses tournées, en France, aux États-Unis, à l'île de la Réunion… et ont rencontré plusieurs fois Johnny dans sa loge.

« Malheureusement, on n'avait pas le droit au bonheur… » En 2015, Christine mourait après un accident domestique. Le 2 juillet, alors qu'il débutait sa nouvelle tournée dans les arènes de Nîmes, Johnny rendit un hommage époustouflant à son admiratrice décédée : « J'ai quelque chose à vous dire. J'aimerais rendre un hommage à quelqu'un qui me manque beaucoup, et qui nous manquera à tous, pendant très longtemps *(des trémolos dans la voix)*. Elle s'appelle Christine. Je sais qu'elle aimait particulièrement une chanson. Je voudrais la chanter pour elle. » Johnny termina la chanson ainsi : « Que je t'aime… Christine, je t'aime. »

Fille de Jacky et belle-fille de Christine, Gwénola Letort – présente au premier rang – ne put retenir ses larmes. « Sans la preuve en vidéo de ce moment, je croirais avoir rêvé. Pendant qu'il chantait *Que je t'aime*, il me regardait. Il a détourné le regard car il commençait à dérailler, pris par l'émotion. C'était un hommage magique. »

On sait ce que représente Johnny Hallyday, après plus de cinquante ans passés à répondre aux attentes de centaines de milliers de gens, partout et tout le temps, et cette émouvante et sincère dédicace sur scène prouve une fois encore l'existence de ce lien si fort entre lui et ses fans. Considéré comme un dieu par les Français, Johnny avait la proximité d'un ami, d'un proche. En exagérant à peine, cela faisait quinze ans que Johnny n'avait pas fait un concert sans voir les visages de Christine et Jacky au premier rang. Côte à côte. En face de lui. Même lors de sa tournée américaine, en 2014, ils étaient là tous les soirs.

Après l'hommage de Nîmes, Johnny a fait savoir plusieurs fois qu'il voulait revoir Jacky Letort. Très affecté, ce dernier ne trouvait pas la force d'assister à un concert sans Christine. « J'ai refusé plusieurs fois, mais Johnny a beaucoup insisté – par le biais de Lætitia qui correspondait par messages avec ma fille. Johnny disait qu'il ne voulait pas rencontrer le fan, mais l'homme. » En novembre 2015 à Lyon, Jacky Letort fit le grand saut en retournant dans une salle de spectacle, bienveillamment encadré par les anges gardiens[1] de Johnny. « Si tu ne tiens pas pendant tout le concert, fais un signe à la sécurité et on s'occupe de toi. » Dès la fin du show, Johnny Hallyday attendait Jacky Letort dans sa loge. « Il s'est jeté dans mes bras comme un gamin. On n'a pas eu beaucoup de mots. Des gestes, des regards… »

– Je l'aimais bien, Christine, soupira Johnny.

– …

– Que faire, maintenant ? questionna mystérieusement la star.

« Je voyais papa échanger avec Johnny, j'étais au bord des larmes, reprend Gwénola. Johnny parlait avec ses yeux car il ne voulait pas montrer son côté sensible. Mais son regard disait

1 *Surnom donné aux gardes du corps de Johnny.*

toute l'émotion qu'il ressentait. Ensuite, Lætícia nous a parlé avec les mots d'une maman. »

« Il m'a repris dans ses bras, poursuit Jacky Letort. Quand il est parti, je me demande s'il n'y a pas une goutte qui a coulé de son œil. J'en avais une grosse aussi. Et Lætícia était en larmes. »

Fidèle hallydéenne depuis sa jeunesse, Christine avait tissé un lien très fort avec Johnny et Lætícia. Je l'avais remarqué en décembre 2012 au Dôme de Marseille. Pour fêter la fin de la tournée, Johnny avait demandé à son staff d'inviter dans une grande salle à l'arrière du Dôme tous les fans qui avaient suivi la tournée entière, dont le coup d'envoi avait été donné à Montpellier en mai. Après la représentation, Johnny souhaita un Joyeux Noël à tout le monde. Ni une, ni deux, à peine entré, Johnny se précipita sur Christine et l'embrassa comme s'il retrouvait une vieille amie d'enfance…

Tout abandonner pour son public, même ses habits de vedette intouchable.

CHAPITRE 2

LES PLUMES HALLYDÉENNES

Playlist du chapitre :

T'aimer si mal (2007)

Quelques cris (1999)

Chanter n'est pas jouer (2002)

To be or not to be (1976)

Poème sur la 7ème (1970)

« J'ai écrit vingt romans qui sont adaptés et lus dans le monde entier, je n'en jamais ressenti la moindre lumière. Mais sur mon lit de mort, je pourrai dire que Johnny Hallyday a enregistré une de mes chansons. » D'une sincérité désarmante, Marc Levy me scotche en me racontant avec des yeux d'enfant sa brève et mémorable expérience d'auteur pour la plus grande star française. Vendus à cinquante millions d'exemplaires dans une cinquantaine de langues différentes, ses livres ont pourtant plus de succès que cette simple chanson écrite pour Johnny, *T'aimer si mal*, sortie en 2007 dans l'album *Le cœur d'un homme*. « Au départ, je n'y ai pas vraiment cru. J'avais déjà écrit une chanson pour Grégory Lemarchal, quand Yvan Cassar m'a proposé d'écrire pour le nouvel album de Johnny. C'était tellement énorme que j'ai répondu oui sans y croire. » Dès le lendemain, le chef d'orchestre sonnait à sa porte, à Londres. « On s'est aussitôt installés au piano, l'alchimie a été immédiate. Je crois que si Yvan Cassar venait jouer dans mon bureau, j'écrirais deux ou trois romans par an ! Le cahier des charges était très précis. Johnny venait de quitter Universal et ressentait une grosse envie artistique. Yvan m'a dit qu'il fallait du blues très authentique, dur, qui tranchait avec ses productions précédentes. Johnny voulait se faire plaisir. On s'est donc enfermés dans mon bureau tout l'après-midi. Dès qu'Yvan s'est mis à jouer, les mots sont venus très facilement. “Je vais te haïr si bien / Que je serai fou de toi / Et coule dans tes veines / Mon opium et ma peine.” En trois heures, on avait bouclé le truc. “C'est bon, j'ai ce qu'il me faut”, m'a assuré Yvan avant de partir. »

Alors qu'Yvan Cassar quittait le domicile londonien de Marc Levy, l'écrivain à succès ne réalisait toujours pas qu'il venait de signer les paroles d'une future chanson de Johnny Hallyday. Ami d'Yvan Cassar mais aussi de Bertrand Lamblot (Warner Music), il guettait la moindre supercherie : « Ma première pensée fut que cette bande de joyeux fous ne reculait devant rien pour une bonne blague ! J'imaginais que cette chanson ressortirait à l'occasion d'un anniversaire, et qu'on en rirait tous. »

Pendant plusieurs mois, Marc Levy n'entendit plus parler de *T'aimer si mal*, ni d'Yvan Cassar, ni de Johnny Hallyday. Jusqu'au jour où son téléphone sonna, avec Bertrand Lamblot au bout du fil.

– Je suis à Los Angeles, en studio. Tu entends bien ?

Dans le combiné, le romancier reconnut l'inimitable voix de

Johnny Hallyday, secondée par le son très blues d'une guitare électrique : « Je me suis pincé pour y croire. Johnny interprétait ma chanson, et Taj Mahal l'accompagnait à la guitare. Cultissime ! Je leur en serai éternellement reconnaissant. Chaque écoute de la chanson me rend très heureux. »

Fin connaisseur de musique, Marc Levy apprécie que Cassar et Hallyday aient choisi une pointure du blues de la Nouvelle-Orléans pour interpréter les chorus de guitare ainsi qu'un couplet dans un délicieux français cajun. Cinq ans plus tard, Marc Levy rencontra Johnny pour une interview et évoqua – évidemment – *T'aimer si mal.*

– Vous m'avez offert un magnifique cadeau en chantant ma chanson.

– Ah ouais ! Laquelle ?

Entre-temps, le rocker avait déjà enregistré une cinquantaine d'autres titres.

– *T'aimer si mal*, dans l'album de blues, avec Taj Mahal.

Bluffant l'écrivain, Johnny fredonna aussitôt le morceau.

– Je l'aime bien, cette chanson. Ça c'est du blues !

Marc Levy n'oubliera jamais cet échange. « Quand vous avez Johnny en face de vous, qu'il vous parle d'un de vos textes et qu'il vous dit “ça c'est du blues”, c'est un moment de grâce. »

Marc Levy n'est pas le premier écrivain à avoir créé une chanson pour Johnny. Les deux pionniers ont été Philippe Labro et Jacques Lanzmann, en 1970. Si le second s'est contenté de deux titres (*Lire dans tes yeux* et *La pollution*) et a surtout collaboré avec Jacques Dutronc, Philippe Labro a joué un rôle majeur dans l'évolution discographique de Johnny. « C'était facile et si simple, raconte l'écrivain. Il m'avait suffi d'une rencontre – la première – avec Johnny Hallyday pour comprendre qu'il avait l'intelligence et le besoin de s'adapter, se transformer, et passer du rôle de chanteur yé-yé à celui d'un chanteur à textes. »

Les albums *Vie* (1970) et *Flagrant délit* (1971) représentent un tournant dans la carrière de Johnny. Sous la plume de Labro et pour la première fois, le rocker de 27 ans s'aventurait dans de nouveaux univers, contemporains ou précurseurs : la conscience écologique (*Poème sur la 7ème*), le pacifisme (*Essayez, C'est écrit sur les murs*), la défense de la jeunesse incomprise (*Flagrant délit, Fils de personne*), les violences conjugales (*La loi*), la misère sociale (*L'autre moitié*) ...

Philippe Labro raconte ces deux années prolifiques et novatrices : « Nous vivions une époque d'une actualité très dense – fin 68, début 70. Je la ressentais violemment comme journaliste et observateur – il me semblait que la pollution et le changement de climat allaient bouleverser le monde. J'avais observé toutes ces tendances au cours de mes séjours américains, pendant toutes les *sixties*. J'ai exprimé tout cela à Johnny au cours de nos multiples conversations. Il m'a dit : "Vas-y, je te suivrai jusqu'au bout !" »

En 1999, Françoise Sagan prit la plume pour Johnny Hallyday.

La deuxième fois que j'ai crié

Ce fut un cri de volupté

Lorsqu'une femme m'attira

Nu, tremblant, entre ses bras

L'éclat du plaisir me fit peur

Après un dîner en compagnie du rocker, l'auteure de *Bonjour Tristesse* écrivit toute la nuit : *Quelques cris*. D'instinct, en recevant le fax, Johnny saisit la force du texte et décida d'élever son niveau d'exigence pour le choix de la mélodie. Une demi-douzaine de compositeurs furent recalés, Johnny lui-même jetant à la corbeille ses tentatives d'accords sur ce titre. Un seul musicien parvint à dompter la prose de Sagan : David Hallyday. Afin d'être au niveau de la chanson de Françoise Sagan, tous les auteurs de l'album *Sang pour sang* furent soigneusement choisis : Vincent Ravalec, Miossec… « Demander à de nouveaux auteurs issus d'une autre génération d'écrire pour Johnny, c'était une façon de le mettre dans son temps, explique Caroline Molko, la directrice artistique. Le défi était de trouver des chansons un peu plus écrites et en même temps accessibles. Cela peut parfois sembler contre-nature mais ça donne de très belles chansons. C'est ce qu'avait fait Étienne Roda-Gil dans *Cadillac*. »

Le résultat est à la hauteur de la plume de Françoise Sagan et du talent de compositeur de David Hallyday : l'album *Sang pour sang* s'écoula à plus de deux millions d'exemplaires, la plus grosse vente de la carrière du rocker. « J'avais attaché beaucoup d'importance à la totalité des chansons, pas seulement celles qu'on mettait en avant à la radio, précise Caroline Molko. Ce sont ces titres – ceux de Pierre Ravalec, par exemple (*Partie de cartes*, *Les larmes de gloire*) – qui donnent son identité à l'album. » La directrice artistique du projet était réputée pour son exigence : « Après avoir reçu une magnifique musique de David, j'ai écrit un premier texte, raconte Lionel Florence. Caroline m'a fait remarquer que mon refrain était trop champion de la Coupe du Monde. Elle m'a demandé de le refaire. Ainsi naquit *Vivre pour le meilleur* ! » La critique fut unanime, à en juger par ce titre rare du *Figaro* : « Johnny, le chanteur aimé des lettres. »

Après une telle réussite, Johnny et son équipe se sont tournés vers deux nouvelles grandes plumes pour l'album suivant : l'Académicienne Marie Nimier et le prix Goncourt Jean Rouaud pour *Chanter n'est pas jouer*, pépite oubliée de l'album À la vie, à la mort. « Comme nous avions tous les deux remporté des prix littéraires [2], Johnny nous appelait *les Goncourt*, sourit Marie Nimier. Quand il nous citait dans des émissions télévisées, c'était la gloire. On ne pouvait pas rêver plus grand. Johnny Hallyday dépassait son propre talent. Il s'adressait à tout le monde, même à ceux qui ne l'aimaient pas. Johnny, c'est notre patrimoine, et c'est un sentiment étrange d'y entrer. Écrire une chanson est un travail qui diffère de l'écriture d'un roman. J'avais sa voix, son timbre et sa diction dans l'oreille. Le format très court oblige à l'économie de mots. Une chanson, c'est direct, sans digressions ni mésaventures rencontrées par les personnages. Mais dans un roman, on ne travaille pas sur le son des mots, car les assonances cassent le sens ou la profondeur du texte. Pour une chanson, j'écris comme dans un livre pour enfants qui doit sonner dans la voix des parents. Johnny avait ce talent de raconteur. Il était doué pour interpréter des chansons à texte. Je savais qu'il tiendrait ses notes finales, d'où les refrains en -ER de *Chanter n'est pas jouer*. Il ne hachait jamais ses phrases. Je n'allais pas lui mettre une consonne en fin de refrain. Les mots prenaient de l'épaisseur dans sa voix. »

« Cela passionnait Johnny de lire sa vie à travers les textes des autres », m'apprend Patrice Gaulupeau. En 2003, le réalisateur avait proposé à Johnny un concept original : un livre de photos retraçant sa vie entière, accompagnées uniquement de citations littéraires (Victor Hugo, Oscar Wilde, François Truffaut…). « Johnny est l'exact contraire d'Alain Delon, il déteste se voir, raconte Gaulupeau. Lorsqu'il a consulté le livre pour validation, il ne passait pas plus d'une seconde sur chaque photo. En revanche, il a passé des heures à lire les citations littéraires. Il était totalement fasciné. Il est parfois resté un quart d'heure muré dans le silence. »

Beaucoup de gens l'ignorent, mais la littérature a parfois in-

2 *Prix Goncourt pour Jean Rouad en 1990 (Les Champs d'honneur) et Prix Max-Barthou de l'Académie française pour Marie Nimier en 1986.*

fluencé les choix artistiques de Johnny, et pas seulement avec Tennessee Williams. En 1968 à Johannesburg, Johnny découvrit dans sa chambre d'hôtel le texte d'une pièce de théâtre de Shakespeare : *Hamlet*. Intrigué, le rocker solitaire s'était épris de la tragique histoire du jeune prince du Danemark, désœuvré et quasi-orphelin. Hallyday demanda aussitôt à son parolier Gilles Thibaut de lui écrire une chanson retraçant le funeste destin d'Hamlet. Thibaut lui en a écrit une douzaine, ce qui aboutirait à un opéra-rock, sorti dans la confidentialité en 1976, éclipsé par les méga-tubes *Gabrielle* et *Derrière l'amour* qui venaient de sortir. Pourtant, le rocker a mis toute son âme dans l'enregistrement d'Hamlet. Avait-il déjà aussi bien chanté ? Chanterait-il aussi bien un jour ? La gravité des cinq premiers mots glace nos oreilles : *Le vieux roi est mort*. La voix d'Hallyday possédée par le spectre d'Hamlet est d'une beauté surnaturelle. Chaque réécoute des titres *Pour l'amour* ou *La mort d'Ophélie* me persuade de l'évidence : en ce qui concerne la voix, cet album est le plus beau de la discographie hallydéenne. Vérifiez par vous-même ! Voici mon conseil : lisez la pièce de théâtre avant d'écouter l'album. Les chansons de Gilles Thibaut suivent très fidèlement l'histoire de Shakespeare et vous aideront à appréhender l'interprétation de Johnny. Deux exemples : *L'asticot roi* paraîtrait presque absurde, alors qu'elle est l'exacte retranscription de la scène du cimetière, quand le prince supposé fou disserte de la condition humaine. Prise à part, la chanson *Je lis* aurait de quoi interroger. Mais elle correspond précisément à la scène II de l'acte II. Au château, le Roi, la Reine et Polonius[3] espionnent Hamlet afin de comprendre les raisons de sa folie. Marchant dans les couloirs d'un air triste parfaitement mimé, Hamlet lit en silence. Polonius sort de sa cachette et l'interroge :

– Que lisez-vous là, Monseigneur ?

---

3 *Dans Hamlet, Polonius est le chambellan et conseiller du Roi du Danemark.*

– Des mots, des mots, des mots ! répond Hamlet.

Vous-êtes-vous déjà demandé qui était *Emily* dans la chanson éponyme sortie en 2008 ? Il s'agit d'Emily Dickinson, poétesse américaine du dix-neuvième siècle. « J'adore ses poèmes et sa vie incroyable, raconte Didier Golemanas, auteur de la chanson. Elle a écrit des textes universels sans jamais quitter sa chambre. J'ai expliqué à Johnny pourquoi je voulais écrire une chanson sur elle, et l'idée lui a plu. Je lui avais donné des références afin qu'il puisse se renseigner. Johnny était du genre à aller lire ces poèmes sans jamais le dire à personne. »

J'ai demandé à l'Académicien Daniel Rondeau si l'on peut dire que Johnny a joué le rôle d'un passeur de culture : « En aucun cas, mais il a fait beaucoup mieux. Johnny Hallyday a été l'emblème de la culture populaire française pendant plusieurs décennies. Il était l'un des meilleurs *showmen* au monde, ses chansons ont accompagné les Français à chaque instant de leur vie, et beaucoup de nos compatriotes n'avaient de relation avec les mots, et avec une certaine forme de poésie, qu'à travers ses chansons. En revanche, son personnage, depuis longtemps a intéressé ou fasciné de nombreux écrivains (Aragon, Elsa Triolet, Duras). N'oublions pas qu'il a aussi été un acteur qui a compté (Costa Gavras, Godard). Les cahiers rédigés par les fans à l'église de la Madeleine sont d'ailleurs un témoignage très inattendu de cette culture populaire. Les fans lui rendent ce qu'il leur a donné, ils lui écrivent, certains textes sont étonnants, on peut même parler dans certains d'une expression de la religion populaire. »

Johnny était un lecteur secret. Par Lætitia, on apprit quelque temps après sa mort le titre de deux ouvrages qu'il affectionnait : *Mémoires d'un rat* d'Andrzej Zaniewski, et *Sulak*, de Philippe Jaenada.

Pour un écrivain, troquer sa plume de romancier pour celle de parolier de Johnny Hallyday était – comme l'expliquait Marie Nimier – un véritable exercice d'équilibriste. « Écrire pour Johnny, c'est de la tragédie grecque, explique Jérôme Attal. Il ne faut pas en faire des tonnes sur les mots, simplement être précis. Quand j'ai écrit *S'il n'est pas trop tard*, je suis passé du "jardin d'en bas, dévoré de ronces" en début de chanson à "l'enfance envahie de ronces" lors du dernier couplet. Avec la puissance de sa voix, Johnny devient Eschyle et balance ça en donnant une force dingue au texte. Il suffit parfois de changer un mot pour donner un éclat très fort. »

Dans la dernière partie de sa carrière, Johnny s'est appuyé sur un grand nombre d'auteurs, de Bruno Putzulu à Marc Levy en passant par Emmanuelle Cosso-Merad, Didier Golemanas, Mike Ibrahim, Isabelle Bernal ou Pierre-Dominique Burgaud... Je les ai tous rencontrés et l'addition de leurs témoignages aboutit à cette conversation.

Alors, comment écrire une chanson pour Johnny Hallyday sans être un proche ?

– C'est comme si on prend en route un scénario de X-Men ou Batman, argumente Jérôme Attal. Je connais bien le mythe et ses codes, qu'il faut respecter, et je me suis demandé comment y apporter ma sensibilité, une touche viscérale.

– L'erreur fatale, c'est de penser à Johnny, poursuit Emmanuelle Cosso-Merad (*Tout ce cirque*). Ce n'est pas mon ami intime, donc si je pense à lui, je vois sa caricature, l'extérieur de Johnny, ce qu'il a déjà chanté et qu'il ne voudra pas chanter à nouveau. En revanche, il faut éliminer tout ce qui n'est pas pour lui. C'est comme une sculpture.

– Je me suis connectée mentalement avec Johnny, explique pour sa part Isabelle Bernal (*Seul*, *Rester Vivant*...). J'ai pensé à sa vie. Une fois dans sa tête, je me suis posé la question : que ressent-il profondément mais qu'il n'exprime pas réellement ?

– Je me nourrissais toujours de mes rencontres avec lui, explique Didier Golemanas. Un silence, un geste, un sourire… Dans les années 2000, Johnny venait travailler chez moi, dans le neuvième arrondissement de Paris. On allait toujours faire un tour en voiture – car à pied, c'était impossible en France – dans les quartiers de son enfance, il était très ému de me raconter sa jeunesse avec Eddy et Jacques Dutronc. Il me confiait des anecdotes personnelles, toujours très humaines. Cela me permettait de trouver des mots qui résonnaient fort en lui.

– Dès que Johnny enregistrait un album, il pensait à la scène, et seulement à la scène, assure Fred Blondin (*Dis-le moi*). J'essayais de lui proposer beaucoup de titres rock.

– Pour le dernier album, Johnny avait demandé des titres très rockabilly, dans le style de la chanson *De l'amour*, confirme Pierre-Dominique Burgaud (*Made in Rock'n'Roll*).

– Après les chansons très intimistes de Miossec ou Daran, l'équipe artistique souhaitait revenir à un Johnny plus héroïque, plus ancien, un peu surdimensionné, précise Pierre-Yves Lebert (*4m²*).

– Johnny a tout fait, tout chanté, rappelle Pierre Grillet (*Je t'aime comme je respire*). Quand tu écris, tu entends sa voix.

– J'ai voulu éviter le côté "Moi, je" mille fois rabattu, ajoute Attal. D'où des chansons thématiques comme *Un tableau de Hopper* et *L'Amérique de William*.

– J'ai choisi d'écrire sur le public de Johnny, qui a traversé toutes les frontières du temps, indique Sophie Nault (*Entre nous*). Les fans ont été fidèles, quoi qu'il arrive. De la rue à l'arène… Cette chanson devait être un single mais deux semaines avant, Chimène Badi a sorti une chanson qui portait le même nom.

– J'avais choisi l'axe du temps qui passe, explique l'acteur Bruno Putzulu (*Ma vie*). Même s'il s'en défendait, Jojo était très anxieux par rapport à la mort. Quand on lui parlait seul à seul, il confiait sa peur du vieillissement. C'était récurrent chez lui.

– Il m'avait fait changer la fin de *Te voir grandir*, glisse Pierre-Dominique Burgaud. C'était une chanson sur l'âge, qui racontait qu'à chaque anniversaire de ses filles, il se rendait compte qu'il prenait encore un an. "Te voir grandir / C'est me voir vieillir / C'est le temps qui passe / Dans une autre glace." Johnny n'était pas très à l'aise avec ça. Il a préféré retirer le négatif de la chanson. Il y avait une règle : ne pas parler de la maladie ni de la mort.

– Johnny m'avait demandé de changer une phrase de *Ça ne change pas un homme*, indique Patrice Guirao. Initialement j'avais écrit : "Je n'ai pas cru les mots ni la plume ni l'oiseau", une métaphore à connotation nihiliste. Johnny a dit qu'il ne pouvait pas chanter ça. Alors j'ai changé la phrase en "Je n'ai pas cru les mots quand ils étaient trop beaux".

– En écrivant *Debout*, j'ai pensé à l'image d'un homme qui sera toujours debout, précise Lionel Florence. Un conquérant qui se prend des coups, mais toujours debout, vivant, face à l'adversité… Invincible.

– Pour l'album de 2014, nous avions tous reçu une musique rock, informe Isabelle Bernal. J'avais été marquée par la beauté de sa voix, qui ne cessait de se sublimer année après année. Johnny ne s'est jamais éteint vocalement. Il y avait cette notion d'invincibilité. Cette réflexion fut le point de départ de ma chanson *Rester Vivant*.

– Quand j'ai écrit *M'arrêter là*, je savais qu'il fallait une chanson forte pour le Parc des Princes, relève Didier Golemanas. J'ai écrit un texte puissant, centré sur sa vie. Chaque mot est pesé afin que Johnny puisse à vivre à fond cette chanson, pour véhiculer de l'émotion.

– On m'avait dit que c'était une erreur, mais j'avais envie de faire chanter à Johnny qu'il était un mec normal, indique Pierre-Yves Lebert (*Chanteur de chansons*). Dans une interview, il avait dit que dans la journée, il vivait avec Jean-Philippe Smet, pas avec Johnny Hallyday.

– J'étais aussi étonnée que Johnny accepte de chanter *Tout ce cirque*, reconnaît Emmanuelle Cosso-Merad. C'est une chanson assez poétique qui parle de l'envers du décor, avec un côté vide du sérail, caché par les artifices. "Et toute cette poussière derrière"...

– En studio à Los Angeles, nous changions parfois une phrase ou deux, précise Isabelle Bernal. Johnny travaillait beaucoup la prononciation, il était attentif aux mots. Il était excessivement intelligent, il savait ce qui allait marcher ou pas. À chaque fois, je me disais après-coup : "Il a raison, ça sonne mieux maintenant."

– Johnny aimait qu'il n'y ait pas trop de mots, indique Pierre-Yves Lebert. Il n'hésitait pas à enlever un couplet.

– Quand il écoutait mes propositions de chanson dans mon atelier, Johnny était comme un amateur de bon vin rouge qui ne cherche pas à se faire passer pour un œnologue pompeux, raconte Didier Golemanas. Ses réponses étaient claires comme de l'eau de roche. "Ouais, c'est bon." Ou : "Non, pas celle-là." Ou : «Ça, c'est vraiment bien.» Beaucoup d'artistes sont influençables, mais Johnny, c'était Johnny. Un homme très animal. Du feu sortait de son regard. Dans mon atelier, il était très appliqué, il chaussait ses lunettes avant de lire mes textes.

Jérôme Attal et Emmanuelle Cosso-Merad ont écrit *Un tableau de Hopper* à quatre mains :

– Je note souvent des phrases dans un petit carnet, explique Jérôme. J'avais inscrit : “Elle a des bars tristes dans la tête / Des nuits où les solitudes s'affrontent.” On est partis de ce point de départ.

– J'aime co-écrire, cela permet de rompre la solitude de l'écrivain, répond Emmanuelle. De plus, cela apporte beaucoup d'exigence. Chacun gomme ce qu'il n'aime pas dans le texte de l'autre.

– L'idée était de faire une chanson dans la suite de *Quelque chose de Tennessee*.

– Je me souviens de la réponse très rapide de Bertrand Lamblot, le directeur artistique : “Voilà une grande chanson comme on voulait !”

– Pour convaincre Johnny et son équipe de choisir une chanson, les maquettes étaient très importantes, glisse Jérôme. Quand Daran était le compositeur, la moitié du travail était assurée. Il a une voix très puissante, très rock, un peu blues. Johnny pouvait bien se projeter.

– Quand je fais la démo, j'imite Johnny, je chante comme lui, intervient Daran. Je rentre dans le timbre, je prends ses tics. Le seul problème, c'est que j'avais tendance à chanter plus haut que la plupart des autres artistes. Johnny se donnait le challenge de toujours chanter dans la tonalité qu'on lui envoyait, même si ce n'était pas la sienne. Normalement, il aurait dû chanter *L'Attente* et *Un tableau de Hopper* deux tons plus bas.

Outre ses deux chansons pour Johnny Hallyday, Emmanuelle Cosso-Merad a aussi signé des succès pour Florent Pagny, lequel excellait dans les « batailles vocales » sur scène avec Johnny :

– En écrivant une chanson, je pensais toujours à Florent et Johnny en même temps. À chaque fois qu'ils ont chanté ensemble, il y avait toujours du répondant. La frontière était poreuse entre eux deux. Quand il recevait une chanson, Florent répondait parfois aux auteurs : “Celle-là, je suis sûr que vous me la proposez parce que Johnny l’a refusée !”

Directeurs artistiques de la star, Caroline Molko puis Bertrand Lamblot ont joué le rôle de chefs d’orchestre qui centralisaient et sélectionnaient les textes, mélodies, maquettes…

– La première mission était de trouver la bonne idée pour faire un disque, explique Caroline Molko. Je voulais toujours emmener Johnny là où il n’avait pas encore été, soit à travers les mots, soit à travers la musique. Beaucoup d’auteurs commettaient l’erreur de recopier du Johnny. Après *Lorada*, j’ai reçu plein de chansons bluesy, mais ce n’était plus l’idée. Nous étions déjà tournés vers Pascal Obispo, un personnage émergent de la nouvelle scène française. Les séances d’écoutes de maquettes étaient parfois tendues. Je devais convaincre Johnny que mes choix étaient les bons. En studio, on se demandait parfois s’il n’allait pas tout envoyer balader en plein milieu d’une chanson. C’était finalement assez rare. Comme Johnny se mettait la pression, il nous la transmettait aussi.

Seuls dans leur bureau avec leur guitare ou leur crayon, les auteurs-compositeurs travaillaient nuit et jour pour trouver LE nouveau tube de Johnny Hallyday.

– Johnny a chanté quatre de mes chansons, mais je lui en ai écrit une trentaine, raconte Pierre-Do Burgaud. J’y suis allé à tâtons, pour trouver le vocabulaire de Johnny.

– Quand on recevait une mélodie de la part de la maison de disques, on savait que le tout-Paris travaillait dessus en même temps que nous, plaisante sérieusement Pierre Grillet.

– Quand je recevais une mélodie, je savais que Miossec ou Jérôme Attal la recevaient aussi, confirme Pierre-Do Burgaud.

– Créer une chanson pour Johnny, c'était un concours d'architectes, compare Daran. On était tous mis en concurrence. Certains artistes étaient prêts à vendre leur mère pour signer une chanson de Johnny !

– Bosser pour Johnny Hallyday, cela ressemble à une compétition sportive, poursuit encore Mike Ibrahim. C'est intense, on doit écrire tout le temps.

– Lors de l'album *De l'amour* en 2015, Warner m'a envoyé une mélodie de Yodelice sur laquelle j'ai écrit les paroles de *Dans la peau de Mike Brown*, retrace Pierre-Do Burgaud. Sauf que Jeanne Cherhal avait déjà envoyé son texte, et la chanson est devenue *Un dimanche de janvier*. Maxim Nucci a donc composé une autre mélodie, en tordant un peu mon texte pour qu'il rentre dedans. J'avais écrit une chanson de prise de position contre le racisme, reprend Pierre-Do. Comme Johnny vivait aux États-Unis, j'ai choisi l'histoire de Michael Brown, ce jeune noir tué par des policiers blancs, alors qu'il avait les mains en l'air. Lamblot m'avait commandé une chanson dans l'esprit de *41 shots* de Springsteen.

– Bertrand Lamblot avait une intuition très forte sur les chansons, précise Katia Landréas. Sa culture musicale est gigantesque, il se trompe rarement.

– Bertrand a fourni un gros travail qualitatif sur les textes, synthétise Pierre-Dominique Burgaud. Sous l'impulsion de Lætitia Hallyday, il souhaitait repositionner Johnny dans un *mood* chanson française. Moins dans *Allumer le feu*, plus dans le style de *Diego, libre dans sa tête* : des chansons qui racontent une histoire. Ils ont réussi à remettre Johnny en couverture de *Télérama*.

– Je n'écris pas une chanson pour être en Une de *Télérama*, prend à revers Katia Landréas, mais pour entrer dans la vie des gens. En France, il n'y a pas un mariage sans une chanson de Johnny. Dès qu'on analyse trop, on n'est plus dans l'émotion. Johnny est la dernière légende...

– Dans *Te voir grandir*, je fais chanter à Johnny les mots "garder la monnaie", relit Burgaud. Je n'aimais pas trop car je trouvais cela trop proche d'un couplet de *Ma gueule*. Mais Johnny aimait bien la référence.

– *Regarde-nous* est une chanson de rupture, aiguille Isabelle Bernal. J'avais été inspirée par ses relations sentimentales.

– Quand on a travaillé en 1998 avec Pascal Obispo, j'avais la certitude qu'il manquait un titre qui parlait vraiment de Johnny, une chanson testamentaire, proche de ses affres, ses douleurs, ajoute Didier Golemanas. Pascal ne cessait de me dire qu'avec *Allumer le feu*, il ne fallait pas s'en faire, le succès de l'album était garanti. J'ai quand même travaillé sur mon idée pour faire naître *Ce que je sais*. Johnny a pleuré en découvrant la chanson. Il était très touché que j'entre ainsi à l'intérieur de son âme.

– *J'ai ce que j'ai donné* est le titre d'un recueil de lettres de Jean Giono, rappelle Pierre-Dominique Burgaud. Je trouvais que cette phrase collait bien à Johnny. Il a souvent été ruiné, a vécu une vie complètement dingo. Mais Johnny n'est pas une victime. Son argent, il l'a claqué volontairement, en connaissance de cause. La chanson raconte qu'il a décidé en son âme et conscience de vivre comme un cinglé, de profiter.

– Parfois, Johnny m'envoyait un mail avec une chanson – AC/DC par exemple – en me disant qu'il aimerait une chanson dans ce genre-là, se souvient Fred Blondin.

Pour chaque auteur, anonyme ou renommé, devenir une plume hallydéenne est vécu comme une consécration.

– Écrire pour Johnny, c'est donner une chance à ses mots d'être amplifiés de façon extraordinaire, confie Emmanuelle Cosso-Merad. Quand vous êtes auteur, c'est "Waouh !". En écoutant *Un tableau de Hopper* et *Tout ce cirque*, j'ai pleuré...

– C'était merveilleux de le voir travailler, de faire partie de cette ambiance d'enregistrement, partage Isabelle Bernal. Je lui avais raconté une anecdote d'enfance qui l'avait fait beaucoup rire : quand j'avais 12 ans, un garçon était fan de Johnny et amoureux de moi. Toute une année durant, il m'a couru après dans la cour en chantant "Isabelle" sur l'air de *Gabrielle*. Johnny m'avait dit : "C'est comme une métaphore. Notre rencontre était prévue !"

– Quand j'ai écouté *Chanteur de chansons*, quel kiff, s'extasie Pierre-Yves Lebert. J'ai pris un gros pied ! J'adorais quand Johnny poussait des petits cris sur les chorus de guitare. Et bingo, il le fait sur ma chanson.

– Écrire pour Johnny, c'était mon rêve, confie Katia Landréas (*Mon pays, c'est l'amour*). J'ai tenté plusieurs fois avant d'y parvenir. Ce qui m'a le plus touchée dans ma vie, c'est que mes chansons puissent devenir des souvenirs, des moments de vie. Seuls les chanteurs populaires peuvent y parvenir.

– Quand j'ai reçu la chanson par mail (*Quatre murs*), j'ai trouvé ça hallucinant, s'émeut Mike Ibrahim. J'ai été complètement soufflé par le résultat et la façon dont il plaçait sa voix. Je ne m'en sentais même plus responsable. J'étais l'auteur mais je me considérais comme extérieur à la chanson tellement il se l'était appropriée, multipliant par dix son potentiel émotionnel. J'étais au spectacle ! Ce jour-là, j'ai compris quel genre d'interprète était Johnny Hallyday.

– À Noël 2015, Læticia avait organisé une fête avec les auteurs, raconte Pierre-Dominique Burgaud. Johnny m'a dit :

"J'aime bien *Dans la peau de Mike Brown*, je vais la mettre dans mon prochain concert." Je pensais qu'il disait ça pour me faire plaisir, mais c'était vrai !

– Ce fut un honneur, explique la québécoise Sophie Nault. Dans sa voix, les paroles prennent un autre sens, une autre envolée. Je me souviens avoir pensé : "Wow, c'est moi qui ai écrit ça ?" On aurait dit que cela ne m'appartenait plus.

– C'est génial d'être à Bercy et d'entendre sa chanson sur scène, se réjouit Pierre-Dominique Burgaud. On se rend compte qu'elle existe vraiment en voyant autour de soi les fans qui connaissent le titre par cœur.

– En me promenant dans les rues de Paris, je suis tombée sur un immense poster, s'amuse Isabelle Bernal : *Rester Vivant Tour* ! J'ai eu du mal à réaliser que ce titre était sorti de ma tête.

– Entendre JH chanter *Ça ne change pas un homme* a été pour moi un moment particulier car j'avais écrit cette chanson en pensant à mon père, décédé, indique Patrice Guirao. Étonnamment, ce que le texte racontait a trouvé un écho dans le vécu de Johnny. Et quand *Ça ne finira jamais* arrive en clôture du spectacle du Stade de France, l'émotion est forte. C'était la première fois qu'il s'adressait ainsi à son public. J'ai eu ce privilège d'écrire pour Johnny Hallyday trois chansons et si deux de ses albums ont eu comme titre ceux de mes chansons, c'est que forcément elles ont su correspondre à des moments forts pour Johnny. C'est certainement un hasard mais c'est aussi une fierté.

– Avec les autres auteurs, nous avons été conviés pour l'écoute de l'album *Mon pays, c'est l'amour*, quelques semaines avant sa sortie, relate Pierre-Yves Lebert. C'était bouleversant d'entendre à quel point il chantait bien.

– Un moment a beaucoup compté pour moi, se souvient Isabelle Bernal. Johnny m'a remerciée en me disant que les mots que j'avais employés le touchaient particulièrement et que ça lui parlait. Il a pris le temps de s'asseoir à côté de moi pour me le dire, c'était très émouvant.

Parfois, certains titres naissent d'une combinaison entre le hasard et l'amitié. Alors qu'il n'avait jamais écrit une chanson de sa vie, l'acteur Bruno Putzulu a contribué à l'album de blues en 2007.

« J'ai rencontré Johnny en 1998 à Barcelone, lors du tournage du film *Pourquoi pas moi ?* dans lequel nous étions partenaires. Au soir de l'arrivée de Johnny, tous les acteurs étaient invités à dîner à sa table. En arrivant au restaurant, j'ai été intimidé par le monde qui entourait Johnny. Chacun cherchait à l'approcher. J'ai fait signe au réalisateur que je remontais dans ma chambre. Le lendemain matin, je tournais une scène avec Johnny. »

– Vous n'êtes pas venu hier soir, a lancé Johnny Hallyday. Une fois les explications données par Bruno Putzulu, la star a réagi de façon inattendue.

– Nous dînerons ensemble ce soir, mais seulement tous les deux.

« C'est ainsi qu'est née mon amitié avec Johnny Hallyday. Sur le moment, je n'ai pas vraiment réalisé. En Espagne, on pouvait marcher dans la rue sans être interrompus toutes les cinq minutes. Le dimanche, on faisait du lèche-vitrines et on buvait un coup en terrasse, comme deux potes. Un soir au milieu des années 2000, nous dînions au Balzac, son restaurant sur les Champs-Élysées. Nous y sommes restés jusqu'à 2 ou 3 heures du matin. Cette nuit-là, Johnny n'avait pas le moral. Nous avions tenu des propos plutôt sombres. En nous embrassant, Johnny a prononcé une phrase anodine, comme pour dire qu'il avait apprécié nos confidences : “J'aimerais bien avoir une chanson qui ressemble à notre conversation.” Ce n'était pas une commande de sa part, puisqu'il savait que ce n'était pas mon métier. Toujours est-il que j'ai écrit toute la nuit. Le lendemain, j'avais glissé la chanson dans une enveloppe. "Tiens, Jojo. Ça ressemble à notre conversation d'hier soir." "Je vais la chanter sur mon prochain album", m'a promis Johnny dès la nuit suivante, après avoir lu le texte de *Ma vie.* »

Au jour de la première écoute de la chanson dans de bonnes conditions, au siège de Warner Music, l'émotion submergea Bruno Putzulu : « Cela m'a beaucoup touché d'entendre sa voix. Je n'avais jamais écrit une chanson avant ! Par le fruit du hasard d'une conversation, j'entendais la voix de Jojo sur mes mots. C'était très émouvant. »

Si Bruno Putzulu est encore ému de sa chanson écrite pour son ami Johnny, alors imaginez ce qu'il en est pour Michel Mallory, l'auteur le plus prolifique de toute la discographie hallydéenne. Cent quatorze chansons répertoriées ! « Presque cent cinquante au total », hyperbolise même le parolier. La première question que j'ai souhaité lui poser est la suivante : quelles sont les chansons qu'il réécoute encore aujourd'hui ? « Plus que des chansons isolées, ce sont plutôt des séances d'enregistrement entières que j'aime écouter. L'album *Insolitudes*, par exemple, reste l'un des préférés dans mon cœur, avec des titres comme *Le feu* et *La musique que j'aime*. Je chante souvent *J'ai pleuré sur ma guitare* et *La prison des orphelins*. C'est curieux car cette chanson n'est pas un tube, mais elle est devenue culte. Sur toutes celles que j'ai écrites, *La prison des orphelins* est celle dont on me parle le plus après *La musique que j'aime*. Le dernier morceau que j'ai écouté ces derniers temps est *Un jour viendra*, que j'avais créé avec David. Enfin, il y a *Le bon temps du rock'n'roll.* Même si ce n'est pas moi qui l'écoute, je l'entends sans arrêt ! Elle fait partie des chansons intemporelles de Johnny. »

Michel Mallory est intarissable quand il s'agit d'évoquer cette « époque bénie », celle des enregistrements *seventies* à Londres,

Memphis et Nashville. Engagé dans ses souvenirs et dans notre conversation, le parolier doit parfois se reprendre, réalisant que sa phrase n'a plus vraiment de sens aujourd'hui : « D'habitude, quand j'écris une chanson pour Johnny… » Alors pour vaincre la tristesse, il suffit de prononcer le mot *country*, trait d'union de l'amitié Mallory-Hallyday.

« C'est notre passion pour la musique *country* qui a initié notre amitié de cinquante ans. On m'avait demandé d'écrire l'adaptation française de *Salvation*. Tous les auteurs de Paris s'étaient cassé les dents dessus ! Je me suis demandé pourquoi tous les paroliers – même les plus talentueux – ne parvenaient pas à écrire une adaptation qui convienne à Johnny. En fait, ils avaient tous choisi des traductions mot à mot, et l'original était très *peace & love*. Johnny n'avait plus envie de ça, il était sorti de sa période hippie. »

Alors qu'il n'avait encore jamais rencontré Johnny Hallyday, Michel Mallory trouva un thème susceptible d'intéresser la star : « J'ai écrit l'histoire d'un condamné à mort qui meurt comme un lâche. Ma chanson est celle d'un anti-héros. »

Au petit matin – lendemain de fête, évidemment – Johnny Hallyday entendit sonner à sa porte. Une bière à la main, il n'imaginait pas qu'un important pourcentage de sa discographie allait se jouer dans les minutes à venir. En réalité, il pensait que Michel Mallory était… plombier ! Une fois le quiproquo dissipé, le parolier interpréta sa chanson – *Sauvez-moi* – plusieurs fois à la demande de Johnny. Attiré par le talent de ce jeune musicien, Johnny Hallyday chercha à en savoir plus sur lui. Incrédule, Mallory n'aurait pas parié un sou sur un tel scénario.

– Vous aimez le rock'n'roll ?

– Non, pas vraiment, répondit Mallory, sincère.

– Qu'est-ce que vous aimez comme musique ?

– Vous savez, je suis un Martien, j'aime des trucs que personne n'aime. J'aime le blues et la *country music*.

Johnny Hallyday releva la tête et fixa droit dans les yeux celui qui était encore pour lui un inconnu.

– Moi aussi !

« J'étais sur le cul ! raconte Michel Mallory. On s'était complètement trouvés là-dessus. Johnny allait même encore plus loin que moi dans sa passion pour la musique : il aimait le *skiffle*, qui personnellement me laissait de marbre. Johnny m'a demandé si j'avais d'autres chansons pour lui. Le seul titre que j'avais était un morceau country, *Ma main au feu*. Johnny a toujours adoré cette musique, depuis *Tes tendres années*. »

Cher lecteur, à condition que vous soyez musicien ou que vous ayez l'oreille affûtée, Michel Mallory vous invite à un petit jeu : « Amusez-vous à écouter les titres composés par Johnny. La plupart sont des morceaux à trois temps, comme des valses country. *Noël interdit*, *J'ai besoin d'un ami*… Il revenait à chaque fois à ses premières amours. Avec lui, je baignais dans le bonheur le plus total. »

Futurs tubes ou titres culte pour les fans, les chansons écrites par Michel Mallory furent créées au fur et à mesure de leurs voyages. « Johnny m'avait emmené à Londres pendant une semaine, pour me faire visiter. Je n'avais jamais posé les pieds en Angleterre. Nous étions allés chez un guitariste qui possédait un manoir transformé en excellent studio. Johnny s'était aperçu qu'aucune star de la chanson anglaise n'habitait à Londres. Ils vivaient tous à la campagne, dans des châteaux ou des maisons incroyables. Cela commençait à travailler l'esprit de Johnny. Moi-même, j'avais acheté une maison à la campagne, près de celle des Hallyday-Vartan à Loconville. On parlait beaucoup du retour à la terre, aux valeurs… On écoutait *Me and Bobby*

McGee, dont j'écrirais d'ailleurs plus tard la version française. Les Américains aussi ont connu ça avec les *country roads*. Ils achetaient tous des ranchs et jouaient aux fermiers ! Un soir, nous dînions chez Jacques Denjean, grand arrangeur et grand copain de Johnny. Dans sa maison en Normandie régnait un froid glacial. C'est ainsi qu'est née la chanson *Joe, la ville et moi*. Le compositeur Marc Benoit et le guitariste Rolling étaient là aussi. On avait picolé un peu, et on a fait la chanson après le dîner. »

Est-ce qu'un jour Dieu
J'aurai la chance de revoir
Près de la rivière... Marie [...]
Et de pouvoir me retrouver
Entre les arbres de ma forêt
Près de notre rivière
Loin de cette ville

Michel Mallory a signé quatre chansons dans l'album *Country, Folk, Rock* sorti en 1972. Le début d'une longue histoire, au cœur d'une période déprimante pour Johnny. De ce terrible blues naîtra l'un des titres les plus marquants de la chanson française : *La musique que j'aime* (1973).

« Johnny était dans une très mauvaise situation sentimentale, relate Michel Mallory. Avec Sylvie, ils n'arrivaient plus à vivre ensemble. Johnny était parti un mois aux États-Unis, et ils étaient en train de se séparer. Moi, j'étais en Corse, dans la maison de mes parents. Johnny me téléphonait de temps en temps. Sans portable et avec le décalage horaire, c'était compliqué. Il avait l'intention de faire un album. »

– Faut que tu travailles ! répétait Johnny.
– Oui, oui, je prépare des chansons, mentait son ami.

« En réalité, je ne foutais rien. En Corse, je voyais mes copains, je faisais le con… Mais j'avais quand même trouvé une mélodie, avec la grande guitare de mon père. J'étais ennuyé car je n'avais pas d'enregistreur et je n'étais pas doué pour écrire la musique. Pour retenir la chanson, j'ai essayé de l'écrire sur du papier à musique. Au retour de Johnny, je me suis rendu à Paris pour l'accueillir à l'aéroport. Il avait ramené trois ou quatre guitares de son voyage. Il était descendu à l'hôtel "Hôtel", un nom qui ne s'invente pas, à Saint-Germain-des-Prés. Les chambres portaient des noms d'écrivains, il y avait par exemple celle d'Oscar Wilde. Johnny avait pris la chambre Colette. Nous étions dans un salon rond. »

– Joue-moi ce que tu as préparé, exigea Johnny en tendant une guitare flambant neuve à son parolier.

Avec des paroles en yaourt (sons, onomatopées et syllabes laissant imaginer qu'il s'agit d'une vraie langue), Michel Mallory joua à Johnny la mélodie de *La musique que j'aime.*

– Attends, il manque un truc, intervint la star, une autre guitare en main.

Johnny inventa alors la pièce manquante du morceau : le pont, qui relie le couplet au refrain. Avec les paroles, cela donnera : « La musique vivra… Tant que vivra… le blues ! » La mélodie était désormais complète. Sur les crédits du disque, vous remarquerez que le nom de Johnny Hallyday est indiqué en tant que compositeur unique de la chanson. « C'était un échange de bons procédés », explique Mallory.

– Qu'est-ce que tu veux chanter là-dessus ? demanda ensuite le parolier.
– J'aimerais que tu écrives quelque chose qui ressemble à ma vie aujourd'hui.

« Johnny voulait envoyer un message, un cri du cœur, reprend l'auteur. Je l'ai laissé à l'hôtel et j'ai récupéré ma voiture. Dans ma Renault 12, j'ai pris un carnet et j'ai écrit en dix minutes les paroles de *La musique que j'aime*. Je n'en ai jamais changé un mot. J'avais pensé à tout ce que m'avait dit Johnny sur sa relation avec Sylvie. À l'époque, sa vie était dans la peine car ils se séparaient… ou plutôt elle se séparait de lui. »

Le blues ça veut dire que je t'aime

Et que j'ai mal à en crever

Je pleure mais je chante quand même

C'est ma prière pour te garder

Mallory remonta illico dans la chambre d'hôtel de son ami :

– Je crois que je tiens les paroles.

Johnny Hallyday lut le texte et acquiesça.

– On s'en va, on part l'enregistrer à Londres.

« Nous sommes partis à Londres avec une simple chanson et deux, trois autres en chantier, rapporte Michel Mallory. C'était quand même gonflé. On devait enregistrer un album d'une douzaine de titres, mais on partait en se disant qu'on trouverait tout sur place. À l'époque, tout était flou, il n'y avait aucune préparation d'album à l'avance. On enregistrait au fur et à mesure, on mettait un mois et demi pour faire un album. Parfois, on devait prendre des musiques de mecs ivres morts à 4 heures du matin ! On se mettait en danger tout le temps. À la limite de l'inconscience… Il fallait écrire des chansons pour pouvoir aller chanter au studio. J'écrivais partout : dans mon lit, aux toilettes, en voiture… En fait, j'écrivais pendant que Johnny dormait. Je m'endormais dans les toilettes, et aussi bizarre que cela puisse paraître, je me réveillais quand la musique s'arrêtait. Avec David Bowie et ses musiciens dans le studio à côté de nous, c'était chaud la braise, je peux vous dire que ça ne fumait pas que la moquette ! Moi qui n'avais jamais connu plus fort que le Beaujolais, j'étais loin du compte ! »

Insolitudes est un album culte. Il mêle tous les styles hallydéens : rock'n'roll, blues, country, ballades… L'un des morceaux les plus novateurs s'appelle *Le Sorcier maudit.* « Johnny était un grand amateur de cinéma, et notamment de westerns, explique Mallory. Nous avions vu ensemble un film qui s'appelait *Le faiseur de pluie* (avec Burt Lancaster et Katharine Hepburn). Évidemment, le héros du film était un cow-boy blanc qui tirait vite. Nous nous sommes plutôt intéressés à l'Indien apache, qui occupait presque le rôle du méchant. Au-delà de ses pouvoirs de faire la pluie et la foudre, il disposait également d'un pouvoir magique sur les femmes. »

Il semait la révolution
Et beaucoup avaient peur de lui
Et les filles les plus tranquilles
Quittaient tout pour lui

Autre plume hallydéenne incontournable : Pierre Billon. Alors que le rendez-vous est fixé un matin d'hiver à Levallois, j'éprouve un sentiment assez étrange. Je vois arriver Billon sur son imposante moto. Je cligne des yeux. Je vois son pote Johnny, sur la moto d'à côté. Un mirage. Billon me fait penser à Johnny Hallyday : il rapplique à moto, fume cigarette sur cigarette, exhibe de nombreux tatouages et se cache derrière des lunettes de soleil y compris à l'intérieur. Leur amitié devait être une telle évidence… Seule différence notable : le parolier est beaucoup plus bavard que ne l'était son interprète. Durant toute une matinée, nous avons beaucoup parlé, et un peu chanté aussi. Stupéfiant mais véridique : Billon connaît par cœur la trentaine de chansons qu'il a écrites pour Johnny, même celles qui datent des années 80 et qui sont tombées dans l'oubli (*La caisse*, *L'hosto*...). Sur les murs du studio, je reconnais une place de concert du *Rester Vivant Tour*, placardée au milieu des post-it de travail. Billon me raconte qu'il était allé voir un concert de son pote, et qu'ils en avaient profité pour déjeuner ensemble. Au milieu de l'entretien, Pierre s'empare de sa guitare pour m'adresser un cours de musique accéléré et m'expliquer comment il aurait procédé s'il avait pu réaliser un album de blues avec Johnny : « On aurait séquencé l'album : une partie en blues "blanc", c'est-à-dire en do, comme dans la chanson *Cocaïne* ; et du blues noir, en mi. » Billon fredonne ensuite *Les news*, blues de 2007, sa dernière chanson enregistrée par Johnny. « Cette chanson, c'est lui. C'est sa façon de parler. Je crois que c'est la première fois qu'on employait le mot "kalachnikov" dans une chanson. Désormais, c'est dans le langage courant. Il m'avait juste fait retirer la phrase "ça m'file les boules". » Pierre Billon me fait rire aussi, lorsqu'il m'apprend qu'il avait écrit la chanson *Toi, tais-toi* en pensant à Nathalie Baye, alors compagne de Johnny.

Tu fais la gueule dès qu'un prénom résonne
Qui ne soit pas le tien
T'as changé mes fréquences
T'as même dressé l'interphone
À dire "de l'air !" à mes copains

« On avait vraiment écrit un truc méchant, reconnaît Pierre Billon. En introduction de la chanson, on avait même inséré un son de répondeur téléphonique, car Johnny en avait marre que Nathalie l'appelle sans arrêt. Elle avait été très fâchée en découvrant cette chanson ! »

Pierre Billon fut le directeur artistique de Johnny de 1982 à 1984. Durant cette courte période, il produisit une dizaine d'albums. Auparavant, il avait signé quelques tubes comme *J'ai oublié de vivre* et *Le cœur en deux.* « Comment s'appelait ma première chanson pour Johnny, déjà ? s'interroge Pierre Billon. Ah oui... *La rose Baccara.* Il fallait une chanson particulière pour une émission des Carpentier. Johnny sortait avec Rosa Fumetto, la danseuse du *Crazy Horse Saloon*, ils devaient chanter en duo. J'ai imaginé une chanson gaguesque en me disant "On verra bien". Tout le monde y compris Johnny s'est marré sur le plateau, et on est vite devenus potes. On avait plein de trucs en commun. »

Avec Billon, Johnny découvrit la musculation à haute intensité. Alors qu'il multipliait les séances d'entraînement aux États-Unis, Johnny improvisa lors d'une interview au journal *Le Parisien* : « Je suis aux États-Unis avec Pierre Billon. Ça tombe bien, il va devenir mon producteur et réaliser mon prochain album. »

L'une des spécialités de Johnny ! Bombardé producteur, Pierre Billon n'était pas au courant de cette soudaine promotion, qui le plaçait en porte-à-faux avec... Michel Sardou, dont il était le producteur.

– Je te remercie de m'avoir prévenu, s'écria Sardou au téléphone.

– Quoi ? s'étouffa Billon, interloqué.

– Je suis au courant pour Johnny, lança la star.

« Je suis passé pour un gros con et un gros menteur ! » s'amuse aujourd'hui Billon, resté fâché pendant dix ans avec Michel Sardou à cause de cette méprise.

Dès lors, Pierre Billon devint ainsi le compagnon de route numéro un de Johnny Hallyday pendant quatre ans. Cette proximité entraîna un nouveau style d'écriture. Dans ses chansons, Billon racontait « son » Johnny, celui qu'il voyait vivre à ses côtés quotidiennement. « Même si Johnny n'écrivait pas de sa main, c'est lui qui prononçait de nombreuses phrases que l'on retrouve dans les chansons. À l'époque, je le suivais dans toutes ses tournées, je conduisais la plupart du temps. Un lundi matin, je suis allé le chercher devant chez lui avant de partir à un concert. » Johnny était alors jeune papa de Laura, née en 1983.

– Ma môme a pleuré cette nuit, grogna le rocker en entrant dans la voiture. J'ai mal dormi, j'suis pas en pleine bourre. On fait vraiment un drôle de métier.

Au volant, Pierre Billon imagina aussitôt les paroles d'une future chanson : *Drôle de métier.* « C'est tellement facile quand t'as Hallyday qui te dit ça dans la voiture à côté de toi. »

Lundi 12 h 30, dehors il fait un froid de chien
Ma fille a pleuré cette nuit
J'ai encore le goût du café-crème, j'ai froid aux mains
Sur les vitres pleure la pluie

Dans la rubrique « chanson née dans une voiture », je demande *Montpellier*, pépite adorée des fans, enregistrée en 1982. Accrochez-vous ! Alors qu'ils achevaient une énième représentation dans la région de Montpellier, les deux compères prirent la route en pleine nuit… mais pas pour se rendre à l'hôtel.

« On a toujours été dingues. Si on n'est pas morts sur les routes, c'est parce qu'un ange au-dessus de Johnny devait balayer les feux rouges et les ronds-points. Ce soir-là, Johnny était crevé en sortant de son gala, j'étais encore au volant. »

– On rentre à Paris ! lança Johnny.

« Au taquet, on a mis les gaz. On a roulé à 230 à l'heure, et on s'est pris un radar dans la gueule. Quatre heures après, on était dans un bar à Paris, et une fille nous a réclamé un whisky. Tout ce que Johnny chante dans *Montpellier*, c'est l'exact scénario de notre soirée. »

Hier j'ai pris 230 à Montpellier

J'ai souri au radar photographié

[…]

Quatre heures après dans un bar à Paris

Une fille m'a dit "Dis, tu m'offres un whisky ?"

[…]

Je vis en sursis d'un ange en danger

Rock symbole des années Bercy, *Mon p'tit loup* a été écrit sur un coin de table au restaurant, à la demande de Johnny. « Il voulait absolument adapter la chanson de Bob Seger, *Betty Lou is going out tonight*, raconte Billon. Ce qui me plaît dans les adaptations, c'est d'utiliser les mêmes sonorités. Betty Lou est devenue "P'tit loup", et nous avons simplement écrit l'histoire que nous avons tous connue au début de nos groupes de rock à 16 ans, la débrouille dans les garages. »

Ton père t'a prêté un hangar

Pour les costards tu demanderas au fils du bazar

T'as un copain qui travaille à la mairie

Il devrait t'arranger tout pour les amplis

« Et comme Johnny s'était fait avoir par des imprésarios véreux qui lui soutiraient des pourcentages énormes au début de sa carrière, on a ajouté le couplet de l'escroc au gros cigare dans sa voiture noire. »

À cinquante-cinquante sur ton beau rock'n'roll

Oui, mon p'tit loup, j'entends l'escroc qui rigole

« On a tous vécu ça, et tous les jeunes vont en faire l'expérience aussi. C'est la différence entre un texte soi-disant intello et une chanson intello authentique. »

Intrigué, j'invite Pierre Billon à développer sa dernière phrase : « J'ai toujours voulu marquer Johnny comme un mec avec de vraies profondeurs. Ma chanson préférée, c'est *Mercredi matin*. On y retrouve la culture américaine de Johnny, les écrivains de l'Ouest, *Lenny*, *Des souris et des hommes*... Je ne suis pas parvenu à lui donner ce côté bobo intello comme l'a fait Nathalie Baye par la suite, car personne n'a vraiment écouté mes textes. *La caisse*, c'est une chanson intello façon Johnny. J'ai adoré *Quelque chose de Tennessee* de Michel Berger. En revanche, *Le chanteur abandonné*, ce n'est pas Johnny Hallyday ! C'est niais et c'est faux. Johnny n'a jamais été un chanteur abandonné. Même si ça lui plaisait de jouer le rôle d'un *loser* brillant. Quand il chantait *Ma gueule* ou *Hey Joe*, il était un *loser* fantastique. Dans *Hey Joe*, il balance à un sale mec qu'il est avec une belle gonzesse parce qu'il est nanti. Gilles Thibaut était un fantastique auteur. »

Je remercie Pierre Billon de m'offrir la possibilité d'évoquer un parolier essentiel dans la discographie hallydéenne. Gilles Thibaut, qui fut aussi l'auteur de *Comme d'habitude* pour Claude François et *Je vais t'aimer* pour Michel Sardou, a écrit trente-huit chansons pour Johnny. Décédé en 2000, il est l'auteur d'immenses succès comme *Que je t'aime*, *Requiem pour un fou*, *Ma gueule*...

Ancien compositeur et directeur artistique, Jean Renard l'a très bien connu : « Gilles Thibaut était un génie, un personnage à part. C'était un écorché vif. Handicapé d'une jambe des suites d'une poliomyélite, il n'avait pas été gâté par la nature et se déplaçait rarement en studio. Il écrivait chez lui, toujours des chansons de caractère. Johnny aimait son côté brut de cirage. Ce n'est pas quelqu'un qu'on pouvait caresser dans le sens du poil, sinon notre main s'arrachait. C'était un personnage entier qui ne supportait pas que l'on change une virgule à ses chansons, Johnny en avait conscience et n'osait pas le faire, contrairement à ses habitudes. Gilles parlait peu, et s'il parlait il y mettait beaucoup de rage, comme dans ses textes. Il aimait écrire sans que cela rime. En revanche il n'aimait pas se charger des adaptations, qui revenaient ainsi à Georges Aber. »

Pierre Billon se souvient alors avoir écrit *La peur* en s'inspirant du style « grandiloquent » de Gilles Thibaut. « Gilles l'aurait écrite beaucoup mieux que moi », précise d'ailleurs le parolier.

Prenons maintenant l'espace pour analyser une séquence capitale dans la discographie hallydéenne. En 1985, sous l'impulsion de Nathalie Baye, Jean-Claude Camus et la maison de disques, Johnny a totalement changé son mode de fonctionnement. Ses trois prochains albums allaient être confiés à une seule et unique plume, différente à chaque fois : Michel Berger (*Rock'n'roll Attitude*), Jean-Jacques Goldman (*Gang*), Étienne Roda-Gil (*Cadillac*).

Jean-Claude Camus m'a raconté ce changement d'ère, initié au Zénith de Paris, au bout d'un spectacle harassant pour la star en manque de tubes : « Johnny souffrait énormément de sa hanche. Il prenait des drogues pour calmer ses douleurs. Quand il est tombé sur scène, on a arrêté pendant dix jours. J'ai profité de cette période pour lui parler calmement. »

– Johnny, ça ne va pas du tout. Il faut que tu changes les personnes qui s'occupent de tes disques.

– Oui, mais qui ? s'est agacé le rocker fatigué. Donne-moi une idée !

Un dîner a donc été organisé avec France Gall et Michel Berger en marge des derniers spectacles. Le producteur comptait beaucoup sur le créateur de Starmania pour relancer les ventes.

– Tu fais ta demande à Michel Berger ce soir, Johnny ? Tu me le promets ?

« Entre Berger et Hallyday, je ne sais pas lequel des deux était le plus timide, reprend Camus. Il ne s'est rien passé pendant tout le repas. Ils parlaient de tout sauf de musique ! Au fur et à mesure que la soirée avançait, je donnais des coups de coude à Johnny pour l'inciter à parler à Berger. »

– Michel, accepteriez-vous de m'écrire une chanson ?

– Non, Johnny, pas une chanson. Un album.

« Avec son talent extraordinaire, Michel a contribué au grand renouveau de Johnny, qui s'est poursuivi avec Goldman, Roda-Gil, Obispo... Cela ne s'est plus jamais arrêté. La popularité de Johnny n'a plus jamais baissé. »

Parmi les grands tubes que vous connaissez, certaines chansons auraient pu ne pas exister. Une sacrée dose de hasard, combinée à l'intuition de certains auteurs, a parfois évité à de grands succès de dormir éternellement dans un recueil oublié. À commencer par le mythique *Que je t'aime*. Compositeur de la chanson, Jean Renard n'a pas oublié cette fin d'après-midi improvisée, en 1969.

Au volant de sa Simca 1000, Jean Renard conduisait en direction du Grand Rex, accompagné de Johnny Hallyday. Disposant d'une heure d'avance sur la séance de cinéma, les deux amis décidèrent de passer le temps chez Jean Renard, qui habitait sur le chemin, rue Richer. Chaussés de leurs baskets Stan Smith vertes et blanches, Renard et Hallyday gravirent les cinq étages au pas de course, burent une bière et s'installèrent au piano. Quelques jours plus tôt, l'Idole des jeunes avait donné du travail au compositeur.

– Fox *(c'est ainsi que Johnny appelait Jean Renard)*, je veux que tu composes des musiques sur ces textes, mais il y en a surtout un qui m'intéresse. Tu ne peux pas te tromper, ça parle d'amour, c'est du Gilles Thibaut.

Jean Renard croyait alors avoir trouvé le texte dont Johnny parlait : *Ceux que l'amour a blessés*. Ayant déjà discuté de Bach avec Johnny, Renard avait imaginé une introduction au piano inspirée du compositeur allemand.

– C'est formidable, mais tu t'es gouré, trancha Johnny après avoir écouté silencieusement la chanson jouée par Jean Renard. Ce n'est pas le bon texte.

Johnny Hallyday se saisit du paquet de chansons et en sortit un autre feuillet.

– Voici le bon texte : *Que je t'aime* !

Le célèbre refrain que chaque Français connaît par cœur aurait donc dû être : « Ceux que l'amour a blessés » au lieu de « Que je t'aime ». Autour du piano de Jean Renard, les deux amis étaient contrariés. Comme je l'expliquais plus tôt, Johnny refusait toujours mordicus de modifier une virgule d'une chanson de Gilles Thibaut. Heureusement, ce dernier écrivait toujours en alexandrins (deux vers de six pieds), la transposition était possible. Seul problème : que faire des « Que je t'aime », prévus dans le manuscrit original dans chaque couplet ? Jean "Fox" Renard décida alors de leur consacrer les refrains, tout en jugeant son idée irréalisable.

– Johnny, tu ne vas tout de même pas chanter 25 fois "Que je t'aime" !

– Si ! C'est ça qu'il faut faire.

Dans l'appartement de Jean Renard, le chanteur de 26 ans entonna pour la première fois le refrain du *Que je t'aime* que nous avons tous au bout des lèvres.

Satisfaits, les deux compères filèrent au cinéma, dînèrent de spaghetti *alla bolognese* dans un restaurant italien, mais oublièrent de planifier l'enregistrement de leur chanson ! Heureusement, deux émissions allaient propulser *Que je t'aime* sur le devant de la scène. Le 22 avril 1969, Johnny téléphona à Jean Renard :

– Fox, viens avec moi à Europe 1, je suis l'invité d'une émission.

Débarquant dans les studios de la rue François Ier, Johnny demanda s'il y avait un piano et réclama les paroles de *Que je t'aime*, que Jean Renard conservait précieusement dans son éternelle mallette. Sans avoir répété, ils livrèrent ainsi – en piano-voix – la première version de *Que je t'aime*. Improvisée, cette première interprétation était – déjà – merveilleuse. Johnny posait les bases de son futur standard.

Quelques jours plus tard, Maritie Carpentier voulut absolument présenter *Que je t'aime* dans le *Show Smet* diffusé à la télévision. La présentatrice s'avouait en effet déçue des enregistrements branchés *british blues* de Johnny (*Voyage au pays des vivants*, *Rivière… ouvre ton lit*), qu'elle estimait trop turbulents pour son émission.

– Jean, ce n'est pas raisonnable, ces chansons ne seront pas des tubes, s'inquiéta Maritie Carpentier auprès du compositeur.

– C'est la mode et ça plaît à Johnny, répondit Renard.

Déjà en 1969, on pouvait noter ce décalage entre les goûts personnels de Johnny Hallyday et ceux de la majorité de son public français. Cette discordance se vérifiera tout au long de sa carrière. Si sa passion viscérale était le rock et le blues, la majorité des grands succès de Johnny sont des chansons d'amour ou des ballades (*Retiens la nuit*, *Derrière l'amour*, *Je te promets*, *Marie…*).

Revenons à *Que je t'aime*, car même son enregistrement s'est déroulé de manière épique ! Johnny Hallyday entra en studio aux alentours d'une heure du matin, déjà très fatigué. « Avec son talent, il connaissait parfaitement la chanson », assure Jean Renard. Démarrant fabuleusement le premier couplet, le rocker s'effondra avant d'avoir pu terminer le refrain. Jean Renard se précipita aux toilettes, rapporta une éponge et la posa sur le front de son chanteur. Johnny le repoussa.

– Arrête tes conneries ! Envoie le deuxième couplet.

Johnny reprit et se donna tellement qu'il en fut à nouveau étourdi. « Il a donné tout ce qu'il avait dans la peau dans cet enregistrement », ajoute Jean Renard, soufflé par la performance. Vous n'écouterez plus jamais *Que je t'aime* de la même manière…

Immense tube de 1977, *J'ai oublié de vivre* n'était pas la chanson préférée de Johnny… ni de son créateur Pierre Billon. « On dit souvent qu'il s'agit de ma plus belle chanson pour Jojo, mais je ne suis pas d'accord. » Johnny Hallyday était même réticent à l'intégrer sur son album *C'est la vie*. « Comme souvent, il est venu à mon bureau à RTL pour me faire écouter ses nouvelles chansons, raconte Monique Lemarcis, programmatrice de la station. Il ne croyait pas du tout au succès de *J'ai oublié de vivre*. Quand je l'ai entendue, je lui ai dit : "C'est ça, LA chanson de l'album." Et je ne me suis pas trompée, c'est devenu l'une des chansons préférées des Français. » Mais pas celle de Johnny… Dans les années 2000, Madame Lemarcis s'étonna de ne pas entendre plus souvent *J'ai oublié de vivre* en concert.

– Je m'ennuie en la chantant, lui rétorqua la star.

Écrire pour Johnny Hallyday a sorti de l'anonymat plusieurs artistes. Choisi pour assurer la première partie lors de la tournée d'été de 1996, Fred Blondin rejoignait Johnny tous les soirs pour chanter *La musique que j'aime* en duo. « On se retrouvait souvent dans sa loge, et Johnny m'avait dit en rigolant de lui écrire un album. Je l'ai pris au premier degré et je me suis empressé de lui écrire plein de chansons. » Johnny sélectionna *Dis-le moi*, future Face B du single *Marie* en 2002, écoulé à 1 400 000 exemplaires, la plus grosse vente de la carrière du rocker pour un deux-titres. « Personne ne connaît ma chanson mais ça m'a permis de bouffer et d'être en vacances pendant cinq ans », s'amuse Blondin, qui avait imaginé cette chanson en voyant le jeune couple que formaient Johnny et Lætícia en 1996. « Je savais que Johnny avait eu de nombreuses aventures différentes avant elle, mais je le voyais bien accroché à Lætícia pendant cette tournée. On sentait que quelque chose de fort naissait entre eux. J'ai essayé de me mettre à la place de Johnny. Si j'avais 50 ans et que j'étais en train de tomber fou amoureux d'une petite gamine de 20 ans, n'aurais-je pas eu peur ? »

Après avoir été inspiré par la relation naissante entre Johnny et Lætícia, Fred Blondin fut ému par la nouvelle paternité du rocker, à l'adoption de Jade en 2004. « C'était super attendrissant de voir Johnny tenir cette petite fille dans ses bras. J'avais la sensation qu'il se sentait vraiment comme un père émerveillé pour la première fois. Laura et David ont eu un père sur les routes qui n'avait pas le temps. Jade a eu plus d'attention. Quand on reçoit quelque chose de génial, on dit toujours "C'est Noël". » Fred Blondin écrivit et composa *Mon plus beau Noël*, tendre ballade dédiée à l'arrivée de Jade dans la famille Hallyday. Mais il n'osa pas la proposer au chanteur… « Je pensais que tout le monde allait lui écrire une chanson sur ce thème. Trois autres de mes chansons avaient été retenues pour l'album *Ma Vérité*, mais finalement, ils en avaient retiré deux au dernier moment, avant de clôturer l'album. J'avais été prévenu par Jean-Claude Camus, et j'avais un peu les boules. Alors j'ai enregistré la maquette de *Mon plus beau Noël*, j'ai pris ma bécane et je l'ai apporté à Jean-Claude. Il a eu la bonne idée de la faire livrer par coursier à Marnes-la-Coquette. Le jour même, j'ai reçu un très long texto de LætICIA qui m'a remercié. Le soir, Johnny m'appelait. "On retourne en studio, on va enregistrer ta chanson." Quand Johnny m'a dit ça, c'était mon plus beau Noël à moi aussi ! » Encore une fois, le destin d'une chanson s'était joué aux dés.

Destin similaire pour la délicieuse ballade *Je t'aime comme je respire*, signée Pierre Grillet. À la veille du dernier jour d'enregistrement de l'album *Sang pour sang*, réalisé par David Hallyday, le parolier d'Alain Bashung reçut un coup de téléphone de Caroline Molko, la directrice artistique. C'est le pianiste Alain Lanty qui avait glissé son nom :

– On cherche une chanson pour terminer l'album de Johnny, indiqua Molko à Grillet. La musique est déjà prête, il nous faut le texte pour demain matin.

Au volant de sa voiture, Pierre Grillet quitta *subito presto* le périphérique et fit demi-tour, direction le studio Mega. « Qui n'a pas rêvé d'écrire une chanson pour Johnny Hallyday ? J'avais déjà raté quelques occasions auparavant. » En écoutant le récit de Pierre, je découvre que la vie de parolier n'est pas toujours de tout repos. Si dans les années 70 Johnny enfermait parfois Labro ou Mallory dans leur chambre d'hôtel américaine ou londonienne pour améliorer leur productivité, Grillet a écrit toute la nuit… dans sa voiture, sur le parking ! « J'avais deux idées, qui ont abouti sur deux chansons. Au petit matin, je les ai mélangées. Johnny revenait d'un enterrement. Il semblait très fatigué, la peau parcheminée. »

– Je n'aime pas la mélodie de cette chanson, souffla Johnny, peu avenant.

– Ça tombe bien, j'ai ajouté un pied donc ça la change un peu, s'aventura Pierre Grillet.

– Ok, je vais essayer.

En présence de David Hallyday – le compositeur – et de l'actrice Sandrine Kiberlain, Pierre Jaconelli dirigeait la séance. Johnny commença à chanter. Un couplet, un refrain… avant de s'arrêter.

– J'la finis ou pas ? s'interrogea Johnny, agacé, peu emballé et pas dans le bon état d'esprit pour chanter quelques heures après un enterrement.

– C'est sublime, s'enthousiasma Sandrine Kiberlain, partenaire de tournage de Johnny dans le film *Love me*.

– OK, j'la finis !

Une seule et unique prise. Johnny n'aura donc chanté qu'une seule fois dans sa vie la délicate chanson-déclaration *Je t'aime comme je respire*.

J'aimerais à présent vous raconter l'histoire de l'un des titres phares du dernier album de Johnny : *Made in Rock'n'Roll*, un titre taillé pour la scène. Surfant sur le réseau social Instagram, Bertrand Lamblot découvrit par hasard une vidéo de Lætitia filmant son homme en train de conduire. Et pendant qu'il conduisait, Johnny écoutait la radio. Et pendant qu'il écoutait la radio, Johnny chantait…

– Let the good times roll ! Let the good times roll ! Ça c'est bien !

Avec Maxim Nucci, le directeur artistique de Warner invita alors ses auteurs à plancher sur une adaptation française du classique de JD McPherson, que Johnny semblait adorer.

« Il était 21 heures à Paris, se souvient Pierre-Dominique Burgaud. J'avais bossé toute la journée sur des chansons pour Johnny. Je venais de descendre les escaliers de mon appartement, manteau sur les épaules pour aller boire un verre avec des amis. Au moment d'ouvrir la porte, j'ai reçu un mail de Bertrand qui me demandait d'écrire urgemment une adaptation de *Let the good times roll.* Tout s'est bousculé dans ma tête et je me suis dit : "C'est l'album de Johnny, tu ne vas quand même pas aller boire un coup". J'avais la chanson originale en tête, et le temps de remonter l'escalier, les mots "Made in Rock'n'Roll" sont apparus dans mon esprit. Alors que ça ne m'arrive jamais, j'ai écrit la chanson en vingt minutes, du premier au dernier mot ! »

À Los Angeles, Bertrand Lamblot réceptionna la chanson et en resta scotché.

– C'est super, c'est exactement ça qu'il faut ! Tu as fait ça en vingt minutes, c'est dingue.

Aux côtés du directeur artistique, Maxim Nucci joua une première version de la chanson, avant de la montrer à Johnny. Au mois de septembre 2017, Johnny était en studio à Paris pour enregistrer *Made in Rock'n'Roll.*

– J'adore chanter ça ! s'extasia le rocker. J'aime beaucoup cette chanson.

En tant qu'auteur de la chanson, Pierre-Dominique Burgaud était présent derrière la vitre. « Johnny était en pleine capacité de ses moyens et de sa voix. Ce jour-là, j'ai cru qu'il allait s'en sortir car il apparaissait en forme. Il chantait avec beaucoup d'enthousiasme, il voulait enregistrer un album rock'n'roll. »

– Je veux d'autres chansons comme celle-ci, l'encouragea Johnny à la fin de ses deux prises d'enregistrement.

Enregistré dans des conditions éprouvantes pour Johnny alors qu'il luttait courageusement contre la maladie, ce dernier disque est malgré tout joyeux, avec des titres imaginés pour briller sur scène. Avec un son rock années 50, le titre éponyme *Mon pays, c'est l'amour* a été écrit par Katia Landréas et composé par Yodelice. « J'écris beaucoup de textes sans forcément les destiner à un chanteur en particulier, raconte Katia Landréas. Un matin, j'ai eu une révélation. Ça a tilté dans ma tête, comme une évidence. Ma chanson *Mon pays, c'est l'amour* était faite pour Johnny. Dans l'agencement des mots, l'attitude du texte, cela m'a paru être lui. J'imaginais ces mots dans sa bouche. Lorsque j'écris, j'aime que ma chanson puisse contenir plusieurs sens, qu'elle touche droit au cœur un maximum de gens. Cette chanson d'amour peut être dédiée à une femme, un mari, un enfant… Mais en réalité, le sens de *Mon pays, c'est l'amour* est l'amour de Johnny pour son public, et inversement. » Katia Landréas décrypte son tube :

Je viens d'un pays où j'ai choisi de naître : Johnny a choisi d'être chanteur, de vivre sur scène.

Je viens d'un pays qui ne m'a jamais quitté : son public, toujours fidèle.

Il est ce que je suis et ce que j'ai fait (« C'est vous qui avez fait Johnny Hallyday »)

Peu importe où je vais il m'y attend déjà : les fans, présents de longues heures avant les concerts devant chaque salle de spectacle.

« Bertrand Lamblot m'avait dit que cette chanson faisait partie des préférées de Johnny, poursuit l'écrivain. Je sais que Læticia l'aimait beaucoup aussi. Maxim Nucci m'avait demandé d'ajouter un couplet afin de coller à sa mélodie. Quand j'ai écouté la chanson finalisée, j'ai pleuré. Maxim Nucci m'a tendu un paquet de mouchoirs qui n'était pas loin, je pense que je n'étais pas la première à fondre en larmes. Quelle voix ! Ce n'était pas un Johnny diminué, pas la voix d'un homme malade. J'étais très heureuse que cette chanson soit joyeuse. La seule chose qui m'a rendu triste, c'est de réaliser que cette chanson ne verrait jamais le jour sur scène. En rappel de concert, ç'aurait été fantastique. »

Au fur et à mesure de mes rencontres avec les plumes hallydéennes, j'ai noté un certain nombre de chansons restées dans les tiroirs pour diverses raisons. Afin de clore ce chapitre, voici l'histoire de quelques tubes en puissance hélas jamais enregistrés.

Je vous aime tant (Pierre Billon). Cette chanson aurait pu figurer sur le dernier album de Johnny. « Il n'a pas eu le temps de l'enregistrer, regrette son ami. On a bossé cette chanson ensemble pendant notre dernier road-trip aux États-Unis. On emmenait toujours une guitare. Il existe un film où on voit Johnny en interpréter une partie. »

Mohammed Ali (Emmanuelle Cosso-Merad - Jérôme Attal / Daran). Attablé dans un café de la place Dauphine à Paris avec Emmanuelle Cosso-Merad, je sursaute en apprenant que Johnny aurait pu chanter à la gloire du plus grand boxeur de tous les temps. « La maison de disques recevait tellement de chansons… Je ne sais même pas si celle-ci est parvenue sur le bureau de Johnny. » Johnny fait pourtant partie des rares privilégiés à avoir vu boxer de ses yeux le champion américain. C'était en 1971, lors d'un fameux combat qui l'opposait à l'Argentin Oscar Bonavena, au Madison Square Garden de New York en compagnie de Philippe Labro. Comme son ami Jean-Paul Belmondo, Johnny a toujours adoré la boxe, au point de la pratiquer pour son plaisir… et en concert ! En écoutant la maquette de Daran, je me prends à imaginer la voix de Johnny conter le destin sans pareil de Cassius Clay, alias Mohammed Ali.

Ne m'en veux pas (Isabelle Bernal - Rémi Lacroix). « Rémi avait composé une mélodie très émouvante sur mon texte, raconte Isabelle Bernal. Je la réécoute parfois. Lætícia l'adorait, Johnny aussi. Il voulait l'enregistrer mais n'a pas eu le temps. C'est triste. Je me console en me disant qu'il adorait. L'idée de la chanson était : "Ne m'en veux pas de partir, j'peux pas rester". Je l'avais pensé pour Lætícia. Se sachant malade, que pouvait-il vouloir dire à la femme de sa vie ? »

Jeff, Joe et toi (Jean Renard). Cette chanson écrite au milieu des années 80 faisait des allusions à plusieurs succès de Johnny. "Fox" m'en a livré quelques paroles :

Jeff, tout comme disait Jacques Brel, non tu n'es pas tout seul.

Oh Jeff, j'en connais un ici qui est bien plus seul que toi.

À force de crier "Mais qu'est-ce qu'elle a ma gueule ?", Quelques fois j'me demande pourquoi tu bois comme ça.

Hey Joe, la nuit n'est pas finie, et le jour me fait peur. Comme disait Thibaut, non y'a pas le feu chez toi.

« C'est l'histoire de ses copains Jeff et Joe, avec qui il boit des coups et fait les 400 coups. J'avais écrit un couplet sur la drogue : "Toi qui m'as donné la mort et qui m'a mis en croix." J'écrivais "la mort en robe blanche", en métaphore de la coke. Ça, Johnny n'avait pas voulu. »

– Je ne sais pas quand je ferai ta chanson, mais je la ferai, a répondu Johnny à son compositeur. À une condition : ne parle pas de coke, dis plutôt que c'est une fille.

Et finalement, Johnny n'enregistra jamais ce titre.

Plusieurs musiciens de tournée ont également tenté de franchir la porte de la loge pour passer dans le monde des auteurs-compositeurs, mais cela n'a pas toujours été simple. « Quand on joue pour Johnny, on est aux premières loges, raconte le pianiste Michel Amsallem. Mais en tant que musicien, c'est toujours délicat. Les chanteurs vous connaissent en tant que musicien, ils n'imaginent pas forcément que vous soyez un bon compositeur. Alors on hésite à frapper à la porte… J'ai eu le même souci quand j'ai commencé à écrire pour Eddy Mitchell. » Finalement, en plein *Cadillac Tour* (1990-91), le pianiste osa proposer sa cassette à la star. Quelques jours plus tard, il dut s'exécuter à nouveau, Johnny ayant perdu l'enregistrement. Mais un soir, en le croisant dans les coulisses d'un zénith, la petite amie – non identifiée ! – de Johnny lui glissa :

– On a écouté ta chanson dans la voiture, c'est super !

Michel Amsallem fut convoqué dans la loge.

– J'aime beaucoup ta chanson mais je voudrais que tu refasses ton couplet, un peu plus blues.

« C'était un échange assez émouvant, se souvient le pianiste, nostalgique. Cela m'avait fait hypra plaisir. J'aurais adoré qu'il la chante. Mais finalement, j'ai été noyé par la concurrence. » Effectivement, dans l'album enregistré par Johnny en 1991, les plumes hallydéennes s'appelaient Patrick Bruel, Chris Rea, Bryan Adams ou Jon Bon Jovi…

CHAPITRE 3

LA FOLIE DES SIXTIES

Playlist du chapitre :

Laisse les filles (1960)
L'Idole des jeunes (1962)
Pour moi la vie va commencer (1963)
Johnny, reviens ! (1964)
La génération perdue (1966)

Il est temps d'opérer le plus grand retour en arrière du livre. Un voyage inéluctable, haletant, orchestré par les gardiens d'une époque vieille désormais de plus de soixante ans. Ces témoins précieux conservent une vitalité rare et la mémoire précise – sans doute parce qu'ils ont déroulé le fil de leur existence en regrettant cette décennie écoulée plus vite qu'une seule année. Anonyme adolescent se roulant par terre ou collaborateur rêvant d'être payé à éponger le front de la vedette, tous racontent les *sixties* comme une étourdissante course de vitesse. Au rythme de sa progression fulgurante, le chanteur Hallyday est devenu tour à tour *Prince du tumulte*, *Idole des jeunes* et copain préféré des jeunes Français. Souvent avec lui, Triumph et Ferrari ont terminé leur course dans le mur. Johnny – l'artiste – aussi. Salles vides. Désenchantement. Chagrin d'amour. Nouvelles modes. Renaissance. À chaque fois, la jeune vedette changeait de peau aussi vite qu'elle s'offrait un nouveau bolide à la moindre éraflure. Johnny Hallyday a appris dès le début des années soixante qu'il fallait couler au plus profond pour remonter plus haut que la surface – et que ses concurrents. Par exemple, sachez que le jeune chanteur de 23 ans était dans un état de désespoir total lorsqu'il enregistra – en une seule prise – *Noir c'est noir*.

J'avoue avoir ressenti de la jalousie en écoutant ces vieux fans faire défiler leurs souvenirs des récitals de Johnny à l'Olympia au début des années soixante. Ils ont tout connu ! N'avez-vous pas l'impression – parfois – de vous être trompé d'époque ? Être nostalgique de ce que l'on n'a pas vécu…

Né en 1973, Thomas Dutronc vit aussi dans le fantasme de cette décennie révolue. Véritable enfant des *sixties*, Thomas est fils de yéyé comme on est fils de boulanger. Au même titre que David Hallyday, Thomas Dutronc est né de l'union de deux immenses vedettes de la chanson française : Françoise Hardy et Jacques Dutronc. « L'image des sixties est si forte que je regarde toujours mes parents comme s'ils avaient vingt ans, confie Thomas Dutronc. C'était la même chose avec Johnny. Malgré les folies et les vicissitudes de sa vie, je le percevais comme un éternel adolescent amoureux du rock'n'roll, d'Elvis Presley et James Dean. J'aime les *sixties* parce que c'est l'époque de mes parents, mais aussi car cela représente l'âge d'or de la France – si l'on met de côté les horreurs de la guerre d'Algérie. C'était l'innocence, la courtoisie. Les jeunes ne connaissaient ni le chômage ni le SIDA. Les Français découvraient la libération sexuelle, tout le monde couchait avec tout le monde, pas dans le but de faire des orgies mais par envie de s'aimer, de se lâcher le corps et l'esprit. Mes parents et Johnny ont vécu cette époque-là à fond. Cette légèreté de mœurs fait rêver. C'était *Le temps de l'amour*, comme le chantait ma mère. Ce que j'ai aimé chez Johnny, c'est qu'il a donné l'impression d'être le digne représentant de cette époque tout au long de sa vie. Sur scène, Johnny pouvait écraser n'importe qui mais ne le faisait pas. Il conservait ce fond léger des *sixties*, des types qui ne se prennent pas au sérieux. Il avait beaucoup de tendresse pour moi, un peu comme un oncle. Mes parents – qui adolescents vivaient dans le même quartier que Johnny à Paris – m'ont beaucoup parlé de cette période. J'ai passé tant d'heures à les écouter que cela reste cher à mon cœur. Johnny venait d'un milieu modeste comme ma mère. Mon père avait reçu une éducation différente, il était plus cultivé. Johnny Hallyday avait la simplicité du mec du peuple qui touchait les gens. Lors du spectacle des *Vieilles Canailles*, j'avais insisté auprès de mon père pour qu'ils jouent un medley spécial *sixties*. Mais eux avaient vécu cette époque et progressé artistiquement, ils n'avaient pas envie de refaire ces trucs-là. »

Ces trucs-là, c'étaient les premiers pas du rock'n'roll en France. Quand il fallait demander à un incrédule batteur de jazz de taper plus fort sur sa batterie. Ou quand un guitariste devait interrompre son solo pour empêcher une meute de jeunes filles hystériques de plaquer Johnny Hallyday sur scène.

Avant les premiers succès à l'Olympia, Johnny s'était fait remarquer autour du jukebox du Golf Drouot, à la toute fin des années 50. Beaucoup le découvrirent par hasard et resteraient marqués à vie par ces quelques minutes de stupeur. « La première fois que j'ai vu Johnny, c'était un adolescent de 15 ou 16 ans, indique Mina, née en 1931, douze ans avant Hallyday. Je me promenais dans les rues de Paris avec une amie, nous sommes entrés au Golf sans but précis. Johnny était entouré d'un groupe de jeunes, avec notamment le futur Eddy Mitchell. Johnny chantait en même temps que le jukebox. Il couvrait la musique tant il y allait fort. Nous étions abasourdies. "C'est qui ces mecs ?" Nous sommes restées sans réaction devant ces drôles de gamins, dont la présence étonnante tranchait avec les chanteurs que nous connaissions. C'était l'époque des grandes vedettes de la chanson française (Piaf, Brassens...). Après cette première approche, je n'ai jamais cessé de suivre les aventures de Johnny. À chaque apparition télévisée, la France entière se scandalisait, y compris dans ma génération. J'étais l'une des rares à écouter *Salut les Copains*. Mes amis trentenaires me toisaient... "C'est qui ce fou ? ", "Il ne tiendra pas la route !" Autour de ce jukebox, qui pouvait imaginer une telle carrière ? Pas même ceux qui croyaient le plus fort en lui. » Saisie par la folie de ce gamin qui hoquetait sur *Tutti Frutti*, Mina n'aurait objectivement pas pu prévoir qu'à 83 ans, elle reverrait encore Johnny Hallyday en concert aux Arènes de Nîmes en 2015.

Dans ce golf miniature où tout le monde venait danser plutôt que jouer, le célèbre Tony Frank y réalisa ses tout premiers clichés : « J'avais deux ans de moins que Johnny. Il était déjà une idole du Golf quand je prenais encore des cours de photographie. Comme tout le monde, Johnny s'y rendait pour flirter. L'alcool étant interdit au Golf Drouot, cela ne dégénérait jamais. Je me suis fait virer une ou deux fois par l'épouse d'Henri Leproux car j'étais trop jeune pour entrer. Je fabriquais alors de fausses cartes d'identité. Pour m'exercer, je photographiais Johnny pendant qu'il dansait le twist ou le rock'n'roll. Malheureusement, j'ai perdu les négatifs... » Le futur animateur de radio Sam Bernett faisait partie de la même génération que Tony Frank. « On était des minots. Les grands, c'était Johnny, Eddy, Long Chris... Je ne faisais pas partie de la même bande, mais Johnny m'a reconnu physiquement lorsque j'ai débuté mes reportages à RTL. Je dois avouer que je n'appréciais pas vraiment la musique de Johnny à ce moment-là. Ayant passé une partie de mon adolescence en Irlande, j'étais en avance sur les jeunes français : je connaissais déjà très bien le rock américain et le rock anglais. Je m'en suis d'ailleurs ouvert à Johnny lorsque nous sommes devenus amis. À l'époque du Golf Drouot, sa voix n'avait pas encore mué et il était en dessous des chanteurs anglo-saxons. Toutefois, il gigotait sur scène d'une telle manière que c'était exceptionnel pour la jeunesse française qui n'avait aucune ouverture sur l'Amérique. »

Avant de s'imposer comme le plus grand chanteur de son temps, l'adolescent Jean-Philippe Smet s'est heurté à beaucoup de défiance et à de nombreuses portes fermées. « À la fin des années cinquante, j'ai passé une audition pour jeunes chanteurs, raconte Jacques Revaux. Johnny passait juste derrière moi. Il était jeune, beau, magnifique. Je me souviens qu'il avait multiplié les déhanchés en imitant Elvis Presley. J'ai été pris pour un contrat de quinze jours. Pas lui ! Durant ces années-là, je croisais souvent Johnny avant qu'il ne soit connu. Nous avions d'ailleurs eu la même fiancée à tour de rôle – une coiffeuse de la place Pigalle. À la fin des années soixante, la tournée de Johnny cassait déjà la baraque. En plein service militaire, j'avais fait le mur pour assister à son concert au Palais des sports de Toulouse. »

Dès ses premières apparitions médiatiques, Johnny n'a laissé personne insensible : scandale ou admiration. Dans les deux cas, ces deux sentiments étaient nourris d'une passion déraisonnée. « À l'âge de 11 ans, j'étais malheureuse dans mon internat, raconte Nadine Kerwyn. J'écoutais la radio par le biais d'un minuscule transistor, caché sous mes couvertures pour braver l'interdiction. Un soir, j'ai entendu Johnny parler puis chanter. Je suis devenue fan aussitôt ! Les externes avaient vu l'émission à la télévision la veille et m'avaient raconté qu'il se roulait par terre. Par la suite, je prétextais d'aller aux toilettes pour essayer d'écouter la radio, au cas où Johnny repasserait. Johnny a été mon sauveur. » Sous le charme de cette voix à peine audible sous sa couette, la jeune enfant belge réussit à persuader sa mère de l'emmener au *Ciné Music Hall* de Mouscron afin d'assister à son premier concert, le 17 octobre 1961. « Avant de découvrir Johnny, j'appréciais Gilbert Bécaud pour sa nervosité. Quelle révolution... je retrouvais le même en plus moderne ! Maman trouvait qu'il exagérait à se jeter au sol. Cependant, elle a compris que ça me libérait intérieurement. J'ai adhéré au fan-club belge dès l'année 1961. J'obligeais mes parents à m'amener au moindre concert prévu dans notre zone géographique, en Belgique mais aussi dans le Nord de la France : Lille, Roubaix, Tourcoing, Amiens, Cambrai... Mon père conduisait et buvait un verre à l'extérieur en attendant la fin du gala. À l'internat ou à la maison, j'occupais le moindre de mes moments à chercher des revues, découper et coller tous les articles en rapport avec *lui*. Aujourd'hui, j'en ai des cartons entiers ! Je n'aurais pas assez de quatre vies pour trier tout ça. »

Évidemment, ce jeune garçon turbulent a suscité des vocations. Le guitariste Paul Personne avait onze ans lors de la première émission de télévision de Johnny avec Line Renaud. « Quand je l'ai vu chanter *Laisse les filles* à genoux, j'ai senti que de nouvelles perspectives s'ouvraient devant nous. Personne n'avait osé de telles excentricités. Mes parents ont aussitôt détesté. Je suis allé acheter mon premier 45 tours – *Souvenirs, souvenirs* – au Monoprix d'Argenteuil. C'était mon rock'n'roll à moi. Il se passait des choses aux États-Unis dont on entendait vaguement parler mais on avait ce mec, en France, qui représentait tout ça. Ce côté rébellion : je braille et je me roule par terre avec ma guitare ! Il était hyper subversif et avait tout pour plaire à la jeunesse française et pour hérisser le poil de nos parents. Ensuite, j'ai acheté *King Creole* d'Elvis Presley. Mais sur le moment, ça ne m'a pas touché car je ne comprenais rien à l'anglais. Je préférais *J'suis mordu* ou *Elle est terrible*, car ça me racontait une histoire. »

Certains futurs grands fans choisirent d'abord Johnny Hallyday par défaut. En juillet 1960 lors d'un séjour touristique en Allemagne, Xavier Louy entendit l'air de *Souvenirs, souvenirs* en langue de Goethe dans une surprise-partie. Une fois rentré à Paris, il se précipita chez son disquaire pour lui demander le vinyle. Introuvable ! Le marchand lui proposa en substitut la version française d'un certain Johnny Hallyday. « J'étais très surpris en découvrant ce jeune garçon en combinaison fuchsia, à genoux avec sa guitare. Je n'ai même pas osé le montrer à mes parents. Dans mon école du XVIe arrondissement de Paris, personne ne parlait de ce chanteur. » Xavier Louy finit toutefois par écouter en boucle *Souvenirs, souvenirs*, puis les autres hits : *Bien trop timide*, *Tu parles trop*, *Kili Watch*... « Fin 1961, j'étais bel et bien accroc. »

Johnny Hallyday se produisit pour la première fois à l'Olympia en septembre 1961. Jacques Verrecchia était déjà là, du haut de ses douze ans. « Johnny était un peu surnaturel, avec quelque chose en plus. Je ressentais comme des frissons qui passaient de la scène au public. À cette époque, je ne connaissais rien. Je ne savais même pas que cette musique existait aux États-Unis. Ce concert fut pour moi une révélation. J'avais une formation classique de piano, mais mon envie de faire du rock'n'roll et de jouer dans un groupe est née à ce moment-là. »

Un an plus tard, Joël Mazevet découvrait à son tour le phénomène Hallyday, lui aussi à l'âge de 12 ans. « Un copain m'avait emmené à l'Olympia. J'aimais ses chansons, mais sur scène, c'était autre chose. J'en garde un souvenir merveilleux car Johnny m'avait touché la main ! Ce soir-là, j'avais signé pour la vie. J'ai retapissé ma chambre de photos de Johnny. Ce n'était pas vraiment la tasse de thé de mon père, qui écoutait Tino Rossi et Jean Ferrat. Mes parents ont malgré tout accepté ma passion. S'ils m'avaient interdit d'aller aux spectacles, je m'y serais malgré tout rendu. » Joël Mazevet allait d'ailleurs braver plusieurs fois les interdits pour accéder à l'intimité de son idole. « À l'Olympia, je me faufilais dans les coulisses pour l'apercevoir dans sa loge. Souvent, je me faisais jeter dehors par la sécurité ! Un soir, je m'étais même caché dans le parking pour le voir dans sa voiture. J'aimais le photographier, notamment dans la rue. Inévitablement, ma main tremblait à chaque fois. En le vouvoyant très respectueusement, je lui demandais la permission. Johnny ne refusait jamais rien. Pourtant, qu'est-ce que nous étions pénibles ! À l'entrée ou à la sortie de l'Olympia et des studios d'Europe N°1, nous étions toujours des dizaines. À chaque fois, Johnny nous remerciait d'être venus. »

Afin d'illustrer notre entretien, Joël Mazevet m'a apporté son album souvenir épais comme un triple annuaire, véritable roman-photo de la vie de Johnny Hallyday, presque seconde par seconde. Ancien attaché de presse de l'Idole des jeunes, Claude Pierre-Bloch se souvient du souci provoqué par ces cohortes de jeunes adolescents excités par le charisme de Johnny. « Chaque concert était un concentré d'hystérie collective. Il n'y avait jamais plus de trois ou quatre vigiles, ce qui n'était pas suffisant. J'assistais au gala en bord de scène, afin de surveiller ceux qui voulaient grimper pour arracher un souvenir. Pour un bout de chemise ou une mèche de cheveux, certains étaient prêts à faire le coup de poing ! Nous devions les repousser. » Les intéressés confirment, même la timide Nadine Kerwyn : « Nous dansions, nous nous bagarrions. Chacun poussait l'autre encore plus fort afin d'approcher le plus possible de la scène. » « Il n'y avait absolument aucune limite dans la relation entre Johnny et son public », conclut Sacha Rhoul.

En 1962, Johnny rencontra tour à tour le réalisateur Claude Lelouch et le photographe Jean-Marie Périer. « Johnny était déjà une immense vedette, confie Claude Lelouch, réalisateur du scopitone *L'idole des jeunes*. Le premier rendez-vous avait été fixé à Épinay-sur-Seine à midi. Johnny nous a rejoints à

19 heures ! On devait tourner en plein jour, mais il faisait déjà nuit à son arrivée. Il pleuvait, mais nous avions très peu de temps pour tourner. C'est ainsi que le scopitone de Johnny fut réalisé de nuit et sous la pluie ! »

« J'avais rendez-vous chez lui avenue Paul-Doumer, raconte Jean-Marie Perier. Un homme me fait traverser des pièces aux moulures bourgeoises, puis nous pénétrons dans une chambre sombre dans laquelle il m'intime l'ordre d'attendre. Les bruits de l'extérieur sont étouffés par d'épais rideaux, j'attends sans bouger. Au milieu de la pièce, je distingue maintenant un lit de trois mètres. Au centre il y a les cheveux blonds de Johnny en plein sommeil. Sans faire de bruit, je m'assois sur une chaise. Des vêtements traînaient par terre, il s'en dégageait un puissant parfum d'eau de Cologne. Je ne suis pas particulièrement timide, mais c'est quand même la première fois que je me trouve dans la chambre d'un inconnu endormi. N'osant sortir, je reste un long moment assis. À un moment il se met à bouger. Il se réveille très vite et aussitôt il s'assoit sur le rebord du lit. Il lève les yeux vers moi, nullement surpris par ma présence, puis il attrape une cigarette sur la table de nuit et me dit calmement : "T'as pas du feu ?" Comme si on se connaissait depuis toujours. Après quoi j'en ai pris pour cinquante ans. »

Partout en France, les jeunes rêvaient de Johnny… Y compris les artistes en herbe. « Johnny a été l'homme de ma vie professionnelle, sourit Manou Roblin plus de cinquante ans après l'écriture de ses tubes. J'ai attaqué mon métier par le sommet de l'Himalaya alors que je n'avais pas 20 ans. » En 1962, la jeune auteure signa l'adaptation française de *A hundred pounds of clay*, destinée à Dalida : *Avec une poignée de terre*. « J'écoutais *Salut les copains* avec une amie, quand nous avons entendu la chanson. »

– Mais ce sont mes paroles ! s'est écriée Manou Roblin. Mais c'est Johnny Hallyday !

– Qu'est-ce que tu racontes, Manou ?

Une demi-heure après, Europe N°1 passait une deuxième version de la chanson : celle de Richard Anthony. « Je faisais des bonds dans ma chambre ! Je n'en revenais pas que Johnny ait interprété mon texte. J'ai eu l'explication plus tard : Lucien Morisse s'était fâché avec Dalida – sa compagne – et en avait profité pour donner la chanson à Johnny et Richard Anthony. » Dalida finirait aussi par l'enregistrer. À l'Olympia en 1962, la nouvelle idole des jeunes intégrait le morceau à son tour de chant. « Un rayon bleu descendait sur lui, c'était fantastique. Il en a chanté une partie à genoux. » À l'entracte, la timide Manou Roblin obtint le privilège de rencontrer Johnny dans sa loge, alors que la jeune vedette se faisait masser.

– Bonjour, je suis Manou Roblin, j'ai écrit pour vous *Avec une poignée de terre*.

– La chanson est très bien, répondit Johnny.

« C'est tout ce que nous nous sommes dit, mais j'étais sur un petit nuage ! »

L'année suivante, Johnny participait à la turbulente Nuit de la Nation, le 22 juin 1963, devant plus de 150 000 jeunes spectateurs déchaînés. Caché dans un panier à salade[4] Johnny eut toutes les peines du monde à accéder à la scène surchauffée par ses amis yéyé et sa fiancée Sylvie. « Nous attendions tous ce grand moment, frétille Xavier Louy, dont c'était le premier concert. J'étais loin du podium, je voyais Johnny en biais, le son était épouvantable mais j'en étais rentré ébloui, fier d'avoir participé à cet événement fondateur du mouvement yéyé. Les plus téméraires grimpaient aux arbres, escaladaient les lampadaires. Nous étions déjà dans l'esprit des concerts-communions

4 *Surnom donné aux cars de police.*

que Johnny orchestrerait plus tard. Les gosses de Passy se mélangeaient à ceux de la Nation. C'était un grand rassemblement inédit, gratuit. » Après plusieurs débordements, plusieurs éditorialistes courroucés avaient lâché leurs plumes, à l'image de Philippe Bouvard dans *Le Figaro* du 24 juin 1963 : « Quelle différence entre le twist de Vincennes et le discours d'Hitler au Reichstag ? » *France Soir* précisait de son côté la différence entre « 149 000 copains » venus voir Johnny Hallyday et « 1 000 voyous ». « Je me souviens de quelques vitres cassées dans le métro, mais ce n'était rien de méchant, reprend Xavier Louy. Évidemment, mes parents m'ont interrogé à propos de mon idole : "Mais qu'est-ce que c'est que ce *blouson noir* ?" Un peu plus tard, Johnny s'est habillé en smoking pour devenir un peu plus fréquentable. Il a chanté des titres comme *Retiens la nuit* que l'on pouvait se permettre de faire écouter aux parents. »

Pour devenir respectable, Johnny a aussi dû accomplir son devoir de jeune citoyen : le service militaire. Inquiet de s'éloigner de son public pendant plus d'un an, la jeune idole prépara scrupuleusement son spectacle d'au revoir, afin de laisser une image forte aux Français. Première étape : engager de nouveaux musiciens afin d'obtenir un son plus rock'n'roll, plus moderne. La fin de l'année 1963 marque la naissance d'un groupe mythique des jeunes années de Johnny Hallyday : *Joey and the showmen*.

Cinq ans avant d'écrire ce livre, j'ai eu le privilège de rencontrer Joey Gréco, guitariste virtuose des *Rocks les plus terribles*. Dans l'ancienne maison de Bobbie Clarke – le batteur du groupe - nous avons fait apparaître les fantômes de cette douce et rock'n'roll époque. Debout dans la cuisine, Joey répond à mes questions en mimant ses solos de guitare, hurlant le refrain de *Rien que huit jours*. De 1964 jusqu'à son tragique décès accidentel en février 2020, la nostalgie ne l'a jamais quitté... Tout au long de sa vie, Joey a rêvé que Johnny lui téléphone pour lui proposer de réintégrer son groupe.

Retournons au commencement…

Automne 1963. *Trudi Hiller club*, quartier de *Greenwich Village* à New York. Comme six soirs sur sept, Joey Gréco se produisait sur scène avec son groupe, dont faisait partie le bassiste Ralph Di Pietro. Attentif, Joey avait remarqué la présence de spectateurs inhabituels. « Juste avant que je commence à jouer, j'ai vu ces types se lever, comme s'ils partaient. J'ai envoyé un riff, et ils sont restés jusqu'au bout du show. On jouait exclusivement du rock'n'roll. À 3 heures du matin, il ne restait plus que ce groupe de Français qui a fini par s'avancer vers moi. »

– Ce gars va devenir l'une des plus grandes stars françaises, dit Lee Hallyday. Il voudrait que tu diriges son groupe.

– Bonjour, je m'appelle Johnny Hallyday. J'aimerais que tu viennes en France avec moi.
– Je ne saurai pas où loger, bredouilla Joey, surpris.
– On va te dénicher un appartement à Paris, le rassura Johnny. Ne t'inquiète pas pour l'argent.
– Je ne peux pas abandonner mon bassiste. Je lui ai tout enseigné. Je lui ai appris le rock'n'roll, on joue ensemble tous les soirs, ses progrès sont fulgurants.
– J'aime bien ton bassiste, répondit Johnny. Pas de problème, il vient avec nous.

« Une semaine après, notre contrat était signé et nous commencions les répétitions, continue Joey Gréco. Dans l'ensemble, le groupe de musiciens de Johnny n'était pas très rock'n'roll. Marc Hemmler était un bon pianiste. Claude Djaoui était un guitariste de jazz, je lui ai enseigné la rythmique du rock'n'roll. En revanche, Ralph et moi avions été soufflés par Bobbie Clarke. Quel batteur fantastique ! Il respirait la musique. Il ressentait ce qu'il jouait et pouvait accompagner n'importe quel morceau sans partition. »

Chef d'orchestre de *Joey and the showmen*, Gréco façonna à son image le nouveau groupe de Johnny, en réarrangeant les "anciens" tubes. « J'ai toujours ressenti le rock'n'roll comme on est saisis par l'électricité. La qualité de la musique est importante, son expression aussi. Le rock'n'roll, c'est de l'excitation et de la joie. J'avais remarqué que Johnny avait ce feu en lui. Comme je ne comprenais pas le français, j'avais du mal à apprécier ce que nous jouions lors des premières semaines de répétition, et je n'étais pas convaincu par tous ses musiciens. Mais plus j'ai vu Johnny chanter, plus j'ai réalisé qui il était : un mec avec le feu sacré du rock'n'roll dans ses tripes. C'est pour cela que j'ai cherché à atteindre la perfection, car son immense talent méritait un bon groupe de musiciens. Je me heurtais parfois aux habitudes des personnes en place. Eddie Vartan ne voulait pas que j'annote l'introduction de *Pour moi la vie va commencer.* »

– Fais ce que te dit Joey, intervint Johnny en faveur de son guitariste new-yorkais.

« Nous discutions beaucoup du choix des chansons, poursuit Joey. Johnny avait de très bonnes idées mais il demandait toujours mon avis. Je lui ai proposé plusieurs morceaux à adapter : *Carole*, *Johnny B. Goode*, *Susie Lou*... Johnny, lui, voulait absolument chanter *Les guitares jouent* et *Frankie & Johnny.* »

Afin d'écrire les paroles françaises de ces classiques du rock'n'roll, Johnny choisit Manou Roblin, qui avait entre-temps écrit des succès pour Sylvie Vartan. « Les textes de Manou sont super, tu devrais l'appeler », avait conseillé Sylvie à son fiancé. « À l'époque, je n'avais pas le téléphone, indique Manou Roblin. Quand on voulait me joindre, il fallait laisser un message au restaurant situé en face de chez moi. »

– Manou ! s'égosilla la patronne. Johnny Hallyday est au bout du fil, il t'attend ! Dépêche-toi !

C'était la révolution dans le restaurant.

– Bonjour Manou, j'aimerais faire un essai avec vous. Allez acheter le disque *Forty days* de Chuck Berry, écrivez les paroles ce week-end et venez lundi à l'Olympia. Surtout, ne tenez pas compte de l'idée originale du texte américain.

Évidemment, la jeune artiste s'exécuta et se présenta boulevard des Capucines, où Johnny chantait accompagné de ses *Showmen*.

– J'ai rendez-vous avec Johnny Hallyday, osa la jeune fille.

– Et moi avec le Pape, s'esclaffa le vigile de l'Olympia. Circulez !

– Laissez-la passer, c'est un auteur de Johnny, intervint Lee Halliday.

Rouge de timidité face à ce garçon peu bavard, Manou Roblin entra dans la loge et chanta son adaptation du rocker du Missouri : *Forty (40) days* était devenu *Rien que huit jours*.

– Ouais, ça me plaît, accepta Johnny.

« Il n'en a pas changé une ligne et l'a aussitôt ajouté à son spectacle de l'Olympia. Il connaissait déjà la musique par cœur. En sortant, il m'a demandé de lui écrire d'autres chansons. »

Chaque soir ou presque, Manou Roblin s'est ainsi précipité à l'Olympia afin de voir la jeunesse française se rouler par terre au son de *Rien que huit jours*. « Cette série de spectacles à l'Olympia était très émouvante, car nous savions que Johnny partirait au service militaire dans la foulée », précise Xavier Louy. « 1964, c'est le meilleur Olympia de Johnny, assure Joël Mazevet. Joey et ses *showmen* avaient un son d'une incroyable modernité pour l'époque. Au milieu de la chanson *Memphis*, Bobbie Clarke assurait un solo de batterie exceptionnel, en jetant ses baguettes en l'air. Inoubliable ! Dans la salle, c'était la folie : tout était permis. »

– *Je n'en peux pluuuus !* hurla Johnny à l'issue du spectacle.

« Ce n'était pas du théâtre, reprit Joël Mazevet, mais la vérité. Il ne tenait plus debout ! Johnny donnait tout ce qu'il avait, il nous rendait hystériques. Quand il se roulait par terre, on devenait complètement fous. Il avait de surcroît toujours un geste pour son public, la main tendue afin qu'on la lui serre. » « C'était le côté très fort de Johnny, ajoute Xavier Louy. À la différence de Sylvie Vartan ou Cloclo qui récitaient leurs disques sur scène, Johnny livrait un show, un véritable question-réponse avec ses fans. »

En spectacle, Joey Gréco découvrait aussi le phénomène Hallyday, très éloigné de l'ambiance de ses clubs new-yorkais. Avant de monter sur scène, le jeune français l'avait prévenu : « Joey... C'est précisément pour ce spectacle que j'ai voulu t'engager. L'Olympia, c'est très important pour moi. » Joey Gréco s'en émeut : « L'Olympia 1964 fut l'expérience la plus forte de toute ma vie. Johnny s'améliorait soir après soir. Il est devenu une star sous nos yeux. Il maîtrisait son public avec une force fantastique. C'était l'hystérie collective. On avait beau monter dans la voiture, les gens la secouaient, cognaient les vitres. Les filles étaient incroyables. D'ailleurs, je suis surpris de ne pas m'être marié avec une Française ! »

Du 6 février au 15 mars 1964, Johnny et ses musiciens ont torpillé les bases de la musique française pour livrer un show méga rock'n'roll jamais entendu jusqu'ici. « Joey & the showmen, c'était le summum sur scène, il n'y avait pas au-dessus, précise Jacques Verrecchia. L'introduction d'*Excuse-moi partenaire* par Joey Gréco, c'était d'un autre monde. » Désormais debout dans la cuisine de Bobbie Clarke, devant mon micro, Joey reprend son récit enflammé : « Certains soirs, les Beatles s'installaient au balcon pour nous regarder jouer, y compris durant les répétitions, reprend Joey. Sammy Davies Jr était là aussi. Au bar de l'Olympia, nous buvions des coups avec John Lennon et Ringo

Starr. Johnny avait fait écouter le disque de *Joey & the showmen* à Paul McCartney. Un soir, Ringo Starr avait chambré le bassiste Ralph Di Pietro, lequel avait beaucoup trop bu. »

– Quand je rentrerai à la maison, j'épouserai Louise, chantonnait le bassiste alcoolisé.
– Te marier, ça ne va pas ? rétorqua Ringo. Tu es musicien, tu dois avoir une *girlfriend* dans chaque ville.

S'était ensuivi un vif débat à propos de leur suprématie nationale.

– Les voitures anglaises sont les meilleures du monde, certifia Ringo Starr. Il n'y a aucun débat.

– J'ai une Ford à New York, je t'assure que c'est bien mieux, s'emporta Di Pietro.
– Oh, vous les Américains, vous ne savez pas boire. Vous consommez de la mauvaise bière. En Grande-Bretagne, nous ne buvons que les meilleurs whiskies.
– Je peux boire tout ce que tu m'apporteras !
– Calme-toi un peu, s'inquiéta Joey Gréco, jusqu'ici spectateur de la scène.
– Apportez-nous du scotch, commanda Ringo Starr à la serveuse.

Le batteur des Beatles a servi de grands verres de whisky comme s'il s'agissait de jus de fruits.

– Okay, Ralph ? Cul sec !
– Ralph, mais qu'est-ce que tu fabriques ? s'étonna Johnny.
– Ton bassiste est un bon gars, s'amusa Ringo Starr. Apportez-lui du café !

« Chaque soir après les shows, l'ambiance était similaire, sourit Joey Gréco. Nous dînions ensemble jusqu'à ce que chacun disparaisse avec une fille. »

Sitôt les cinquante-sept représentations de l'Olympia terminées, Johnny et son groupe repartaient sur les routes. C'était l'époque des tournées mouvementées, quand l'arrivée en voiture du *Prince du tumulte* était redoutée dans chaque ville de province. « Johnny se bagarrait souvent mais ce n'était jamais sa faute, certifie Claude Pierre-Bloch. À chaque endroit, il se heurtait aux soûlards du coin qui le traitaient de *pédé*. Les gros bras voulaient se payer Hallyday pour montrer à leur nana qu'ils étaient courageux. Forcément, cela entraînait des bagarres insensées. Je me souviens de la rixe du Café de la gare de Perpignan : Johnny s'efforçait de garder son calme pour ne pas répondre aux provocations. Un excité lui a balancé un cendrier derrière la nuque. Johnny s'est levé et lui a enfoncé son poing dans la gueule. Le type a porté plainte, nous sommes allés jusqu'au procès. Mon père – Jean-Pierre Bloch – s'est rendu au tribunal afin de jurer que Johnny n'était pas un bagarreur. »

Parfois, les proches de Johnny tentaient de prendre sa défense. « Après un gala en province avec Sylvie Vartan, nous dînions tous ensemble au restaurant, raconte Joey Gréco. De l'autre côté de la grande salle, quatre hommes d'une trentaine d'années nous regardaient l'air mauvais. "Hey, Sylvie *baby* !", "Sylvie, viens-ici avec nous !" Johnny leur a répondu d'une voix forte en réponse aux habituelles provocations : "Taisez-vous". Les quatre types se sont levés en direction de la table des vedettes. Ils étaient de plus en plus agressifs. Johnny en a attrapé un par le col et l'a frappé. Je me suis levé à mon tour. Un type s'apprêtait à frapper Johnny par derrière. Je lui ai expédié deux énormes coups de poing. Nez cassé. "On s'en va" a sifflé Johnny alors que la police arrivait. Johnny était en colère contre moi parce que j'avais été trop loin. Ces coups de poing, ça lui a causé beaucoup de tort. »

Au *Beacon Theatre* de New York en 2012, Johnny Hallyday avait retrouvé son vieux copain Joey Gréco et l'avait présenté à

Lætica et ses nouveaux musiciens :

– Vous savez, Joey était un grand boxeur dans notre jeunesse. Il m'a souvent mis dans de sales draps. Un soir, il a cassé le nez d'un type, ça m'a coûté cher.

– Johnny, c'est toi qui avais donné le premier coup, murmura Joey Gréco.
– C'est vrai, sourit Johnny.

« Depuis toutes ces années, c'était la première fois que j'osais dire à Johnny que je m'étais battu pour le défendre », m'avoue Joey.

Après la tournée, Johnny Hallyday et ses musiciens entrèrent en studio pour enregistrer un album collector : *Les rocks les plus terribles.* Moderne en 1964 et toujours pas poussiéreux en 2020, cet opus rock sans concession est un totem sacré. « Aussi bon qu'était cet enregistrement, il aurait pu être encore meilleur, regrette Joey Gréco. Ça allait beaucoup trop vite. À peine une chanson terminée, on passait à la suivante. » Pourtant, cet opus reste aujourd'hui une référence de l'édification du rock'n'roll en France. « La Fender de Joey Gréco sonnait de manière exceptionnelle dans cet album, encore mieux qu'à l'Olympia », analyse Xavier Louy. « Le rock était ma musique alors je me sentais à l'aise pour écrire ces chansons, indique Manou Roblin, auteur de la quasi-totalité de l'album. Je suivais une règle : ne pas traduire l'original américain, mais créer, inventer une nouvelle histoire en français. »

Le jeune rocker avait réussi son pari : éblouir ses fans juste avant d'intégrer le 43e régiment blindé d'infanterie de marine d'Offenburg. Désormais, Johnny Hallyday s'appellerait Sergent Smet. Un soldat comme les autres ? Pas tout à fait… Grâce au récit d'un gradé et d'un bidasse qui m'ont ouvert leurs portes, je vous propose de nous plonger dans le quotidien du chanteur devenu militaire.

Pendant seize mois, René Hivert avait suivi Johnny à la trace : « J'avais été chargé par Pierre Messmer, ministre des Armées, de m'occuper de l'image de Johnny pendant la totalité de son service. Il voulait faire un pendant avec Elvis Presley, qui avait servi cinq ans auparavant à Francfort. Notre idole des jeunes devait renvoyer l'image d'un jeune homme engagé suivant son service militaire comme tout le monde. Lorsque nous étions contactés par des agences de presse ou des télévisions, je passais un coup de fil à Messmer qui m'autorisait à sortir un char ou des jeeps pour réaliser des films promotionnels. » Vous avez probablement certaines de ces images en tête : le sergent Smet en tenue de militaire, commandant ses troupes en chanson. Pour autant, René Hivert assure que ce n'était pas seulement du cinéma. « Johnny prenait à cœur sa mission de militaire. En tant que sergent, il avait passé ses examens pour devenir chef de char et se débrouillait très bien. C'était un perfectionniste. Je ne l'ai jamais vu entamer une manœuvre n'importe comment.

Nous lui avions fixé un cadre, c'était un militaire respectueux. » Malgré ses passe-droits, Johnny avait impressionné ses condisciples par sa ponctualité. « Ça m'a vraiment marqué, accentue Jean-Pierre Velders. Il avait beau dormir dans un appartement en face, il était systématiquement à l'heure pour la levée des couleurs à 6 heures du matin. Il n'a jamais manqué le rendez-vous de l'appel, malgré les fêtes qu'il donnait avec Sylvie et ses copains. De nos chambres, nous apercevions les motos. » Donnant-donnant, l'armée française avait en effet autorisé le chanteur à vivre plus librement que les autres en échange de l'utilisation de son image. Un hôtel avait même été réquisitionné pour loger les journalistes et les photographes. Johnny pouvait inviter qui bon lui semblait : « J'avais rendu visite à Johnny à Offenburg, raconte Manou Roblin. Je lui avais apporté une chanson écrite avec Jacques Denjean. Elle racontait sa vie au régiment. Nous avions passé un très beau moment à écouter cette cassette. J'avais déjeuné à la caserne. Steak-purée ! Le soir, nous étions allés en discothèque. Johnny conduisait à une vitesse folle. »

– Tu n'as pas peur, Manou ?
– Non, répondit la jeune parolière en s'agrippant à sa portière.

« Johnny avait apprécié la chanson mais il ne la chanta pas à cause d'une brouille avec Jacques Denjean. »

Comme tous les autres soldats, Smet s'était plié à toutes sortes de tâches inhabituelles pour une vedette. « Il ne refusait jamais ses corvées, assure René Hivert. Entretien des chambres – tirées à quatre épingles, parquet ciré… Il faut avouer que ces corvées féminines n'étaient dans les habitudes d'aucun homme *(sic)*. C'était nouveau pour nous tous ! » Lors des entraînements et des manœuvres, chaque militaire dévorait des yeux la prestation de la vedette. « Il a réussi le parcours du combattant complet, relève Jean-Pierre Velders. Il n'était pas plus fort que les autres mais c'était un battant qui ne rechignait pas à l'effort. » « Nous avons accompli notre service militaire à une bonne époque, précise Hivert. Nous étions dans une zone d'occupation, sans que le Sahel ou l'Afghanistan ne plane au-dessus de nos têtes. »

Malgré sa motivation à devenir un bon soldat, Hallyday ne perdait pas de vue sa carrière de chanteur. Chaque permission y était consacrée. « J'ai accompagné Johnny en Angleterre pour rencontrer les *Animals*, afin d'obtenir le droit de chanter *The house of the rising sun*, rapporte René Hivert. » C'est ainsi qu'un immense tube est né pendant le service militaire : *Le pénitencier*. Tony Frank avait aussi profité de cette période pour réaliser sa première séance photo *posée* avec Johnny. « À l'époque, *Salut les copains* publiait une rubrique qui opposait deux artistes. Là, c'était *Johnny vs Elvis*. Comme il pouvait se barrer de la caserne à peu près quand il voulait, Johnny m'avait rejoint dans un hôtel de Strasbourg. J'avais choisi une photo d'Elvis extraite d'un film, où on le voyait assis au bord d'un lit en pyjamas, regardant vaguement vers un poste de télévision. Je devais faire la même photo avec Johnny, afin de donner l'illusion qu'ils se regardaient via la double-page. J'avais acheté des draps jaunes et un pyjama bleu le matin-même afin que tout soit identique. C'était notre première prise de vue vraiment sérieuse. Dans les années soixante, tous les artistes étaient ravis de poser devant les objectifs, car cela leur donnait l'impression de tourner dans un film. Ils jouaient le jeu car ça les amusait. » Pour se rendre à Strasbourg, le sergent Smet avait l'embarras du choix. « Il ne se déplaçait pas en jeep, plaisante René Hivert. Avec ses royalties, c'était le militaire le plus riche de la caserne ! Il pilotait sa Porsche ou une Alpine et surtout, il avait reçu sa première Harley Davidson. J'en ai profité en tant que passager mais certainement pas dans la position du pilote. Johnny était très à cheval sur sa mécanique, il n'était pas question que nous l'abîmions ! »

Le soldat Smet était en revanche très généreux dès qu'il reprenait ses habits de chanteur. « Johnny faisait des concerts pour les officiers, mais aussi pour les bidasses – les deuxième classe, apprécie toujours Jean-Pierre Velders. C'était très sympa de sa part. J'étais déjà fan avant le service militaire : je l'avais vu à la foire commerciale de Lille, il chantait sur une remorque agricole dans un chapiteau improvisé. *Kili watch* ! » « Avec nous, Johnny chantait énormément, rapporte René Hivert. Nous avons organisé des soirées à thème dans plusieurs casernes allemandes. L'entrée coûtait trois ou quatre *deutschemarks*, et nous reversions la recette aux orphelins de guerre et aux pupilles de la nation. Berlin, Fribourg, sud de l'Allemagne... beaucoup de militaires en ont profité. »

Pendant qu'il assurait son service, les jeunes Français étaient en manque de leur Johnny. Lors de l'année 1963, leur idole avait donné... 183 galas ! « J'assurais la tâche de vaguemestre (sous-officier chargé du service de la poste), souffle René Hivert. Johnny recevait en moyenne cinq cents lettres par jour ! Autant de garçons que de filles. Avec les copains de l'escadron, nous avions constitué une brigade afin de l'aider à répondre. Nous parvenions à envoyer 250 à 300 réponses quotidiennes. » Grâce à *Salut les copains*, le lien n'était pas vraiment rompu. « Sur les chantiers, chaque ouvrier avait son poste radio branché sur l'émission d'Europe N°1, raconte Joël Mazevet, jeune peintre en bâtiment. Quand Johnny passait, j'évitais de poncer pour ne pas faire de bruit. » « N'ayant pas de poste à la maison, j'allais chez mon voisin pour ne pas rater les apparitions télévisées de Johnny, rapporte Michel Poggi. Son père n'arrêtait pas de me brancher : "Mais il se traîne par terre, ton gars !" »

Dès son retour du service militaire à l'été 1965, Johnny reprenait la route des galas avec un nouveau groupe de musiciens. Rentré à New York l'année précédente, Joey Gréco attendait désespérément – et en vain – un coup de téléphone du chanteur français. « C'est le plus grand regret de ma vie, confie tristement le guitariste. J'ai été victime de l'invasion britannique – l'évolution de la mode. Peut-être aurais-je dû prendre un avion sans attendre d'être contacté. J'ai cru que les gens avaient été déçus de ma manière de jouer. » En réalité, les fans étaient déçus de l'absence du *guitar hero* new-yorkais, mais Johnny – en quête perpétuelle d'évolution – s'était en effet rapidement tourné vers le rock anglo-saxon et allait bientôt engager Mick Jones et Tommy Brown pour diriger son groupe. L'heure n'était plus au rock'n'roll traditionnel... Pendant ce temps, Joey Gréco se morfondait à New York. « Je suis tombé en dépression. J'avais tellement aimé la France. Dès que je repensais à l'Olympia et à Johnny, j'étais submergé par la tristesse. » Pendant près de vingt ans – cher jeune lecteur, sachez que les moyens de communication limités de l'époque empêchaient Joey Gréco de voir que l'on parlait parfois de lui dans l'hexagone – le guitariste américain crut que la France l'avait oublié. Jusqu'à ce tapotement d'épaule, lors d'une salutaire heure d'attente à *Florida Airport.*

– Êtes-vous Joey Gréco ?
– Oui.
– De *Joey & the showmen* ?
– Vous connaissez ? !
– Évidemment ! Mais que devenez-vous ?
– Je joue à New York.
– Mais pourquoi ne vous voit-on plus en France ? Vous êtes une légende !
– Moi, une légende ? Qu'est-ce que vous racontez ? !

Au cours de cette inattendue conversation, Joey Gréco apprit que l'album *Les rocks les plus terribles* comptait toujours parmi les enregistrements les plus mythiques de Johnny Hallyday, et que le nom de *Joey & the showmen* était très respecté chez les fans d'Hallyday. Joey Gréco revint ainsi en France régulièrement afin de donner des concerts, notamment au *Petit Journal Montparnasse*. En 1992, Jean-Pierre Foucault l'invita dans *Sacrée Soirée*.

Pour Manou Roblin, le chemin au côté de l'Idole des jeunes fut également tortueux. En consultant son catalogue de chansons, je m'étonne qu'elle n'apparaisse pas plus souvent dans les crédits d'albums après avoir écrit deux tiers des *Rocks les plus terribles*. Pourtant, les jeunes fiancés Johnny et Sylvie s'étaient chamaillés pour un texte de Manou, écrit sur une mélodie de Johnny : *One more time, encore une fois*. « Sylvie voulait absolument cette chanson, mais Johnny a refusé de la lui laisser, précise Manou Roblin. C'est pour ça que Sylvie assure les chœurs dans la version studio de Johnny ! Ensuite, elle a chanté le morceau en version anglaise. » Cependant, la jeune parolière fut incapable de résister aux pressions venant de l'entourage masculin de Johnny. « J'étais une femme, très jeune. La seule de son environnement professionnel. Je ne possédais pas les mêmes armes que ses auteurs masculins. Je ne buvais pas, je ne sortais pas partout avec lui en discothèque et je ne le suivais pas en tournée. J'écrivais des textes, un point c'est tout, alors que ses autres auteurs vivaient autour de lui. Comme tous les artistes, Johnny était influençable. "Mais pourquoi tu prends les chansons de cette fille ?" Ce milieu était très misogyne. Sylvie m'appelait «Mon p'tit chat» mais ça n'a pas suffi. J'avais 18 ans et je n'ai pas tenu. »

À son retour du service, les nouveaux albums tranchaient avec les *Rocks les plus terribles* et manquaient de tubes, malgré l'investissement personnel du jeune chanteur. « À l'époque, Johnny travaillait énormément, relate Tony Frank. Dans sa maison de Neuilly, il recevait ses auteurs – Gilles Thibaut, Georges Aber. Johnny composait beaucoup. »

Cette période mid-sixties était parfois difficile à vivre. « J'ai connu l'époque où Johnny faisait des bides, rapporte Sacha Rhoul, secrétaire de Johnny à partir de 1966. Certains l'aimaient, d'autres le détestaient. Mais il n'abandonnait jamais. Dans une salle remplie par seulement trois cents personnes, je l'ai vu chanter de façon extraordinaire. Quand il était en difficulté, il allait chercher son public. Il se déchirait encore plus. »

Le 10 septembre 1966, Johnny Hallyday était annoncé en vedette de la Fête de l'Humanité à La Courneuve. Joël Mazevet se souvient précisément de ce concert qui n'a jamais eu lieu. « J'avais attendu tout l'après-midi pour être bien placé. Alors que cris et applaudissements s'intensifiaient, une voix dans le micro a dit que Johnny n'allait pas tarder. Finalement, le concert a été annulé sans plus d'explications. Après une telle attente, j'étais dégoûté ! La Fête a continué autour de Georges Marchais, mais on est tous partis. Seul Johnny nous intéressait. On était un peu inquiets, sans plus. Comment pouvait-on imaginer ce que Johnny venait de faire ? » Ceux comme Xavier Louy qui avaient prévu d'écouter le gala à la radio étaient aussi suspendus à la moindre nouvelle. « Mon mini-transistor était branché sur Europe N°1 quand la nouvelle est tombée. On s'est tous posé beaucoup de questions. » Plus de cinquante ans après, Joël Mazcvet est toujours ému quand il doit évoquer ce souvenir : « J'étais sidéré. Pourquoi Johnny avait-il voulu se supprimer ? Ça tournait en boucle à la radio. » Cet après-midi même, Johnny Hallyday s'était tailladé les veines après avoir ingéré des barbituriques. Sans la diligence de son ami Ticky Holgado, il n'aurait pas survécu.

« Les journaux expliquaient que ses problèmes de couple l'avaient conduit à ce geste désespéré, reprend Joël. » Apprenant les raisons de la tentative de suicide du chanteur, certains fans jetèrent même l'opprobre sur Sylvie Vartan, pourtant adulée. « Je suivais le moindre fait et geste de Johnny et Sylvie, soupire Nadine Kerwyn. J'ai ressenti beaucoup de chagrin lorsqu'ils ont divorcé. Mais lors de sa tentative de suicide, j'en ai voulu à Sylvie. C'était sa faute ! C'est pour elle qu'il a voulu se tuer. À chacune de leurs séparations, j'étais très inquiète, je craignais qu'il ne se taille à nouveau les veines. Il était fort attaché à Sylvie. Bien sûr, elle ne pouvait plus supporter la situation. Johnny était un oiseau de nuit qui filait partout. Je connais des fans avec qui il a couché ! C'est aussi pour ça qu'on l'aimait… c'était Johnny. Après le départ de Sylvie aux États-Unis, je sentais la tristesse de Johnny sur scène. »

Des mauvaises langues pérorèrent sur la fin annoncée de Johnny Hallyday, idole des jeunes dépassée.

À tous les novices, bref rappel du théorème Hallyday : tombez dans les abîmes les plus profondes pour retrouver rapidement les sommets.

Dans la foulée d'un *Noir c'est noir* déchirant de vérité, Johnny enregistrait à Londres un grand album aux couleurs soul et rhythm'n'blues : *La génération perdue*. Un mois et neuf jours après sa tentative de suicide, le Phénix repartait à l'assaut de l'Olympia sous les yeux de ses fidèles. « Je suis retourné le voir sur scène aussitôt, afin qu'il sente l'amour de son public », indique Joël Mazevet. « Le *Musicorama 66* fut la résurrection de Johnny Hallyday, enchaîne Xavier Louy. C'était le spectacle des cuivres, des premières *Confessions* façon James Brown, de *Quand un homme perd ses rêves*. Il avait chanté *Noir c'est noir* trois fois en rappel. C'était un triomphe… » En première partie, Johnny avait choisi de présenter un OVNI du rock'n'roll, qu'il venait à peine de découvrir dans un bar de Londres. « Quand nous avons vu débarquer Jimi Hendrix sur scène, nous n'avions aucune idée de son génie, rappelle Xavier Louy. Nous ignorions aussi qu'il s'agissait d'un artiste choisi par Johnny. Nous avions seulement entendu quelques extraits de son répertoire dans l'émission de Daniel Filippacchi quelques heures avant le gala. Nous étions comme les spectateurs de Migennes qui avaient vu Johnny se rouler par terre en 1960 : surpris par le phénomène qui jouait de la guitare avec ses dents. Personnellement, je n'étais pas amateur des sons distordus. Je préférais le son pur de la guitare de Joey Gréco. Hendrix avait été très applaudi par le public de l'Olympia, avec une part d'étonnement. »

Grâce à ces nouveaux succès, de nouveaux fans affluaient, souvent via *Salut les copains* ou *Super-Hebdo*. « J'écoutais tous les artistes à la radio mais l'un d'eux ne sonnait pas comme les autres, sourit Patrick Pennetier. Johnny gagnait le match à chaque fois. Mon premier 45 tours acheté avec mes sous fut *À tout casser*. Dans ce film, Johnny jouait le rôle d'un voyou sur des motos connues. J'avais 10 ans, ça me faisait rêver. J'avais aussi découpé l'affiche du western-spaghetti *Le spécialiste*. » « Pour notre génération, Johnny était un modèle mais pas toujours dans le bon sens, plaisante Michel Poggi. Jojo fumait : on fumait. Jojo picolait : on picolait ! »

À la fin des années 60, un grand monsieur de la musique française allait mettre son talent au service de Johnny Hallyday : Jean Renard. Le mélodiste venait de composer *2'35 de bonheur en plus* pour Sylvie Vartan. « Sylvie voulait aider Johnny à donner un nouveau souffle à sa carrière, explique Jean Renard. Elle a organisé notre rencontre. »

Cette nuit-là, deux visions de la musique s'étaient affrontées avant de trouver un terrain d'entente. Après une émission avec Guy Lux à la Maison de la radio, Sylvie emmena Renard à l'Orangerie – le restaurant de Jean-Claude Brialy – où l'attendait Johnny. « Quand nous sommes arrivés, Johnny était seul à une table ronde et il dormait sur son coude. Comme il ne bougeait pas d'une oreille, Sylvie l'a secoué. »

– Johnny, je te présente Jean Renard.
– Tu connais le rock'n'roll ? demanda Johnny sans autre forme de politesse.
Pris de court, le musicien répondit sans réfléchir.
– Et toi, tu connais Offenbach ?
– Bach, ouais, j'connais !
– …

– Écoute mon pote, reprit Johnny. J'ai envie de faire dodo. Je suis en studio demain après-midi. Ramène-toi, et on discutera. Je sais qui tu es, Sylvie m'a parlé de toi.

Le lendemain, Jean Renard se rendit au Studio des dames. « Johnny devait terminer un titre avec Lee Halliday. Je ne me souviens même plus de la chanson tellement cela a été rapide. Il a chanté une fois et c'était en boîte ! »

– Fox ! ça ne t'ennuie pas que je t'appelle Fox ?
– Pas du tout, répondit Renard.
– Allons déjeuner ensemble ?

À l'issue de leur déjeuner à l'Auberge du XVIIe au coin de la rue des Dames, Johnny proposa à Jean Renard de lui apporter une chanson le lendemain. Le compositeur s'exécuta et retrouva Johnny avec son enregistreur Gründig – 7 kilos ! – sur l'épaule.

– Mais ce n'était pas la peine de te trimballer avec ça, s'amusa Johnny. Ton truc pèse une tonne !

– Je t'ai apporté la maquette d'une chanson.

– Laisse tomber, je vais te dire précisément ce que je veux. J'aimerais un titre où ma voix casse à la manière d'une tyrolienne. Je sais chanter comme ça, mais personne n'en a conscience. Il existe un titre des Who dans ce style, mais je veux une création originale. Prends ce texte de Gilles Thibaut : il s'appelle *Entre mes mains*.

Une semaine plus tard, Jean Renard traversa à nouveau Paris avec son enregistreur sur l'épaule. « J'ai fait écouter la maquette à Johnny. Son regard ne laissait rien paraître. Inquiet, je me demandais ce qu'il en pensait. »

– Tu vas aller voir Lee Halliday et lui demander de préparer l'orchestration. On l'enregistre dès la semaine prochaine !

Quelques jours plus tard, Jean Renard croisait Sylvie Vartan en studio.

– Alors, Foxy, comment ça se passe avec Jojo ?

– Ça a l'air d'aller. J'ai composé une chanson et il veut déjà l'enregistrer.

– Comment s'appelle-t-elle ?

– *Entre mes mains.*

– Oh ! Jojo adore ce texte. Il voulait le chanter depuis longtemps.

Jean Renard avait réussi son pari. « Je voulais donner une autre dimension à Johnny. Il répétait sans cesse qu'il voulait faire du rock'n'roll mais selon moi, il n'était plus nécessaire qu'il cherche à copier Elvis. À partir de *Que je t'aime*, Johnny a accepté ses galons de grand interprète français. C'était le nouveau Johnny Hallyday, et là, attention les yeux ! »

Cette remarque de Jean Renard illustre encore l'éternel dilemme de Johnny, coincé entre ses goûts personnels – que partageaient sa base de fans – et ceux du grand public. Cette divergence n'empêcha pas le rocker de terminer la décennie avec un projet non-commercial, un délicieux album de *british blues* enregistré à Londres, avec Mick Jones, Tommy Brown, Rolling, Peter Frampton, Steve Marriott et Ronnie Lane. *Rivière... ouvre ton lit*. L'esprit tourné vers les seventies, qui s'annonçaient musicalement riches et variées.

CHAPITRE 4

ILS ONT TRAVAILLÉ POUR JOHNNY PARTIE 1

Playlist du chapitre :

La croisière des souvenirs (1977)

La tournée (1984)

Drôle de métier (1984)

Équipe de nuit (1985)

J'ai oublié de vivre (1977)

Une étoile dans nos yeux contient pléthore d'histoires d'anonymes issus du public de Johnny Hallyday, mais ceux-ci n'avaient pas l'apanage de l'admiration. Au cours de mes dix ans de tournée puis en écrivant ce livre, j'ai rencontré des dizaines de techniciens, gardes du corps, secrétaires, attachés de presse, réalisateurs, producteurs, coiffeurs, entraîneurs... Connaissez-vous leur point commun ? L'admiration pour leur patron. Qu'ils l'appellent Jojo, le Boss, The Singer ou Monsieur Hallyday, tous ceux qui ont travaillé pour lui en conservent une immense fierté et le souvenir d'un chef fidèle, loyal et généreux. Dans ce chapitre, il est question de tous ceux qui sont restés dans l'ombre pour servir la grande entreprise de Johnny Hallyday. Beaucoup de plaisir, mais vous le verrez aussi, un dévouement qui a poussé certains à laisser de côté leur santé ou leur vie privée, dans l'unique but de suivre leur patron. Johnny Hallyday n'était pas un chef comme les autres. Plus généreux que la moyenne, mais aussi beaucoup plus exigeant. Quels qu'ils soient, Hallyday aimait avoir ses employés auprès de lui, 7 jours sur 7 et 24 heures sur 24.

J'ai pris le parti de voyager à travers les temps et de mélanger les époques, telle *La croisière des souvenirs* de Long Chris et Pierre Billon. Cette série de portraits vous fera voyager à travers les mille et une vies de Johnny Hallyday.

Michel Marseguerra, l'oreille secrète

Il est difficile d'extraire de l'ombre certains proches de Johnny Hallyday qui ne sont pas des personnages publics et ne témoignent jamais. Sur des centaines de photos, on aperçoit un bout de leur visage, jamais loin de leur patron, au cas où il aurait eu besoin d'eux. Car il avait toujours besoin d'eux. Leur loyauté à Johnny Hallyday est leur plus grande croyance. Écorner son image, leur plus grande crainte. Pourtant, ces histoires de fraternité disent tout du merveilleux personnage qu'était Johnny Hallyday. Tout le monde était au courant quand il changeait de guitariste ou de compositeur. En revanche, personne ne savait qu'il avait juré fidélité à une anonyme garde rapprochée : Nelly, son habilleuse. Luc, le responsable de ses guitares. Patrick, l'opérateur-prompteur. Et Michel Marseguerra, son régisseur. Exceptionnellement, Michel Marseguerra a accepté de me raconter vingt années de sa vie professionnelle rythmées par les tournées de Johnny Hallyday. Le régisseur avait deux rôles bien définis : superviser le montage technique de la scène puis s'occuper de Johnny pendant tout le concert, de l'entrée à la sortie de scène. De A à Z. « Ce mec avait un feeling incroyable. Avec Hallyday, ça matchait ou ça ne matchait pas. Quand je l'accompagnais sur scène, c'était inutile de parler. Je savais ce dont il avait besoin. J'avais 22 ans en entrant à son service au Parc des Princes, en 1993. Cette année-là, il entrait dans une nouvelle dimension. Johnny m'a apporté de la crédibilité dans mon métier. Grâce aux shows exceptionnels que nous préparions, nous étions la référence en France et loin d'être ridicules face aux étrangers. »

À chaque spectacle, Michel Marseguerra a accompagné Johnny dans ses hallucinantes mises en scène. « Toutes les conneries à faire, c'était pour moi, s'esclaffe le régisseur. Lorsqu'on voit Hallyday saluer la foule au bord du toit du Stade de France, il y a un gars allongé qui le tient par la ceinture… c'est moi ! » Deux ans plus tard à la Tour Eiffel, le rocker avait réservé une surprise à son fidèle technicien. Pour *Que je t'aime*, Johnny apparaissait en haut de la scène et descendait dans un ascenseur.

– Et toi, tu seras où ? s'alerta Johnny après avoir reçu les consignes techniques.
– Je reste en haut.
– Non, faut que tu descendes avec moi.
– Je ne vais pas descendre avec toi alors que tu seras en train de chanter.
– Et s'il y a un problème…

Si vous regardez le DVD de la Tour Eiffel 2000, vous verrez qu'il y a un rideau sombre derrière le rocker. Et derrière ce rideau… Michel Marseguerra ! « Johnny n'était pas à l'aise en hauteur, donc c'était compliqué », confie le régisseur.

Avez-vous déjà vu un homme souffrant autant du vertige et tentant autant d'expériences d'alpinistes que Johnny Hallyday ? En 2003, rebelote. Lors de la tournée des stades, la star entrait chaque soir sur scène sur une plate-forme située à 27 mètres de hauteur. « On a parfois eu du mauvais temps, ça soufflait énormément là-haut. J'emmenais Johnny sur le toit des stades, tous les soirs. Et chaque après-midi, je faisais la descente trois fois pour les vérifications techniques. Au stade de Nancy, je suis le premier à avoir essayé l'engin. Ensuite, Jean-Claude Camus a fait la descente devant Johnny, pour lui montrer que tout fonctionnait bien. Johnny est ensuite monté avec moi pour tester ses sensations. »

Pendant les concerts, Michel Marseguerra scrutait en permanence son artiste. « Que ce soit à l'Olympia ou sur l'immense scène du Stade de France, Johnny savait toujours de quel côté regarder pour me voir. Et s'il ne me voyait pas, il savait qu'il y avait un problème dans le spectacle. En 2012 à Londres, lorsqu'il a subitement décidé d'enjamber les amplis pour monter dans le public et saluer la foule, il l'a fait sans me prévenir… mais il est parti de mon côté ! Ainsi, il savait que j'allais le suivre en cas de débordement. Mais il n'y avait jamais de problèmes avec les fans, pour qui j'ai le plus grand respect. »

Malgré ces excentricités, Michel Marseguerra conserve le souvenir d'un patron "normal". « Parfois, on s'engueulait pour des questions techniques. Mais il n'a jamais prononcé une insulte ni fait preuve de méchanceté. Ce mec avait une telle générosité… Si je le croisais alors qu'il discutait avec des gens importants, il s'interrompait toujours pour me saluer. Beaucoup de ses gestes m'ont touché : des fleurs pour mon mariage, un cadeau pour la naissance de mon fils, de beaux présents pour mes anniversaires… Au zénith de Rouen, il a même gardé mon fils Victor pendant un quart d'heure dans sa loge. Il lui a signé une guitare, et ils ont regardé la télévision en mangeant des S*nickers* ! C'est l'image que je garde de ce mec. »

Après avoir assuré tous ses concerts pendant vingt ans, Michel Marseguerra a dû arrêter les tournées pour raisons personnelles. Johnny en a été très contrarié. Mais cela ne l'a pas empêché pas de le réengager pour le spectacle des *Vieilles Canailles* à Bercy, en 2014. « Lors des cinq premiers jours de répétition, je sentais comme un malaise. Johnny était un boudeur. »

– Va parler à Johnny, il n'attend que ça, répétait Patrick, chef-prompteur.

Entre Eddy Mitchell, Jacques Dutronc, les managers et les musiciens, Marseguerra ne parvenait pas à trouver un moment d'intimité avec son patron. « On s'est toujours parlé d'homme à homme, je ne me voyais pas discuter avec lui devant tout le monde. » Finalement, c'est la résurgence d'une querelle de clocher sur la ponctualité de Johnny qui leur a permis de se retrouver. « Johnny arrivait systématiquement en retard aux répétitions. Ça énervait Eddy… depuis soixante ans ! »

– Hey, Michel, fit Eddy. Tu ne peux pas appeler ton vieux pote américain pour lui demander d'arriver à l'heure au moins une fois dans sa vie ?

Alors que la demande de "Schmoll" était restée vaine et que le spectacle approchait, Michel Marseguerra s'était adressé aux trois chanteurs afin de fixer l'heure du filage du concert à Bercy.

– J'espère que tout le monde sera à l'heure, glissa malicieusement Eddy.

Comme à son habitude, Michel Marseguerra raccompagna les trois artistes – un par un – à leur voiture. « Alors que nos rapports étaient toujours froids, Johnny s'est arrêté brusquement devant sa portière. "Tu lui diras à l'autre que je serai à l'heure ! Et toi tu m'emmerdes !" En disant ça, Johnny m'est tombé dans les bras. Dès cet instant, tout malaise était dissipé et nous avons retrouvé notre complicité. »

Pistache, l'ange gardien

C'est un visage indissociable des tournées Hallyday. Un surnom – Pistache – connu de tous ceux qui fréquentaient les premiers rangs. Comme Jimmy ou Ahmed, Pistache était l'un des piliers de cette fantastique bande d'*anges gardiens* du public de Johnny, assurant la sécurité de l'idole avec une bienveillance inouïe pour le public. « J'étais proche des fans, et ils me le rendaient très bien, confie Pistache. Il y avait une confiance et un respect mutuels. Je n'ai jamais eu un seul problème avec eux. Je donnais une consigne sans avoir besoin de la répéter quinze fois, notamment lors des grandes entrées compliquées, dans les stades ou au Champ de Mars. Parfois, il pouvait y avoir des échauffourées avec des costauds qui arrivaient à la dernière minute et passaient devant tout le monde. Pour éviter ça – en accord avec la production – j'ouvrais les portes quelques instants avant pour les fans qui avaient dormi devant la salle. Je connaissais chaque visage. Il y avait des femmes, des enfants. C'était la moindre des choses qu'on pouvait leur offrir. Ces gens-là suivaient toute la tournée ! Johnny avait conscience de tout ça. Il faut savoir que Johnny était au courant de tout ce qu'il se passait dans ses tournées, de A à Z. Quand il descendait au contact de la foule pendant *Quelque chose de Tennessee*, il reconnaissait les visages de ses fans. Il adorait aller au contact et se moquait de nous, car ça l'amusait de nous voir en difficulté ! » Lorsque Johnny descendait dans le public, Pistache et ses collègues suivaient le moindre pas du rocker en surveillant le comportement du public. « J'étais sur le qui-vive, car on n'était jamais à l'abri d'un débordement. Je ne craignais pas un meurtre, mais certains fans tentaient de récupérer des objets sur Johnny, pour avoir un souvenir de lui. Imaginez la scène : un mec l'attrape par le bras et tire sur sa bague ! C'est arrivé plusieurs fois. Johnny a déjà été blessé dans ces mouvements de foule. Tout ça le faisait rire. Il avait une totale confiance en nous. Notre boss, c'était Jimmy, le chef de la sécurité, notre mentor, celui qui nous a tout appris.

En travaillant pour Johnny, il ne fallait rien laisser au hasard, car c'était un perfectionniste. Ceux qui n'étaient pas bons ne restaient pas à ses côtés. »

Pistache a vécu de longues heures dans le quotidien de la star. « En voiture, il chantait parfois quelques couplets a cappella, pour se faire la voix. Je vous donne ma parole d'honneur : il n'y a pas une seule fois où il a poussé la chansonnette sans que mes poils ne se dressent. Le plus impressionnant, c'est quand il avait chanté *Vivre pour le meilleur*. Quand il poussait sa voix, c'était un truc de dingue ! On partait des mois en tournée. Ce ne sont que des souvenirs inoubliables. Johnny arrivait fatigué. Il montait sur scène. Un autre bonhomme ! Il voulait à tout prix le bonheur de son public. »

Le 9 décembre 2017, Pistache fut, une fois encore, l'*ange gardien* du public de Johnny, sur le parvis de la Madeleine. Deux cents fans étaient autorisés à assister à la cérémonie à l'intérieur de l'église. Comment les sélectionner ? « On n'a qu'une solution, il faut prévenir Pistache, trancha Sébastien Farran lors d'une dernière réunion à la préfecture de Paris. C'est lui qui les connaît le mieux. » Dans la nuit du 8 au 9 décembre, l'expert en sécurité roulait sous la neige entre Amnéville et Nancy, en pleine tournée avec Michel Sardou, quand le manager de Johnny l'appela à la rescousse. Entre les deux concerts, il fit donc un crochet par le huitième arrondissement de Paris. « La pire journée de ma carrière. J'ai dû refuser l'entrée à des gens que j'estimais beaucoup. C'était très dur. Les fans me suppliaient ! Ce jour-là, tout le monde voulait accéder à l'intérieur, même des badauds qu'on n'avait jamais vus en concert. Connaissant chaque visage des vrais fans, je pouvais sélectionner. Sauf que la présence du Président de la République changeait la donne. Après avoir fait entrer deux cents personnes, le chef de sa sécurité m'a intimé l'ordre d'arrêter. Derrière son dos, j'ai permis à une quarantaine de fidèles supplémentaires d'entrer dans l'église. Mais j'ai dû en laisser d'autres dehors, c'était horrible. » Grâce à l'œil de lynx de Pistache, une grande partie des irréductibles hallydéens avaient pris place sur les bancs de la Madeleine pour dire adieu à leur idole. Quelques heures plus tard, le garde du corps était déjà reparti à Nancy pour le concert de Michel Sardou.

– Ça va, Pistache ? demanda le chanteur. Je sais où tu étais.

« On ne peut rien cacher aux grandes stars. Michel était très marqué par le décès de Johnny. Malgré leur embrouille, ils étaient comme deux frères. »

Tony Frank, le photographe mythique

Après ses premiers clichés d'amateur au Golf Drouot, le jeune photographe Tony Frank allait rapidement devenir le photographe attitré de Johnny Hallyday, celui qui allait capter toutes ses attitudes jusqu'à la fin des années 90. Après avoir consulté le catalogue de ses photos, j'ai tant de questions à lui poser que nous avons découpé l'entretien en deux temps, afin de prendre le temps de comprendre la relation tissée entre la star et l'homme éternellement caché derrière son objectif. « Johnny avait une totale confiance en moi. Si je me permets d'avancer ça, c'est parce qu'il me l'a répété des dizaines de fois. Quand on est photographe, c'est parfois gênant de saisir des clichés pendant une interview, car on est à côté de la caméra, ça peut perturber le regard. Je m'en inquiétais parfois auprès de Johnny. »

– Tu gênes tellement pas que j'ai l'impression que t'es pas là, répondait la star.

Lorsqu'il parcourait la scène d'un bout à l'autre et au pas de course pour capter les grands moments des concerts, Tony

Frank s'habillait systématiquement en noir et se cachait derrière les enceintes afin de conserver un maximum de discrétion. « Johnny était habitué à ma présence. Surtout, je savais parfois poser mon objectif et partager d'autres moments avec lui. Nous avions beaucoup de goûts en commun, ce qui explique nos atomes crochus. »

– J'aurais pu être ton grand frère, confia plusieurs fois Johnny à son photographe.

En concert, la lassitude était un sentiment inconnu. « En général, quand je photographiais les autres artistes, j'étais incapable de raconter le concert, je n'entendais rien et voyais seulement à travers mon objectif. Avec Johnny, c'était différent. Derrière les amplis, je me laissais aller à taper du pied et chantonner avec lui. Tout à coup, je réalisais que j'étais payé pour faire des photos et je m'y remettais. Mais je me faisais toujours prendre par sa musique. »

Tony Frank est l'auteur de plusieurs couvertures d'albums. Je lui ai demandé d'en décrypter deux. D'abord, celle de *Johnny 67*, représentant le visage encadré d'un Johnny fumant la pipe. « Les Beatles venaient de sortir *Sergent Pepper's*. C'était la mode des vestes d'officier anglais. Johnny en avait acheté plusieurs à Londres. Ces manteaux étaient très épais et très chauds, insupportables à porter sur scène. Pour agrémenter la veste, j'avais acheté des chiffres dorés pour coller un 67 sur le col. Alors que je le photographiais en gros plan, Lee Hallyday lui a donné sa pipe. J'ai trouvé ça assez bizarre car Johnny ne la fumait pas. C'était ma première couverture de *Salut les copains*. Pour la pochette, ils ont rajouté un cadre et du papier peint, je trouvais ça un peu surchargé, mais Lee Hallyday avait le mot de la fin. » Tony Frank a aussi réalisé la *cover* du mythique "album du bandeau", surnom donné par les fans à l'opus sans nom de 1969, contenant les titres *Rivière… ouvre ton lit*, *Je suis né dans la rue* et *Voyage au pays des vivants*. Quelques jours avant la séance photo, une surprise attendait Tony Frank. Le 8 novembre 1968, le photographe retrouvait Johnny à Lyon, en pleine répétition des concerts au Palais d'hiver. En entrant dans la salle, Tony Frank vit Johnny enveloppé dans un grand manteau, appuyé sur une béquille !

– Je me suis pété la cheville en Afrique du Sud, grogna le rocker. J'ai été aveuglé par les *projos* et je suis tombé dans la fosse.

« Johnny s'était fait sculpter une botte sur mesure avec une fermeture spéciale pour recouvrir son plâtre, rapporte Tony Frank. Sur scène, il boitillait un peu mais il chantait sans béquille. Pris par l'énergie du rock'n'roll, il s'est mis à taper du pied comme un fou et le plâtre a explosé ! » Dans la salle, les gens n'en revenaient pas. Était-ce une nouvelle mise en scène ou un vrai plâtre ? « Il a recommencé tous les soirs, écarquille des yeux le photographe qui se régalait avec son appareil. En sortant du Palais, on passait à la clinique pour que le doc refasse le plâtre. À force, les fans avaient compris le manège et certains avaient préparé des écriteaux sur lesquels on lisait : "Johnny je veux ton plâtre". » Présent dans le public, Michel Poggi confirme les souvenirs de Tony Frank. « Johnny a carrément jeté les mille morceaux de son plâtre dans le public ! Malheureusement, j'étais trop frêle pour en attraper. » C'est donc dans ces conditions – avec un pied traumatisé à en faire frémir n'importe quel médecin – que Tony Frank prépara les séances photos du *Johnny 69*. « Personne ne le sait car ça ne se voit pas, mais sur la photo de la pochette de l'album, Johnny avait la jambe dans le plâtre jusqu'au mollet. À l'époque, on débattait beaucoup des pochettes en amont. Nous n'avions ni *Photoshop* ni même ordinateur. Aujourd'hui, vous photographiez un type en t-shirt noir, et vous pouvez l'afficher en t-shirt rouge à pois bleus avec une moustache et un chapeau sur la tête en trois clics. Moi, je devais avoir une idée précise avant de commencer la séance. Pour ça, j'écoutais toujours les maquettes de l'album en question. Je lui avais proposé de poser torse nu avec un bandeau. Je voulais coller à la musique un peu psychédélique. Pour les photos intérieures, on l'avait maquillé pour lui donner un côté hippie baba cool, façon David Bowie. »

À mes yeux, la photo la plus mythique de Tony Frank est un cliché de 1994 où seules les jambes et les bottes de Johnny apparaissent. Arrivé éprouvé au petit matin dans l'État du Texas après un vol retardé, Johnny Hallyday devait tourner le clip de *Can't stop wanting you* dans le désert d'El Paso. « Sachant que Johnny était crevé, le responsable de la maison de disques Jean-Yves Billet lui avait commandé une immense limousine afin qu'il puisse se reposer. »

– Descends, je vais dormir un peu, soupira le rocker fatigué.

Une fois dehors, Tony Frank s'était frotté les yeux un instant avant de se hâter de sortir son attirail. « J'étais en pleine hallucination ! J'avais sous mes yeux cette scène incroyable gravée aujourd'hui sur ma photo. C'était tout le symbole de la *rock star*. Une limousine, un pantalon de cuir, des boots. En plus, il y avait une improbable connotation Hallyday, puisque la limousine s'appelait St-Tropez. En plein désert texan, vous y croyez ? J'aime beaucoup ce cliché. On devine Johnny sans le voir. » On ne le voit pas, mais on sait que c'est lui. Comme lorsque son ombre apparaissait sur scène… « Quand j'ai montré la photo à Johnny, il n'a pas saisi aussitôt. "Qu'est-ce que c'est que ça ? Je ne vois pas l'intérêt, on ne me voit pas…" Johnny se foutait un peu de ses photos. Il n'était pas du genre à réclamer des posters pour afficher chez lui. »

À l'orée des années 2000, Hallyday et Frank ont cessé leur collaboration au profit de Daniel Angeli. « Après la séparation, on se tombait dans les bras à chaque fois qu'on se croisait. Je sentais toutefois qu'il était un peu gêné de m'avoir laissé au bord du chemin. Je retiens seulement notre amitié et toute la rigolade qui allait avec. Parfois des flashs me reviennent. Quand Johnny nous faisait faire le tour des supérettes de Bruxelles pour acheter de la graisse pour frites belge. Ou ce petit matin de Nashville, quand nous nous étions réveillés par terre dans une chambre d'hôtel vide. »

– Qu'est-ce qu'on fout là ? s'étonna Johnny.
– J'en sais fichtrement rien ! répondit Tony Frank.

Jean-Claude Camus, l'audacieux producteur

« Il l'a porté jusqu'à son dernier jour. Lætitia lui a retiré quand il est parti. » Le pied à peine posé dans le grand appartement du producteur, je me suis retrouvé l'œil rivé sur son poignet. En me montrant le shamballah de Johnny Hallyday dont il a hérité, celui que j'aime appeler "Monsieur Camus" a insufflé une première dose d'émotion dans notre long entretien. « Johnny Hallyday, c'est toute mon existence. »

Durant la matinée que nous avons passée ensemble, *Monsieur Camus* a glissé que cela lui faisait chaud au cœur de constater ma dévotion pour Johnny. J'aurais pu lui retourner le compliment. Réponse après réponse, anecdote après anecdote, Jean-Claude Camus n'a cessé de dérouler son éternelle admiration pour son ancien artiste avec qui il a défié les lois de l'impossible pendant trente-cinq années. Bien sûr, il y a eu des échecs, des fâcheries, des accès de mauvaise foi du rocker ou des blagues douteuses. À chaque fois, la conclusion du producteur est identique : « C'était Johnny. »

C'était Johnny. Donc tout est pardonné.

Malgré les centaines de concerts produits, Jean-Claude

Camus n'a jamais cessé d'admirer son artiste : « De la première à la dernière fois, quand on voyait Johnny sur scène, il était impossible de rester insensible. Il émanait de lui un charisme unique ainsi qu'un talent que je n'ai jamais vu ailleurs. » Rappelons que Jean-Claude Camus a également produit les concerts en France de Madonna, de Bob Marley et des Rolling Stones. « Quand Hallyday entrait dans un restaurant, toutes les fourchettes restaient en l'air. Sys-té-ma-ti-que-ment. Avez-vous déjà constaté cela avec d'autres personnes ? »

Dans les années soixante, Jean-Claude Camus a débuté sa carrière avec Dick Rivers. « Je n'étais personne. Je faisais des bals, je dormais parfois dans la Gare de Lyon. Et de loin, je voyais ce grand blond qui écrasait tout le monde. Jusqu'au jour où je me suis dit : *Faut que je me paye un concert d'Hallyday*. À l'époque, le métier de producteur n'existait pas. Chaque artiste avait un imprésario qui était sollicité par les villes, comités des fêtes ou associations qui achetaient le spectacle. L'imprésario donnait une fiche technique – très limitée – et basta. Souvent, seuls des bénévoles géraient l'organisation. Pour monter la scène, il y avait du monde. Mais dès que le spectacle commençait, tout le monde disparaissait. Il n'y avait même plus de sécurité ! »

Jean-Claude Camus a ainsi “inventé” le métier de producteur. « J'ai commencé sans un sou, au risque que cela ne marche pas. Dès que l'occasion se présentait, j'achetais du Hallyday et du Sardou, que je produisais sous des chapiteaux, des parcs d'exposition ou des salles omnisports *dégueu*. Dès que Johnny arrivait dans une ville, il demandait à ses équipes si tout était en ordre. »

– On est en vacances, ce soir c'est Camus qui produit, répondait le staff de Johnny.

« Dès 6 heures du matin, je collais moi-même des étiquettes sur les chaises, poursuit le producteur. Je commençais à bien connaître Johnny. Après un concert à Bourges, Johnny a pris mes lunettes de vue et il est monté dans sa voiture. Direction Paris. Sans moi. Et avec mes lunettes ! C'était Johnny. »

Le 29 novembre 1979, Johnny Hallyday assistait au concert de Supertramp au Pavillon de Paris, produit par Jean-Claude Camus. Après avoir salué Roger Hodgson et Rick Davies, le chanteur français prit Monsieur Camus à part.

– Tu sais que j'ai viré tout le monde ? Mes musiciens, mon imprésario, mon secrétaire Sacha Rhoul…

– Oui, j'en ai entendu parler.
– Tu accepterais de t'occuper de moi ?

« Quelle déflagration dans mon corps ! Johnny Hallyday me demandait ça à moi, avec une telle humilité. Jamais je n'aurais imaginé qu'une telle chose puisse arriver. »

Jean-Claude Camus a ensuite mis sur pied le fonctionnement moderne des tournées, qui allait inspirer tous les autres artistes. « Avant, il n'y avait aucune logique dans l'organisation et la répartition des villes de tournées. J'ai mis en place un planning six jours sur sept : les grandes villes, les villes moyennes, et parfois même les petites villes. J'ai ensuite voulu corriger un point précis. Je lui ai dit, "Johnny, nous avons un problème. Les gens viennent voir un spectacle extraordinaire à Paris, et nous en province on arrive avec les musiciens et la lumière, point barre." Dès lors, les tournées ont été beaucoup plus coûteuses mais je suis convaincu que c'est ce qui a définitivement installé Johnny partout. »

« Je reste avec Camus parce qu'il ne me refuse rien », plaisantait souvent le rocker.

« C'était à moitié vrai. Pour dire non à Johnny, il fallait faire le tour de la question, arrondir les angles, lui expliquer ce que ça allait lui coûter. Parfois, c'est lui qui refusait mes idées. En 2006, il ne voulait pas retourner au Palais des Sports. »

– Je ne vais pas refaire le PDS, c'est trop petit. On va dire que je suis fini !

– Johnny… Cinq mille multiplié par trente représentations, ça fait combien ?

« J'étais très embêté par son refus car j'avais déjà réservé la salle ! Heureusement, Lætícia m'avait appuyé et Johnny avait fini par accepter pendant le tournage de *Jean-Philippe.* » Monsieur Camus avait été une fois de plus visionnaire. Le lancement du *Flashback Tour* au Palais des Sports fut un nouveau triomphe.

Après la tournée d'adieux avortée suite aux graves problèmes de santé de Johnny en 2009, la star s'était séparée de son producteur et ne lui avait plus adressé la parole pendant cinq ans. Pour Jean-Claude Camus, le coup était rude. Alors qu'il refusait toujours de s'exprimer publiquement au sujet de son ancien associé, le producteur n'avait pas pu s'empêcher de défendre l'honneur de Johnny Hallyday – bien qu'ils soient toujours fâchés – lors d'un procès avec Adeline Blondieau.

– Je ne prends plus jamais la parole au sujet de Johnny, mais là faut qu'on arrête avec toutes ces saloperies ! rétorqua Jean-Claude Camus à un journaliste de BFM TV. Devant son téléviseur, Johnny avait apprécié : « Mon coco *(surnom donné par Lætícia à Jean-Claude Camus)*, quelle générosité, expédia Lætícia sur son téléphone. Johnny a été très touché par tes mots. Il faut qu'on se revoie. » En mars 2016, le téléphone du producteur sonna à nouveau :

– Mon coco… je te passe Johnny ! Jean-Claude Camus crut s'étouffer. Cinq longues années qu'il attendait ce moment.

– Comment vas-tu ? demanda Johnny. J'ai appris que tu avais eu un accident à la hanche ?

« Johnny était au courant de tout, et me parlait comme si on s'était quittés la veille. Il m'a invité à son concert au Palais 12 de Bruxelles. J'y ai revu tous mes techniciens qui tombaient dans mes bras. Des retrouvailles extraordinaires. Johnny souriait : "Je suis tellement heureux de te retrouver." Il m'a répété cette phrase au moins cinq ou six fois. »

Débarrassés de tout enjeu professionnel, Camus et Hallyday ont entretenu jusqu'au bout leur puissante amitié, notamment lors d'un anniversaire-surprise organisé pour le producteur à Marnes-la-Coquette, le 29 octobre 2017. « Nous avons passé l'après-midi ensemble. Johnny m'a fait écouter son dernier album. Il voulait refaire deux voix, mais il n'en a pas eu le temps. »

Sacha Rhoul, le fidèle confident

Sacha Rhoul fut le secrétaire de Johnny Hallyday de 1966 à 1980, une période qu'il surnomme aujourd'hui « les belles années ». Dans un dictionnaire hallydéen, le mot "secrétaire" ne renverrait pas à la même définition que dans le petit Robert ou le Larousse. Être secrétaire de Johnny, c'est être avec la star en permanence, des concerts aux plateaux télé en passant par les interminables soirées en boîte de nuit et tout type de moment privé. Sacha Rhoul a même occupé la fonction de garde du corps du petit David. Ses plus beaux souvenirs, il les a vécus en bord de scène, là où il scrutait chaque fait et geste de son chanteur. « J'étais toujours le dernier avec lui, à quelques secondes de ses concerts. C'est moi qui lui donnais à boire avant qu'il ne commence à chanter, et qui lui tendais sa serviette dès qu'il sortait de scène. »

Quarante ans plus tard, la voix de Sacha conserve une passion intacte quand il s'agit de raconter les interminables tournées d'hiver, d'automne ou d'été. « La seule vraie vie de Johnny Hallyday, c'est quand il montait sur scène et qu'il avait ce contact charnel, amical, familial avec son public. Pour lui, c'était l'essentiel. C'est là qu'il était lui-même, qu'il vivait réellement. Il était en transe ! Il vivait pour ses fans. Grâce à mon travail pour Johnny, j'ai vu toutes les vedettes internationales en concert. Des comme lui, je n'en ai vu aucun. Une telle communion avec le public, c'était quelque chose d'exceptionnel. Car le public lui rendait bien : il y avait une folie commune. Certains artistes sont talentueux mais commerçants : ils viennent et ils chantent. Avec Johnny, il n'y avait ni cinéma, ni tricherie, ni faux-semblants. Je l'ai vu pleurer en sortant de scène car il croyait fort à ce qu'il chantait. C'était un autre bonhomme ! »

Gala après gala, Sacha Rhoul était toujours plus décontenancé par un trait de caractère de Johnny Hallyday : sa capacité de remise en question permanente. « Dans les minutes qui précédaient son entrée en scène, nous étions seuls derrière le rideau ou en bas d'un escalier. Johnny me harcelait de questions : "Tu crois que ça va marcher ?", "Tu crois que je vais être bien ?", "Tu crois que le spectacle va leur plaire ?" Moi, j'étais son secrétaire, je ne savais pas quoi dire et je ne comprenais pas pourquoi Johnny Hallyday avait besoin de mon avis. C'était bizarre et fantastique à la fois. D'un côté, je voyais cinq mille personnes acquises à sa cause. Et de l'autre, ce bonhomme qui s'inquiétait encore de savoir si je pensais qu'il allait faire bonne figure. J'ai vécu des moments fabuleux. Un garçon timide, humble, jamais sûr de lui. Il se comportait comme un débutant… Non, en fait, même plus qu'un débutant, car les jeunes sont toujours pleins d'assurance. Johnny doutait systématiquement avant de monter sur scène. C'est pour ça qu'il a fait cette carrière. Ce n'est pas donné à tout le monde de perdurer ainsi, d'avoir une telle fidélité de ses fans. On ne peut pas tromper un public. Le bonhomme était toujours là pour s'arracher sur scène. »

Valmont, le fantôme des studios

À moins que vous n'aimiez fouiller et lire minutieusement les crédits des albums, vous n'avez sans doute jamais entendu son nom ni vu son visage… Valmont est en effet crédité comme choriste de Johnny lors des derniers opus. Le chanteur né en 1969 occupait une triple-fonction méconnue : enregistrer les maquettes des chansons pour la sélection, chanter en studio avant l'arrivée de Johnny pour permettre aux musiciens d'enregistrer leurs parties, puis aider Johnny lors de ses répétitions. Tout cela dans le plus grand secret…

Lorsque j'ai contacté Valmont, il était très surpris que j'aie connaissance de son véritable rôle. En effet, à chaque album, le chanteur-fantôme devait signer une clause de confidentialité. « J'avais un rôle de discrétion. La maison de disque trouvait que ce n'était pas très vendeur de parler de moi et de dire que Johnny avait besoin qu'on l'aide pour apprendre ses chansons. Dès qu'une caméra ou un objectif entrait dans le studio, moi j'en sortais. » Pour Valmont, tout a commencé en 2012. Johnny Hallyday avait beaucoup apprécié la qualité de la maquette de la chanson *L'Attente* réalisée par son compositeur, Daran. Warner a alors décidé de fonctionner ainsi, en préenregistrant toutes les chansons de la manière la plus professionnelle qui soit. Dès lors, tous les titres proposés à Johnny seraient enregistrés par un chanteur dont la tessiture de voix se rapprocherait au maximum de la sienne.

« J'avais reçu un message étonnant : "Ça te dirait d'enregistrer des chansons pour Johnny Hallyday ?" Pour moi, c'était une chance inespérée, explique Valmont. J'étais payé pour enregistrer de très bonnes chansons chez moi. Je peux chanter à la fois haut et bas, et j'ai la capacité à faire vivre un texte. Mais je reste humble, je ne dirai jamais que j'ai la voix de Johnny Hallyday. Seules trois personnes écoutaient mes chansons : Johnny Hallyday, Lætícia Hallyday et Bertrand Lamblot ! Tous savaient que j'étais content de faire partie de l'aventure et que jamais je ne réclamerais plus. Je n'avais pas d'égo, et aucune rivalité n'était envisageable avec Johnny. Moi, je chantais la chanson. Lui, il la sublimait. Il écoutait mes maquettes, et instantanément il savait si cela rendrait bien dans sa voix. J'ai parfois aidé à révéler quelques chansons. Par exemple, *Te manquer*, personne n'y croyait. Je suis monté à l'octave au troisième couplet alors que ce n'était pas écrit sur la partition de Yodelice, et Johnny l'a chantée ainsi. »

Avant l'enregistrement de l'album *Rester Vivant* en 2014, Valmont s'est rendu à Los Angeles chez les Hallyday. « J'ai passé un mois et demi chez eux pour les répétitions. Je me souviens d'un couple généreux, ouvert sur plein de sujets, et surtout très amoureux, très uni. Musicalement, Johnny tenait compte de son avis. Si elle n'aimait pas une chanson, ça lui posait problème. J'ai vécu des moments incroyables, moi le petit musicien dans un coin de leur maison de Pacific Palisades. Je me souviens de la première séance de travail. Nous étions face à face. Il a ouvert la bouche, a entamé une vocalise : "HEYYYYYYYYYYYYYYYYYYYYYYY YYYYY !" C'était tellement fort que j'ai reculé ! Sa réputation n'était pas usurpée. J'étais tellement impressionné... Quelle expérience ! Johnny était au sommet de son art. Gentil, timide, professionnel, humble... Il ne se prenait pas la tête. Comme j'avais enregistré les maquettes, je connaissais parfaitement les chansons, je pouvais ainsi l'aider à répéter. Étrangement, il avait beaucoup de mal à apprendre un nouveau titre, que ce soit la mélodie ou les paroles. Il travaillait énormément. En revanche, à partir du moment où il avait posé sa voix sur un morceau et qu'il écoutait sa version, il ne l'oubliait jamais ! Cette capacité de concentration était fantastique. Pour Johnny, il fallait une scène ou un studio. On avait passé beaucoup de temps à travailler la chanson *Rester Vivant*. Lorsqu'il l'a interprétée pour la première fois en direct au Grand Journal de Canal+, j'étais devant ma télévision, il avait chanté parfaitement, c'était magique. »

Passionné par le récit de Valmont, je lui demande alors de m'expliquer précisément comment Johnny travaillait : « Il bossait les chansons à l'oreille, sans partition. Sur le texte, il notait très peu d'informations. Parfois il improvisait, modifiait deux ou trois notes. »

– J'la fais à ma façon, justifiait-il.

Avec sa guitare autant qu'avec sa voix, le rocker impressionnait son coach : « Johnny était un musicien dans l'âme. Les gens ignorent à quel point il était bon guitariste. Son truc, c'était le *skiffle*, l'ancêtre du rock'n'roll. Il en jouait super bien ! »

Entre deux séances de travail, Valmont profitait de sa présence à Los Angeles pour questionner Johnny Hallyday :

– Je n'ai pas envie d'enregistrer ce titre, grommelait Johnny de temps en temps.

– Si la chanson t'emmerde, ne le fais pas ! Qu'est-ce qui t'y oblige ?
– Parce qu'on ne sait jamais, répondait mystérieusement la star en regardant dans le vague.
– Pourquoi n'écris-tu pas tes chansons toi-même ?
– Oh non, tu sais, moi j'aime chanter, faire de la scène, je n'ai pas le temps pour ça.

« Quelques jours plus tard dans le studio de Santa Monica, je l'ai surpris en train de faire la sieste sur un fauteuil, raconte Valmont. J'avais devant moi un vieil homme de 70 ans, marqué par son âge. Tout à coup, un membre du staff a crié : "C'est l'heure ! On doit faire les photos." Johnny Hallyday s'est redressé sur son fauteuil, a sorti son peigne, s'est brossé les cheveux et a chaussé ses lunettes noires. D'un bond, il s'est positionné au milieu de ses musiciens, qui étaient tous beaucoup plus jeunes que lui avec un super look, de beaux habits. Il y avait des beaux gosses comme Maxim Nucci. Pourtant, on ne voyait que *lui* !

Il avait rajeuni de trente ans en moins d'une minute. Je l'ai regardé et je me suis dit : *Y'a un truc !* »

En 2017, Valmont a participé à la construction de l'ultime album *Mon pays, c'est l'amour.* « Johnny a tout donné dans ce disque. Il l'a soigné encore plus que les autres. Il était très content du résultat. Malheureusement, il est inachevé. J'avais travaillé sur des maquettes qu'il n'a pas eu le temps d'enregistrer. Trois ou quatre titres étaient encore prévus. Il s'agissait de morceaux rock, très *sixties.* J'ai cru que Johnny s'en sortirait car Maxim Nucci était confiant quand j'en discutais avec lui. "Je crois que ça va", m'avait-il dit pendant l'enregistrement de l'album. Je ne sais pas si c'était pour me cacher la vérité ou parce que lui-même ne parvenait pas à accepter la vérité. Maxim a été très affecté par la mort de Johnny, car il a presque vécu avec lui lors des dernières années. Il ne s'y attendait absolument pas. »

Johnny Bednarz, plus admirateur que chauffeur

Cela saute aux yeux à la lecture de son prénom. Johnny Bednarz a toujours vécu dans le culte de Johnny Hallyday. « En 1981, j'ai assisté à mon premier concert quelques mois avant ma naissance, à l'état d'embryon ! Sur mes jambes, je l'ai vu dès l'âge de 4 ans dans le minuscule Palais des Sports d'Orléans. Toute ma famille était fan. Lors de chaque réunion de famille, on écoutait toujours Johnny, du début jusqu'à la fin. J'ai toujours entendu ses chansons, partout, tout le temps. En 1993, nous avons loué un minivan pour nous rendre au Parc des Princes. Oncles, tantes… On était une dizaine. C'est un superbe souvenir familial. Mon père était un simple ouvrier, c'était un sacré budget de payer les tickets de concert pour moi en plus. On allait seulement à Orléans, et parfois à Paris. Dès la majorité, j'ai passé mon permis et suivi de plus en plus de concerts. Une à une, j'ai ajouté les villes les plus proches à ma liste. Tours, Poitiers, Bordeaux… Jusqu'à ne plus m'arrêter, puisque je suis allé voir Johnny à New York, Washington et Miami ! »

Johnny Bednarz est encore ému lorsqu'il raconte cette parenthèse atemporelle : son travail de chauffeur pour le *Rester Vivant Tour*. « Entrer dans le staff de Johnny Hallyday, je pensais que c'était inaccessible. Lorsqu'on m'a dit que je partais pour trois mois de tournée avec lui, j'ai cru à une grosse blague ! Tant que je ne me suis pas trouvé à l'intérieur du Palais Nikaïa de Nice, je n'y croyais pas. En passant de l'autre côté de la barrière, j'ai découvert la magie du backstage. » Spectateur assidu du premier rang, Johnny B. fait partie des visages connus du public. Sa présence dans le staff en surprit plus d'un :

– Johnny, qu'est-ce que tu fous avec le *pass* de la tournée ? tonna Pistache, l'un des gardes du corps.

Les uns après les autres, les musiciens vinrent le saluer et le féliciter pour ce nouveau travail de chauffeur. Johnny B. était à la tête d'un gigantesque camion rouge, que vous avez forcément aperçu à l'arrière d'une salle si vous avez assisté à un concert d'Hallyday. « Le démontage avait lieu juste après le show. C'était assez speed, et il fallait manipuler le matériel avec beaucoup de soin. On roulait de ville en ville. »

Parmi la quinzaine de chauffeurs expérimentés, Johnny B. faisait figure d'intrus. « Je m'appelais Johnny et j'avais un tatouage Smet. Forcément, j'étais surveillé. Certains pensaient que j'étais un taré et que j'allais sauter sur Johnny à la moindre occasion. » Le chauffeur-admirateur restait le plus discret possible, tout en essayant de vivre à fond cette tournée de rêve. « La plupart des chauffeurs dormaient dans leur camion tout l'après-midi pour récupérer, quand je me contentais de micro-siestes. J'essayais de grappiller n'importe quel moment, ne serait-ce que pour apercevoir Johnny par une fenêtre. Pendant trois mois, j'ai carburé au café et très peu dormi. Toutefois, j'avais peur de me faire virer, alors je ne suis pas allé réclamer une dédicace et je baissais presque la tête si je le croisais en coulisses. Je traînais souvent au *catering*. À Genève, j'étais attablé avec les autres chauffeurs. Johnny était assis à la table d'à côté, il dînait seul. Soudainement, il s'est levé :

– Johnny, tout va bien ? s'écria aussitôt le médecin, présent à une autre table.

– Oui ça va, lâche-moi ! rétorqua la star.

Il était visiblement agacé d'une telle sollicitude. Johnny Hallyday a alors posé son regard sur moi et a dégainé un immense sourire. Il s'est approché de notre table : « Bonsoir, Messieurs, bon appétit. »

Au-delà du plaisir de travailler pour son idole, Johnny B. a vécu de nombreux moments privilégiés. « À Nice, nous avions été bloqués dans la salle par les intempéries. Après le départ de Johnny et des musiciens, je m'étais baladé dans les loges. Dans celle de Johnny, plein de papiers traînaient, j'avais évidemment tout ramassé. Une feuille m'avait intrigué : il s'agissait d'un texte inconnu nommé *De l'amour*. Je me demandais ce que c'était... »

Quelques jours plus tard, la gigantesque machine Hallyday se retrouvait à l'autre bout de la France, au stade Pierre-Mauroy de Lille. Une fois de plus, Johnny B. avait zappé la sieste dans son camion... Et il avait bien fait. « Assis au milieu des gradins, j'étais seul dans le stade pendant la brève répétition. Johnny était sur la scène du milieu. Il répétait avec Maxim Nucci. »

– Maxim, tu prends le temps d'arriver tranquillement, le temps que je te présente.

Avant de chanter, Johnny a alors répété le texte qu'il devait lire le soir même :

– Je viens d'enregistrer mon cinquantième album studio, réalisé avec Maxim Nucci. Je vais vous chanter ma nouvelle chanson qui s'appelle *De l'amour*.

Accompagné par Nucci et ses musiciens, Johnny interpréta ensuite son nouveau titre dans le stade vide.

« Éberlué, je me suis retourné, et j'ai réalisé que j'étais seul. La France l'ignorait, Johnny venait de chanter une nouvelle chanson, et j'étais le seul à l'avoir écoutée ! »

Johnny B ayant parfaitement tenu sa langue, la surprise fut totale pour les vingt mille spectateurs qui assistèrent, ce soir-là, à la première version officielle de *De l'amour* et l'annonce-surprise de la sortie du cinquantième album studio. J'étais présent à Lille ce 9 octobre 2015. Je me souviens d'une stupeur totale autour de moi. Par chance, j'avais pris place ce soir-là juste devant la petite scène, à quelques mètres de Johnny lors de cette annonce. Personne ne pouvait y croire ! À 72 ans et après cinquante-cinq ans de carrière, Hallyday parvenait encore à surprendre son monde avec un titre rockabilly composé par Maxim Nucci.

Pendant les concerts, le chauffeur avait obtenu l'autorisation du régisseur de retrouver son rang de spectateur. Parfois dans les tribunes, parfois au premier rang avec le reste du gang. Seule consigne : ne pas se retrouver sur le passage de la star lors de l'heure précédant le début du show. « Dès que le concert commençait, je redevenais fan. Je ne pensais plus au chargement de mon camion, je ne me sentais pas au boulot. Quand il descendait dans le public, j'essayais de lui serrer la main sans penser que je le croiserais à la cantine le lendemain. »

Lorsque la tournée s'arrêta chez lui à Orléans, Johnny B. assista au concert avec sa fille âgée de 6 ans. Invité par Lætícia à se rendre dans la loge de son mari, le chauffeur était gêné par sa double-vie travail/passion. Il s'en était ouvert auprès de Sébastien Farran, le manager :

– Je suis devenu chauffeur pour la tournée, risqua Johnny B.

– Je sais, je t'ai vu, rit le manager.

– Ça ne te pose pas de problème ?

– T'es encore là ? Alors c'est qu'il n'y aucun souci, sourit Sébastien Farran, au moment où Johnny entrait dans la pièce.

« Quand Johnny est arrivé, je lui ai présenté ma fille. Il a été adorable. »

– Je t'ai vu chanter devant moi au pied de la scène, a remarqué le chanteur d'une voix douce. Je peux te faire un bisou ?

« J'étais comme un gamin ! J'avais toute ma vie devant moi : ma passion, Johnny Hallyday, en train d'embrasser ma fille. »

– Ça va ? a demandé Johnny Hallyday à Johnny Bednarz. Ça s'est bien passé ce soir ?

– Oui, merci, a balbutié le chauffeur, tétanisé.

« J'avais des millions de choses à lui dire, mais j'étais bloqué comme un idiot, je n'ai rien trouvé d'autre que ces deux mots. J'en avais même oublié de demander une photo. Heureusement, Pistache m'a fait un signe pour me le rappeler. »

Pendant notre entretien, Johnny B. n'a pas lâché des yeux cette photo, placardée chez lui.

Michel, le secrétaire épuisé

En novembre 2019, j'ai rencontré Michel au cimetière de Lorient. En remarquant l'allure fatiguée et le visage éploré de cet homme de 70 ans, j'ai aussitôt compris que les liens qui le reliaient à Johnny étaient particulièrement forts.

« Quand j'ai rencontré Johnny, il avait 22 ans, j'en avais 20. C'était vraiment les débuts, mais on savait qu'il irait loin. J'ai passé neuf mois auprès de lui, en tant que "Monsieur passe-partout". Je réservais les hôtels et tout ce dont il avait besoin pour que la vie lui soit facilitée. Je faisais partie d'une petite armée de secrétaires, avec notamment Ticky Holgado. En neuf mois au service de Johnny, j'ai perdu… 9 kilos ! Je n'avais pas la santé pour continuer plus longtemps. Tout était rapide, nous vivions à un rythme effréné et dormions très peu. On enchaînait concert sur concert. Parfois, Johnny prenait du recul et disparaissait de la circulation quelques jours. Puis nous avions rendez-vous tel jour à telle heure, et tout recommençait de plus belle. C'était épuisant mais je me souviens d'un garçon très gentil. En neuf mois, il n'a jamais eu un mot de trop ! Malgré les difficultés, je reste nostalgique de cette période. Ce sont des souvenirs impérissables. Tout au long de ma vie, j'ai beaucoup estimé Johnny Hallyday. J'ai écouté tout ce qu'il a chanté et lu tout ce qui se disait sur lui. Je suis allé le voir en concert plusieurs fois mais je n'ai jamais cherché à le revoir en privé. Je ne voulais pas gâcher les moments précieux que j'avais partagés avec lui. »

En raison du coût de la vie à Saint-Barthélemy, Michel et son épouse n'ont passé qu'une journée sur l'île où repose le rocker. Peu importe. « C'était incontournable de le voir ici », glisse Michel, très ému.

Christophe Fostok, le coiffeur des stars

Si vous vous êtes rendus à Saint-Barthélemy lors des deux années précédant la sortie de ce livre, vous avez peut-être déjeuné, sans le savoir, chez l'ancien coiffeur de Johnny Hallyday. Lassé des coups de peigne, Christophe Fostok a rangé les ciseaux et racheté un local pour monter un restaurant de bar à salades, glaces et autres gourmandises qui cartonne à Saint-Jean. Christophe Fostok avait déjà failli changer de vie après avoir rencontré Johnny à Saint-Barth'. Coiffeur sur l'île depuis vingt ans, il se souvient de leur première rencontre, à l'été 2010 : « J'avais été appelé un matin pour faire un brushing à Lætícia. Johnny était alors sorti de sa chambre, on avait aussitôt eu un bon feeling. »

– Je veux bien que tu me fasses ma couleur aussi.

« On s'est aussitôt tutoyés et on a pris rendez-vous à mon salon. Je lui ai refait son blond, racines carrées et pointes claires, avant de le ramener à la *Villa Jade.* »

– Enfin, je le retrouve, c'est super beau ce que tu as fait, dit Lætícia.

« Johnny, lui, s'en foutait un peu, il n'avait rien à prouver. C'est l'avis de Lætícia qui lui importait. De fil en aiguille, je suis entré dans leur intimité, et je les revoyais chaque été. Johnny était un impulsif. »

– Je veux monter un business avec toi, proposa-t-il soudainement.
– Ah oui, quoi ?
– T'es pas chanteur ! Je veux monter un salon de coiffure à Los Angeles, j'aimerais que tu partes avec nous.

« J'ai donc passé trois semaines à L.A. Johnny m'a fait visiter sa ville car il voulait que je l'apprécie. Dans sa Cadillac bleue, ou en voiture avec son coach derrière sa Harley, on a visité tous les points touristiques de la ville. On allait tous les jours au restaurant, je me demandais où il trouvait toute cette énergie pour sortir quotidiennement. On allait dans des restaurants *ranch*, un peu country. Il adorait l'ambiance rodéo. En trois semaines, il a arrêté quinze fois de fumer ! Pour le respecter, on ne fumait pas non plus, et on ne picolait pas. Il me disait régulièrement : “Je n’ai pas fumé depuis deux jours”. À Los Angeles, il vivait comme tout le monde. Il y avait des paparazzis tout le temps, donc les Américains se demandaient qui était ce vieux rocker avec sa jeune et jolie blonde, mais ça s’arrêtait là. Il allait régulièrement chercher ses filles à l’école, on allait au parc faire de la balançoire. C’était un rigolo, un mec sympa, qui aimait faire des coups, des conneries de gosse, ou nous montrer des films d’horreur dans sa salle de cinéma. Moi, ce n’était pas trop mon genre de films alors je préférais papoter dans le jacuzzi avec Læticia. Johnny savait que j’étais gay alors il n’y avait aucune mésentente. Chez lui, c’était rock’n’roll. Elvis passait en boucle à la maison ! Il était toujours très entouré, je ne l’ai jamais vu seul. Il était également très généreux. Au restaurant, il payait toujours pour quinze personnes. Il m’avait offert un blouson avec plein de strass. Lors du cyclone Earl à Saint-Barth’, comme j’étais seul, les Hallyday m’avaient invité chez eux. Je me régalais : Johnny chantait les nouvelles compositions de Matthieu Chedid, je faisais les chœurs. Læticia filmait tout. La seule fois que j’ai vu Johnny en concert, c’était au Royal Albert Hall de Londres en 2012. C’est là que j’ai compris qu’il s’agissait de Johnny Hallyday et que j’avais le privilège de vivre des instants avec lui. J’ai pris conscience que c’était une bête de scène. Mais j’avais refusé son projet de salon de coiffure à Los Angeles. Pour travailler avec Johnny Hallyday, il fallait accepter de vivre en permanence avec lui et à son service. Je me suis fait engueuler par toute ma famille pour avoir refusé une telle offre. Johnny était investi, il avait trouvé un local et promettait de ramener des clients. »

Franck Ansaldi, le cuisinier des tournées

Dans le milieu, artistes et techniciens appellent ça le *catering*. Dans chaque salle de spectacle, un grand espace est aménagé afin d'assurer les repas pour toutes les équipes. « C'était comme un grand restaurant qu'on déployait toute la journée, explique Franck Ansaldi, en charge du *catering* des tournées Hallyday dès le début des années 90. Même à Bercy, Johnny passait au *catering* tous les soirs, même si c'était juste pour picorer. Il saluait toutes ses équipes. Tous les artistes n'en prennent pas la peine. Il ne se la racontait pas. C'était un mec humain qui avait un mot ou un regard pour chaque personne qu'il croisait. Selon les périodes, il avait des demandes particulières sur le plan diététique, notamment quand il faisait beaucoup de sport et qu'il accordait de l'attention à son poids. Hervé Lewis chapeautait le tout afin de nous indiquer ce qu'on devait lui servir. Avant un concert, il mangeait très léger. Du chou rouge, du poulet grillé sans gras... On lui préparait aussi des en-cas pour son retour en avion, généralement des burgers ou des tacos. Johnny appréciait la nourriture américaine et aimait par-dessus tout les plats piquants. Il répétait sans cesse, "C'est pas assez fort". Nous avons alors élaboré un piment spécial, très puissant, que j'ai appelé le *Piment Johnny*. Ce n'était pas un petit Tabasco – que Johnny buvait d'ailleurs à la bouteille. En fin de tournée, il repartait à la Lorada – ou à Los Angeles – avec son pot ! De toute mon expérience dans la cuisine, je n'ai jamais vu quelqu'un ingérer autant de piment aussi fort. Avec mes cuisiniers, nous le regardions de loin, estomaqués. Ça l'amusait de le faire goûter aux journalistes ou à ses amis qui lui rendaient visite. "Goûte, tu vas voir, c'est super bon." Comme c'était Johnny, évidemment, les gens goûtaient. Et la plupart des invités se brûlaient ou s'étouffaient, sous le regard amusé de Johnny. »

Nathalie Jacquillat, la serveuse du Zénith 84

Spectatrice assidue des concerts de Johnny, Nathalie Jacquillat est entrée progressivement au début des années 80 dans l'équipe du fan-club qui vendait les programmes et donnait tous les coups de main possibles et inimaginables au staff de Johnny. « Nous n'étions pas payés mais les petits boulots nous permettaient d'entrer gratuitement à chaque représentation. Ça nous donnait l'impression de faire partie de l'équipe Hallyday. À Orléans, j'étais allée chercher le costume de Johnny au pressing. Un autre soir, Nathalie Baye est sortie des coulisses pour nous glisser que Johnny avait oublié son peigne. On lui en a trouvé un aussitôt. » Au Zénith de Paris en 1984, Nathalie Jacquillat vécut son plus grand moment de fan. « Je devais tenir le bar des coulisses. Beaucoup d'invités – Eddy Mitchell, Sylvie Vartan – étaient présents mais je n'imaginais pas que Johnny viendrait. » Au fur et à mesure que le concert approchait, les coulisses se vidaient et la salle se remplissait. Réflexe de fan, Nathalie a imaginé un instant quitter son poste afin de ne pas rater l'entrée en scène de son idole, bientôt cachée au sein du poing gigantesque qui traversait le Zénith. Quand tout à coup… « J'ai reconnu deux jambes descendant l'escalier en colimaçon. *Ça c'est lui !* Quand il s'est approché, j'étais tétanisée. "Double-scotch !" Il a bu cul sec son whisky. Dès qu'il est parti, je me suis ruée vers la scène. » Pour Nathalie, ce whisky avait un goût d'éternité.

Quelques mois plus tard, Johnny invita l'équipe du fan-club au Martin's, le restaurant de Sam Bernett. « J'avais beau être loin de lui, j'étais assise à la même table, en tant que tout petit maillon de la chaîne, apprécie Nathalie. Johnny était arrivé très tard après un autre dîner, il était déjà bien éméché ! »

Philippe De Deckere, La mémoire virtuelle

Peut-être avez-vous déjà croisé devant une salle de spectacle un homme d'âge mûr à la barbe grise presque aussi longue que celle d'Albus Dumbledore ou Gandalf. Ses pouvoirs n'en sont pas moins importants : vingt ans après avoir défié une tornade et traversé l'Amérique en auto-stop pour devenir l'un des rares

Européens à voir Elvis Presley en concert, il est devenu la mémoire virtuelle de Johnny Hallyday. Étudiant belge temporairement expatrié aux États-Unis, Philippe a traversé l'Amérique afin d'assister à un concert du *King* : « En 1974, J'étudiais à Omaha, le show était à Las Vegas. 5 400 kilomètres aller-retour en auto-stop, en cinq jours. Il y avait une alerte à la tornade. C'était l'enfer, je marchais le long de la route, personne ne voulait d'un auto-stoppeur. Personne ! Mais j'ai fini par y parvenir, au fur et à mesure, en montant dans des dizaines de voitures. Je suis arrivé devant la salle, et j'ai arrosé de pourboire la sécurité pour accéder au premier rang. Un billet de dix dollars pour chacun, c'était gagné. À la fin du concert, je me suis jeté sur la scène. Un garde du corps m'a soulevé de terre *(cher lecteur, retenez cette anecdote pour plus tard)* mais Elvis lui a ordonné de me laisser monter. Je suis allé dans sa loge et je lui ai expliqué mon périple. Il m'a offert son foulard. J'étais tellement abasourdi que je n'ai demandé ni un autographe ni une photo ! » Johnny étant lui-même un grand fan d'Elvis Presley, Philippe aurait aimé lui raconter cette histoire mais n'en a jamais eu l'occasion. « Johnny et Elvis vont de pair, rock'n'roll tous les deux. »

Je n'ai pas oublié ma rencontre avec Philippe De Deckere, surnommé *Phil* par la communauté hallydéenne. Le 9 octobre 2015, alors que nous venions d'assister à la naissance de la chanson *De l'amour* au stade Pierre-Mauroy de Lille, Phil me raconta le fonctionnement de son site internet, *Hallyday.com*. Il ne s'agit pas du site officiel de la star, mais d'un site de fans – quasi-biographes – qui répertorie scrupuleusement et méthodiquement les concerts, chansons, duos, pochettes… de la carrière de Johnny. « Je passe cinq heures par jour à actualiser mon site. Cinq heures, c'est le minimum. Quand j'ai le temps, j'y passe mes journées entières. En fait, dès que je suis chez moi, je suis derrière mon ordinateur pour scanner des pochettes de 33 tours, compléter des rubriques, collecter des informations… Nous vérifions toutes nos sources et n'évoquons pas les rumeurs, ni la vie privée de Johnny. On ne parle que de l'artiste. Nous sommes quatre administrateurs, chacun a sa rubrique, moi c'est la discographie. Hallyday.com contient trente mille pages et quatre-vingt mille photos. Ça pèse un giga ! » Très discret, Philippe De Deckere n'a jamais eu l'opportunité d'évoquer son site internet avec son idole. « Johnny avait connaissance du site. J'avais rencontré Læticia à Bruxelles, elle m'avait félicité pour notre productivité. » Le site de Philippe est une véritable mine d'or, qui nous permet par exemple d'écrire – au hasard – que Johnny a chanté le 7 janvier 1967 au Majestic d'Alger ou le 7 mars 1974 au Cinéma *Le Royal* à Lorient en Bretagne, et qu'il a interprété *Harley Davidson* en trio avec Serge Gainsbourg et Gérard Depardieu, le 27 mai 1980 à la télévision.

Travailler pour Johnny, le fantasme d'une vie

Si les exemples précités dans ce chapitre prouvent que certains ont concrétisé leur rêve, de nombreux fans de Johnny Hallyday ont attendu toute leur vie en vain d'être engagés au service de leur idole, afin de vivre à ses côtés et de passer de l'autre côté de la barrière. Pendant dix ans, j'ai vu à chaque concert Sébastien Morisseau et son immuable appareil photo, solidement accroché à sa place au premier rang. Souvent, les spectateurs l'interrogeaient :

– Pourquoi tu viens tous les soirs pour ne pas profiter du concert et passer ton temps à filmer ou prendre des photos ?

– Filmer Johnny, c'est ma passion, justifiait le fan originaire de Clermont-Ferrand.

« J'ai été bercé par Johnny Hallyday car mes parents étaient fans. À leur divorce, je voyais moins mon père, alors Johnny est devenu un substitut, à travers des chansons comme *Mon fils*. Plus j'ai grandi, plus je suis allé le voir en concert. À partir de 2006, j'ai suivi les tournées complètes. Je n'avais pas d'enfant, pas de crédit. J'étais libre. Je vivais exclusivement pour Johnny Hallyday. » Sébastien assistait à près de quatre-vingts concerts par an et a développé une approche artistique, presque professionnelle : « J'ai commencé à observer le personnage sur scène. Quand on le connaît bien, on sait précisément à quel instant Johnny va faire tel ou tel geste, et c'est là qu'on prend les plus belles photos. J'ai toujours reproché aux photographes officiels de ne pas le connaître suffisamment et de déclencher trop tard leur appareil… Je prenais garde à tout. Je savais que Johnny n'aimait pas qu'on voie s'il avait un peu de ventre et surtout qu'il détestait son nez. Il en avait horreur ! Je faisais en sorte que ses défauts ne se voient pas. À la fin de chaque tournée, je lui offrais des photos grand format mais je n'ai jamais eu de retour. Je prenais environ cinq mille photos par concert. Johnny prenait la pose devant moi chaque soir, afin que je puisse prendre LA photo. Une fois le cliché saisi, je levais mon pouce et Johnny me souriait.

Ensuite, je me suis mis à filmer les spectacles avec mon regard de fan, centré sur son visage. C'était un kiff énorme ! Je connaissais ses mouvements par cœur, ce qui me permettait de dézoomer juste avant ses déhanchés. Je faisais un énorme zoom sur ses yeux quand je savais qu'il allait regarder dans une certaine direction. Je serais incapable de filmer correctement les autres artistes car je ne les connais pas. Je savais à l'avance tout ce qu'il allait faire. Je savais même décrypter ses gestes aux techniciens, quand il réclamait sa guitare ou signalait un problème de son. Johnny échangeait aussi avec ses musiciens sans que le public ne s'en rende compte. J'ai des milliers d'heures d'enregistrements qui remplissent deux disques durs de 4 Téra. »

Les films de Sébastien sont différents des enregistrements officiels de Johnny Hallyday, qui proposent de vrais montages avec des images du public, des musiciens, des décors, etc. Lui filmait du premier rang et restait focalisé exclusivement sur le visage de Johnny, souvent en gros plan. Présent tous les soirs, le fan clermontois a pu enregistrer des moments historiques : « Lors de la tournée américaine, Johnny adaptait chaque soir *La musique que j'aime* selon la ville dans laquelle nous nous trouvions : "Toute la musique que j'aime, elle vient de Toronto !", "Toute la musique que j'aime, elle vient de Boston !" Universal ou Warner ne sortiraient jamais un live de chaque ville car cela n'intéresse pas grand-monde à part les fans, mais pour nous, c'est génial. »

Certains d'entre vous se posent peut-être la question à la lecture de ces lignes : comment un spectateur a pu être autorisé à filmer tous les concerts ? Alors qu'il rêvait de devenir le caméraman de son idole, Sébastien Morisseau a manqué d'être banni des spectacles : « Tout ce que j'ai fait était illégal. J'ai pris beaucoup de risques. À Colmar, la sécurité est venue me chercher et m'a viré de la salle. Ça a failli mal finir, je n'ai jamais eu autant peur de ma vie. Je m'étais dit : "Je ne reverrai jamais Johnny de toute ma vie" J'avais écrit une lettre à Warner et son staff pour que cela n'arrive pas. Ça aurait été terrible pour moi. »

De nombreux fans de Johnny ont embrassé une carrière dans le monde musical ou celui de l'événementiel avec une seule idée en tête : travailler un jour pour leur modèle. « J'ai toujours été passionnée par le monde du spectacle et Johnny y est forcément pour quelque chose, confirme Pauline Pasquier. Voir l'envers du décor, le *Comment cela est-ce possible* m'a toujours intrigué. C'est pour ça que j'ai fait mes études dans ce milieu. Mon rêve professionnel aurait été de travailler pour un spectacle de Johnny, ou bien même pour *lui* directement, mais c'était un rêve trop grand. » Si Xavier Louy n'est jamais parvenu à faire venir Johnny sur la Grande Boucle quand il était directeur du Tour de France, il a organisé un concert du rocker à Sarlat en août 1991, en tant que maire-adjoint de la ville. « Johnny m'avait dit bonjour et serré à la main, ça avait suffi à mon bonheur. J'ai vécu toutes les coulisses d'un concert. »

CHAPITRE 5

LE MAÎTRE DE LA SCÈNE

Playlist du chapitre :

Deux étrangers (1982)
Confessions (1967)
L'ange aux yeux de laser (1979)
Requiem pour un fou (1976)
Rock'n'roll attitude (1985)

Le 22 mars 2016 au zénith de Rouen, Johnny Hallyday eut l'un de ses instincts de scène les plus éclatants. Depuis quatre ans, l'intouchable Hallyday avait déjà décroché une barrière entre son public et lui, en s'engouffrant dans les bras de ses disciples, chaque soir, au milieu de *Quelque chose de Tennessee*. Et il tapait son poing dans ceux de ses fans ! Et il embrassait les mains des jeunes filles ! À 70 ans et plus, l'exercice était périlleux et *L'Idole* en ressortait parfois avec quelques blessures au bras ou à la main. Peu importe... Ce soir-là en Normandie, son instinct l'avait guidé encore un peu plus loin. Reconnaissant le visage de l'un de ses jeunes fidèles en train de le photographier, Johnny désigna son téléphone et se retourna pour faire un selfie, en pleine chanson et face à une foule oppressante. « C'est mon plus beau souvenir, raconte Julien Parent, ému. Je ne lui avais pourtant rien demandé. C'était *son* idée. Je craignais de rater la photo mais Johnny est resté à côté de moi, souriant et pouce levé, le temps que je puisse m'exécuter. Pendant ce temps, Ahmed[5] repoussait les gens de chaque côté pour qu'ils ne nous bousculent pas. J'ai pleuré comme un gamin de deux ans pendant tout le reste du concert. Cette photo est encadrée chez moi, chez mes parents et chez mes grands-parents. »

Lors de chacune de mes conversations avec les musiciens de Johnny Hallyday, un sujet a toujours pris le pas sur les autres : la science de la scène, ce don inné qui conférait au rocker une mystérieuse émanation de sorcier, conjuguée à sa voix hors du temps, bonifiée décennie après décennie. « Quand on entend la voix de Johnny, c'est Michel-Ange, disserte l'écrivain Jérôme Attal. C'est la puissance, la *terribilità*[6]. Ça frappe, ça explose tout, c'est cosmogonique. » En concert ou en répétition, les musiciens de Johnny – tous des pointures dans leur domaine – se transformaient en petits écoliers. « Chanter derrière Johnny Hallyday, c'était une leçon tous les soirs, explique Stefan Filey, qui a également accompagné Céline Dion et Mariah Carey. Dans l'occupation de l'espace scénique, le placement de la voix, la posture, le charisme, le jeu avec la lumière, *il* était le meilleur. Je l'observais en permanence. Quel ancrage ! Une maîtrise

---

5 *Ange gardien de Johnny.*

6 *Terme italien utilisé au XVIème siècle par les contemporains de Michel-Ange pour définir le style grandiose et la force puissante qui se manifestent dans ses œuvres.*

totale de la scène, tout en maintenant une proximité avec le public. Et cette puissance vocale, doublée de sa résistance… La voix de Johnny, c'est une rondeur dans les médiums, une épaisseur dans les aigus, et un grain inimitable. »

Après avoir longuement hésité, Stefan Filey s'était décidé à interroger son boss au cours d'un dîner :

– Johnny, est-ce que tu t'échauffes la voix ?

– Non, je n'ai pas besoin. Quand je chante, je respire par le diaphragme. J'ouvre par les côtes et par le dos.

« Je m'étais aussi posé la question, intervient la parolière Isabelle Bernal. En studio, il débarquait et chantait sans vocalises. Au bout de deux prises, la chanson était prête. »

« Johnny avait une respiration incroyable, reprend Filey. Quand je l'observais à l'arrière de la scène, je voyais le mouvement de son dos et de ses côtes. Le don de la voix était une chose, mais il y avait aussi une immense dose de travail. »

Pour sa première avec Johnny dans une émission télévisée, Phil Almosnino a été frappé par le fossé entre son nouveau patron et toutes les autres générations de chanteurs. « Vocalement, aucun ne tenait la comparaison, explique le guitariste. Même en répétition, Johnny était très impressionnant à entendre. Il avait un son très puissant, très timbré, très médium, avec des graves costauds. Quand il poussait la voix, c'était puissant, jamais crié, toujours musical. Avec Yarol Poupaud, on se regardait avec de grands yeux : "Putain, c'est fou !" J'ai dû me pincer pour réaliser que j'étais le guitariste d'un tel interprète. Le champagne dans son jet privé, c'était amusant mais ce n'était pas l'essentiel. L'important, c'est tout ce que j'ai appris de ce chanteur hallucinant. J'avais juste à ouvrir les yeux et les oreilles. Comment il bougeait sur scène, comment il gérait le son, les applaudissements, les cris du public. Johnny faisait toujours les mêmes gestes, car il voulait donner quelque chose d'équivalent tous les soirs. Ça, c'était du professionnalisme. Chaque concert explosait au même moment quand Johnny envoyait Greg devant son public pour *Gabrielle*. Mais à l'intérieur de *lui*, ce n'était que du feeling. Il n'y avait pas un soir où il chantait de la même manière. C'est pour ça que les gens n'en avaient jamais assez. Et ceux qui le découvraient recevaient une claque spectaculaire. »

Au moins, Phil Almos était prévenu. Comme tout citoyen français, il connaissait le phénomène. Quand Johnny engageait des musiciens étrangers, l'effet était plus glaçant qu'une cryothérapie. Sur leur contrat, il était stipulé qu'ils accompagneraient une star française qui remplissait de grands stades chaque année. En découvrant leur boss, ils ressentaient l'impression unique d'intégrer le groupe d'un extraterrestre de la musique. « Lors de ma première répétition avec lui, on a joué *Quelque chose de Tennessee*, raconte l'Anglais Robin Le Mesurier. Quand il s'est mis à chanter, il m'a bluffé ! C'était incroyable. Ensuite, j'ai vécu ça pendant vingt-trois ans. Même s'il avait un rhume, sa voix restait incroyable. » En 2000, le batteur cubain Walfredo Reyes Jr avait découvert le phénomène Hallyday pour les shows de la Tour Eiffel et de l'Olympia. « Johnny est ce que j'appelle un chanteur-acteur-performeur. Beaucoup d'artistes disposent d'une belle voix. Non seulement Johnny jouissait d'un timbre unique, mais il chantait de manière très physique en utilisant son corps, ses yeux, son énergie. S'il ressentait le besoin de pleurer pour exprimer ce qu'il voulait dans une chanson, il le faisait. Johnny ne chantait pas ses chansons, il les jouait. C'était *The Master of Stage*, le Maître de la Scène. » Même réaction quinze ans plus tard pour le batteur écossais Geoff Dugmore, lors des répétitions du *Flashback Tour* : « Je connaissais la puissance de sa voix car j'avais déjà joué en studio pour deux albums. Mais quand il s'est mis à chanter juste à côté de ma batterie, j'ai compris qu'il n'était rien moins qu'un *colosse*. » Alors qu'il venait rendre visite à Johnny à Los Angeles en 2012, Marc Levy avait surpris la star en pleine répétition. « Johnny était assis sur un tabouret avec Yarol Poupaud et ses musiciens. Dès qu'il s'est mis à chanter dans cette pièce immense, je me suis rendu compte qu'il n'y avait pas de hasard. Un hangar, trois micros, quasiment pas de sonorisation, mais il suffisait qu'il pousse une note pour envoyer un souffle magique. Comment vous dire ? C'est une personne sur un million. Ça prend aux tripes. C'est un moment que je n'oublierai jamais. » À côté, tout bon chanteur devenait banal. « Johnny avait une telle énergie qu'il communiquait son adrénaline à tout le groupe, glisse Michel Amsallem. Il y avait une nette différence entre l'énergie des répétitions et des balances avec Érick Bamy et le moment où Johnny arrivait. C'était dingue ! Il avait une capacité unique à émouvoir rien qu'au son de sa voix, comme un chanteur d'opéra. »

Dès qu'il engageait de nouveaux musiciens, Johnny leur expliquait son fonctionnement : tout pour le show. « Il me convoquait souvent dans sa loge pour m'expliquer des mouvements de scène *à la Elvis*, précise le bassiste Roberto Briot. Il prenait très au sérieux notre attitude sur scène. »

Sur ce point, la philosophie de Johnny était très claire. « Mon boulot sur scène, c'est d'être le leader d'un groupe. Je refuse d'être un chanteur avec des musiciens qui jouent derrière, comme le font la plupart des artistes français », m'avait-il expliqué.

Étonnés d'abord, les musiciens s'en réjouissaient ensuite. Rejean Lachance : « En général dans le show-biz, il existe une loi non-écrite qui stipule que le musicien ne doit jamais dépasser le chanteur. En tant que guitariste, j'avais coutume de rester derrière la vedette, y compris pendant les solos. Après mon premier concert, Johnny n'était pas content :

– T'es guitariste, tu dois aller devant ! Tu joues pour les spectateurs ou pour moi ? Je suis le leader du *band*, point.

Johnny n'avait aucun ego par rapport à ça. C'est vraiment très rare qu'une vedette institue ce genre de pratiques. Avec d'autres artistes, impossible de dépasser la ligne rouge imaginaire, sinon c'est carton rouge. »

Fred Jimenez : « J'ai fait beaucoup de progrès avec Johnny. Pas techniquement, mais mentalement, dans l'état d'esprit. J'étais là pour m'amuser. Johnny nous le répétait souvent : un musicien qui s'ennuie, c'est un musicien qui ennuie la salle »

Johnny était aussi un révélateur de talents. Sans ses encouragements envers l'harmoniciste polonais, Greg Zlap aurait-il pris une telle dimension ? Lors du premier jour de répétition à Los Angeles en 2009, le rocker a lancé à son jeune soliste :

– Tu ne vas pas rester planté devant ton micro comme un piquet ?

« J'ai compris qu'être un bon musicien ne suffisait pas pour accompagner Johnny, explique Greg Zlap. Il aimait avoir du répondant. Aucun chanteur ne se mesurait vraiment à lui, car il était trop puissant, trop fort. Il me poussait à le défier. C'était devenu un jeu électrisant entre nous. En m'attribuant le solo de *Gabrielle*, il me confiait une part importante du spectacle. Le public avait l'habitude des *Guitar Hero*, Johnny a inventé pour moi le concept d'*Harmonica Hero* ! C'était son intuition. Avec mon envie de faire le show et d'apprendre sa vision, ça a explosé. Seul Johnny pouvait oser un truc pareil. Aucun autre chanteur n'aurait pu supporter un instrumentiste qui prenne ainsi la lumière. À côté d'un chanteur plus "faible", ça n'aurait pas marché, ça lui aurait fait de l'ombre. Johnny était tellement fort qu'on ne pouvait pas lui faire de l'ombre. » Avant même d'engager Greg Zlap, Johnny possédait l'intuition qu'un minuscule harmonica pouvait trouver sa place au milieu d'un groupe de rock'n'roll. « Il a toujours eu un œil bienveillant sur notre instrument, confirme Christophe Dupeu, prédécesseur de Zlap de 1995 à 1998. Il aimait le côté tout *free* tout fou de l'harmonica : “Vas-y ! Joue ce que tu veux !” »

L'instinct de la scène poussait parfois Johnny à réaliser des prouesses d'un autre âge. Vous souvenez-vous de son interprétation démoniaque de *Deux étrangers* en 2012 ? Sans rien dire à personne, il a inventé une mise en scène au deuxième soir de la tournée, à Montpellier, le 14 mai, qui a même fait sursauter ses musiciens. Au milieu de la chanson, Johnny s'était s'est jeté à genoux, se laissant glisser sur le dos puis se retournant à plat ventre, arc-bouté sur son pied de micro, pointes de ses bottes au sol, mimant l'acte sexuel. Le rêve de chaque femme dans le public…

Je voudrais te faire crier
Et te faire mourir encore
On a fait tellement l'amour
Jusqu'à en briser nos corps

Chaque soir de cette tournée et notamment lors de ses trois derniers shows au Stade de France, Johnny avait prolongé encore un peu plus le plaisir, excité par les cris d'une foule en délire. On aurait cru revivre l'Olympia 1967 quand le jeune et fougueux Hallyday hurlait ses *Confessions* à la James Brown. Nous ne rêvions pourtant pas. Nous étions au Stade de France, l'Idole des jeunes fêtait ses 69 ans. Une question subsistait. Quelle mouche l'avait piqué ? Je lui formulai la question différemment, le 6 novembre 2012, une heure et demie après son show. Voici un échange que je n'oublierai jamais :

– Johnny, il est temps d'évoquer le nouveau moment culte du spectacle. D'où vous est venue l'idée de vous rouler par terre comme quand vous étiez jeune ?

– Quand je fais un spectacle, j'essaye de donner tout ce que je peux aux gens pour leur faire plaisir. Au départ, ce n'était pas prévu. Lors du premier concert de la tournée à Los Angeles, je m'étais mis à genoux *(comme lors des répétitions)*. Le deuxième soir à Montpellier, je me suis mis à genoux et je me suis roulé par terre. Après j'ai pris l'habitude de le faire tous les jours. C'est vrai que je faisais ça dans les années 60, 70. Je crois qu'il n'y a pas d'époque. Du rock'n'roll, c'est du rock'n'roll. Ce genre de trucs va avec. Ça dépend aussi des occasions... Il n'y a pas toujours les chansons pour le faire. *Deux étrangers* est un rock avec une partie blues. Au milieu de la chanson, il faut une interprétation très lente, un son très rhythm'n'blues. Ça se prête bien à ce moment-là. Je ne peux pas faire ça sur *Que je t'aime*, ce serait ridicule.

Quel bonheur d'avoir Johnny à côté de soi et de l'entendre parler de musique, expliquer ses choix artistiques et son instinct de la scène.

Johnny a appris son métier de showman dès l'enfance, en suivant le spectacle de danse de ses cousins, Lee, Desta et Menen. « L'importance de mon père est fondamentale dans le début de carrière de Johnny, explique Michael Ketcham-Halliday, le fils de Lee et Desta. C'est lui qui l'a mis sur scène, qui lui a appris à chanter et à bouger. Les premiers pas de danseur de Johnny en bougeant ses hanches lui ont été appris par Lee Halliday. C'est aussi lui qui a écrit la chorégraphie de *La bagarre*. »

Souvent en regardant une vidéo de concert, on imagine une mise en scène huilée, travaillée pendant des heures. Pourtant Johnny décidait souvent tout en une fraction de seconde. À Bercy en 1992, il interpréta *True to you* encerclé par les bras de sa choriste Zeeteah Massiah, avec un final purement érotique. « Je n'ai jamais vécu un moment aussi intense dans ma carrière de chanteuse, s'exclame l'Anglaise. Chanter dans ses bras, c'était de la dynamite. Ce que nous avons fait n'était pas prémédité. Ça nous est venu naturellement. J'ai profité de chaque seconde. » En relisant ce témoignage de Zeeteah, je me rends compte du paradoxe : recrutée en France par Roger Abriol, la choriste née dans l'île britannique de la Barbade ignorait tout de l'existence de Johnny en le rencontrant en 1992. Et c'est précisément un duo avec ce chanteur *inconnu* qui reste le plus beau souvenir de sa carrière. Une fois encore, cela dit tout de la force du personnage Hallyday, éternellement magnétique.

« Parfois, je me dis que si nous avions la chance de trouver un chercheur ou un astrophysicien aussi talentueux dans son domaine que Johnny Hallyday, le monde se porterait beaucoup mieux, glose David Hocq. Johnny avait toutes les clefs de son métier. »

Y compris celle de chef d'orchestre. : « Quand j'ai intégré le groupe, j'ai ha-llu-ci-né, confie Fred Jimenez. Quand j'ai vu ses échanges avec son batteur, je me suis dit, *Johnny Hallyday, c'est James Brown. Il lève le bras, la musique s'arrête.* »

« Sur la partition, mes solos devaient durer 16 mesures, explique Rocky. Mais ils pouvaient doubler, tripler ou quadrupler. Johnny décidait des durées d'improvisation, et c'était toujours d'une limpidité totale. Je le regardais, je le suivais. Je n'ai jamais eu une seconde d'hésitation. Peu de chanteurs ont cette capacité de jouer les chefs d'orchestre. Johnny n'avait pourtant pas fait d'études pour l'être. C'était inné. Johnny n'était pas qu'un simple interprète. » « Johnny était même un grand musicien, enchaîne le violoncelliste Jean-Philippe Audin. Avec lui, un morceau n'était jamais interprété de la même manière. Il y avait toujours une nuance particulière. C'est la marque des grands artistes. » Même impression pour Norbert Krief : « On fonctionnait aux signes et on n'avait pas besoin de les travailler. Chez lui, c'était inné. Il levait le doigt en l'air ou faisait un jeu de jambes, et on savait qu'on devait mettre une pêche ou attaquer un pont. Parfois, il se retournait vers le batteur s'il voulait un solo. C'était instinctif. »

Époque après époque, une même règle existait au sein des groupes d'Hallyday : le regarder, de la première à la dernière seconde d'un morceau. « On le surveillait comme le lait sur le feu, précise Michel Amsallem. Comme il était très branché guitare, il pouvait décider qu'un solo de Nono durerait six minutes. »

Johnny aimait aussi les prises d'initiative de ses musiciens triés sur le volet, même si ceux-ci n'osaient pas toujours tenter le diable. La peur du Maître. « Après avoir longuement hésité, j'avais pris une liberté sans le lui dire, sur la chanson *Seul*, explique Alain Lanty. Sur la partition, je devais plaquer le dernier accord de piano sur son dernier mot, *Seul*, en clôture du morceau. J'ai apporté une forme de dramaturgie, un coup de Stabilo sur cette solitude, en laissant un espace entre son dernier mot et ma dernière note. C'était un risque car Johnny maîtrisait tout. Rien ne pouvait lui échapper. Sa réaction :

– C'est super ce que tu as fait à la fin de *Seul*. J'adore. Refais-le tous les soirs !

Avec Johnny, tout n'était que sensation. Il ne savait pas forcément ce que j'avais changé techniquement, mais son instinct lui indiquait quand c'était mieux ou moins bien que d'habitude. Un spot qui ne marchait pas, ça l'insupportait. Sur scène, j'étais comme un pilote aux 24 Heures du Mans : concentré à l'extrême, les yeux ouverts en permanence, sachant que le moindre relâchement pouvait coûter cher. On ferme les yeux une seconde dans la ligne droite des Hunaudières, et c'est tout. D'un mouvement de la main, du genou ou d'un regard, Johnny me signifiait d'accélérer, de ralentir ou de baisser l'intensité. Quoi qu'il en soit, je ne voulais pas en perdre une miette. J'étais au spectacle tous les soirs, émerveillé. Si je n'étais pas pianiste, je me serais pincé. *Mais regarde avec qui tu es sur scène !* Quel plaisir des oreilles mais aussi des yeux : je le regardais avec délectation marcher avec cette élégance naturelle. C'était fou. Comme une drogue. Sans le savoir, Johnny exerçait aussi son magnétisme sur ses musiciens et ses techniciens. Sur scène, dans les coulisses, on était tous admiratifs. Béats ! On avait l'impression d'entrer un doigt de pied dans la légende de Johnny Hallyday. Quand il m'a annoncé qu'on allait débuter *Que je t'aime* en piano-voix, j'ai été pris de vertiges. Seul sur scène avec le *lion* pour l'une des plus belles chansons françaises… »

– Tu devras jouer une introduction pendant trente à quarante-cinq secondes pour me laisser le temps de rentrer sur scène, lui stipula Johnny.

C'était en 2012, pour la grande renaissance de *Que je t'aime* dans ses arrangements originaux – écrits par Jean Renard – après une vingtaine d'années à suivre les orchestrations aux synthétiseurs de Michel Berger.

« À lui seul, Johnny était 80 % d'une chanson, reprend le pianiste. Il mettait énormément de swing. Il n'avait pas le champ lexical de la musique mais entendait absolument tout :

– Alain, il manque quelque chose dans ton introduction de *Je te promets*. Je ne sais pas comment te le dire, je ne sais pas te dire ce qui ne va pas, mais ça ne va pas. Et il avait raison. J'ai réécouté les précédentes versions de *Je te promets*, il manquait… une note ! »

Hallyday percevait tout, voyait tout. On ne l'appelait pas l'»Ange aux yeux de laser» pour rien, à en croire cette anecdote du tromboniste Alex Perdigon, datant d'une tournée au début des années 90 : « Pendant un concert, un mec très jeune prenait des photos au premier rang. Tout à coup, la sécurité locale lui confisque brutalement son appareil. Le jeune a l'air désespéré. Alors qu'on était en train de jouer *Hey Joe*, Johnny nous a fait signe d'arrêter :

– Je voudrais dire au gars de la sécurité qui a volé l'appareil-photo de mon fan de lui rendre aussitôt.

Après le concert, le tromboniste en avait discuté avec Johnny :

– C'est chouette ce que tu as fait. Ça m'a fait très plaisir. Avec les projecteurs dans la gueule, je ne savais pas si tu l'avais vu.

– Tu sais, Alex, je vois tout ce qui se passe dans la salle. Rien ne m'échappe. »

Johnny donnait en effet l'impression de tout maîtriser. Lors du *Tour 2012*, Louis Bertignac avait été soufflé par le calme olympien de la star. Alors que Johnny sortait brièvement de scène pour s'éponger, le virtuose de Téléphone l'avait vu s'adresser à son manager :

– Tu peux m'appeler l'ingénieur ? J'ai pas ma voix dans les oreillettes. Je chante au pif depuis le début.

« Je n'imaginais pas que Johnny puisse être aussi tranquille, s'exclame Bertignac. C'était un rocker, pas un fumeur de joints ! À sa place, j'aurais été excédé et j'aurais gueulé dans tous les sens. »

Il arrivait parfois que le caractère rock'n'roll de Johnny reprenait le dessus : « On ne le sent pas sur l'enregistrement, mais lors du premier soir au Parc des Princes, Johnny a ramé à cause de la technique, explique Norbert Krief. La scène était immense, et les *ear monitors*[7] n'existaient pas encore. Quand on s'avançait près du public, les instruments n'étaient pas synchronisés. À la fin du concert, l'ingénieur du son retour a dû être protégé par les gardes du corps car Johnny était très mécontent ! »

En 2003, Fabrice Thoumire avait assisté à une scène périlleuse, lors de la *dernière* de la tournée d'été au stade Geof-

---

7 *Oreillette permettant à l'artiste d'avoir un retour son personnalisé.*

froy-Guichard de Saint-Etienne : « Un début de feu a pris sur un côté de la scène. Johnny surveillait attentivement l'évolution des flammes mais ne s'est jamais arrêté de chanter ! »

Quand un concert était filmé, Johnny maîtrisait aussi – l'air de rien – l'image qu'il renvoyait aux téléspectateurs. À Bruxelles en 2016, le réalisateur François Goetghebeur lui avait donné ses consignes :

– Sur la chanson *Requiem pour un fou*, à l'endroit où j'ai placé une caméra sur une grue, j'aimerais laisser durer le plan, tourner un peu autour de vous, puis que vous vous rapprochiez de la caméra…

– Ok, je vais le faire, répondit laconiquement la star.

« Vu sa réaction peu enjouée, je m'étais dit qu'il ne le ferait pas, confie le réalisateur. Mais il avait tout enregistré en quelques secondes. Il a senti la caméra et réalisé le mouvement parfait. Dans le car-régie, j'étais tout excité ! » Si vous avez le DVD chez vous, le passage correspond aux paroles suivantes :

Mon ciel c'était ses yeux, sa bouche
Ma vie, c'était son corps, son corps
Je l'aimais tant que pour la garder
Je l'ai tuée

En visionnant de nouveau ce morceau sur la captation de Bruxelles, je me reconnais au premier rang, filmé par François. Avec ma fiancée, nous avions un petit jeu avec Johnny sur cette chanson, concert après concert, au moment où il chantait *Je veux m'endormir pour toujours près d'elle*. Je la désignais à côté de moi et cela faisait rire Johnny. Le rocker aimait ces échanges répétés avec ses fans, où il bissait à l'infini la même gestuelle : *Ma gueule* pour les garçons. *Que je t'aime* pour les filles.

Chaque soir, Johnny délivrait son jeu d'acteur en miroir avec la personne qu'il avait choisie.

Elle s'imagine que je lui dois tout
Sans elle je n'aurais jamais plané
Sans elle je ne vaudrais pas un clou
Ma gueule a bien le droit de rêver

« À chaque fois que je repense au jour où il m'a chanté le couplet de *Ma gueule* dans les yeux, j'ai la chair de poule », frissonne Sébastien Jounel, qui s'installait systématiquement au premier rang au centre de la scène afin d'avoir la chance de vivre ce moment. « Quand Johnny te désigne, c'est la panique, raconte Laurent Chauvel. C'est comme si le Père Noël choisissait un enfant pour faire sa tournée. Tu ne sais pas quoi faire, tu as peur d'afficher un air bête. Mais c'est merveilleux. »

Et bien sûr, il y a *Que je t'aime*...

Un soir, une élue.

Alexandrine : « À Toulouse, Johnny est descendu d'une marche de la scène pour chanter en face de moi. Nous avons mimé ensemble le geste. *D'une toute petite voix !* C'était l'apothéose. Son regard dans le mien pendant une demi-seconde – peut-être seulement un quart de seconde ? – est gravé à vie dans ma mémoire. Au moindre coup dur dans ma vie, j'y repense. »

Pauline : « Johnny m'a chanté plusieurs fois un couplet de *Que je t'aime*. À la Beaujoire en 2009, au Zénith de Nantes en 2015, à Amiens en 2015, à Vienne en 2016... À chaque fois que l'introduction débutait, on se demandait toutes quelle femme il allait choisir. La première fois, j'ai versé ma larme. La deuxième fois, il m'a carrément dédié deux couplets ! Quand il chantait devant moi, j'aimais le faire rire. Dans ces moments-là, le monde n'existait plus. Il n'y avait plus que lui et moi. »

Laurine : « Malgré les quatre-vingt mille personnes du Stade de France, j'avais l'impression d'être dans ma bulle. Il n'y avait que *lui* et moi. L'instant durait seulement quelques secondes, mais cela représentait une éternité. J'aimais être plongée dans ses yeux, le sentir physiquement. Au Trianon, il était descendu de la scène et m'avait chanté un couplet, visage contre visage. J'étais perdue dans ses yeux translucides. C'était magique de le toucher. À Londres, il avait pris ma main pendant *L'idole des jeunes*. C'était très fort qu'il ait choisi cette chanson symbolique pour notre génération. Il me regardait avec son petit sourire, la malice dans ses yeux. J'étais euphorique. De longues heures ont été nécessaires pour réaliser que ce moment avait bien été réel. »

En quelques gestes, Le Maître de la Scène bouleversait la vie de ces jeunes filles. Il les subjuguait.

Océane : « À l'âge de onze ans, j'aimais déjà beaucoup Johnny, que j'avais vu plusieurs fois sur scène, et dont je connaissais bien les chansons. À l'Olympia en 2000, ma passion a pris une autre dimension. Il m'a envoûtée. J'étais assise au fond de la salle avec ma mère. Quand le public s'est levé, j'ai laissé tomber ma mère et foncé droit vers la scène. Sans avoir eu le temps d'y réfléchir, je me suis retrouvée au premier rang. Au milieu de *L'Envie*, Johnny s'est agenouillé devant moi, a pris ma main et m'a chanté le refrain droit dans les yeux. Son regard a tout déclenché. Son charisme m'a ensorcelé. En rentrant à la maison, j'ai affiché des photos de Johnny partout dans ma chambre. »

En concert, le moindre signe de Johnny pouvait soulever la foule. Au Stade de France, il lui suffisait de prononcer un couplet – *Je n'suis que la somme des mains qui se tendent* – pour que 160 000 bras se lèvent devant lui. « Johnny avait une aura et un pouvoir sur la foule proche du vaudou, assure Hugo Ripoll. Je ne sais pas quel était son secret. » À force de le bader spectacle après spectacle, David Hocq s'est souvent interrogé sur l'emprise que son idole avait sur lui : « Un tel magnétisme, c'était presque flippant. Si Johnny s'était mis au service du mal, il aurait pu soulever une armée. Quand il disait *Tout le monde debout*, on se levait dans le quart de seconde sans réfléchir. Certains auraient mis des ceintures d'explosifs pour lui ! Personnellement, je m'étais fixé des limites. Mais autour de moi, j'ai toujours vu des gens qui avaient seulement Johnny dans leur vie. »

Une anecdote dépoussiérée par Hugo Ripoll démontre aussi le recul et la capacité d'analyse du rocker dans son travail, même après avoir chanté plus d'un millier de titres : « Pendant les préparatifs de Bercy 90, on avait répété *Georgia on my mind* de Ray Charles. Ça ne collait pas vraiment à la voix de Johnny. Ça correspondait plus à une voix *soul* comme celle d'Erick Bamy. Personne dans le groupe n'osait lui dire, mais il a compris tout seul. Il ne s'est pas entêté et a choisi à la place de reprendre *Je n'suis pas un héros*. On a monté la chanson en dix minutes : un triomphe. »

En-dehors des heures passées derrière son micro, Johnny Hallyday était-il d'ailleurs un grand travailleur ? « Bien sûr ! répond Anthony Martin, chef du service culture de RTL. Johnny donnait rarement l'impression d'être au turbin mais en réalité il bossait tout le temps. Il échangeait des mails avec son staff, réfléchissait à ses décors. Il avait cette conscience permanente d'être un artiste qui devait évoluer et se réinventer. »

Johnny pouvait aussi afficher des comportements surprenants, comme l'explique Fred Jimenez. « Il avait des tics nerveux qui le conduisaient à regarder son prompteur en chantant *Que je t'aime* ! Deux heures après à table, il entonnait *Le Gorille* de Brassens d'une traite, sans une seule hésitation sur les paroles ni sur le rythme. C'était pourtant plus dur à chanter que son tube de 1969 ! »

Sur scène, même les plus grandes voix redoutaient d'accompagner le Maître de la Scène.

– Maintenant que j'ai chanté avec lui, je peux mourir ! s'écria Lara Fabian au pied de la scène du Stade de France, en 1998, ayant réussi la plus belle prestation d'une chanteuse avec Johnny. Vingt-deux ans après, Lara m'a raconté l'histoire de ce duo animal. Alors que les artistes préparaient le concert des *Enfoirés*, Johnny était entré dans la loge de Lara Fabian avec un immense bouquet de roses orange :

– Je voudrais t'inviter pour le Stade de France. C'est encore totalement secret, personne ne le sait mais tu seras la seule chanteuse sur scène avec moi.

Bouche bée et quasi sans-voix, l'interprète de *Je t'aime* s'était saisie des fleurs avant de bredouiller quelques mots.

– Mon Dieu, quel honneur…

– C'est une joie et un honneur pour moi de chanter avec celle que je considère être moi au féminin.

« À 28 ans, alors que je traversais mon premier voyage vers le succès, j'ai vu cette main tendue comme un grand cadeau de la vie. »

Afin d'être à la hauteur, Lara Fabian se prépara avec le plus grand soin. « Dans un premier temps, chanter un titre dans une tonalité qui n'était pas la mienne était un défi technique. Je me suis préparée physiquement, comme une athlète. J'ai travaillé de longues heures avec mon professeur pour étendre les capacités de mon muscle vocal. Cela m'a permis d'aller taper les *contre-sol* et les *contre-la*. Ensuite, je me suis préparée du point de vue psycho-émotionnel, afin de faire face à quatre-vingt mille personnes. Je savais que Johnny ne me mettrait pas en danger. Je ne le voyais pas comme un obstacle mais comme une passerelle cosmique, divine. Je savais qu'il m'aurait enturbannée dans sa force pour me permettre d'affronter son public. Nous nous sommes mis naturellement comme les deux animaux que nous sommes à danser en harmonie et en symbiose. Il nous a été très facile de comprendre comment se mouvoir l'un et l'autre. Johnny était un grand homme de spectacle. Il savait comment se magnifier et prendre la lumière. Il avait un sens inné de l'animal qu'on doit déployer quand on est face à une foule. Il n'avait pas à travailler pour devenir une bête de scène. Comme tout jeune artiste, je me suis branchée sur sa fréquence pour inspirer sa force. Lui-même avait cette faculté de se brancher lui-même sur sa propre sensibilité pour émaner cette force incroyable. La source de la force de Johnny était avant tout sa sensibilité. »

Quelque temps après leur duo du Stade de France, Johnny téléphona à Lara Fabian après avoir vu son spectacle, *En toute intimité*.

– Lara, c'est Johnny. Tu viens encore une fois de me sécher.

« Johnny avait cité mon monologue et m'avait parlé des mouvements que j'avais effectués sur scène. Il faisait l'analyse de mon show ! Il percevait la deuxième et la troisième lecture de ce que j'avais voulu dire au public. Un artiste dit toujours les choses de façon subliminale. Avec sa gouaille et son intégrité, Johnny disait : *Lara, c'est moi en nana*. Je garde des souvenirs vibrants de cet être hors normes, hors dimension, inclassable. Il avait une grande finesse qu'il ne dévoilait pas toujours. On s'était reconnus dans notre immense fragilité. Dans son métier, Johnny avait eu l'élégance et la grandeur d'âme de comprendre qu'on ne peut pas appesantir le cœur et la vie de ceux pour lesquels nous sommes une interface de joie. »

Derrière l'ami d'enfance Eddy Mitchell et l'ex-épouse Sylvie Vartan, Patrick Bruel est le chanteur qui a le plus souvent partagé la scène avec Johnny, une trentaine de fois sur treize morceaux différents. Au Stade de France, les deux hommes livrèrent un fantastique match vocal sur *Et puis je sais*. « Avant d'entrer en scène, Jojo m'avait prévenu qu'il voulait vraiment titiller Patrick, l'emmener loin dans ses retranchements, précise le photographe-confident Daniel Angeli. Bruel était impressionné à mort, effrayé à chaque fois que Johnny lui balançait un *Et puis je sais* à la figure. Mais Patrick n'a pas craqué. Au contraire, il s'est époumoné, a suivi Jojo dans ses magnifiques déplacements de scène, et a rendu le duo fantastique. » Daniel Angeli révèle les minutes qui ont précédé le concert, quand Johnny a chambré Bruel dans la loge :

– Comment trouves-tu ma tenue ?

– C'est ringard !

« C'était sa manière de le mettre en condition », raconte Daniel Angeli.

Parmi les duos mythiques de Johnny, il y a évidemment ceux avec son fils David. Huit ans après avoir surpris son père à la batterie au Pavillon de Paris, en 1979, le jeune homme de 21 ans était monté sur la scène de Lausanne pour un premier *Johnny B.Goode* en famille. « Entre eux deux, dans leur regard, l'émotion était indescriptible », détaille Thierry Lemasson, présent au concert ce soir-là. En 1993, David participait au concert-anniversaire de son père. Le jeune artiste remplaçait le batteur pour *Oh ! Ma jolie Sarah* puis chantait *Mirador* en duo franco-anglais. « Pendant les répétitions, on sentait que David avait énormément de pression, rapporte le pianiste Michel Amsallem. David avait intérêt à assurer ! Johnny ne le quittait pas des yeux et posait sur lui le regard d'un père qui veut que son fils réussisse. »

Les apparitions de David sur scène étaient toujours un bon moment. J'ai beaucoup ri en 2013 quand père et fils avaient improvisé une sorte de mini-sketch après avoir chanté *Sang pour sang* :

– Oh, David ! J'aimerais que tu restes un peu avec nous. Surprise, surprise *(une batterie apparaît sur scène)*.

– Tu t'es mis à la batterie ?
– Non, non, c'est pour toi !
– Mais on n'a pas répété… Qu'est-ce que tu veux jouer ?
– On va faire *Fils de personne.*
– Ah ! C'est drôle ça, s'exclama le fils du couple Hallyday-Vartan.

David s'est forcément nourri de la quinzaine de duos avec son père. Dans ses concerts, le fils Hallyday déborde d'énergie. Par moments, sa gestuelle ou certaines de ses attitudes rappellent celle de son père.

« Johnny était le plus grand interprète français, synthétise Thomas Dutronc, l'autre fils de yéyés. Je l'ai vu en duo avec tout le monde : Michel Sardou, Lara Fabian, Florent Pagny… Aux Enfoirés, tous les grands artistes s'époumonaient quand ils étaient à ses côtés. Johnny était toujours deux crans au-dessus. Sa voix mettait *littéralement* le feu. »

CHAPITRE 6

QUATRE MURS

Playlist du chapitre :

Le pénitencier (1964)

Toi qui t'en vas (1965)

Mercredi matin (1982)

Mirador (1989)

4m² (2017)

Ce n'est pas un hasard si la discographie de Johnny est remplie de chansons renvoyant directement à l'univers carcéral. « Johnny était le chanteur préféré des prisonniers, leur star absolue depuis *Le pénitencier* », assure Michel Mallory. Johnny Hallyday s'est toujours senti proche des détenus, dont il a parfois été la raison de vivre. Pendant son année en prison, Teddy Bezet a tenu grâce au soutien indirect de son idole. « Derrière les barreaux, j'ai souvent flanché et à chaque fois j'écoutais une chanson de Johnny pour remonter la pente. Une amie me téléphonait parfois pour me faire entendre les concerts en direct. Sans Johnny, je me serais foutu en l'air en prison. J'écoutais *Mirador*, *Le pénitencier*, des chansons qui me donnaient les larmes aux yeux et parlaient de ce que je vivais, comme *Debout* ou *Partie de cartes*. Moi aussi, ma partie de cartes était inachevée, j'avais perdu la partie sans l'avoir vraiment jouée, j'avais la rage d'être enfermé et je savais que je m'étais puni tout seul. Johnny m'a donné la force de tenir. J'avais 25 ans et j'étais en cellule avec deux jeunes de mon âge. Ce n'était pas leur musique mais les prisonniers avaient beaucoup de respect pour Johnny. Pour le programme télé, on avait établi une règle : je ne choisissais jamais, mais quand Johnny passait, on regardait systématiquement. Dans les clips, on voit souvent des images de Johnny qui tourne dans une prison ou qui se fait arrêter par des flics. Le directeur du centre pénitentiaire m'avait aussi permis de recevoir l'album *L'Attente* qui venait de sortir. Le regard compréhensif des autres détenus m'a beaucoup aidé. Pour moi, c'était rude d'être enfermé et en plus, de ne pas voir Johnny en concert… Je suis fan depuis que je suis bébé, j'ai vu Johnny pour la première fois dans la poussette de mes parents à la Fête de l'Huma, à 1 an et demi. » À l'approche de la fin de sa période de détention, le jeune homme bénéficia d'une période de semi-liberté, le week-end : « Dès ma première autorisation de sortie, je suis allé voir Johnny en concert à Bordeaux. Avec Johnny, c'était le même principe qu'une pile électrique. À chaque fois que je le voyais, il me reboostait. Lors d'un autre week-end, j'étais à Bercy. J'avais tellement couru lors de l'ouverture des portes que j'en avais perdu mes pompes. En arrivant au premier rang, réalisant que j'avais l'une des meilleures places, je me suis effondré en larmes. Je n'ai pas vu la caméra en face de moi. J'étais passé en direct sur *I-Tele*. Une fois rentré en détention le lundi, un maton m'avait provoqué : "Teddy, tu vas en prendre pour ton grade, on t'a vu pleurer à la TV." Finalement, personne ne s'est moqué. J'avais été respecté car j'étais un dur, un prisonnier, mais que j'avais eu le courage de pleurer. Après ce moment, à chaque fois que j'ai vu Johnny au premier rang apparaître en face de moi, j'ai pleuré. Systématiquement. » Et depuis, Teddy Bezet a réussi sa réinsertion.

En discutant avec Marie Drucker, réalisatrice du film-documentaire *Détenues*, je découvre que l'histoire de Teddy est loin d'être un cas isolé. « J'ai tourné mon film dans une prison pour femmes, où les détenues purgent des longues peines, raconte Marie Drucker. Là-bas, Johnny est partout ! Photos, magazines, albums… Johnny jalonne leur vie avec ses chansons. Elles sont toutes folles de lui. Un jour, une prisonnière avait reçu une mauvaise nouvelle. »

– Qu'allez-vous faire à présent ? lui avais-je demandé.

– Je vais entrer dans ma cellule et je vais écouter Johnny, comme d'habitude quand ça va mal, avait-elle répondu.

« La détenue est rentrée dans sa cellule, a allumé une cigarette et mit un disque : *Diego, libre dans sa tête*. Comme dans la chanson, elle s'est placée derrière ses barreaux et a écouté son Johnny en regardant vers l'extérieur. Johnny est un grand soutien pour les gens qui sont incarcérés. Sa musique est partout. »

Je suis certain que Johnny aurait été ému à la lecture de ces deux témoignages. « Si je n'avais pas eu la musique dans ma vie, je serais peut-être derrière les barreaux », répondait-il gravement, à chaque fois qu'on lui demandait ce qu'il aurait fait s'il n'avait pas rencontré le succès dans son métier d'artiste. Pour cette raison, Johnny a forcé la main des autorités françaises pendant des années pour obtenir l'autorisation de se produire à l'intérieur d'une prison. En vain. « C'était impossible à faire en

France, car l'organisation pénitentiaire ne pouvait pas assurer la sécurité pour plus de cinquante personnes, raconte Michel Mallory. Alors j'ai moi-même chanté quelques fois, accompagné de l'orchestre de Johnny. »

Agacé par le refus du ministère de la Justice, la star s'est alors tournée vers la Suisse qui a accepté qu'il se produise au Pénitencier de Bochuz, le 28 juin 1974. L'administration pénitentiaire suisse avait fait remplir un questionnaire aux détenus : leur chanteur préféré s'appelait Johnny Hallyday. « Johnny a toujours été intéressé par les conditions de détention et le monde pénitentiaire, explique Michel Mallory. Il avait aussi été impressionné par les concerts de Johnny Cash en Californie, dans les prisons de San Quentin et Folsom. Il voulait absolument chanter dans une prison ! »

Quelques mois plus tôt, Johnny avait déjà participé à un reportage de François Reichenbach sur la prison Harris County Jail, au Texas. « Pour Johnny, c'était la première approche du milieu carcéral, se souvient Michel Mallory. Il commentait le reportage et donnait son ressenti. » Le parolier – qui ne quittait jamais la rock star au début des *seventies* - était également présent à Bochuz.

« Ce concert fut une épreuve extrêmement forte pour Johnny. On ne peut pas dire que l'on soit sortis indemnes de cette journée passée avec les prisonniers. Johnny avait un principe : si un seul mec était à remettre dans le droit chemin dans la salle, cela valait le coup de le faire. Avant ses 18 ans, Johnny avait toujours flirté avec la limite. La musique l'avait emporté, mais ça l'avait quand même bien titillé ! Il aurait pu tout à fait basculer de l'autre côté. » Et c'est exactement ce qu'a exprimé Johnny lors de l'échange organisé avec les prisonniers et l'humoriste Raymond Devos qui l'accompagnait :

– J'ai passé huit mois en maison de redressement quand

j'étais jeune car j'ai fait des bêtises que les jeunes font parfois. J'ai des copains qui sont en prison. J'ai vécu dans un milieu de gens susceptibles d'y aller, moi le premier. J'ai été sauvé par mon métier.

En visionnant encore et encore l'enregistrement-vidéo de cet échange, on s'aperçoit que Johnny était tendu, ému, stressé. Bras croisés, ou tirant intensément sur sa cigarette, en guise de contenance. Le rocker de 30 ans fixait ses genoux, mais fit parfois rire aux éclats les détenus :

– Parfois, je veux sortir avec un copain le soir mais ma femme me dit, "Non, tu restes là !" Eh bien je suis obligé de rester, et c'est pas drôle ! »

« On n'était pas très frais, précise en outre Michel Mallory. On était un peu bourrés car on avait peur. » Ne faisant jamais les choses à moitié, Johnny n'avait pas choisi n'importe quel établissement, comme le rappelle Sam Bernett, animateur de RTL présent en Suisse : « C'était un pénitencier très dur. Certains prisonniers étaient enfermés à vie, pour des motifs lourds. On n'avait pas affaire à des voleurs de voiture… Ils étaient enchaînés, car dangereux ! »

– Si j'étais en prison, j'aimerais qu'un artiste vienne nous voir, a poursuivi Johnny lors de l'échange organisé avant le concert. C'est la seule preuve d'amitié que je peux leur donner. Si je pouvais leur donner la liberté, je leur donnerais. Je suis là pour apporter une autre forme de liberté. » Et cette forme de liberté, c'était le rock'n'roll. « Il y avait une bonne ambiance, si je puis le dire ainsi dans ces conditions, rapporte Sam Bernett. Les prisonniers étaient complètement emballés ! Ils tapaient des pieds, semblaient vraiment heureux d'être là. » L'image des prisonniers était particulièrement contrôlée, ce qui explique le peu de photos existantes : « Je devais me planquer pour faire mes photos en mode paparazzi, explique Tony Frank. Mes appareils étaient cachés dans les projecteurs et les films dans les étuis à cigare de Gill Paquet. »

Traitant son public comme n'importe quel autre, Johnny n'avait pas oublié ses traditions et après s'être recoiffé, jeta son peigne à l'un de ses spectateurs inhabituels. « Le concert était organisé sous une sorte de préau qui faisait office de salle des fêtes, c'était assez impressionnant », poursuit l'animateur de RTL.

Le tour de chant avait été soigneusement choisi, avec des titres signifiants pour les détenus : *Je construis des murs autour de mes rêves*, *J'ai pleuré sur ma guitare*, *Noël interdit*… Et évidemment, *Le pénitencier* pour clore la représentation. Dix ans après sa sortie, l'un des plus grands tubes de Johnny prenait tout son sens, face à un public dont le destin était de finir sa vie entre quatre murs. Sam Bernett en parle aujourd'hui comme l'un des moments les plus marquants de sa vie : « Quand Johnny a chanté *Le pénitencier*, on s'est tous effondrés. Nous étions en larmes, Johnny y compris. Les prisonniers avaient l'interdiction de se lever, et il y avait un grand nombre de gardiens pour veiller à ce qu'il n'y ait pas de débordement. Mais à la fin de la chanson, les détenus se sont tous levés d'un seul homme… et les gardiens n'ont rien dit. Ils n'ont même pas bougé ! Ils pleuraient aussi. C'était magnifique. Extraordinaire. Chacun était scotché par le moment que l'on vivait. »

Sam Bernett et Michel Mallory se remémorent aussi avec émotion leur départ de Bochuz. « Dans la cour, on ne les voyait pas mais on les entendait, relate Mallory. Ils tapaient dans leurs barreaux avec des carres en métal. Vous ne pouvez pas imaginer le bruit que ça faisait. C'était leur façon de dire au revoir à Johnny. Qu'est-ce que c'était fort ! Qu'est-ce que c'était émouvant ! » Habitué à être auréolé de toutes sortes de gloires et de bravos, Johnny Hallyday n'en était pas moins submergé par l'émotion. « Pendant que les prisonniers criaient *Johnny, Johnny*, il ne pouvait plus dire un mot, glisse Sam Bernett. Il avait la gorge serrée. On avait vécu un tel moment d'émotion qu'une fois rentrés à Genève, nous nous sommes bourrés la gueule toute la nuit. »

Johnny et son groupe n'eurent pas eu le temps de redescendre sur terre ni d'analyser le moment vécu car dès le lendemain, la tournée d'été reprenait. « Mais dès que nous avons pu, nous avons beaucoup parlé de ce concert à Bochuz », indique Michel Mallory. Au pénitencier, Mallory et Hallyday ont évidemment interprété en duo leur chanson *La prison des orphelins*, écrite quelques mois plus tôt lors d'un voyage aux États-Unis. « Nous étions à Tucson, dans l'Oklahoma. Nous avions découvert dans la presse américaine une histoire assez étonnante : celle d'un jeune garçon, fils unique d'un couple de fermiers. Un soir, leur ferme avait brûlé. Le garçon de 5 ou 6 ans était le seul survivant. Comme il n'avait pas d'autre famille, les services sociaux s'en étaient chargés. L'État avait récupéré le terrain de la ferme, rasé absolument tout et construit un orphelinat. Le môme s'était ainsi retrouvé dans cet orphelinat construit sur sa terre. Au moment où Johnny et moi lisions ce récit dans le journal, le gamin avait désormais une trentaine d'années. Cette histoire l'avait transformé en délinquant… Une fois l'article lu, Johnny m'avait dit : "Tu ne crois pas qu'on devrait en faire une chanson ?" J'avais alors préparé la maquette, mais la mélodie était très étendue. Ça commençait très grave et finissait extrêmement haut. Johnny ne pouvait pas aller dans les notes les plus graves, alors il avait insisté pour que nous la chantions en duo. Dans cette chanson, il y a deux images, deux décors : je suis le narrateur qui décrit l'histoire. Et quand Johnny commence à chanter, c'est le rebelle qui crie. À Bochuz, *La prison des orphelins* était la chanson que tous les prisonniers attendaient. Quand tu chantes ça devant un public entièrement composé de grands délinquants, c'est extrêmement fort. »

Huit ans après Bochuz, la France autorisa enfin Johnny à

franchir les grilles de Fleury-Mérogis. Pour cette occasion, Johnny chanta *Mercredi matin*, un titre écrit par Pierre Billon qui racontait le quotidien d'un prisonnier de la Santé.

Parfois j'me joue le coup du tunnel
La lime à ongles, 100 mètres, ça presse
Mais j'suis con en Edmond Dantès [...]
Mercredi qui dure trente années
Faut avoir la santé
Enfin, façon de parler

Le 19 février 1982, Johnny livra ainsi deux shows d'une heure à la Maison d'Arrêt de Fleury-Mérogis. L'administration ayant limité le nombre de places à deux cent cinquante, le rocker avait dû chanter deux fois d'affilée afin de permettre à un maximum de détenus d'en profiter. Johnny était accompagné par une nouvelle formation française : le groupe *Energy*, mené par le bassiste Eric Bouad, avec les guitaristes Jean-Pierre Llabador et Bernard Margarit. J'ai demandé aux trois musiciens de se replonger – et nous avec – dans l'atmosphère particulière de ce concert en prison.

– C'est le concert qui m'a le plus marqué, introduit Jean-Pierre Llabador. Près de quarante ans après, je l'ai toujours vivement en mémoire. Très ancré dans mes souvenirs. L'arrivée dans la cour m'avait déjà frappé. Les prisonniers faisaient un boucan d'enfer.

– Une fois la grille franchie, on avait aussitôt compris qu'on était dans un environnement fermé, fliqué, poursuit Eric Bouad. On était impressionnés. On a suivi Johnny dans les loges et on a répété.

– Johnny nous avait briefés, indique Llabador. J'avais compris qu'il fallait assurer encore plus que d'habitude. Il tenait absolument à ce concert, c'était important pour lui. Johnny était un être foncièrement gentil. Il souhaitait donner du bonheur à ces gens emprisonnés. Il voulait changer leur quotidien, les rendre heureux. Tout simplement, il voulait les régaler !

– Johnny a toujours eu ce côté rebelle, né dans la rue, avec une image de bagarreur, rappelle Eric Bouad.

Sur scène, Johnny Hallyday s'identifiait tellement à son public d'un jour qu'il s'inclut dans le « nous » des prisonniers : « On est là pour oublier qu'on est ici. On est là pour se marrer. Nous avons la permission de taper dans nos mains et de faire plus ou moins ce que nous avons envie de faire ! »

Malgré la volonté de Johnny de bannir les interdits, l'administration pénitentiaire veillait au grain :

– Surveillés de près par les matons, les détenus n'avaient pas le droit de parler entre eux, précise Jean-Pierre Llabador. Ils pouvaient seulement applaudir ou crier.

– Aucun d'entre eux ne pouvait bouger, ajoute Eric Bouad. Mais Johnny a été très applaudi.

Comme lors de son concert en Suisse, Johnny ne s'était pas contenté de chanter. Il avait aussi échangé avec les détenus.

– Johnny a dit aux prisonniers qu'il les comprenait et qu'il avait envie de partager un moment de musique avec eux, narre Bernard Margarit. Nous sentions sa générosité et sa sincérité. Il était très ému d'être là.

– Je me souviens quand Johnny a souhaité bonne chance à ceux qui seraient bientôt libérés, poursuit Llabador. Et du courage à ceux qui ne sortiraient pas avant de longues années. »

Comme à Bochuz, le tour de chant était parfaitement

adapté : *Noir c'est noir*, *J'en ai marre*, *Le pénitencier*, *Mercredi matin*…

– *Mercredi matin* était une chanson très triste qui correspondait parfaitement à l'ambiance dans cette prison, se souvient Eric Bouad.

– Interpréter *Le pénitencier* à Fleury-Mérogis, c'était quelque chose, raconte – ébranlé – le guitariste Jean-Pierre Llabador. Fallait oser ! J'avais les larmes aux yeux en jouant. C'était tellement prenant.

– On jouait devant des mecs dont on savait qu'ils étaient là pour longtemps, relate Bouad la gorge serrée. Des mômes ! Tellement heureux de nous voir… Ça m'a ému au diable. Voir toute cette jeunesse enfermée, j'en ai longuement pleuré dans les loges. À ce moment-là, peu importait ce qu'ils avaient fait, on ne se le demandait plus.

– Johnny a fait un tabac lors des deux concerts, assure Bernard Margarit. Quand on est repartis, il y avait des centaines de petites flammes à la fenêtre. Les prisonniers remerciaient Johnny. Ça nous a tous beaucoup touchés.

– Une fois le concert terminé, on s'est un peu attardés dans le quartier des matons, relate Jean-Pierre Llabador. On a un peu plané, c'était très amical. Les matons aimaient tous Johnny. Ils admiraient le fait qu'il soit venu jouer pour cette population.

Comme après le concert de Bochuz huit ans plus tôt, Johnny et ses musiciens noyèrent dans l'alcool leurs vives émotions. En sortant de la Maison d'arrêt, ils se rendirent au Martin's, l'un des clubs de… Sam Bernett, présent lors du concert dans la prison suisse.

Une quinzaine de chansons de Johnny traitent directement

de l'univers carcéral et sont passées en boucle dans toutes les cellules francophones, à toutes les époques. La première est aussi la plus célèbre : *Le pénitencier* en 1964, sortie pendant le service militaire de Johnny. Hugues Aufray et Vline Buggy avaient adapté en français *The House of the rising sun*, qui raconte l'histoire d'une maison close. Les deux paroliers n'avaient pas osé faire chanter une histoire de prostituées au tout jeune Johnny (21 ans), en quête de respectabilité auprès des parents de ses fans.

Un an plus tard, Johnny interprète sur la scène de l'Olympia *Toi qui t'en vas*, une chanson qui aurait pu s'appeler *Le Blues désespéré du prisonnier*. Méconnu du grand public, ce titre écrit par Gilles Thibaut est le dernier message d'un condamné à perpétuité adressé à son codétenu qui lui est libéré. Honteux de sa condition, il veut cacher la vérité à sa mère, et demande à son ex-compagnon de cellule de lui mentir.

Mais je t'en prie, pas un mot
De ces murs noirs, de ces barreaux
Des marques sur mon dos
Surtout ne lui dis pas
Que chaque nuit, quand tout s'éteint
Je pleure jusqu'au matin

En 1966, dans *Je me suis lavé les mains dans une eau sale*, Johnny joue le rôle du fils d'un prisonnier qui ne peut s'empêcher de sombrer dans la spirale criminelle de son père malgré ses recommandations. Sous la plume de Philippe Labro, Johnny se mue en fugitif (*On me recherche*). Le rocker n'hésite pas à être irrévérencieux vis-à-vis des forces de l'ordre.

Mon visage et mes empreintes
Sont diffusés chaque jour
Par des gendarmes qui pointent
Leur sale gueule au carrefour

Sortie en 1970, la pochette du 45 tours présente un Johnny parfaitement campé dans son rôle de truand en cavale. Après *La prison des orphelins* (1973) et *Mercredi matin* (1982), Johnny chante la vie au pénitencier dans *Mirador*, écrite par le poète Étienne Roda-Gil en 1989. Pour les besoins du clip, Johnny franchit de nouveau les portes d'un pénitencier, précisément à la Maison d'Arrêt de Coulommiers, en Seine-et-Marne. *Mirador* est écrit sur une mélodie de David Hallyday, qui compose aussi *Remise de peine*, en 1999. Cette fois-ci, Johnny évoque sous la plume de Miossec la liberté conditionnelle, la réinsertion et la deuxième chance laissée au détenu. Ce thème est encore l'objet du titre bienveillant *Des raisons d'espérer* en 2014, qui encourage les ex-détenus à profiter « du premier jour de reste de leur vie ». En 2002, *Un monde à part* traite de la déchirante séparation entre un détenu et sa bien-aimée.

Au cinéma, Johnny joue souvent le rôle d'un gangster flirtant avec prison (*L'homme du train*, *Conseil de famille...*) mais aussi celui d'un maton : « Sans connaître Johnny, j'avais eu ce pressentiment que ce personnage lui conviendrait, explique Laurent Firode, réalisateur de *Quartier VIP*. La prison est très représentée dans les films de gangsters des années 50 et 60, le cinéma que Johnny connaissait par cœur. Les héros étaient souvent des prisonniers brisés par la vie. Johnny ne s'intéressait pas spécialement au lieu, mais aux personnes qui s'y trouvaient. La charge émotionnelle de la prison rend les personnes plus fortes, plus humbles. Ce sont des animaux blessés. C'est ça qui touchait Johnny. Il avait des atomes crochus avec ces gens, comme s'il savait qu'il n'était pas passé loin d'avoir cette vie cabossée. »

Dans ses derniers albums, Johnny relate froidement la vie dans une cellule, par deux fois : *Quatre murs* (2013) et *4m²* (2017) :

Quatre murs autour de moi

Qui m'empêchent de te tendre les bras

[…]

Et leurs mains sur ton corps

C'est ma croix

« J'ai reçu un appel de Bertrand Lamblot, qui m'a dit que Johnny Hallyday cherchait une nouvelle chanson sur le milieu carcéral, relate Mike Ibrahim, auteur-compositeur-interprète qui n'avait encore jamais travaillé pour la star avant d'écrire *Quatre murs*. J'ai voulu personnaliser la chanson au maximum. Je souhaitais qu'il s'exprime à la première personne, que Johnny soit le mec qui est en prison. J'ai réfléchi à une autre approche, plus éloignée de la mythologie traditionnelle des gangsters qui sont en prison, souvent représentés comme des mecs durs, à la Mesrine. Dans *Quatre murs*, Johnny exprime le ressenti de l'intérieur de la cellule et son imagination du monde extérieur. Ça effleure la jalousie car il est dans l'impossibilité de voir sa femme. Johnny croyait vraiment au potentiel de ce texte car il avait refusé les deux premières mélodies proposées avant d'accepter celle de John Mamann. »

Retour dans les cellules

Appel des matricules

Ce foutu bruit de clé

Me donne envie de tuer

« J'ai appris la guitare en jouant *Le pénitencier*, explique Pierre-Yves Lebert, auteur de *4m²*. En plus, j'écoutais beaucoup les disques de Johnny Cash, alors je voyais bien Hallyday incarner un prisonnier. J'avais écrit cette chanson une dizaine d'années avant sa sortie en pensant à Johnny, mais il ne l'avait jamais chantée. En 2017, Bertrand Lamblot m'a dit que Johnny avait toujours apprécié mon texte, et qu'il voulait l'enregistrer. » Son ultime chanson sur l'univers pénitentiaire.

CHAPITRE 7

LA DÉMESURE

Playlist du chapitre :

J'ai tout donné (1992)

Caché derrière mes poings (1969)

Poing cœur (1984)

Allumer le feu (1998)

Aimer vivre (1985)

18 juin 1993. 21 heures 20. Depuis près d'un an, le peuple hallydéen avait retenu sa nuit. Cinquante mille personnes étaient entassées dans les tribunes et sur la pelouse du Parc des Princes. Dès leur entrée dans le stade de football, les spectateurs s'étaient plaints d'hallucinations collectives. Tous

avaient l'impression de reconnaître le Golden Gate de San Francisco à la place de la scène. « J'avais 13 ans et c'était mon premier concert, raconte Sébastien Jounel. Je m'étais dit : *Ce mec est trop fort, il a construit une ville pour un simple concert !* » Les yeux rivés sur le pont rouge, Sébastien – et le stade entier – s'interrogeaient. Par quel procédé magique leur dieu allait-il apparaître ? « J'avais eu beau écouter RTL pendant des heures pour avoir des indices, rien n'avait filtré, se souvient Fabrice Thoumire. » Et pour cause… « Je demandais sans arrêt à Jean-Claude Camus comment Johnny allait entrer en scène », râle Micheline Pisoni, responsable du sponsoring RTL.

– Vous allez voir, Micheline, c'est une sacrée surprise ! répondait malicieusement le producteur.

Seule l'équipe très resserrée était dans la confidence.

Une partie du stade regardait en l'air. L'attirance de Johnny Hallyday pour le film *Apocalypse Now* et sa flopée d'hélicoptères était connue de tous. « Dans un poing ou dans un ascenseur, Johnny nous avait toujours surpris, indique Fabrice Thoumire. Pour un tel concert, on savait qu'il allait frapper fort. » Un détail avait particulièrement intrigué Micheline Pisoni : « Jean-Claude Camus m'avait demandé de commander des t-shirts avec le logo RTL. "On en aura besoin pour la sécurité". Je ne comprenais pas pourquoi il en fallait autant. »

Malgré l'atmosphère de fête nationale, certains fans étaient inquiets de voir un Johnny miniature en constatant l'immensité du Parc des Princes, évidemment beaucoup plus grand que l'habituel Bercy. « Ma déception était terrible, avoue Joël. J'étais si loin de la scène ! Avec mon frangin, nous étions tout au bout du Parc. » Joël et son frère furent pourtant les premiers au courant :

– Tiens, il y a des gardes du corps.

– Qu'est-ce qu'ils font là ?

Assis en tribune au-dessus de la porte F, Lulu Périn avait également remarqué l'étrange effervescence. « Malgré tout, nous n'avons pas imaginé une seule seconde que Johnny arrive par là. C'était une idée bien trop folle ! »

À ce moment-là, Johnny Hallyday sortit de sa loge. Accompagné de sa garde rapprochée, il traversa discrètement les souterrains du Parc. Quelques employés du stade s'interrogeaient : mais où allait-il ?

– Tiens, Camus est là, reprit Joël au fond du stade.

– *Il* ne va quand même pas entrer ici ? !

La rumeur s'intensifiait autour d'eux. À contrecœur – car l'œil rivé sur la scène pour ne pas rater Johnny – les spectateurs se tournaient les uns après les autres. En tribune, Lulu et ses amis se penchèrent à leur tour. Au premier rang de la fosse à l'autre bout du stade, Nadine Kerwyn s'accrochait solidement à sa barrière, contrariée par un membre de la sécurité :

– Vous, vous devez vous écarter ! signala un responsable de la sécurité.

– Je ne bouge pas de là, rétorqua Nadine. C'est ma place et j'attends depuis des heures.

– Vous allez être éjectée, prévint le molosse.

Au sixième rang, Didier Moser écarquillait les yeux. « Après une attente des plus difficiles dans la canicule de la cuvette sans air du Parc, j'ai entendu les premiers coups de batterie. Émotion indescriptible, crampes d'estomac, frissons… Les petits papiers volent des hauteurs du Parc… OK… Mais où est Johnny ? Je le cherchais sur scène, rien. Je scrutais les airs, le sachant capable de tout. »

Loin de cette excitation, le pauvre Thierry Lemasson se demandait lui aussi comment Johnny allait entrer sur scène, mais se morfondait à l'intérieur de la salle d'attente d'une maternité. « Ma femme accouchait de jumeaux. Le Parc est le seul grand spectacle que j'ai raté. C'était soit le concert, soit les jumeaux ! Je m'en voulais… » Son épouse avait été très claire : « Je connais les raretés de sa collection. S'il était allé au Parc, j'aurais rayé quelques disques ! »

Après trois minutes de marche souterraine, Johnny Hallyday s'approcha silencieusement de la grande porte F entouré par ses fidèles et leurs attributs : Jean-Claude Camus et ses talkies-walkies, Nelly avec une serviette et une bouteille d'eau, Tony Frank et son appareil, Patrice Gaulupeau et sa caméra, Hervé Lewis coiffé de son foulard, Jimmy Reffas armé de son œil de lynx.

Johnny marqua quelques secondes d'arrêt. Et entra dans l'arène.

– C'est Johnny ! C'est Johnny, s'égosilla Joël Mazevet subitement devenu l'homme le plus heureux du monde.

– Il ne peut pas faire ça ! s'exclama Lulu alors qu'il profitait de la plus belle vue du stade, juste au-dessus de son idole qui avançait lentement vers la foule.

– Il est là-bas ! hurla Fabrice dans une autre tribune, comprenant avec quelques secondes de décalage ce qui se tramait.

– C'est pas possible ! C'est pas possible ! répétait en boucle Micheline Pisoni dans la tribune présidentielle, sous le choc.

– *Il est sur la pelouse*, entendit Didier Moser, interloqué, qui ne voyait rien à l'autre bout du stade. C'est quoi ce délire ? siffla à son tour le médecin sochalien.

Johnny Hallyday n'a jamais révélé la teneur de ses pensées à cet instant. S'imaginait-il dans la peau de Mohammed Ali alors qu'il allait singer l'entrée d'un boxeur ?

Traverser la foule d'un stade entier avant de monter sur scène. La plus belle des entrées qui rendrait jalouses toutes les stars internationales, dès lors dépassées par le français Johnny Hallyday. « C'était tellement émouvant qu'il s'offre ainsi à son public », glisse Lulu Périn. « Des milliers de papiers tombaient du ciel, c'était chaleureux et étonnant », sourit Pisoni.

À cet instant, il s'agissait toujours d'une entrée de rêve.

Sauf que le scénario écrit par le couple Camus-Hallyday s'effondra très rapidement.

« Nous n'avions tellement pas conscience de l'imprudence de la chose que l'habilleuse de Johnny avait prévu de le suivre au cas où il ait besoin d'une petite retouche de maquillage, d'un coup de peigne ou d'une gorgée d'eau, rapporte Hervé Lewis. Au bout d'une dizaine de mètres, elle se faisait déjà piétiner, je l'ai renvoyée au fond du stade. »

À partir du moment où Johnny a commencé à marcher et celui où la foule s'est refermée sur lui, seulement dix secondes se sont écoulées. Patrice Gaulupeau n'eut pas eu le temps de réagir. « Sans réfléchir, je me suis engouffré derrière lui alors que ce n'était pas prévu. Impossible de reculer ! Nous avons rapidement compris que cette traversée ne se passerait pas du tout comme nous l'avions imaginé. »

En une fraction de seconde, le Parc des Princes avait compris que Johnny Hallyday entrait par ses entrailles tel un sacrifice humain. L'Idole des jeunes réécrivait l'histoire de l'humanité : pour la première fois, un Dieu faisait don de son corps à ses fidèles. Les images aériennes sont hallucinantes. Même à l'autre bout du stade, les gens se bousculaient les uns les autres alors qu'ils n'avaient aucune chance de l'approcher. Sauf que personne ne savait par où Johnny allait passer. « Ça secouait énormément, souffle Pascal Labelle. J'avais des difficultés à rester debout. »

« Chaque personne poussait pour voir l'idole, poursuit David Hocq. Mes pieds ne touchaient même plus le sol. Johnny avançait à contre-courant à la limite de l'inconscience. Quand deux courants contraires se rencontrent, ça donne une vague. Au Parc, c'était une vague humaine. Comme si Johnny s'était transformé en Moïse ouvrant la mer... Mais c'était plus chaotique que Moïse ! » Comme il faisait jour, Jacques Rouveyrollis n'avait pas besoin d'éclairer et a pu profiter du spectacle. « Quel moment magique. La foule était oppressante mais jamais agressive. Je n'ai pas eu peur, Johnny était bien protégé. »

Autour de Johnny, c'était pourtant l'angoisse.

« On s'est retrouvés coincés au milieu de vingt mille personnes, grogne Hervé Lewis. Aucune porte de sortie, il fallait avancer. L'important était de préserver Johnny. Le danger était de tomber par terre et de se faire piétiner par la foule. Tu tombes, t'es mort ! »

Sans l'avoir imaginé un instant, Jean-Claude Camus se retrouva en tête de cortège, talkies-walkies autour du cou. « Ce n'était pas prévu ! Sinon, j'aurais enlevé mes lunettes et mes émetteurs. Pour que ça fasse joli, j'avais prévu une allée d'athlètes pour escorter Johnny. Ils ont tous voltigé en un rien de temps ! » Caméra au poing, Gaulupeau a regretté son impulsion. « On se posait tous la même question : *Mais qu'est-ce que je fous là ?* »

Seul Tony Frank eut un pressentiment. Le photographe s'échappa en courant par les coulisses afin de monter sur scène immortaliser l'arrivée de Johnny.

« Nous n'étions pas organisés, reprend Hervé Lewis. C'était un vrai cauchemar. Placé derrière Johnny, je retirais les mains des gens pour qu'ils ne lui tirent pas les cheveux. En plus, ce qu'on ne voit pas à la télévision, c'est l'absence d'oxygène au milieu du stade, car la foule était agglutinée depuis l'après-midi. Impossible de respirer ! »

Autour du maigre cortège, chaque fan tentait le tout pour le tout pour toucher son idole. Sur certains plans de caméra, on recense une dizaine de mains accrochant au même moment l'avant-bras de Johnny. « Je me suis accroché au dernier garde du corps afin de profiter de l'escorte pour suivre Johnny de bout en bout et m'approcher au maximum de la scène, révèle Joël Mazevet. Les vigiles me repoussaient mais j'ai tenu bon. » « À l'époque, je mesurais à peine 1,60 mètre, enchaîne Sébastien Jounel. Un ami m'a soulevé dans les airs et j'ai réussi à lui effleurer les cheveux ! » « J'étais tellement compressé que j'ai cru mourir, se souvient Laurent Chauvel. J'ai tout de même enclenché mon appareil photo, réussissant à capter la nuque de Johnny. » Didier Moser se souvient avoir souffert le martyre. « Je ne sais pas ce que l'on ressent quand on passe sous un rouleau compresseur, mais la sensation ne doit pas être éloignée de ce que j'ai ressenti ce soir-là. Nous étions comprimés – le mot est faible – les uns contre les autres. Tout à coup, j'ai enfin aperçu la tête de Johnny à cinq mètres de moi... Comme bien d'autres, je hurlais : *arrêtez de pousser, reculez* ! Alors que dans le même temps, j'essayais toujours d'avancer en direction de Johnny. *Faites ce que je dis, pas ce que je fais* (rires). Complètement écrasé, je me demande comment je n'ai pas tourné de l'œil. D'autres sont tombés. »

En visionnant en boucle cette traversée, je me suis amusé à détailler chaque visage. De Camus à Lewis en passant par Reffas, les traits de ces gaillards expérimentés sont tirés, la mine est défaite, la concentration est intense. La peur...

L'angoisse.

« J'ai cru mourir, assure Jean-Claude Camus. C'était l'enfer... Je coulais sous une montagne de gens – certes bienveillants – qui voulaient attraper Johnny. J'étais essoufflé, ahuri. » « C'était même trop violent pour avoir peur, relève Gaulupeau. La peur, ça s'analyse. Je me demandais seulement si Johnny allait tenir et si ma caméra de trente briques allait résister. »

Au milieu de cette panique générale, seul Johnny Hallyday souriait. Comme s'il flottait hors du temps. Comme s'il savourait. Lors d'un bref instant de répit, le rocker était même parvenu à sautiller les bras en l'air pour vivre son rêve de boxeur saluant la foule. Jamais il ne montra un signe de crainte. Au contraire, il semblait prendre du plaisir sans réaliser l'inconsciente traversée qu'il entreprenait. « Les gens m'accrochent, me tirent les cheveux, mais au fond c'est parce qu'ils m'aiment. » Définitivement, cet homme-là n'était pas fait du même bois que le reste de l'humanité.

Sur scène, les musiciens guettaient l'arrivée de leur patron en jouant l'introduction spéciale composée par Érick Bamy, Jannick Top et Serge Perathoner. « Ça a duré une éternité ! s'exclame Michel Amsallem. De mon piano, je ne réalisais pas vraiment la difficulté de la traversée mais j'ai eu l'impression de jouer cette intro pendant des heures. » « Je n'oublierai jamais ce moment, relève la choriste Zeetah Massiah. Johnny a fait preuve d'un courage inégalable. » Norbert Krief s'était réellement inquiété : « Je me disais : *Il est courageux et fou !* C'était vraiment dangereux. Je sentais que ça pouvait déborder d'un moment à l'autre. » En coulisses, le guitariste des *sixties* Joey Gréco écarquillait aussi les yeux : « *Holy shit*... J'étais complètement effrayé ! »

Plus Johnny avançait, plus c'était compliqué. « Il ne va jamais y arriver », se tourmentait Lulu Périn, trépignant sur son siège. « À vingt mètres de la scène, on n'avançait plus d'un centimètre, rapporte Patrice Gaulupeau. Les fans défendaient leur place depuis le milieu de l'après-midi, ils refusaient de bouger. Comme je connaissais bien les fans du premier rang, je leur ai donné ma caméra et ils l'ont fait passer au-dessus de leur tête.

Les gardes du corps ont tenté de faire une haie pour que Johnny reste sur ses jambes mais c'était impossible. Ils ont porté Johnny pour qu'il arrive sur scène. Les stars du rock avaient l'habitude de faire l'inverse ! » Johnny Hallyday, précurseur même dans l'imprévu…

« J'attendais Johnny au pied de la scène pour ouvrir la fameuse barrière qui ne s'est jamais ouverte, confirme Michel Marseguerra. J'avais 22 ans, je n'étais pas encore habitué à ce genre d'événement. Aucun chanteur n'avait fait ça, je n'en revenais pas. Le cortège ayant dévié, Johnny n'était pas arrivé au bon endroit. » « On a soulevé Johnny afin qu'il puisse monter sur scène, poursuit l'Indien. Je ne sais même pas par quel miracle on a réussi. Nos vêtements étaient déchirés, les spectateurs du premier rang tous compressés. »

Les musiciens commençaient à prendre peur : « De la scène, je voyais mes potes de la sécurité décomposés, souffle Alex Perdigon. C'était inconscient. Camus était verdâtre. »

En un instant, Nadine Kerwyn comprit en voyant Johnny Hallyday passer au-dessus de sa tête pourquoi on lui avait demandé de s'écarter. « J'étais complètement écrasée », rit toujours cette irréductible passionnée. « Au moment où ils le portent, j'ai tendu mon bras avec mon appareil jetable et j'ai chopé une photo où on voit une santiag de Johnny et le dessus de ses cheveux », ajoute Didier Moser.

Un à un, les membres du service d'ordre durent s'extirper de la foule en grimpant sur les gens. « Quand Johnny a commencé *L'Idole des jeunes*, on était toujours bloqués dans la fosse, s'amuse Lewis. On a mis une vingtaine de minutes à sortir. » Jean-Claude Camus avoue avoir eu besoin de près d'une demi-heure pour récupérer de sa traversée de l'enfer. Quant à Johnny Hallyday, il embrassa ses guitaristes et son directeur musical comme s'il était arrivé en taxi puis se mit à chanter.

– Je suis content de te retrouver, glissa Johnny à l'oreille de Nono.

– Moi aussi ! fit le guitariste, soulagé.

« En reprenant ma respiration, j'ai vu Johnny tout ébouriffé, secouant sa tête comme un chien qui sortait de l'eau, remarque Camus hébété. Dans la seconde suivante – alors qu'il venait de subir une pression énorme - il grimpait déjà sur scène pour débuter trois heures de spectacle ! »

Hors du temps. Pas fait du même bois.

« J'aurai toujours en mémoire la gueule des gardes du corps une fois sortis de la foule, précise Didier Moser. Des gros costauds, des colosses complètement vidés qui n'arrivaient plus à reprendre leur souffle… Et Johnny qui attaque *L'idole des jeunes* comme si de rien n'était ! »

Indestructible.

Après le spectacle, *Johnnyssimo* [8] croulait sous les félicitations :

– Tu es une légende, s'écria Joey Gréco. Aucun rocker, aucune star dans le monde entier ne peut prétendre être meilleur que toi.

– Mais quel est le con qui t'a fait faire ça ? s'étonna Jack Lang, l'ex-ministre de la Culture.

– C'est lui ! s'exclama Johnny en désignant Jean-Claude Camus du doigt.

---

8 *Titre du quotidien "France Soir" le 19 juin 1993, après le premier concert au Parc.*

Flashback. Le 19 novembre 1992, dans les salons du grand hôtel de l'Opéra de Toulouse, Jean-Claude Camus présenta son idée démente à Bernard Schmitt, Roger Abriol et Jacques Rouveyrollis :

– Je veux le faire entrer comme un boxeur qui va vers le ring.

Le producteur avait demandé à ses hommes de soutenir son projet devant Johnny car il savait que son chanteur rêvait d'une entrée en hélicoptère. Le moment venu, Johnny visionna les maquettes de la scène et posa la question fatidique :

– Mais comment j'entre sur scène ?

– Là ! fit Camus en posant son doigt sur la table représentant la maquette.

– Comment ça, là ?

– Tu vas arriver comme un boxeur et tu vas traverser la foule à pied.

Johnny dévisagea lentement chaque membre de l'équipe de production, constatant leur approbation. Et accepta derechef !

J'ai visionné les rushs des réunions filmées par Patrice Gaulupeau. Jamais la possibilité d'une quelconque pression de la foule n'a été évoquée. Jean-Claude Camus a même prononcé la phrase suivante : « Johnny traversera *tranquillement* la foule… » David Hocq s'en étonne toujours. « Comment ont-ils pu imaginer que les mecs ne voudraient pas toucher ses cheveux ou son blouson ? On n'allait pas dire à Johnny, *Vas-y, passe, je t'en prie* ».

Lors du deuxième concert, c'était pire. Car tout le monde était prévenu. Certains spectateurs avaient même choisi sciemment leur place en fond de pelouse pour attendre Johnny et se jeter sur lui dès le début de sa traversée. « On se demandait si Johnny allait rééditer son exploit ou s'il changerait d'entrée », indique David Hocq. Évidemment, Hallyday ne s'était pas défilé. Échaudé par le calvaire du premier soir, le staff avait toutefois renforcé son dispositif. « J'avais demandé à un ami rugbyman de venir nous aider, dévoile l'Indien. Même avec ce gros costaud de 120 kilos, c'était difficile de résister à la pression des fans. On était tous des culturistes, et on volait en éclat. Bouffés par la foule ! »

Ces trois soirs au Parc des Princes sont le symbole de la démesure de Johnny Hallyday *le jusqu'au-boutiste*. La définition de sa vie. Pour ses 70 ans à Bercy, Johnny offrit à ses fans un *revival* du Parc 93. Une page de nostalgie pour les anciens et un cadeau pour son jeune auditoire qui n'avait pas eu la chance d'être sur la pelouse du Parc vingt ans plus tôt. Le 14 juin 2013, nous fûmes tous soufflés par l'audace de notre invincible rocker. Une dizaine de jours auparavant, Læticia Hallyday avait manqué de me vendre la mèche alors que nous discutions à Bordeaux, dans la loge de son mari :

– Ne rate surtout pas le spectacle de Bercy. Mon homme prépare une immense surprise. On va modifier le tour de chant. Attends, je vais te montrer ce qui est prévu.

– Læticia ! s'écria la voix inimitable de Johnny dans l'ascenseur, alors que son épouse cherchait en vain le précieux document.

Alors que Madame Hallyday prenait aussitôt congé pour ne pas faire attendre son mari, je m'étais demandé ce que Johnny allait entreprendre pour – encore – nous surprendre.

Debout au premier rang de Bercy le 14 juin, je m'interrogeais toujours vers 21 heures quand les notes de *Que je t'aime* m'extirpèrent de mes pensées. Tapi dans l'ombre au centre de la scène, Yarol Poupaud se riait de mon incrédulité alors que les poursuites lumineuses envoyaient des fausses pistes dans toute la salle. Normalement, le show débutait par *Allumer le feu*...

– Où est Johnny ? m'écriai-je de toutes mes forces.

– Il va entrer par le plafond, s'esclaffa le guitariste.

En réalité, le rocker entrait par l'arrière du palais omnisports. « Johnny voulait refaire son entrée du Parc, confie Jacques Rouveyrollis. Il admirait toujours autant les entrées de boxeurs et leur grand cérémonial. » Avant d'être happé – et sérieusement bousculé ! – par la foule, Hallyday salua en sautillant, reproduisant exactement le même mouvement qu'en 1993.

Assis sur la *crash-barrière* du premier rang, j'avais profité du spectacle avec les images de 1993 dans la tête. « C'était magique, abonde Maëva Bermand, une autre jeune spectatrice. Je ne pensais jamais vivre cette entrée en scène mythique. J'étais tellement heureuse ! »

La traversée fut presque plus violente qu'en 1993. La mâchoire crispée de Michel Marseguerra sur les photos en témoigne : « Cette fois-ci, j'étais dans la mêlée, positionné derrière lui, en charge de le retenir. On a pris une belle gifle. Heureusement que Bercy était plus court que le Parc des Princes. Johnny était évidemment moins gaillard qu'en 1993. »

Traverser la foule de Bercy deux soirs d'affilée à l'âge de 70 ans, en direct à la télévision. Sans filet. Une fois encore, Johnny Hallyday avait mis tout le monde K.O. et flanqué une belle frousse à son service d'ordre. Au lendemain des deux traversées, j'avais retrouvé sur la terrasse de la brasserie *Les Spectacles* l'un des gardes du corps attitrés de Johnny, surnommé Pistache. Autour d'un café, le *bodyguard* expérimenté me confia qu'il avait redouté le pire pendant quelques secondes : « La pression était considérable. Les gens se jetaient sur nous dans tous les sens. J'ai bien cru que j'allais finir par terre. Et si je tombais, c'est Johnny qui chutait derrière moi. Tu imagines la catastrophe...

Je me suis vu mort ! Je ne pouvais rien imaginer de pire... » Pour éblouir son public, Johnny faisait fi de tous les risques, y compris celui d'être emporté à terre par son public en direct sur TF1, un samedi soir devant des millions de téléspectateurs.

Pour briller sur scène et vivre sa vie à mille à l'heure, Johnny Hallyday n'a jamais écouté les oracles qui lui conseillaient de ralentir l'allure ou de cesser les excentricités. Tournée d'été, rentrée parisienne, tournée d'automne, tournée d'hiver, tournée de printemps, festivals. Chapiteaux, zéniths, foires expo, parcs des sports, stades. Johnny ne s'arrêtait jamais. Son entourage s'essoufflait. Pas lui.

– Jean-Claude, faut qu'on parte en tournée, réclamait constamment Johnny à son producteur.

– Attends un peu, on vient de faire deux mois et demi à Paris, répondait Camus.

– Débrouille-toi pour qu'on démarre la tournée !

« Il voulait toujours faire plus, donner plus, étonner plus, détaille Hervé Lewis. Même quand il était crevé, il y allait à fond. Il ne s'est jamais planté derrière son micro. »

Voici la définition que donne le Larousse pour le mot *démesure* : "manque de mesure qui se traduit par l'exagération ou l'outrance dans les propos, les sentiments ou l'attitude." Autre synonyme du mot démesure : *Johnny Circus*.

Le *Johnny Circus 1972*, c'est un concentré de drogues, de sexe, de désespoir et de ruine financière. Ces quatre données mélangées ont offert au public un Johnny Hallyday encore plus rock'n'roll, encore plus fou, encore plus talentueux.

Tout commença par un rêve du saltimbanque Hallyday. Transformer sa tournée d'été en véritable cirque. Être le clou d'un spectacle qui durerait toute la journée, vivre au milieu des forains le temps d'un été. Changer de vie. « L'idée originale de Johnny était de voyager avec des animaux, des jongleurs, des acrobates et des clowns, rapporte Sam Bernett. Il m'en avait fait part lors d'une soirée dans mon club, le *Rock'n'roll circus*. Le budget était tellement énorme qu'il a dû se faire une raison. On est partis sans cirque mais avec un véritable chapiteau – prêté par les Frères Bouglione – avec des boutiques afin de constituer un village entier qui traverserait la France. »

Johnny eut même droit à son Monsieur Loyal en la personne de Sam Bernett. Le journaliste de RTL animait son émission quotidienne en direct du chapiteau entre 16 heures et 18 heures puis montait sur scène afin de présenter tous les artistes qui précédaient Johnny, notamment Ange, Nanette Workman et Tommy Brown. L'un des premiers artistes à passer était l'Italien Mike Bazzani qui deviendrait en 1984 le guitariste rythmique de Johnny. « Pendant le *Circus*, je jouais quelques chansons seul avec ma guitare sèche, juste avant le groupe *Ange*. Mais on était payés que dalle ! Avant la fin de la tournée, on en a eu ras le bol et on s'est barrés. »

Au matin de la première représentation à Chantilly, Johnny arriva au moment du montage du chapiteau et sympathisa d'emblée avec les forains. Dans son studio mobile RTL, Sam Bernett assistait à la scène : « Les manutentionnaires étaient tous des grands gars costauds, torse nu, en train de planter des immenses piquets d'un mètre avec des masses. Johnny avait l'habitude d'être mis au défi et ne s'est pas défilé. »

– Alors, Johnny, tu crois que t'es capable d'enfoncer un piquet ? ricana un forain.

– Donne-moi ça, répondit Johnny.

« Jojo a pris une masse et retiré sa chemise. En trois ou quatre coups, il avait enfoncé le piquet ! Tous les forains l'ont porté en triomphe. À la fin de la tournée, ils lui ont rendu un hommage considérable. »

Certains d'entre eux sont restés fans de Johnny toute leur vie. Durant la tournée 2012, j'avais rencontré un technicien au premier rang d'un zénith. Il m'avait raconté sa fierté d'avoir monté le chapiteau du *Johnny Circus* chaque soir de l'été 1972. « C'était mes plus belles années, confie Jacques. On travaillait un peu dans l'amateurisme et ça avait beaucoup de charme. Johnny était à la fois très abordable et très caractériel. Du jour au lendemain, il changeait complètement d'humeur. Quand il était de bon poil, il était formidable, sans aucune sécurité autour de lui. »

Plusieurs éléments perturbateurs peuvent expliquer cette humeur de gémeau : l'instabilité financière du spectacle, la drogue et Nanette Workman. Ah, Nanette Workman… *La Diablesse*. « Qu'est-ce qu'elle était belle… », soupire Claude Pierre-Bloch, l'attaché de presse du rocker, qui me fait signe qu'il n'en dira pas plus à son sujet.

Choriste attitrée depuis l'enregistrement de *Flagrant délit* l'année précédente, l'américaine Nanette Workman avait remplacé temporairement Sylvie Vartan dans le cœur de Johnny – et dans celui de ses fans, tout aussi envoûtés par la chanteuse blonde de 26 ans. « Johnny était fou amoureux de Nanette, raconte Sam Bernett. Il était même complètement sous sa coupe, agrippé à elle. La drogue circulait énormément sous le chapiteau. C'était un cocktail explosif qui stimulait énormément Johnny. Une fois sur scène, ça dégageait une fantastique énergie. Envoûté par sa diablesse de choriste, il était dé-chaî-né et chantait toujours bien au-delà de l'heure prévue. »

Malgré ces prestations fantastiques, le producteur Jean Pons ne parvenait pas à remplir son chapiteau. « Les responsables n'avaient pas imaginé qu'il fallait une nuit complète pour démonter le chapiteau puis une journée complète pour le monter, explique Sam Bernett. Pour tenir les délais, il était donc impossible de rouler plus d'une cinquantaine de kilomètres entre chaque concert. » Par exemple, après avoir fait étape à Tarbes le 30 juillet, le *Johnny Circus* s'arrêtait à Pau le 31 puis à Biarritz le 2 août et à Saint-Jean-de-Luz le 3. Trop de concerts dans une même zone. Les gens de la région se payaient le billet pour la première date, mais ne revenaient pas le lendemain ni le surlendemain. Le même drame financier se jouait dans chaque département. Quelques minutes avant l'entrée en scène de Johnny, Jean Pons ouvrait les portes et laissait entrer plusieurs centaines de personnes gratuitement afin de remplir le chapiteau. Coproducteur du spectacle, Hallyday avait conscience du fiasco mais refusait d'interrompre la tournée. « Johnny était dans un autre monde avec Nanette, sous l'emprise des stupéfiants, précise Sam Bernett. Il bouffait de l'argent tous les soirs en chantant à perte et traversait chaque journée dans un état à la limite de la dépression. Le soir, il déchargeait tout sur scène. Les concerts étaient exceptionnels, la prestation de Johnny relevait de la folie. »

Parce qu'une péripétie en chassait une autre, même la gendarmerie joua un rôle dans l'histoire du *Johnny Circus* en arrêtant un membre de la troupe. « On avait l'impression de revivre le film *Sous le plus grand chapiteau du monde*, avec le gars[9] qui se déguisait en clown et ne se démaquillait jamais, contextualise Monsieur Loyal. Un repris de justice se cachait parmi nous et on ne le savait même pas. »

« Le peu de souvenirs que j'ai de cette tournée, c'est un incroyable bazar, des gens bourrés ou dans un état pas terrible », s'exclame le photographe Tony Frank.

9 *Ce personnage s'appelait Buttons.*

Le 8 juillet à Grenoble, un Johnny au comble du désespoir et de l'épuisement avait failli ne pas chanter. « Comme par hasard, c'est tombé un soir où le chapiteau était plein à craquer dès le début de la soirée, relate Sam Bernett. » Au départ, l'animateur ne s'est pas inquiété car Johnny avait coutume d'être au moins deux heures en retard. Mais à minuit…

– Johnny est en route pour Lyon, il est en pleine dépression, il veut louer un avion-taxi afin de retrouver Sylvie à Londres.

Début de la cavalcade.

Pendant que son staff se ruait vers Lyon pour empêcher le rocker de fuir, l'animateur de RTL usait jusqu'à la corde tous les stratagèmes possibles pour faire patienter le public grenoblois. « J'ai fait chanter Nanette, puis j'ai improvisé un radio-crochet. Je faisais croire aux jeunes qu'ils avaient le privilège de chanter avec l'orchestre de Johnny Hallyday. Le chapiteau était une cocotte-minute bouillante. À tout moment, je risquais de recevoir une bouteille dans la figure. » Sam Bernett évita tout débordement et vit enfin arriver son patron à 2 heures 30 du matin. Le rocker entra sans un mot dans son immense roulotte argentée. Cinq minutes plus tard, il en ressortit maquillé et en tenue de scène : « Bon alors, Sam, on y va oui ou merde ? » Stupéfait, Monsieur Loyal l'emmena sur scène. « Il me parlait comme s'il sortait de son bain ! » Cette nuit-là, Johnny Hallyday avait livré l'un de ses meilleurs shows de l'été, improvisant des morceaux rock'n'roll jusqu'à 5 heures du matin.

Toujours très discrète quand il s'agit d'évoquer Johnny, Nanette Workman a exceptionnellement accepté de témoigner. La chanteuse de 74 ans poursuit aujourd'hui sa carrière au Québec. « Ah, le *Johnny Circus*… Je ne me souviens pas de tout *(rires)*. Les souvenirs reviennent quand je regarde les photos. On s'amusait énormément. C'était comme une grande famille sur la route. Sous les chapiteaux, l'ambiance était merveilleuse, les gens se défoulaient. On était plus proches du public qu'au Palais des Sports, on pouvait carrément voir les visages des spectateurs. Nous adorions cette proximité. Pour tous les gens sous le chapiteau, Johnny était un dieu. Il n'y a que lui qui comptait. En arrivant en France, j'avais été surprise par toute l'agitation autour de lui. J'ignorais à quel point il était populaire. Tout le monde l'aimait. Toutes les filles étaient amoureuses de lui. Dès qu'il était sur scène, Johnny donnait absolument tout de lui-même. Il sortait épuisé de chaque spectacle. Je n'ai jamais vu quelqu'un comme lui. Johnny était exceptionnel. C'était un homme unique. Quelle présence ! Quelle générosité ! Je ne pense pas qu'il existera un jour un homme à son niveau. J'étais sa complice musicale. Nous adorions chanter et travailler ensemble. On se ressemblait énormément. Nous avions le même amour pour le rock. Je sais que le *Circus* lui a coûté beaucoup d'argent, mais Johnny ne m'en a jamais parlé. Nous avions d'autres sujets de conversation. Avec moi, il était toujours de bonne humeur. »

J'ai aussi profité de ce rare entretien avec Nanette pour vérifier la "légende de la roulette russe". Johnny Hallyday a un jour laissé entendre que la folie du *Johnny Circus* l'avait entraîné à jouer – à balle réelle - à la roulette russe avec la chanteuse américaine, dans une chambre d'hôtel. « C'est complètement faux, s'envole Nanette Workman dans un éclat de rires. C'est tellement drôle. Je n'ai jamais fait ça avec lui. Johnny était une personne assez intelligente pour ne pas commettre un geste aussi dangereux. Voyons ! Il était loin d'être imbécile… » Dans une autre vie, Johnny Hallyday aurait même été un excellent romancier. Malgré une vie surnaturelle, il se complaisait parfois à enjoliver ou inventer certaines histoires.

En revanche, son attachement à Nanette Workman n'était pas feint. En 1984, les deux artistes s'étaient retrouvés sur un plateau TV canadien.

– J'aime bien chanter avec Nanette car Nanette est une vraie rockeuse, lança Johnny d'un sourire éclatant.

« Nous sommes restés amis pendant très longtemps, précise la chanteuse. Malheureusement au fil du temps, ça s'est espacé. Nos deux pays sont loin et Johnny ne venait pas souvent au Canada. »

Près de cinquante ans plus tard, seuls des enregistrements pirates témoignent de la réussite artistique du *Johnny Circus*. « Et dire que je n'y étais pas allé, maugrée Patrick Pennetier. À 14 ans, j'avais prévu de m'y rendre à bicyclette. Ma mère me l'avait interdit. Je m'en veux toujours d'avoir obéi ! »

Malgré cette déception, le Berruyer garde en mémoire un autre concert où la folie de Johnny Hallyday avait dépassé tout entendement. Lors du passage du *Lorada Tour* à Saint-Étienne en 1995, l'ambiance sous chapiteau était particulièrement chaude et le chanteur survolté enchaînait les morceaux rock'n'roll. « Cette tournée avait été délirante, précise Lulu Périn. Johnny était plus jeune, plus fou, plus débridé. Quand il était alcoolisé sur scène, il se donnait énormément ! Je l'ai vu grimper aux poteaux des chapiteaux, escalader les structures métalliques en plein concert. Parfois, il pouvait aussi s'énerver si le concert ne se passait pas bien. »

Le 24 novembre 1995 à Saint-Étienne, Johnny s'était échauffé après avoir reçu – tenez-vous bien – une mystérieuse salade en pleine figure.

– Si j'viens vous voir sur scène, c'est parce que j'vous aime, fit Johnny. Mais y'a toujours un connard pour m'envoyer une salade pourrie à la gueule, j'sais pas pourquoi.

Sans voix, le public le laissa continuer.

– Si vous pensez que j'ai fait un spectacle pourri, faut me le dire ?

– Noooooooon ! s'écria la foule stéphanoise.

– Si vous pensez tous que j'ai fait un spectacle pourri, faut me l'dire !

– Noooooooon !

– J'fais ce que j'peux ! Mais est-ce que le gars qui a envoyé une salade est capable de venir ici ?

Hurlements de la foule.

– Dans la vie, mon vieux, faire des choses dans le noir, c'est pas terrible. Vaut mieux avoir des couilles et le faire sur scène !

Johnny reprit son spectacle mais quelques minutes plus tard, encore contrarié par l'incident, il débutait *L'Envie* à contretemps et demandait à ses musiciens de reprendre le morceau.

– Comme je suis contrarié, j'ai raté mon entrée, justifia Johnny sans filet.

Malgré ces péripéties, ce soir-là Hallyday avait encore été le maître du rock'n'roll, multipliant les titres rapides avec une voix démoniaque et une envie de chanter comme si c'était la première fois. Dans les années 90, il improvisait beaucoup, notamment des standards de la musique américaine qui ravissaient sa base de fans purs et durs.

– Ce n'est peut-être pas parfait, mais on n'avait pas prévu de jouer tout ça, s'était exclamé un soir Johnny sous un chapiteau enflammé après avoir divinement bien enchaîné des titres de Gene Vincent, Jerry Lee Lewis, Carl Perkins et Elvis Presley.

« Johnny avait un tel respect pour ses fans qu'il chantait pour leur faire plaisir, révèle Fred Blondin. Ce que souhaitait son producteur ou sa maison de disques, il s'en foutait. » « Avec Johnny Hallyday, chaque musicien avait intérêt à avoir révisé ses classiques du rock'n'roll avant une tournée, explique Hugo

Ripoll, guitariste de 1987 à 1992. Johnny connaissait tout par cœur et pouvait démarrer n'importe quel morceau sans prévenir ! Le grand public n'en a pas conscience, mais je peux vous assurer que Johnny aurait pu chanter seul sur scène avec sa guitare. » « Dès qu'il entrait quelque part, Johnny s'amusait à chanter l'introduction de *Tutti Frutti*, rappelle le pianiste Michel Amsallem. Quand on faisait un bœuf dans un club en province, c'était toujours du rock'n'roll en anglais. »

Fred Blondin – qui assurait les premières parties – et l'harmoniciste Christophe Dupeu gardent en mémoire ce *Lorada Tour*, leur première tournée avec Johnny Hallyday.

« J'étais mort de trac, confie Dupeu. Jouer à Bercy, c'était encore plus effrayant que le Stade de France. Seulement quinze mille personnes, certes, mais toutes enfermées et en train de brailler ! Du monde jusqu'au plafond. Le premier soir, j'ai flippé et j'ai joué une belle fausse note pendant *Tes tendres années*. Impossible de ne pas l'entendre. J'ai tourné la tête vers Johnny, pensant que j'allais me faire virer, mais il m'a souri, plein de bienveillance. Johnny avait pour habitude d'ouvrir ses bouteilles d'eau d'un grand coup de la main – rock'n'roll ! – avant de les jeter dans le public. Ses bouchons traînaient tous par terre. On courait d'un bout à l'autre de la scène avec nos santiags, au risque de glisser sur un bouchon en plein solo, ce qui m'est arrivé plusieurs fois. Sur scène, on faisait un peu ce qu'on voulait, les musiciens étaient très libres. En tournée, j'ai encore cru me faire renvoyer car j'avais oublié de remonter sur scène pour le dernier morceau avec de l'harmonica. Les poursuites lumineuses me cherchaient partout sur scène. »

– Excuse-moi Johnny, j'ai oublié de remonter.

– T'inquiète pas, on s'en fout, c'est rock'n'roll, balaya le chanteur.

Jeune harmoniciste, Christophe Dupeu découvrit lors de cette tournée la définition d'un rocker. « Après un concert en province, nous avions été très mal reçus dans un hôtel de luxe. Alors qu'on enchaînait les verres d'apéritif, les plats n'arrivaient jamais. Pendant qu'on picolait tous les deux, Johnny m'a confié ses états d'âme. C'était un moment très fort. À 4 heures du matin, nous n'avions toujours pas été servis. Johnny a disjoncté : pour signifier qu'il était là, il a explosé l'entrée de l'hôtel ! Il a manqué de se battre avec les mecs de la réception. Camus a regretté de ne pas avoir été là pour gérer la situation car l'addition avait été salée… »

Lors du *Lorada Tour*, Fred Blondin avait été choisi pour assurer la première partie de Johnny Hallyday, un chanteur dont il ne savait pas grand-chose : « Je connaissais à peine ses chansons. À cette époque, j'étais un fils du métal, un vrai hardos. Quand je me suis installé sur le côté de la scène pour assister au show, j'ai reçu la claque de ma vie. Ce mec était un extra-terrestre ! Pendant toute la tournée, je n'ai pas manqué une seconde des concerts. » Blondin a eu la chance d'être invité sur scène par Johnny pour interpréter *La musique que j'aime* en duo. « Pour lui, c'était un test. Pendant la chanson, il aimait pousser l'autre. Je le sentais dans ses yeux. »

« Elle vient de là, elle vient du blues ! » Johnny a terminé sa chanson d'une voix féroce et a fixé minutieusement son jeune partenaire. « Il attendait que je fasse la même chose. Là, les chanteurs ont deux solutions. Soit on n'ose pas et c'est un grand moment de solitude, soit on se lance et on gagne le respect éternel de Johnny. »

Après le respect de Johnny, il fallait remporter celui de l'exigeant public hallydéen. « Le public de Johnny, c'est Johnny, point barre, affirme Blondin. À leurs yeux, rien ne pouvait être mieux que leur dieu. C'était hallucinant. Tout au long de l'été, on voyait les mêmes tronches qui consacraient leurs vacances à suivre Johnny. Quand je suis monté sur scène, je me suis fait allumer direct. “On veut Johnny !”, “Dégage !” Ils savaient que Johnny arriverait deux heures plus tard et n’en avaient rien à faire de m’écouter. »

« À Remiremont, Fred Blondin avait fait sauter la sonorisation, raille Didier Moser. Alors que son batteur se démenait et que Blondin essayait de faire chanter le public, tout le monde s’écriait en chœur : “Il a tout pété, il a tout pété, Johnny, Johnny, il va gueuler ! Blondin, il va se faire virer !” Finalement, la sonorisation a été rétablie et Johnny a assuré un concert mémorable, dans une forme olympique. Dans les années 90, de nombreux groupes ont vécu des moments difficiles en première partie car le public d’Hallyday n’était pas un modèle de tolérance. »

Mais pour adoucir la meute, un seul signe de Johnny suffisait… « Dès qu’il a commencé à m’inviter sur scène pour *La musique que j’aime*, j’avais la caution Hallyday. Dans leur esprit, si j’étais invité par le patron, il fallait respecter et fermer sa gueule. Plus la tournée avançait, plus ils étaient contents de me voir. Aujourd’hui, je retrouve des fans de Johnny à mes spectacles. Mais attention : ils ne seront jamais fans de Blondin. Johnny est un artiste-icône, comme Lennon ou Presley. Rien ne remplacera Johnny dans la vie des gens. »

Et rien ne remplaçait le public dans le cœur de Johnny Hallyday, pas même le bonheur d’être en tournée avec ses musiciens. « À notre époque, on vivait 24 heures sur 24 avec Johnny, glisse Rocky, guitariste de 1982 à 1985. Et parfois, nous ramenions même certains fans chez eux avec le bus de tournée ! On était très proches du public. Quand on était en tournée, c’est aux fans qu’on demandait le nom de notre hôtel car ils étaient au courant de tout. »

« J'adorais Rocky, s'enflamme David Hocq. Quel guitariste ! » Marc Demelemester – alias Rocky – n'était pas prédestiné à jouer sur scène avec Hallyday. Bien qu'il ait joué dans les sessions d'enregistrements de *La Peur* en 1982, le jeune guitariste n'avait pas été retenu pour le Palais des Sports, Johnny ayant recruté un groupe rythmique britannique. Rocky était là malgré tout dans le rôle du technicien *backliner* qui change les cordes de guitare. Le musicien lillois n'était pas un inconnu pour Jean Renard, qui l'avait choisi comme interprète pour le célèbre générique de *Dallas*. « Rocky jouait l'après-midi en préparant les guitares des Anglais, raconte le metteur en scène. Tous ceux qui l'avaient entendu jouer avaient compris qu'il avait le meilleur son rock'n'roll d'Europe. » Alors que les Anglais n'étaient pas au niveau escompté, Rocky fut propulsé sur la scène du Palais des Sports lors d'un spectacle en matinée.

– Pourquoi tu ne m'as pas dit que tu jouais aussi bien ? s'étonna Johnny. Je t'aurais engagé aussitôt.

– Tu aurais dû lire les noms des guitaristes qui ont joué sur ton dernier album, j'en fais partie.

– Peu importe, maintenant tu seras mon guitariste soliste.

Devenu la coqueluche du public, Rocky assurait le show à la demande de son patron, accidenté à la hanche lors des cascades de son spectacle. « Johnny devait être opéré. En attendant, dès qu'il avait mal, il me demandait d'assurer le spectacle visuellement. » Coach sportif attitré, Hervé Lewis montait sur scène chaque soir pour réaliser les fameuses cascades. « Il y avait tellement de bordel sur scène que c'était très dangereux. Je jouais un rôle dans le combat avec Johnny, et nous avions été blessés tous les deux. Les haches avaient beau être des faux recouverts d'aluminium, il s'agissait malgré tout d'énormes morceaux de bois qui faisaient très mal ! »

« Au début des années 80, les spectacles n'étaient ni aseptisés ni millimétrés, salive David Hocq. C'était plus fou, plus libre. Le Zénith 84 était tellement puissant qu'on avait l'impression d'assister à deux concerts de rang. C'était un show inhumain pour l'artiste. La preuve, il en est tombé. » Quand Johnny Hallyday s'était effondré aux pieds de Rocky le 8 février 1985, le guitariste n'avait pas interrompu sa partition du *Bon temps du rock'n'roll.* « J'ai cru qu'il nous inventait un nouveau sketch et qu'il allait se relever en nous faisant un clin d'œil. Il était capable de simuler ce genre de choses. Mais j'ai fini par constater qu'il avait les yeux dans le vague. Les cascadeurs sont venus le chercher et Érick Bamy a terminé la chanson. »

– Johnny Hallyday a été victime d'un malaise, annonça Camus aux spectateurs. Il était fatigué depuis cet après-midi mais il avait tenu à chanter.

Victime d'une baisse de tension, d'hypoglycémie et d'une diminution de son taux de sodium, Johnny avait été transporté sur civière à l'hôpital américain de Neuilly… avant de rebondir sur la scène du Zénith trois semaines plus tard pour un spectacle d'anthologie. « On était inquiets car Johnny n'était pas quelqu'un de modéré dans sa vie, confie le violoncelliste Jean-Philippe Audin. À l'époque, il essayait d'être raisonnable avec Nathalie Baye, mais il y avait toujours des copains pour l'entraîner. » Contre l'avis de son médecin, Johnny avait aussitôt repris le chemin de la scène. « Au Zénith, on assurait sept spectacles par semaine, explique le guitariste Rocky. Relâche le lundi, mais double show le samedi. À la fin, tout le groupe en avait assez. On avait l'impression de travailler à La Poste. Sauf lui ! »

– J'aspire à partir en tournée, Rocky. On sera ensemble tout le temps et on changera le répertoire.

Hallyday avait évidemment obtenu le dernier mot. Après la dernière du Zénith le 2 février 1985, la tournée *Poing cœur* débuta à Rouen le 16 février. Le premier concert de Fabrice Thoumire, âgé de 17 ans : « Au troisième rang, j'admirais Johnny dans son merveilleux costume à paillettes. Pendant un quart d'heure, je suis resté coi. Je n'ai même pas applaudi. Ma mère était à côté. »

– Alors Fabrice, tu es content de...

– Laisse-moi tranquille, coupa le jeune passionné. Je profite !

Envoûté... pour toute sa vie.

Fabrice prenait sa revanche, trois ans après avoir raté le précédent passage de son idole dans la cité normande. « À 14 ans, j'ai raté le concert de Johnny à Rouen car j'étais plâtré. Mes parents avaient toujours l'image des concerts violents de Johnny des années 60 et m'avaient interdit de m'y rendre dans cet état. J'étais tellement triste... J'étais sorti dans la rue pour essayer d'entendre le spectacle mais la salle de spectacle était bien trop loin. Je m'étais consolé en décollant toutes les affiches du concert pour les ramener à la maison. » Ce genre de témoignage aurait fait la fierté de Johnny Hallyday.

Sa vie, c'était la scène. Sa vie, c'était la démesure. Sans la moindre limite. Une existence vouée au culte du rock'n'roll. À l'insouciance. Au fond, Johnny Hallyday a été privé d'enfance mais a toujours vécu comme un adolescent, brûlant toutes ses cartouches sans penser au lendemain. Le vrai Johnny Hallyday était-il un personnage lisse, conventionnel et politiquement correct ? Non. Peut-on résumer sa carrière à ses apparitions en costume pour chanter *Marie*, *Je te promets* et *Retiens la nuit* ? Non plus. « Johnny échappait à tout raisonnement et à toute logique, relève Claude Lelouch. Il était un électron libre : dans son rapport aux femmes, à la musique, au cinéma, à l'alcool et à la cigarette. Johnny a vécu intensément et est mort à 200 ans. » Sur scène et dans la vie, Johnny était un fonceur. « C'était un aventurier en toutes circonstances, assure Claude Pierre-Bloch. Dans une fête foraine, il se jetait sur le manège le plus dangereux et le plus violent. En mer, il voulait le bateau le plus rapide. Sur la route, il roulait à tombeau ouvert dans toutes les situations. Dans son métier, il voulait les plus grandes salles, les plus grands stades et les décors les plus fous. L'extrême définissait sa vie. Et toujours sans aucune crainte. Je n'ai jamais vu Johnny avoir peur. » Et ses fans se retrouvaient dans ce personnage démesuré : « Johnny était un monstre sacré dès qu'il montait sur scène, mais il n'était pas entièrement parfait, et c'est ce qui faisait aussi son charme, assure Sébastien Morrisseau. Parfois, il était fatigué et bâclait une chanson. C'était un rocker, un rebelle. Quand il n'en avait rien à foutre, il envoyait chier tout le monde. Et nous, on aimait ça ! »

Voici un concentré d'aventures inouïes vécues par Johnny Hallyday, ses musiciens et ses fans.

À la veille d'un concert en Charente à la fin des années 70, Johnny et Jean Renard firent un arrêt dans une auberge en pleine campagne, sous la neige. Sur la toute petite route qui les amenait à l'auberge, ils devinèrent de petites têtes d'animaux dans le champ d'à côté.

« Monsieur Hallyday, c'est un honneur, salua le patron du restaurant, dans un élan contemplatif qui rappelle une scène du film *Chacun sa vie* de Claude Lelouch. Laissez-moi vous présenter le fleuron de ma cave : le cognac. » Le patron de l'auberge offrit ensuite à Johnny sa meilleure bouteille avant de prendre congé.

– Fox, viens avec moi dans les cuisines, fit Johnny.

Le rocker réclama une baguette de pain et un couteau, explosa le goulot de la fiole sur l'évier de la cuisine et entreprit de faire des sandwiches bourrés de cognac. Johnny et Jean Renard ressortirent, en chemise sous la neige, et prirent la direction du champ aperçu un peu plus tôt. « C'était un élevage de lamas, glisse Renard. Johnny avait donné les sandwiches aux animaux et ne retenait plus ses éclats de rire. De mon côté, je m'inquiétais de ce qu'on allait dire à ce pauvre restaurateur qui nous avait offert un grand cru exceptionnel. »

Hallyday pouvait surprendre à tout moment. À la sortie d'une salle parisienne, Michel Poggi était en planque à quelques mètres de la Porsche de son idole. « Johnny est entré dans sa voiture, avant d'en ressortir aussitôt. On voyait qu'il cherchait quelque chose. » Le rocker sortit un Magnum 357 de sa boîte à gant et posa le calibre sur le toit de sa Porsche, le temps de chercher autre chose. Il reprit ensuite son Magnum, le planqua sous son siège et s'envola. Johnny…

« Quand tu joues avec Hallyday, tu as l'impression d'approcher un félin, avec tout le danger que cela comporte, rapporte Hugo Ripoll, guitariste de 1987 à 1992. Un jour en tournée, il m'a poursuivi sur scène avec son pied de micro. J'ai sauté dans le public avec ma guitare pour éviter de prendre un coup. Johnny aimait qu'on ait du répondant. Après le show, j'ai été convoqué dans sa loge. »

– Ce que tu as fait, c'était génial, s'est esclaffé le rocker. Désormais, tu sauteras dans la foule tous les soirs !

À Bercy, il avait imaginé une cascade à moto pour la chanson *Possible* composée par son fils :

– Hugo ! Une moto passera au-dessus de ta tête tous les soirs. Je ne sais que tu n'as pas peur !

Cascadeur occasionnel comme son ami Jean-Paul Belmondo, Johnny était jaloux de ses guitaristes du Zénith 84 qui jouaient *Mon p'tit loup* accroché à un filin au-dessus du public. Le soir de la *dernière*, Johnny voulut absolument essayer la cascade et être suspendu au-dessus de ses fans à son tour ! « Comme c'était de la pure folie ce soir-là, on a même soulevé le piano dans les airs », s'exclame le guitariste Mike Bazzani.

« Johnny adorait mettre ses guitaristes en compétition, reprend Hugo Ripoll. Entre Nono et moi, c'était à celui qui ferait le meilleur solo. Il aimait aussi disparaître de la scène pour nous pousser à nous dépasser et jouer plus longtemps. » En concert, Johnny aimait défier ses musiciens afin de tirer le meilleur d'eux-mêmes. À l'âge de 23 ans, Roberto Briot fut bombardé bassiste titulaire pour le *Fantasm'Hallyday* du Palais des Sports. « Dès le premier titre (*Le grand banquet*), il s'est planté devant moi, me regardant fixement dans les yeux sans le moindre signe d'un sourire. Il me testait… et il adorait ça ! Je me suis pris au jeu en soutenant son regard. D'un seul coup, un sourire éclatant a traversé son visage comme pour me dire : *Bravo mec, t'es engagé.* Chaque soir, c'était le feu. Il apportait une énergie incroyable. Lorsque vous aviez ce personnage à côté de vous avec cette voix extraordinaire, le temps se figeait. On se sentait embarqué pour deux heures de spectacle dans un tourbillon. »

« Johnny, faut voir tout ce qu'il donnait, poursuit Christophe Dupeu. Il braillait pendant trois heures tous les soirs. Comme un fou ! Honnêtement, je ne sais pas comment il faisait. En deux cents concerts avec lui, je ne l'ai vu en difficulté vocale qu'une ou deux fois. Dans ces cas-là, il faisait un clin d'œil à Érick Bamy qui doublait sa voix au lieu de chanter les harmonies. L'ingénieur du son ajustait aussi le volume des micros. »

« Même un peu bourré, Johnny était le meilleur, ajoute Hugo Ripoll. Une vraie force de la nature. Il était capable de tout. Heureusement que j'étais jeune, ça me permettait d'encaisser l'alcool et les nuits sans sommeil. Johnny était bien plus vieux mais beaucoup plus costaud que nous. Il pouvait s'enfiler deux bouteilles de whisky et être extraordinaire en concert. Et quand on se retrouvait en boîte de nuit, il avait un principe : *Si ce n'est pas moi qui tire la playmate, mon guitariste va me la piquer !* Avec lui tout était réalisable. Après un énième concert à Lyon, j'avais le blues car mon fils me manquait. Il m'avait dit, "Viens, on prend mon *jet* et tu seras ce soir à la maison." Pendant que j'allais voir mon fils, Johnny n'était pas rentré chez lui mais avait filé droit en boîte de nuit ! Lorsqu'il faisait les quatre cents coups en tournée, Johnny embarquait souvent les journalistes avec lui afin qu'ils deviennent complices de ses bêtises. Lors d'un voyage promotionnel en Italie, je ne comprenais pas pourquoi un journaliste d'*Ici Paris* avait le droit de nous accompagner. »

– Vaut mieux qu'il soit dans la bande plutôt qu'ailleurs en train de nous espionner, m'expliqua Johnny. Au moins, je le contrôle.

Johnny aimait titiller les journalistes qu'il appréciait.

Lors d'une répétition à West Hollywood, Éric Jean-Jean avait été effrayé par Johnny. Il y avait de quoi… « Le Grand préparait le spectacle de la Tour Eiffel. Assis dans le canapé avec Lætīcia, j'assistais au filage du concert. La musique était tellement forte que j'étais obligé d'approcher mon visage de celui de Lætīcia pour qu'elle comprenne ce que je lui disais, et inversement. Plus je me rapprochais d'elle, plus le Grand s'avançait vers moi, tout en continuant à chanter. Il s'est arrêté à trente centimètres de mon visage pour marquer son territoire. Qu'est-ce que j'ai flippé ! *Il va me péter la gueule, le Grand.* Alors que je craignais de me prendre son micro dans la tête, j'ai prétexté une envie de fumer une cigarette et je suis sorti. » Avant de posséder leur maison à Pacific Palisades, Johnny et Lætīcia vivaient dans une luxueuse villa-hôtel à Beverly Hills, où ils pouvaient recevoir de nombreux visiteurs, parmi lesquels Éric Jean-Jean. Alors qu'il déjeunait à la mi-journée en sirotant une bière, l'animateur de RTL avait vu arriver le boss à sa table, un thé glacé à la main. « Sans dire un mot, Johnny s'est assis à côté de moi, a inversé son thé glacé et ma bière. Il a bu ma bière. En a commandé une autre. Quand Lætīcia nous a rejoints, le Grand a discrètement récupéré son thé glacé, et m'a rendu la chope. »

Beaucoup d'entre vous ont probablement en tête les images du clip d'*Allumer le feu*, tourné à Saint-Tropez et à la villa Lorada. À cette époque, Johnny était maquillé par Brigitte Delouis, l'épouse d'Alex Perdigon, ancien tromboniste. Le jour du tournage, le musicien était venu rejoindre sa femme et saluer Johnny. « Johnny avait un sixième sens, raconte Brigitte. Dès qu'il a entendu les chiens aboyer à l'entrée de l'hacienda, il a deviné qu'Alex était là. » À l'arrivée de son vieux complice, Johnny interrompit le tournage :

– Viens Alex, j'ai quelque chose à te faire voir.

« Nous sommes montés dans sa cuisine. Il voulait me faire goûter le rosé qu'il produisait. L'attachée de presse passait une tête de temps en temps afin de vérifier que nous étions sérieux. Comme Jojo buvait toujours cul sec, à chaque fois qu'elle entrait dans la cuisine, elle voyait son verre vide, donc elle était rassurée. En fait, on a beaucoup picolé ce jour-là, bras-dessus, bras-dessous, à retracer nos souvenirs de tournée peu racontables, quand on ravageait les bars des hôtels. En redescendant, Johnny a dit qu'il arrêtait le tournage et qu'il reprendrait le lendemain ! »

Quelques années plus tôt, Johnny avait transformé sa maison en gigantesque studio d'enregistrement. Directrice artistique du projet, Caroline Molko raconte : « Il voulait absolument enregistrer son nouvel album chez lui, pour un opus *bluesy* acoustique. J'ai fait descendre tout le matériel nécessaire, on a câblé toute la maison. Un peu après le début des séances, il m'a entraîné dans sa cuisine et m'a dit :

– Viens faut qu'on parle !

– Qu'est-ce qu'il se passe ?

– En fait, ce n'est pas possible. On ne peut pas enregistrer ici. Regarde le bordel dans mon salon. On remballe ! »

Aller-retour. Direction le studio Guillaume-Tell à Paris pour rebrancher les guitares, sous la direction d'Erick Benzi et Jean-Jacques Goldman. Caroline Molko était habituée à ce genre de voyages précipités : « Après chaque enregistrement d'album, je devais lui faire valider les mixages finaux. Quand il était en tournée, je les lui envoyais. Un jour, alors qu'il était à Carcassonne, il a tout jeté en me disant que c'était nul et qu'il était hors de question qu'il valide ça. Il avait écouté la cassette avec un très mauvais matériel. Je me suis donc rendue en urgence à Carcassonne avec un *ghetto-blaster* et nous avons écouté l'album dans de bonnes conditions. »

Mes discussions avec les musiciens de Johnny Hallyday m'ont convaincu d'une chose : avec *lui*, rien ne se passait jamais normalement. Même une banale semaine d'enregistrements à Nashville au milieu des années 80 :

– Je viens mais aujourd'hui je ne chante pas, j'ai sommeil, avoua Johnny en s'endormant sur le canapé de la régie. « Pendant ce temps-là, on l'attendait, s'esclaffe Éric Bouad, qui assurait la direction des enregistrements de l'album *Entre violence et violon*. Le pire, c'est quand il allait faire un tour chez *Sun Records*. » Immense admirateur d'Elvis, Johnny avait sympathisé avec le patron. « Johnny revenait toujours trois heures plus tard après une bonne série de vodkas ! Dans son état, les enregistrements étaient mémorables, quel dommage que nous ayons jeté les bandes. Johnny se gourait dans les *intros* et il se fendait la poire en pleine chanson. C'était un désastre mais qu'est-ce qu'on se marrait ! Avec Johnny, l'alcool y allait toujours à fond, mais pas de coke ou ce genre de choses. »

Une information confirmée par les autres musiciens. « Johnny avait formellement interdit tout usage de drogues dures à l'intérieur de son groupe, affirme Liliane Davies, choriste du Pavillon de Paris en 1979. Je sais que certains musiciens en prenaient parfois en cachette, mais Johnny refusait de voir traîner ce type de substances. Il était contre. » Malgré son côté *toujours plus*, Hallyday savait en effet écarter les drogues qui ne lui auraient pas permis d'assurer ses concerts annuels pendant six décennies. Johnny avait une santé de fer. « Son médecin m'avait dit qu'il avait une faculté de récupération incroyable, confie Rocky. Quand on avait un coup de pompe, c'est Johnny qui nous motivait. » Norbert Krief se souvient d'un concert douloureux : « J'étais malade. Intoxication alimentaire la veille. Je morflais ! J'ai passé tout le concert statique, sans bouger de ma place. Johnny me jetait des coups d'œil interrogatifs. Après le concert, il m'a fait la leçon, sans jamais élever la voix ni être désagréable :

– Écoute mon Nono, le public est là, le public paye. Il n'est pas censé savoir que tu es malade ou qu'un autre n'arrive pas à payer ses factures, ou n'importe quoi d'autre. Quand t'es sur scène, tu dois te donner à fond. »

Face à un autre artiste, Nono aurait pu répondre : *J'aurais bien voulu t'y voir*. Sauf que Johnny a toujours tenu dans son rang, malgré la douleur. « Je peux vous dire que cela m'est arrivé une fois mais pas deux. Quitte à en baver comme un mec au bout de sa vie, je n'ai plus jamais montré un signe de fatigue sur scène. »

Alors qu'ils avaient souvent l'âge d'être son fils, les musiciens peinaient parfois à s'accrocher dans la roue de leur indestructible patron. « Avant le concert au stade de Genève en 1983, j'étais cloué au lit par une grippe avec 40 degrés de fièvre, indique Roberto Briot. Comme Johnny le faisait en toutes circonstances, j'ai dû monter sur scène et donner le maximum.

On ne peut pas tricher avec un artiste de ce niveau. » Ce jour-là, le Paris-Saint-Germain jouait en lever de rideau du concert face au Servette FC. Jean-Marc Pilorget, recordman de matches joués avec le PSG, avait 25 ans et se souvient de ce match-concert comme si c'était hier. Johnny s'était posé en hélicoptère au milieu de la pelouse juste avant l'échauffement des joueurs. « Je n'étais pas très fan de Hallyday, explique le défenseur. À l'époque, j'écoutais du Sardou. Et ce morceau de concert m'a fait complètement changer d'opinion ! Ma tendance s'est inversée, je suis devenu fan de Johnny et j'ai laissé tomber Sardou. Son arrivée en hélico était totalement démesurée, c'était la classe. J'ai découvert cette voix de fou qu'il avait. C'était un interprète hors normes, qui chantait toujours juste. En plus d'être une bête de scène, c'était un homme de partage, un grand mec de la chanson. »

Johnny Hallyday ne s'arrêtait jamais, même lorsque son nom n'était pas sur l'affiche. Marc Levy a eu la chance – unique – de voir Johnny chanter dans un bar, en toute simplicité, à Los Angeles en 2012. Après une longue journée de répétitions et d'interviews, l'écrivain dînait avec Johnny et Lætícia. À 22 heures, Johnny se leva pour rejoindre sa choriste Amy Keys, qui donnait un concert à l'autre bout de la ville.

– Tu ne devrais pas y aller, protesta Læticia.

– J'ai promis d'aller chanter avec elle, insista le rocker.

– Tu es crevé, tu devrais te ménager.

– Amy compte sur moi. J'y vais !

Hallyday et Levy traversèrent donc la cité des Anges afin que Johnny puisse tenir sa promesse. « C'était surréaliste, songe Marc Levy. C'est comme si Madonna se rendait dans un café de Montmartre parce qu'elle avait promis de chanter avec une copine. Quand elle l'a vu arriver, Amy Keys était folle de joie. » Le chanteur et l'écrivain s'installèrent à une table afin d'attendre patiemment le moment venu.

– This is my friend : Johnny Hallyday !

« Quand elle l'a appelé sur scène, la cinquantaine de spectateurs a cru qu'il s'agissait d'une blague, poursuit Marc Levy. Mais le plus impressionnant restait à venir : en duo avec sa choriste, Johnny s'est donné comme s'il y avait trente mille personnes en face de lui ! Où était passé l'homme fatigué avec qui j'avais passé la soirée ? C'était stupéfiant. Complètement revigoré, Johnny m'a proposé de poursuivre la soirée dans une autre boîte de nuit. Je n'avais pas dormi depuis quarante-huit heures : j'ai déclaré forfait. » Il fallait avoir une sacrée santé pour suivre Johnny Hallyday… « La devise des Jeux Olympiques [10], c'est Johnny qui l'a inventée, assure l'Indien. À la fin d'une tournée, il était perdu. Cinq minutes de pause lui suffisaient pour trouver un nouveau défi. Quand on l'a vu acheter son bateau de course de mille chevaux à Saint-Tropez, on flippait tous ! »

Vivre en tournée avec Johnny Hallyday, c'était aussi découvrir le quotidien d'un Premier ministre ou d'un Président de la République. « Après les NRJ Music Awards à Cannes, Johnny voulait absolument rentrer à Marnes-la-Coquette le soir même, quoi qu'il en coûte, raconte Fred Jimenez, bassiste du *Born Rocker Tour*. Problème : l'aéroport privé fermait à 23 heures. Après notre passage en direct à 22 heures 40, la *Beatles mania* s'est enclenchée. Instruments à la main, nous nous sommes rués dans des taxis qui ont foncé à une allure indescriptible. »

« Mais comment va-t-on passer au péage ? s'interrogea naïvement le bassiste genevois.

Évidemment, le péage a été ouvert après un coup de fil des

---

10 *Citius, altius, fortius. Plus vite, plus haut, plus fort.*

autorités. Du Palais des Festivals à l'aéroport, le trajet dura onze minutes. « À 22 heures 55, je buvais du champagne dans l'avion de Johnny, avec ma basse toujours à la main. Moins d'une heure plus tard, je rentrais chez moi à Paris : ma femme était en train de se brosser les dents, l'émission de TF1 n'était toujours pas terminée. » Jimenez en avait la berlue, mais Johnny avait l'habitude de ces courses folles. « En 1984, on sortait d'une émission de promotion à la Maison de la Radio, explique Jean-Philippe Audin. Johnny s'est planté sur le périphérique en roulant à toute vitesse en direction du Zénith, porte de la Villette. Il a fini le trajet à l'arrière d'une moto d'escorte ! »

Alain Lanty a connu encore plus démesuré : un vol Montpellier-Bretagne qui a manqué de virer au cauchemar. « À la fin du mois de décembre, Johnny m'a emmené dans son jet privé. Je rentrais chez moi en Bretagne, et il allait en thalassothérapie à Quiberon. En plein milieu de la nuit, le pilote ne parvenait pas à se poser. À Vannes, trop de brouillard, on a été redirigés vers l'aéroport militaire de Lorient mais il était trop tard pour atterrir. Direction Brest, où il y avait aussi trop de brouillard. Pendant ce temps, l'heure tournait et le réservoir d'essence se vidait ! J'étais seul dans l'avion avec Johnny et son coach sportif. Je commençais à m'inquiéter. Et si le réservoir se vidait totalement ? Mon destin était-il d'entrer dans la légende et de mourir dans un avion avec Johnny Hallyday ? Johnny n'était pas absolument pas stressé par l'idée d'une panne d'essence. Il se réveillait à chaque fois que l'hôtesse de l'air sortait du cockpit pour nous informer. Ça l'agaçait plus qu'autre chose. »

– C'est quoi ce pays à la con où on ne peut pas se poser ? grogna Johnny. Aux États-Unis, on se pose n'importe quand, n'importe où, même en plein brouillard. C'est pour ça que je vis là-bas ! »

Finalement, le pilote réussit à se poser à Nantes. Le trajet épique n'était pas fini. « Sans garde du corps, nous avons dû traverser l'aéroport à pied, au petit matin, en plein départs en vacances, reprend Alain Lanty. Avec son chapeau et sa clope à la main, Johnny rasait les murs. On a pris le premier taxi venu – pas une limousine, ni une Mercedes, mais un taxi banal. Le chauffeur avait les yeux qui sortaient de ses orbites car il transportait Johnny Hallyday. Je ne suis pas certain que ses amis ou sa famille l'aient cru quand il a raconté cette course improbable. Le taxi m'a déposé devant chez moi. Johnny m'a lancé un "Joyeux Noël" et le taxi a repris sa route jusqu'à Quiberon. Digne d'un long-métrage ! »

La démesure de Johnny Hallyday s'est toujours accordée à celle de ses fans. Dès qu'il lançait le moindre objet dans la fosse, des centaines de personnes se jetaient à corps perdu pour rapporter ce précieux trophée, souvent une serviette ou une bouteille d'eau, parfois un peigne ou des lunettes, occasionnellement une guitare pour les plus chanceux… et les plus courageux ! David Hocq : « Lors de la dernière de Bercy 92, Johnny a balancé sa guitare en direction de mon père. Quelle bagarre ! Un type a arraché une corde au prix de litres de sang qui ont coulé de sa main. Les gardes du corps sont intervenus car trois personnes tenaient solidement la guitare. Mon père a proposé de l'argent aux deux autres qui ont refusé. On a explosé la guitare en trois parties, et on a été escortés jusqu'au parking par la sécurité de la salle. » Lors de la tournée Flashback 2006-2007, Johnny cassait une guitare… tous les soirs ! À la fin du *Bon temps du rock'n'roll*, les fans se mettaient tous en position. « Au Zénith de Clermont, c'était une véritable empoignade, rapporte Le Boulanger. On était dix dessus. À l'issue de la rixe, nous n'étions plus que deux avec une main dessus. Deux amis ! Je me suis battu comme un chien avec mon pote. À cause des cordes tranchantes, on avait les mains en sang. Finalement, le chef de la sécurité Jimmy a coupé la guitare en deux. » Fabrice

Thoumire en reste toujours éberlué : « Personne n'interdisait jamais rien à Johnny. C'est incroyable qu'on l'ait laissé faire ça tous les soirs[11]. Des gens ont eu les doigts sectionnés par les cordes après avoir lutté à mort pour arracher la guitare. »

Du haut de la scène, Johnny avait évidemment conscience des bagarres qu'il provoquait avec ses offrandes. Je dois avouer que nous aimions bien ces moments très rock'n'roll qui donnaient l'impression de se téléporter dans les années soixante, quand les fans démontaient carrément les sièges ou décrochaient les rideaux du Palais des Sports. Grâce à quelques vols planés à Bercy ou au zénith d'Amiens, j'ai décroché pour ma collection plusieurs serviettes et bouteilles d'eau du rocker. Parfois, Johnny évitait les rixes et désignait un(e) heureux(se) élu(e). À Orléans, il retira ses Ray-ban avec beaucoup de classe et les lança directement sur ma fiancée, au premier rang de la fosse. Lui offrirai-je un jour plus beau cadeau ?

Laurent Chauvel, lui, avait tenté l'impossible à la Foire aux vins de Colmar en 2012. « J'ai jeté mes lunettes de soleil sur scène en espérant que Johnny les porte. J'avais prévenu tous les fans du premier rang afin que je puisse les récupérer ensuite. » Le stratagème avait fonctionné ! Johnny ramassa les lunettes, chanta quelques refrains de *Rock'n'roll attitude* en les portant puis les réexpédia dans le public. Grâce à la solidarité du gang de fans, Laurent peut aujourd'hui les admirer dans son salon. « C'était une paire de lunettes qui ne valait pas plus de 5€ au prix d'achat, plaisante-t-il. Je ne les ai jamais nettoyées. On peut toujours voir les gouttelettes de sa transpiration. »

Encore une histoire invraisemblable de lunettes, confiée par David Hocq : « On se battait vraiment pour n'importe quoi. Au Zénith, Johnny avait une fois de plus balancé ses lunettes de

---

11 *Du 2 juin 2006 au 3 mars 2007, Johnny a donné 112 concerts au cours de cette tournée-marathon.*

soleil dans la fosse. Dans la cohue, un mec a perdu ses lunettes de vue. Trois ou quatre types se sont battus pour cette paire de lunettes. "Les gars, ce sont mes lunettes, déconnez pas !" Dans l'obscurité, personne ne l'a cru, et ses lunettes ont été partagées en trois ou quatre morceaux. Pendant ce temps-là, un malin avait attrapé discrètement les vraies lunettes de Johnny. »

Avec Hallyday, rien n'était jamais dans la norme. Pas même le volume. « Dans les années 90, on jouait excessivement fort, sans aucune protection, regrette le pianiste Michel Amsallem. J'y ai laissé un peu de mon audition... Quand on jouait dans des chapiteaux l'été, le son était indigent. Plus c'était mauvais, plus on montait le volume ! Un an après le Parc des Princes, quand je suis arrivé dans le groupe d'Eddy Mitchell, j'ai eu l'impression de me retrouver dans une ambiance ouatée. »

Imaginez la réaction d'un violoncelliste en découvrant que Johnny Hallyday cherche à dépasser la vitesse du mur du son à chaque concert. « Mon instrument a été inventé pour jouer aux chandelles, s'amuse Jean-Philippe Audin. Avec Johnny, c'était un feu d'artifice ! Je protégeais mes oreilles avec des bouchons de pilote d'avion, mais c'était insuffisant. Qu'est-ce que ça faisait mal ! »

Cette caractéristique a marqué les Américains. « Charlie Talent m'a confié qu'il n'avait jamais entendu un seul artiste de rock'n'roll écouter aussi fort dans son casque, assure Éric Bouad. Pourtant, il avait bossé avec des fous furieux, y compris Jerry Lee Lewis.

– Charlie, monte le son ! hurlait Johnny dans la cabine de Nashville.

– Je ne peux pas, ton casque est à fond, répondait le célèbre preneur de son, décontenancé.

Johnny le reconnaissait volontiers. Lors de ma première rencontre en tête-à-tête, il m'avait invité à parler plus fort. « Après un concert, je suis toujours sourd », avait-il souri.

Évidemment, Johnny Hallyday voulait toujours les décors les plus fous pour magnifier ses spectacles. « Johnny était un personnage hors du commun, précise Jean-Claude Camus. J'ai donc passé ma vie à lui construire des spectacles qui sortaient de l'ordinaire. » « Johnny se moquait qu'on lui dise que ses mises en scène coûtaient trop cher, poursuit Tony Frank. *C'est ça ou rien !* était sa réponse préférée. » « Innover, c'était son obsession », précise encore Monique Lemarcis.

Après s'être transformé en personnage de science-fiction – ange aux yeux de laser – pour faire plaisir à son fils de 13 ans, Johnny joua une sorte de remake de *Mad Max* au Palais des Sports, en 1982, même si le metteur en scène Jean Renard s'en défend : « Les journalistes ont nommé ça *Mad Max*. Moi, je ne savais même pas que ce film existait. Le spectacle s'appelait *Fantasm'Hallyday*. Pour montrer à Johnny ce que j'avais imaginé, j'avais grimpé sur une table en brandissant un glaive en granit. »

– Tu vas porter une peau de loup et enflammer des gens !

Les effets spéciaux – parfois jugés kitsch – n'ont pas plu au producteur Jean-Claude Camus. « On peut même dire que j'avais détesté ça. Pour moi, ce n'était pas vraiment du Hallyday. C'était trop… » Dans les yeux d'enfant de David Hocq, ce spectacle reste grandiose. « Je comprends qu'on puisse être désorienté, surtout en regardant le DVD aujourd'hui. Mais quand on voit ça à 12 ans en 1982, on est émerveillés. Johnny était avant-gardiste. C'était un show à l'américaine que personne d'autre ne pouvait imaginer. » Jean Renard confirme cette qualité de visionnaire. « Déjà à cette époque, Johnny voulait chanter au Parc des Princes. Il avait compris que les salles parisiennes étaient trop étroites pour lui. On lui avait demandé de patienter un peu. »

Il fallait d'abord s'attaquer au Zénith de Paris. L'une des entrées en scène les plus marquantes de la star. Le poing du Zénith 84 est sorti tout droit du cerveau de Pierre Billon. « Je connaissais un mec qui fabriquait des bras articulés pour des motards gravement accidentés :

– Et si ton bras mesure 10 mètres de long, c'est faisable ? a demandé Billon.

– C'est même plus simple. Au lieu de ciseler des trucs microscopiques, on va tirer des câbles.

Le jour du grand rendez-vous chez Camus, Pierre Billon proposa son idée :

– C'est formidable, réagit Johnny.

– Tu es sûr que c'est réalisable ? s'inquiéta Camus.

– Tout à fait, certifia Billon. »

« Aujourd'hui en 2020 après avoir vu le DVD, tout le monde trouve ça ingénieux, sourit Billon. Mais en 1984 dans un bureau sombre et triste, il fallait avoir un paquet de courage pour décider de faire ce truc énorme, qui nécessitait de casser un mur entier du Zénith. Sauf que Camus et Hallyday ne doutaient jamais de rien pour les spectacles. D'autres m'auraient pris pour un fou avec cette idée. Ensuite, j'ai continué dans mon délire. J'aimais bien les chorus de guitare de Rocky mais j'ai décidé qu'il décollerait dans les airs en jouant *Mon p'tit loup* (rires). Hilton McConnico travaillait aussi avec nous mais avait des idées décalées qui ne collaient pas au public de Johnny. »

– Il faut arrêter le côté violent de Johnny, il va se battre avec une rose, avait suggéré l'Américain.

« Ce gars n'était jamais descendu dans la fosse au milieu des blousons noirs pour inventer un truc pareil ! »

Alors que nous discutons dans son studio, Pierre Billon me révèle une époustouflante mise en scène imaginée pour un spectacle : « Johnny commence à chanter dans l'ombre. À la moitié du premier morceau, c'est le bordel dans la salle, un mec monte sur scène et flingue Johnny à bout portant. La sécurité s'apprête à se jeter sur lui, mais le mec se retourne. C'est Johnny Hallyday. Et il reprend la chanson. »

– J'adore ! C'est fantastique ! s'extasia Johnny.

« Finalement, on a eu peur que ce soit la guerre dans la salle et que les fans montent sur scène avant de comprendre la supercherie. »

En sortant de chez Pierre Billon, je n'ai pas pu m'empêcher d'imaginer en boucle cette entrée en scène, qui aurait encore contribué à la légende de Johnny. Quelle chanson aurait pu illustrer ce drame hallydéen ? *Requiem pour un fou* ?

L'après-zénith marque l'arrivée de Michel Berger, qui après le succès de l'album *Rock'n'roll attitude* a aussi remplacé Pierre Billon à la mise en scène du spectacle : Bercy 87. Une révolution dans l'univers hallydéen. « Michel Berger a donné un côté classe au spectacle, justifie Jean-Claude Camus. Avec lui, adieu les cascades. Tout ce genre de trucs avait disparu. » Costume noir et lunettes noires, entrée sur scène sobre de Johnny en jouant – debout derrière un piano – l'introduction de *Rock'n'roll attitude*. « Avant Berger, c'était ringard d'aller voir Johnny, explique David Hocq. D'un seul coup, c'est devenu la mode. De mon côté, j'avoue avoir été déçu par Bercy 87. Quelque part, je perdais mon Johnny rocker. Avant, Johnny était là pour nous, son noyau dur de fans, pour la plupart des blousons noirs et des rebelles. Il chantait du rock et se foutait que ça plaise ou pas. C'est un virage variété qui lui a permis d'élargir son public, mais ce n'était pas sa philosophie. » « Quand Johnny chantait en costume, on avait l'impression que ce n'était pas lui, abonde Joël Mazevet. Heureusement, il tombait vite la cravate et la veste. Le vrai Johnny, il est en cuir noir. » Une mise en scène a toutefois retenu l'attention des fans : « Le mur de pluie pendant *L'Envie*, c'était incroyable, rapporte Fabrice Thoumire. On se demandait comment ils pouvaient faire un truc pareil sans inonder la salle. »

Malgré la qualité indéniable des arrangements du *poète* (la renaissance de *Que je t'aime*, par exemple), certains musiciens étaient aussi perturbés. « Michel Berger avait un petit côté rocker de la porte d'Auteuil qui soûlait une partie du groupe, ceux qui n'aimaient pas la variété, relève Ripoll. Dès qu'on est partis en tournée, Johnny a envoyé balader toutes les mises en scène un peu gnangnan pour revenir aux bases. En tournée, Johnny virait toujours les chansons qui le gonflaient. Il n'aimait pas qu'on lui reproche de s'éloigner de sa musique, car s'il le faisait, il en était conscient. En 1990, j'avais râlé à propos de la chanson *Adeline*. "Écoute Hugo, c'est juste pour faire plaisir à ma gonzesse." Une fois Bercy terminé, on a retiré *Adeline* du tour de chant, sauf quand elle faisait le déplacement. »

Après le départ de Michel Berger, Hallyday retrouva le goût du gigantisme et des course-poursuites à moto sur scène, à travers les cascades du *Cadillac Tour* ou l'entrée dans un ascenseur magique lors de Bercy 92.

"Johnny aimait par-dessus tout les shows surdimensionnés ", glisse Louis Bertignac, qui m'a confié la teneur d'une conversation tenue à Saint-Barth' :

– Je te verrais bien à la tête d'une formation réduite, basse-guitare-batterie, suggéra le guitariste de *Téléphone*.

– Ouais, t'as raison. Mais pour la prochaine tournée, on sera soixante sur scène !

Symbole du gigantisme : la tournée des stades 2003. Jean-Claude Camus récite toujours par cœur son incroyable dispositif technique : « soixante-cinq semi-remorques sur la route. Cent cinquante employés de mon entreprise plus Cent cinquante personnes qui nous attendaient dans chaque ville. Pendant qu'on jouait sur une scène, une seconde se construisait dans un autre stade. »

Juché sur un piédestal haut de 27 mètres, Hallyday faisait chaque soir une apparition christique, retirant lentement sa cape devant une foule en extase. Quatre Parc des Princes complets. Soixante mille personnes au Vélodrome de Marseille. Trente-cinq mille à la Beaujoire de Nantes. Trente-trois mille à la Meinau de Strasbourg. Trente-huit mille à Lille au Stadium Nord. Dix-neuf mille à La Réunion. Triomphes aussi au Stade du Roi Baudouin à Bruxelles et au stade de la Praille à Genève. Etc. « Cette tournée a encore élargi son public, s'extasie Camus. Tous les stades étaient bondés. Pascal Nègre l'avait prédit lorsqu'il m'avait fait écouter *Marie*, le nouveau single. »

Entretenant le manque, Johnny n'était plus apparu sur scène depuis l'an 2000. Cet été-là, il avait déjà atteint des sommets de popularité inégalés en brillant de mille feux partout où il passait. Fabrice Thoumire se souvient de la semaine la plus intense de sa vie : Tour Eiffel le 10 juin, Parc de Sceaux le 15, Olympia le 17.

Cet été-là, on avait souvent vu Paul Personne aux côtés du rocker français, qui a toujours pris le soin de s'entourer des meilleurs guitaristes. Au fil des ans, il a ainsi fait découvrir au public français Jimi Hendrix, Jimmy Page, Mick Jones, Peter Frampton, Steve Marriott… et le Français Paul Personne, dont il s'enticha dans les années 80. « Ma première rencontre avec Johnny, c'est dans l'émission *Champs-Elysées*, à l'époque de mon titre *Ça va rouler*, raconte le bluesman français. Johnny devait faire la programmation de l'émission : il m'avait choisi avec Bill Deraime, Jo Lebb, Eddy Mitchell… La production avait un peu râlé car j'étais un inconnu. »

– On m'a demandé de choisir, j'ai choisi, avait coupé court Johnny. Sinon, je ne fais pas l'émission.

« C'est Babeth Jones – la femme de Micky – qui nous avait présentés. Johnny avait écouté mon disque et aimait ma façon de chanter du blues en français. Il a pris l'habitude de m'inviter régulièrement dans ses émissions. En rentrant chez moi, je trouvais sur mon répondeur un message de Johnny – j'ai d'ailleurs conservé les mini-cassettes – qui me proposait de le rejoindre sur telle ou telle scène. Après un concert de Vanessa Paradis, on s'était retrouvés au bar de l'Olympia :

– Paul, je fais un truc pour mes 50 ans. Je voulais savoir si tu pouvais amener ta guitare magique sur la scène du Parc des Princes.

C'est ainsi que je me suis retrouvé entre Johnny et Eddy, mes idoles de jeunesse, pour jouer *Excuse-moi partenaire* devant la foule du Parc des Princes. » La vie de Paul Personne en ce mois de juin 1993 était assez étonnante. Alors que Johnny traversait la foule du Parc des Princes, le bluesman assurait ses propres galas en banlieue parisienne, devant environ six cents personnes. « En sortant de la salle trempé de sueur et ma guitare à la main, mes fans m'ont fait une haie d'honneur : "Allez Paulo !", "Salue Johnny de notre part !" Jean-Claude Camus m'avait mis à disposition une voiture de police. J'avais l'impression d'être dans un film. Deux énormes colosses m'attendaient au Parc pour me faire traverser les coulisses. D'un seul coup, je me suis retrouvé sur scène ébloui par les projecteurs. Johnny m'a créé des souvenirs extraordinaires. »

Pourtant, le premier soir, tout ne s'est pas passé comme prévu. Consciencieux, Paul Personne était passé au Parc dans l'après-midi pour inscrire ses réglages de guitare sur l'ampli Marshall mis à sa disposition. Mais le soir venu… « Dès les premières notes, j'ai entendu ma guitare grésiller, comme un son d'abeille ! C'était saturé. Tous mes réglages avaient été changés. »

Paul Personne allait rapidement comprendre le quiproquo. Quelques heures plus tôt, Joey Gréco était passé dans les coulisses pour saluer son ancien patron. Une intervention de Carlos, fidèle ami de Johnny, avait changé le cours de l'histoire :

– Johnny, écoute-moi. Joey est là, il faut absolument qu'il joue un morceau à la guitare avec toi.

– Tu veux venir jouer, Joey ?

– Bien sûr !

– Tu veux jouer quoi ?

– *Carole* !

Quelques instants plus tard, Manou Roblin passait aussi dans les coulisses saluer l'artiste, et Johnny lui glissait que ses rocks étaient indémodables. L'esprit de l'Olympia 1964 flottait au-dessus du Parc des Princes. Ainsi Joey Gréco brancha sa Fender Stratocaster sur l'ampli de Paul Personne, avec des réglages qui différaient de ceux du bluesman français qui jouait sur une Gibson. Le lendemain, le problème avait évidemment été corrigé.

Johnny aimait être entouré de ses "guitar heroes". « Chaque moment avec lui a eu son charme, sourit Paul Personne. Au Festival de Carpentras, on avait repris exclusivement des standards américains, c'était très rock'n'roll. Johnny était un animal sauvage. Il aimait faire des pièges, comme lancer un solo au dernier moment ou me faire un signe de tête pour me dire de chanter un couplet ! Heureusement qu'il y avait les prompteurs, car je n'avais pas répété les paroles. Je me souviens aussi d'un sacré bœuf au Hard Rock Café à Paris. Il y avait une connexion automatique entre nous. On était deux animaux sauvages difficiles à apprivoiser. On n'avait pas de longues conversations, mais je pense qu'il avait vu en moi un jeune rebelle pas très bien dans ses pompes dans cette société, et peu à l'aise avec le show-business. »

Parmi les guitaristes mythiques ayant joué sur scène avec Johnny dans la durée, on peut citer le trio Rolling-Nono-Robin. Jean-Pierre Azoulay, Norbert Krief et Robin Le Mesurier. Je ne pouvais pas écrire ce livre sans vous raconter l'histoire de Nono, ce guitariste adulé par les fans et par Johnny lui-même. « La première fois que j'ai vu Johnny, j'étais encore un inconnu, aux prémices du groupe Trust. C'était en 1977, je l'avais croisé rue Caumartin à Paris. Je l'avais salué car j'ai toujours été fan de Johnny. Quand j'étais gamin, j'avais son poster dans ma chambre, à côté de celui de Led Zeppelin. Hallyday et Jimmy Page étaient mes deux héros. Quand je pense qu'ils ont joué ensemble… Ensuite, j'ai revu Johnny sur un plateau TV de Michel Drucker, alors que Trust commençait à vendre des millions d'albums[12]. »

– J'aime beaucoup ton jeu et le son de ta guitare, confia la star au jeune musicien.

« Il faut savoir que Johnny a toujours aimé le rock puissant et le hard rock. Après plusieurs tournées en Europe, j'ai arrêté Trust et ça a coïncidé avec l'excellent album *Rock'n'roll attitude* qui a replacé Johnny tout en haut de l'affiche. En tant qu'admirateur, j'avais très envie de jouer dans son groupe. J'ai téléphoné à Jannick Top. »

---

12 *Groupe notamment connu pour son tube "Antisocial".*

– J'ai appris qu'une nouvelle équipe se formait autour de Johnny, commença Krief. J'adorerais l'accompagner. J'ai l'expérience des grandes tournées.

– Excellente idée, j'en parle à Michel Berger, fit Jannick Top.

Quelques heures plus tard, le bassiste rappelait Norbert Krief :

– Bon, j'ai eu Michel, il est un peu sceptique. Ça lui fait un peu peur, car Trust, c'est du hard rock. Sur l'album de Johnny, c'est Peter Frampton qui joue, un guitariste très fin.

« Il était en train de dire que j'étais une grosse brute à la guitare ! Bon. Je voulais vraiment la place, car j'admirais tout chez Johnny : sa voix, son personnage. »

– Jannick, s'il te plaît, organise-moi une audition avec Michel Berger, je veux lui prouver que je peux jouer différemment.

Dès le lendemain, Michel Berger et Jannick Top débarquaient dans l'appartement de Norbert Krief, situé place Blanche face au Moulin Rouge. « J'avais installé une basse, un piano électrique et mis de côté tout ce qui pouvait effrayer Michel Berger, en préparant de quoi jouer des sons de guitare très clairs, très purs, pas saturés. »

– Trust, c'est très violent, j'ai un peu peur, avoua d'emblée Michel Berger.

Vous connaissez la suite de l'histoire. Nono a réussi à convaincre Michel Berger et est devenu le guitariste attitré de Johnny Hallyday. Lorsque celui-ci apprit la nouvelle, son enthousiasme fusa beaucoup plus rapidement :

– On va enfin pouvoir faire du rock ! s'écria le rocker aux anges. Avec toi, ça va péter !

Quelque temps plus tard, Johnny apprendrait tout ce qui s'était tramé et les inquiétudes de Michel Berger :

– Mais pourquoi tu ne m'as pas appelé directement ? s'étonna Johnny auprès de Nono. J'aurais dit oui aussitôt !

« Je me souviens très bien de la première répétition avec Johnny, sourit Nono. Avec les autres membres du groupe, on fumait une cigarette devant la salle de musique à Arcueil. Johnny est arrivé à fond la caisse dans le parking avec sa Ferrari rouge. Il m'a pris dans ses bras en me glissant qu'il était ravi que je rejoigne son groupe. C'était le début d'une magnifique amitié. » Pourtant, les premières semaines n'allaient pas être évidentes. « Trust avait l'image d'un groupe de hard rock. Beaucoup de musiciens choisis par Michel Berger venaient du jazz. J'étais un peu l'oiseau noir qui foutait le bordel et jouait trop fort. Les cuivres avaient construit une sorte de mur avec des *flight cases* autour de mon ampli, bonjour l'ambiance ! » Norbert Krief était pris entre deux feux. D'un côté, les musiciens qui lui demandaient de baisser le son, de l'autre Johnny qui aimait que tout soit démesuré.

– Nono, joue plus fort ! s'écriait Hallyday.

– Tes cuivres m'ont demandé l'inverse…

– J'm'en fous des autres ! J'veux t'entendre !

« Johnny était un fou de guitare, reprend Norbert Krief. Il en avait toujours une pendue à son cou, d'où la chanson. On me demande souvent : *Johnny savait-il jouer de la gratte ?* Évidemment ! Il aurait pu s'accompagner seul pendant toute une soirée. C'était un guitariste rythmique, pas un soliste. Il aurait aimé en savoir plus. Parfois, il venait me voir dans la loge pour me demander des plans de solos de guitare. Surtout, il voulait nous mettre en valeur. Les guitaristes étaient toujours sa priorité. Quand je suis entré dans le groupe, Hugo Ripoll était son chouchou. Sur scène, Hugo et moi étions sur la même ligne que lui, d'office. Quand on réglait les lumières, il demandait

toujours à Jacques Rouveyrollis de nous prévoir des éclairages. Quand Johnny a accepté de faire les *Enfoirés*, il avait une condition : jouer avec ses deux guitaristes. Johnny m'emmenait partout avec lui, dans son avion, dans sa voiture, chez lui, à la Lorada, en vacances. Il m'appelait "Mon Nono". On avait une relation très fraternelle. Au bout d'un moment, ça créait des tensions dans le groupe alors j'ai dit à Johnny que je devais quand même prendre le bus de tournée avec le reste du groupe. Quand on était ensemble, j'interrogeais beaucoup Johnny sur les guitaristes de légende qu'il a côtoyé. Quand il me parlait de Rolling ou de Mick Jones, il concluait toujours ainsi : *C'était un guitariste formidable !* Formidable, c'était son mot. Un jour, il m'avait réservé une surprise, en marge d'un concert à Marseille. "Viens, on va boire un coup en ville." Johnny m'avait emmené dans l'établissement de Claude Djaoui, son premier guitariste. Il avait conservé le lien et savait précisément où le trouver. »
En 1993, Norbert Krief quitta Johnny afin de développer des projets personnels. Le guitariste lui annonça après la deuxième représentation du Parc des Princes qu'il s'arrêterait à la fin de la tournée.

– Tu plaisantes ou quoi ?

« Normalement, on ne quitte pas Johnny Hallyday. Il détestait l'infidélité. Je l'ai vu remercier des musiciens parce qu'ils avaient fait une télé avec Sardou ! Pendant quelques heures, il m'a traité d'enfoiré, de salopard… mais toujours avec un sourire en coin. En cadeau de départ, il m'a offert une magnifique Gretsch. On est restés très proches, et j'ai continué à jouer avec lui en studio et sur des plateaux TV. Je suis allé voir tous ses spectacles. Robin Le Mesurier m'a remplacé, puis d'excellents guitaristes comme Brian Ray, Rejean Lachance et Yarol Poupaud sont arrivés. »

Cinq ans après le départ de Nono, Johnny partait à l'assaut du

Stade de France. Je sais que beaucoup d'entre vous attendent le récit de cette épique semaine dionysienne. Le voici ! Après l'échec du concert de Las Vegas en 1996, Johnny Hallyday voulait frapper fort. Jean-Claude Camus raconte : « Après avoir digéré notre déception, on s'est vite posé la question avec Johnny : *Qu'est-ce qu'on peut faire ?* Comme d'habitude, la folie des grandeurs a guidé notre choix. On a tenté le tout pour le tout en inventant un spectacle du nouveau monde au Stade de France. Il n'y avait pas mieux pour rebondir. » Armé d'un nouveau matériel scénique imbattable (*Allumer le feu*), Johnny avait préparé son retour avec le plus grand soin. « Il était anxieux, confie Michel Marseguerra. Avec Johnny, on parlait peu. Mais toujours cash. » Alors que le régisseur dirigeait le montage de la scène à Saint-Denis, Johnny répétait porte de la Villette :

– Bon alors, c'est comment le Stade de France ?

– Ne t'inquiète pas. On te construit la maison, tu entres à l'intérieur, tu mets les patins, tu chantes et on va mettre une gifle à tout le monde !

4 septembre 1998. Orage et désespoir en coulisses. Des torrents de pluie empêchent le rocker de retrouver son public. « Jean-Claude Camus courait dans tous les sens avec un nombre incalculable de téléphones », raconte Éric Jean-Jean, en reportage pour RTL. Ahuris par les litres de pluie qu'ils prenaient sur la figure depuis des heures, les fans espéraient malgré tout le maintien du concert : après tout, rien n'arrêtait jamais Johnny. Pourquoi pas ce soir-là ? Les paires d'yeux les plus aiguisées avaient toutefois remarqué que la scène n'était pas couverte. Le danger de faire exploser tout le matériel – et de devoir annuler les deux concerts suivants – était trop grand.

Dans la loge du Stade de France, Jean-Claude Camus et Michel Marseguerra se chargèrent de confirmer à l'artiste l'annulation du concert. « Quand Jean-Claude a prononcé la phrase redoutée, j'ai été fusillé par les yeux bleus de Johnny, confie Marseguerra. On n'a rien dit. Pas un mot. Mais il s'est passé un truc dans notre regard. Après avoir été rassurant avec Johnny lors des répétitions, je me retrouvais coincé, sans possibilité de lui sauver la mise, alors que l'importance de ce concert était considérable. Cet échange de regard reste inexplicable, mais il était très fort. »

Le préfet décida ensuite d'évacuer Johnny avant l'annonce de l'annulation.

– Qui fait l'annonce ? demanda le préfet.

– Michel Drucker ? proposa le producteur. En effet, l'animateur de Vivement Dimanche s'était occupé de la mise en scène de l'hélicoptère. C'est finalement Jean-Claude Camus qui s'en chargea. « Beaucoup de gens ont écrit que j'avais été courageux, mais c'est faux. Je flottais dans un semi-coma, épuisé physiquement et nerveusement par les deux heures d'enfer traversées. Je savais qui j'avais en face de moi : les vrais fans de Johnny, qui avaient pris des congés, des hôtels, des trains. Des gens venaient de l'île de la Réunion. Je savais qu'une partie d'entre eux ne pourrait pas revenir le vendredi suivant. »

– Vous avez prévu quelque chose, Jean-Claude ? demanda Michel Marseguerra en tendant le micro à son patron.

– Non.

À l'arrière de la scène, Christophe Dupeu rangeait son matériel. L'harmoniciste fut pris de panique : « J'avais la vue de Camus quand il est entré sur scène. J'ai tout imaginé dans ma tête. *On va se faire égorger !* Quatre-vingt mille personnes hurlaient de peur de ne pas voir Johnny. »

Vêtu d'un k-way rouge, Jean-Claude Camus s'avança vers la

foule et improvisa merveilleusement. « La grâce a voulu que les mots arrivent », sourit-il vingt ans plus tard.

« Je vous prie de bien vouloir m'accorder quelques instants. Vous aurez évidemment compris que les installations électriques sont noyées. On ne peut pas découvrir le son. C'est la mort dans l'âme que nous allons annuler cette représentation. Il est impossible – techniquement – de le faire. Mais… *(quelques cris de désapprobation du public couvrent alors la voix du producteur)* Si vous voulez bien m'écouter ! Nous avons eu l'accord du Stade de France : pour tous ceux qui le pourront *(Camus insiste sur le mot et le sens du verbe « pouvoir »)*, la séance d'aujourd'hui est reportée à vendredi prochain. Je sais quelle est votre déception. Je ne peux même pas trouver les mots pour vous dire celle que ressent maintenant – après avoir autant travaillé – Johnny dans sa loge. Vous êtes des vrais amis de Johnny. Les vrais amis vont comprendre ce qu'il se passe maintenant. Nous avons tous – Johnny, musiciens, techniciens – travaillé si dur toute la semaine. Nous sommes dans le désespoir. Mais pour ceux qui le peuvent, nous donnons rendez-vous ven-dre-di prochain. *(Une mince partie du public siffle.)* Je vous dis bonsoir. »

Contrairement à la crainte de Christophe Dupeu, tout s'était bien passé. « Nous avons évacué quatre-vingt mille personnes sans une vitre cassée ni le moindre incident dans le métro, s'enorgueillit Camus. Les fans de Johnny étaient des gens merveilleux. Tout ce qu'ils ressentaient, c'était un chagrin sincère. Les gens pleuraient. »

Le samedi et le dimanche, Johnny chantait parfaitement sous un temps clair.

Soulagé, Jean-Claude Camus a ensuite mis tout en œuvre pour faciliter le retour des fans à Saint-Denis le vendredi suivant. Ayant vu le ministre des Transports Jean-Claude Gayssot danser sur son siège au Stade de France, le rusé producteur en a profité pour lui téléphoner :

– Bonjour Monsieur le ministre.

– C'est formidable, *Monsieur Camus*, quelle soirée fant...

– Écoutez, nous avons un problème, coupa le producteur. De pauvres gens n'auront pas les moyens de revenir. Peut-on obtenir un geste de la SNCF ?

– Je vous rappelle avant midi, promit le ministre de Lionel Jospin.

Sur présentation du ticket du Stade de France, les fans de Johnny bénéficièrent d'un voyage en train à moitié prix.

Mais le 11 septembre, une nouvelle péripétie perturba le déroulement du concert – déjà rendu mythique par les nouvelles trombes de pluie qui cette fois, n'empêchèrent pas le rocker d'assurer sa légende. À 6 heures 30 du matin, Jean-Claude Camus quitta son domicile et prit la direction du Stade de France sur son scooter. Devant le kiosque à journaux de la place des Ternes, il manqua de provoquer un accident en apercevant la Une du *Parisien* : *Johnny chante en play-back !* « Johnny n'a jamais chanté en play-back, s'étouffe Camus. Sauf à la télévision quand on l'y obligeait, et il le faisait toujours très mal. » Je me souviens en effet du tournage de l'émission *Chabada* en 2012. Johnny venait présenter *L'attente*, sa nouvelle chanson :

– Je suis désolé de devoir faire du play-back, maugréa Johnny en s'adressant à ses fans, hors caméra. Sur ce plateau, ils n'ont pas les moyens techniques d'assurer une production sonore de la même qualité que mon disque.

Homme de scène et jamais faussaire, Johnny Hallyday était foncièrement mauvais quand il chantait en play-back à la TV, parce qu'il ne chantait jamais un titre de la même manière. Ces allégations infondées avaient déclenché la colère de Johnny :

– Je vais vous raconter la chose la plus drôle de l'année, s'exprima le chanteur au milieu du Stade de France. Ce matin, j'ai pu lire dans un journal très *sérieux* écrit par un journaliste très *sérieux (appuyant sur le mot sérieux)*, ce qui prouve que les conneries ne sont pas toujours dans les journaux qu'on pense. Normalement, c'est dans la presse à scandale, où j'apprends chaque semaine ce que j'ai fait la semaine précédente. Mais là, ce matin, on dit que je chante en play-back. *(Hurlements du public, Johnny tapant violemment sur son micro)* Comme on peut le voir, je chante en play-back mais je parle aussi en play-back *(rires)*. Ça, c'est un micro, je parle dans le micro. Ça, c'est une guitare *(se mettant à jouer)*. Play something, Robin ! *(demandant à son guitariste de l'accompagner)* Alors pour vous montrer que je ne chante pas toujours en vrai, je vais essayer de chanter en play-back… Non, je n'y arriverai pas. On avait la pluie contre nous ! *(d'une voix forte)* Et maintenant nous avons des journalistes soi-disant sérieux contre nous ! Nom d'un chien, où est-ce que tout cela va s'arrêter ?

Johnny Hallyday et ses musiciens improvisèrent quelques passages de standards américains : *Blue suede shoes*, *Be bop a lula*, *Whole lotta shakin'goin'on*.

– Avouez quand même que pour du play-back, c'est pas mal, non ?

La démonstration de Johnny ne s'arrêta pas à cette séquence hilarante. Si vous écoutez bien l'enregistrement du 11 septembre, vous entendrez plusieurs moments où Johnny chante volontairement à contretemps (*Et puis je sais*), ajoute des mots de façon manifeste (*Nous n'avons plus rien à nous dire… dire… dire*), modifie un couplet (*Noyau* à la place d'*oiseau* dans *Oh ! Ma jolie Sarah*). Le rocker avait aussi sacrifié la première phrase de la chanson *Je veux te graver dans ma vie*, laissant du vide derrière lui. Les habitués des concerts savaient de toute façon que Johnny était coutumier des bourdes de ce genre. Cela faisait son charme et décuplait notre envie d'aller le voir le plus souvent possible, car chaque concert était différent. Lors du *Rester Vivant Tour*, je me souviens d'un plantage dans *Que je t'aime* que Johnny avait merveilleusement rattrapé pour nous offrir un refrain déclamé, inédit, d'une voix grave absolument somptueuse. Même quand il se trompait, Johnny faisait plus fort que les autres.

CHAPITRE 8

JOHNNY SANS FRONTIÈRES

Playlist du chapitre :

Mein leben fängt erst richtig an (1963)

Altin yüzük (1966)

E Dio creo la donna (1972)

とどかぬ愛 (1973)

Gabriela (1982)

Johnny Hallyday est une star en France, en Belgique et en Suisse. Ailleurs, c'est un inconnu. » Si cette habituelle affirmation concentre une grande part de véracité, ce raccourci simpliste laisse aussi de côté une profusion d'histoires que l'on oublie de raconter. Qui se souvient qu'avant de triompher au Parc des Princes, Johnny a transcendé des stades de foot argentins dans les années 60 et 70 ? Lors des quinze premières années de sa vie, l'Idole des jeunes a chanté partout : pour la Reine d'Angleterre Elizabeth II à Londres, devant le Shah d'Iran, derrière le rideau de fer, en Afrique, au Japon… L'histoire de Johnny à l'étranger est aussi le défi d'un chanteur rêvant d'une reconnaissance américaine sans jamais l'obtenir… Sauf de ses pairs. Heureusement, partout où il allait, son fidèle public francophone le suivait. Partout. Tout le temps. Voici le carnet de bord de *Johnny sans frontières*.

Amsterdam 63, l'hystérie néerlandaise

Près de trois mois avant la Nuit de la Nation à Paris, le jeune Johnny Hallyday s'était produit au *Concertgebouw* d'Amsterdam, dans une atmosphère surchauffée par les fans attroupés des deux côtés de la scène. Johnny y alterna les rocks (*Dis-moi oui*, *Elle est terrible*), les twists (*Laissez-nous twister*, *Let's twist again*) et les ballades (*Tes tendres années*, *L'idole des jeunes*), jusqu'à la dernière chanson de la *setlist*, l'un des premiers sommets de la carrière du jeune chanteur. En livrant une version interminable du *I got a woman* de Ray Charles (près de 10 minutes !), Hallyday prouvait qu'il n'avait rien à envier à ses concurrents anglo-saxons. Au pied de la scène du *Concertgebouw*, les cerbères néerlandais tentaient de contenir au maximum les jeunes admirateurs de l'idole française. Eux-mêmes finirent par laisser échapper un sourire, pris par l'interprétation envoûtante de Johnny. Le jeune rocker français balançait sa tête de gauche à droite à un rythme effréné en exultant son refrain, tout en retenant ses deux jambes qui manquèrent de se faire balayer à une dizaine de reprises par les fans, prêts à tout pour toucher leur dieu. Les Néerlandais n'ont pas vu souvent Johnny Hallyday, mais ceux qui étaient présents ce soir-là ont vécu le moment le plus intense de leur jeunesse. « Johnny était pas mal connu aux Pays-Bas dans les années 60, confirme Florence Tiggelovend, qui y vit depuis quarante ans, mais ça s'est estompé par la suite. Quand j'en parle à des gens, ils savent parfois dire, "Ah oui c'est le grand rocker français." Johnny s'était à nouveau produit à Amsterdam en 1994. À son décès, ils en ont parlé à la télévision, et j'ai lu des articles dans les journaux néerlandais. »

Prince français, Reine d'Angleterre

Le 8 novembre 1965, Johnny et Sylvie ressentirent un stress plus intense qu'à l'accoutumée. Ensemble, ils allaient être présentés à la Reine d'Angleterre et au Prince Philip, duc d'Édimbourg, dans le cadre prestigieux de la *Royal Variety Performance*, une grande soirée caritative organisée par la famille royale au Palladium Theatre de Londres. Avant sa prestation, Johnny avouait être impressionné par la Reine autant qu'il le serait devant le général de Gaulle. Face au couple royal, Johnny interpréta une chanson en anglais, *They call him a man* (*Ne pleure pas* en VO). Lors de leur brève discussion, Elizabeth II s'était adressée à Johnny dans un français sans accent, en le félicitant pour sa prestation et indiquant espérer le revoir en Grande-Bretagne. Au pays de la Reine, les Beatles et les Rolling Stones se disputaient la suprématie nationale. Mick Jagger admirait beaucoup Johnny, et en était parfois jaloux, comme le laisse penser Jean-Marie Périer, photographe des deux stars. « Dans le train avec les Rolling Stones, je leur avais affirmé que leur succès en France était un peu grâce à Jojo qui avait fait éclore cette musique au pays de Charles Trenet. Je me souviens que ça leur avait moyennement plu… »

Johnny nargue la milice soviétique

Au début de l'été 1966, Johnny Hallyday partit en tournée dans les pays de l'Est, en Pologne, en Tchécoslovaquie et en URSS. Avec ses déhanchés provocateurs, le rocker français était un véritable OVNI dans ces territoires peu ouverts au monde, marqués par le communisme. « C'était particulièrement dur en Pologne, raconte Claude Pierre-Bloch, attaché de presse de Johnny et présent tout au long du voyage. Il y avait des flics partout dans la salle. Ça énervait Johnny qui excitait volontairement les jeunes. Les miliciens donnaient des coups de bâton aux spectateurs trop turbulents. Plus la milice était présente, plus Johnny encourageait les jeunes à se révolter. Un soir, on a fini dans un avion direct, sans qu'on nous laisse assurer le gala. » À son retour à Paris, Johnny était interrogé par la télévision française afin de décrire sa découverte de "l'autre monde".

– J'aurais tellement à vous raconter là-dessus qu'on pourrait y passer trois jours et trois nuits. À l'Est, les gens n'avaient jamais vu un spectacle de rock'n'roll. Le public réagissait de la même manière qu'il y a six ou sept ans en France. Les jeunes ne connaissaient pas le rock et se sont roulés par terre en le découvrant. Nous avons connu notre plus grand succès en Tchécoslovaquie car le public était – admettons – un peu plus libre.

Johnny était resté stupéfait de la vie quotidienne derrière le rideau de fer :

– Là-bas, tout ferme à onze heures du soir, donc après le dîner, on n'avait plus qu'à aller se coucher !

Incident diplomatique à Yaoundé

En mai 1968, Johnny Hallyday fascina l'Afrique francophone avec une série de concerts à Dakar (Sénégal), Niamey (Niger), Ouagadougou (Burkina Faso), Kinshasa (Congo). « Dans chaque pays, un millier de gens l'attendaient à l'aéroport, les gens hurlaient, les salles de spectacle étaient bondées », relate Claude Pierre-Bloch, qui a suivi chaque pas de Johnny sur le continent africain. Au Cameroun, le rocker français provoqua malgré lui un incident diplomatique qui l'empêcha de se produire à Yaoundé. « Le jour du concert, Johnny se reposait à la piscine de l'Hôtel de l'Indépendance, poursuit Pierre-Bloch. Un homme est venu l'aborder et a exigé qu'il pose à côté de lui pour une photo. Johnny a refusé, estimant que ce rare moment de détente n'était pas opportun. L'homme a insisté lourdement de façon assez désagréable. Johnny l'a jeté dans la piscine ! Sans le savoir, il venait de balancer à l'eau le ministre de la Fonction Publique de la Centrafrique, pays voisin du Cameroun. » Incident diplomatique majeur ! L'ambassadeur de France à Yaoundé rédigea un télégramme pour se plaindre au Quai d'Orsay : « Monsieur Smet, dit Johnny Hallyday, chanteur fantaisiste, a causé un esclandre le jour même de son arrivée à Yaoundé. Manifestement pris de boisson, il a déclenché une rixe à l'Hôtel de l'Indépendance, au cours de laquelle il a frappé le ministre centrafricain de la Fonction publique qui se trouvait là. » Comme Johnny n'est pas revenu chanter sur le continent africain après les années 70, les passionnés se sont organisés. Lors du concert de Johnny à Barcelone en 2016, j'avais été intrigué par un groupe de gens qui portaient tous le même polo blanc. En m'approchant d'eux, j'avais reconnu le drapeau du Bénin. Il s'agissait d'un fan-club créé à Cotonou ! « On s'organisait pour aller le voir le plus possible, raconte Eddie Ledrapier, président du groupe béninois. Trois mois au pays, un mois de concerts, et ainsi de suite… Nous sommes un mélange d'expatriés français et d'Africains. Dans tous les bars de Cotonou, on m'appelle Johnny, et on chante du Johnny Hallyday en permanence. En tournée, nous portions toujours la chemise *Fan-club du Bénin*, que nous avions offerte à Johnny. »

Johnny Hallyday refuse l'Apartheid

Johnny retrouva le continent africain quelques mois après l'incident de Yaoundé mais fila directement en Afrique du Sud.

Le 17 octobre 1968, des dizaines de fans attendaient le rocker français à l'aéroport de Johannesburg avec des messages en afrikaner : *Wilkom Johnny*. Des archives de la télévision montrent même la star française signant son nom sur l'épaule d'une jeune fille. De multiples péripéties allaient émailler cette unique représentation en Afrique du Sud. D'abord, en plein Apartheid [13] (1948-1991), les autorités indiquèrent à Johnny que deux de ses musiciens – noirs de peau – devaient loger dans un hôtel différent du sien.

– Il n'en est pas question, refusa Johnny.

« Johnny a tenu bon, et les musiciens sont restés avec nous », assure Claude Pierre-Bloch. Un peu plus tard, une machination aurait pu entraîner l'annulation du concert. « Quelqu'un a essayé de piéger Johnny, poursuit l'attaché de presse. À l'hôtel, un mec lui a offert un sac. Johnny s'est rendu compte qu'il contenait du haschich. Quelques secondes après, la police débarquait dans l'hôtel et demandait à fouiller Johnny. Heureusement, Sacha Rhoul avait récupéré le sac pour éviter des ennuis à Johnny, et l'avait caché dans son pantalon, c'est donc lui qui s'est fait arrêter. » Finalement le concert aurait bien lieu. En plein tour de chant, Hallyday fut ébloui par un projecteur trop puissant et – ignorant la peur – il s'avança dangereusement au bord de la scène puis chuta dans la fosse d'orchestre. Pied fracturé ! Johnny n'est jamais retourné chanter en Afrique du Sud…

Ferveur argentine et inondations au Brésil

En 1967, 1968 et 1974, Johnny a organisé trois tournées en Amérique du Sud : Brésil, Argentine, Pérou, Venezuela, Uruguay.

---

13 *Régime de ségrégation systématique entre Blancs et Noirs en Afrique du Sud, aboli en 1991.*

En Argentine, où son image de rocker bagarreur au blouson noir a attiré les foules, le succès a été considérable : le rocker français y a rempli des stades de football tous les soirs. À Rosario, vingt-cinq mille Argentins ont acclamé Johnny Hallyday. Vingt ans avant le Parc des Princes et trente ans avant la gigantesque tournée des stades en France, le rocker avait déjà pris la mesure de l'exercice au cours de ces tournées sud-américaines. Présent à quelques centimètres de Johnny pour le photographier, Tony Frank raconte : « Dans les stades, la scène était toujours très haute, mais les Argentins se faisaient la courte échelle pour grimper et embrasser Johnny. À la fin, il y avait des flics sur scène avec des bergers allemands ! Ces tournées étaient harassantes, heureusement qu'on était jeunes. On dormait très peu, on enchaînait les spectacles. Il fallait démonter la sonorisation et la remonter 100 kilomètres plus loin. Johnny avait aussi donné un super spectacle en bord de plage, à Mar del Plata, il n'y avait que des superbes gonzesses ! On était comme des fous… »

Pourtant, Johnny n'est jamais revenu chanter en Amérique du Sud. Pourquoi diable n'a-t-il pas surfé sur ces succès lors de la suite de sa carrière ? Le public était à ses pieds. J'ai posé la question à Claude Pierre-Bloch : « Johnny était rentré très emballé de ses tournées. Il adorait le Brésil et parlait avec enthousiasme du formidable public argentin. Ça marchait vraiment très bien. Malheureusement, sa maison de disques et son manager ne voyaient pas l'intérêt d'y retourner. Ce genre de tournées était compliqué à organiser, c'était plus simple de jouer en Europe. » « Il y avait souvent des problèmes de paiement à l'étranger, ajoute Tony Frank. Les cachets des spectacles devaient arriver à Paris, et parfois, n'arrivaient jamais. » Par simplicité, l'entourage de Johnny a ainsi préféré multiplier les grands spectacles parisiens et les longues tournées dans toutes les villes de France plutôt que de continuer cette conquête de l'Amérique du Sud. J'ai également interrogé Jean-Claude Camus qui avoue n'avoir jamais pensé à produire Johnny en Amérique du Sud. « Dans les années 70, c'est un tourneur français qui s'occupait d'envoyer des Français en Argentine. Michel Sardou l'a fait aussi. Quand je suis devenu le producteur de Johnny, c'était déjà de l'histoire ancienne. Je pense que Georges Olivier – son tourneur de l'époque – ne voulait pas s'emmerder à aller à l'autre bout du monde alors qu'il y avait tant de demandes en France. C'était quand même plus facile. »

Dommage… Au Brésil, Johnny a même fait la couverture du magazine *Manchete*, avec Sylvie et la vedette nationale de la chanson Roberto Carlos (à ne pas confondre avec le footballeur). « Notre yéyé brésilien a beaucoup à apprendre de ce Français » lit-on dans le reportage daté du 4 mars 1967. Au cours de cette tournée, le couple Hallyday-Vartan s'était retrouvé bloqué par de terribles inondations secouant la ville de Rio. Impossible d'atteindre le Maracanazinho où devait se tenir le concert. « Johnny et Sylvie ont été obligés de sortir de la voiture car le niveau d'eau était trop important pour avancer, détaille Tony Frank. Sous la pluie battante, j'essayais tant bien que mal d'ouvrir mon appareil pour y insérer le film. Tout était trempé, même mon objectif. Au milieu de tout ça, Sylvie paniquait complètement car on voyait les rats grouiller dans l'eau. À un moment, on a même cru repérer un corps qui flottait. »

Montréal, la guerre des gangs

À l'automne 1970, le choc fut d'abord climatique. Après huit concerts en six jours à Fort-de-France et Pointe-à-Pitre, dans la torride chaleur des Antilles, Johnny Hallyday et son orchestre furent frigorifiés dès le premier pied posé au Canada pour huit nouvelles représentations (Saint-Georges de Beauce, Trois-Rivières, Chicoutimi, Québec…). À Montréal, la passion viscérale de Johnny pour la moto faillit lui coûter cher. « Un groupe affilié aux Hell's Angels (les "Popeyes") avait rencontré

Johnny et l'avait nommé président d'honneur, explique Tony Frank. Les photos ont fait le tour de la ville et provoqué un tollé général dans le gang rival – les "Devils Diciples". Johnny était carrément menacé de mort. Nous étions assis dans un fast-food, avec Mick Jones et Tommy Brown, quand on a entendu du verre se briser. Le patron du restaurant a hurlé : "Venez vite vous coucher derrière le comptoir !" Les Devils Diciples nous tiraient dessus à balles réelles ! On s'est jeté derrière le bar le temps d'attendre l'arrivée des bagnoles de flics. Ça nous faisait marrer plus qu'autre chose, on se croyait dans une série ! Johnny était surtout contrarié parce qu'après cet épisode, on lui a imposé la présence de deux gardes du corps 24 heures sur 24. » Dans ces conditions, difficile de maintenir le concert… sauf quand on s'appelle Johnny Hallyday :

– Mieux vaut annuler le gala, ça risque de mal tourner, a proposé l'organisateur.

– Pas question, on n'annule pas.

– OK, mais vous chanterez la lumière allumée.

« Malgré la lumière allumée, on flippait sur la scène, poursuit le photographe. Avec les musiciens, on se disait qu'on allait prendre une balle destinée à Johnny. Heureusement, les vigiles ont assuré la fouille, ramassant des couteaux et un flingue à l'entrée. C'est sûr qu'une tournée avec Johnny, c'était plus rigolo qu'avec Claude François… »

London Sessions

Entre 1966 et 1974, l'Olympic Sound Studio de Londres était le bureau attitré de Johnny, où il enregistrait tous ses albums avec les meilleurs musiciens du monde. Rétrospectivement, Michel Mallory est ahuri en récitant le nom des artistes qu'il croisait chaque jour : « À l'Olympic, il y avait quatre studios. Studio 1 : David Bowie. Studio 2 : The Rolling Stones. Studio 3 : Led Zeppelin. Studio 4 : Johnny Hallyday. Et on ne s'en rendait même pas compte ! Tous les musiciens passaient d'une régie à l'autre. On se retrouvait en permanence avec ces gens-là à la cuisine. Moi, je faisais du thé. Les gars de chez David Bowie étaient assez curieux, tous habillés en gonzesse. Ils ne fumaient pas que de la moquette, c'était chaud la braise. Moi qui n'avais jamais connu plus fort que du Beaujolais, j'étais loin du compte. » Cette concentration de musiciens talentueux provoquait souvent une vive émulation, aboutissant à des participations de choix sur les albums de Johnny : Jimmy Page et Peter Frampton à la guitare, les Small Faces, les cuivres des Stones, les choristes de Joe Cocker…

Dans un bouge de Memphis avec Jerry Lee Lewis

En 1975, Johnny enregistra un album de rock'n'roll à Memphis. Michel Mallory raconte : « L'ambiance était très particulière, un mafioso nous servait de chauffeur. On avait fait ami-ami avec D.J. Fontana, le premier batteur d'Elvis Presley. Et tous les soirs, on voyait Jerry Lee Lewis en boîte, on le connaissait très bien. Quel ivrogne ! On le retrouvait dans un boui-boui, un bouge pas possible avec de la sciure par terre. Johnny adorait ça ! Cette boîte grouillait d'excellents musiciens. Souvent, Jerry Lee Lewis montait sur scène et chantait quelques chansons, ivre mort. » La légende raconte que le *Killer* aurait enregistré les solos de piano du titre *Qu'est-ce que tu fais à l'école*, reprise de son *High school confidential.* « Je ne peux pas le confirmer car au début des enregistrements, Long Chris et moi avions interdiction d'entrer dans le studio, poursuit Mallory. On écrivait à l'extérieur. Johnny avait dû piquer une crise pour que ça s'arrange, mais le temps d'y parvenir, le morceau était enregistré. »

Johnny et Bryan Adams

Sans le crier sur tous les toits, Johnny a noué au fil des ans des relations d'amitiés avec des vedettes internationales (Pierce Brosnan, Sean Penn, Bob Dylan…). Spécialement pour ce livre, Bryan Adams, interprète canadien du célèbre tube *Everything I Do*, raconte sa relation avec la star française. Lui aussi en parle avec des étoiles dans les yeux : « Nous nous sommes rencontrés à Paris, Johnny était venu assister à mon concert. J'ai adoré les moments simples que nous avons passés ensemble. Il aimait sa Harley plus que tout, et bien sûr le rock'n'roll. Nous chantions ensemble et avons beaucoup de points communs. J'ai composé deux chansons pour Johnny : *Tout pour te déplaire* (1991) et *Rough town* (1994). Dans sa voix, le résultat final était somptueux. En 1995, j'ai téléphoné à Johnny car je cherchais à louer une maison dans le Sud de la France. »

– C'est pour toi ? demanda Hallyday.

– Oui, répondit Bryan Adams. J'aimerais préparer mon prochain album en France.

– Viens chez moi ! Ma maison est libre.

« J'avais rarement vu une attitude aussi généreuse, de la part de qui que ce soit. »

Ainsi, Bryan Adams a vécu quelques mois à Ramatuelle dans la célèbre Lorada, alors que Johnny était sur les routes pour sa tournée estivale. « Durant mon séjour chez Johnny, j'ai écrit et enregistré plusieurs chansons, notamment *18 till I die*. Johnny m'a rendu visite plusieurs fois quand il chantait dans la région, et une autre fois avec Lætitia. » Le 28 octobre 1995, Bryan Adams en profita pour rejoindre Johnny sur la scène du zénith de Toulon : les deux stars rock'n'rollèrent sur *Blue Suede Shoes* et *That's all right (Mama)*. « Quel plaisir d'être sur scène avec lui ! Je regrette que nous n'ayons pas pu le faire plus souvent. Johnny chantait de manière très intense, toujours à fond. En fait, quand il démarrait, il était comme un train de marchandises lancé, impossible à arrêter ! »

La mauvaise foi du *Rough town tour*

Après le succès considérable du Parc des Princes 1993, Johnny entreprit un virage étonnant en organisant une tournée européenne dans des petites salles dédiées à une musique blues-rock intimiste. « Ce fut une catastrophe, se désole encore Jean-Claude Camus. Johnny avait absolument voulu faire cette tournée pour s'imposer à l'international. Sauf qu'il fallait tout recommencer à zéro et prendre son temps. Pour un artiste d'une telle dimension, c'était terrible de repartir dans des petites salles pour élargir son public dans des territoires où on le connaissait à peine (Munich, Amsterdam, Francfort, Hambourg...). Je revois encore Johnny en pleurs, avec la mauvaise foi qui le caractérisait :

– Pourquoi tu m'as fait faire ça !

– Mais Johnny, c'est toi qui l'as voulu.

– T'aurais dû m'en empêcher ! »

Destination Vegas : le concert maudit

Vegas 96, c'est l'histoire d'un rêve insensé de cinq mille deux cents Français qui ont pris l'avion pour assister à l'autre bout du monde à un concert d'un chanteur qu'ils voyaient tous les ans à Bercy, ou encore dans la grande salle de spectacle à côté de chez eux, ou parfois même sous un chapiteau, dans toutes les régions de France, même les plus reculées. Vegas 96, c'est l'histoire d'un bazar gigantesque, d'une organisation réussie mais d'un concert raté. Grâce à une dizaine de témoignages – staff, musiciens, fans, partenaires – et avec la plus grande objectivité, j'ai tenté de reconstituer la réalité de cette aventure.

D'abord, le contexte : en 1996, cinq mille deux cents Français, dont la plupart n'avaient encore jamais pris l'avion pour une telle distance, se sont téléportés dans le Nevada pour trois jours à 7000 francs (11 000 francs pour ceux qui avaient choisi la totale pendant une semaine, avec notamment la visite du Grand Canyon).

« RTL avait fait gagner des places à ses auditeurs, se souvient Micheline Pisoni, responsable des partenariats de la station rue Bayard. Pour beaucoup d'entre eux, il s'agissait d'une aventure inédite. Une dame n'avait jamais quitté Besançon. On m'avait même demandé s'il était possible d'y aller en train ! »

« Mes proches me mettaient en garde, sourit Jacky Letort : *Fais attention, il y a de la drogue à Las Vegas.* »

« C'est vrai qu'en partant si loin tous les deux, on avait peur qu'il nous arrive quelque chose », avoue Lulu Périn, parti en couple avec sa femme.

« J'avais trouvé une maison de crédit pour permettre aux fans de financer leur voyage », rapporte Jean-Claude Camus.

« J'ai contracté un prêt pour aller à Las Vegas, confirme Yann Ekwalla. Ce voyage m'a permis de rencontrer tous les vieux fans, ceux qui le suivaient depuis ses débuts. »

« 90 % des gens découvraient la violence d'un tel décalage horaire, raconte Patrice Gaulupeau, qui a tout filmé de A à Z. Dans l'avion, le bar était ouvert, l'alcool coulait à flots. En arrivant, les machines à sous de l'hôtel se trouvaient sur le chemin des chambres. Les fans s'étaient à peine écroulés quelques heures sur leur lit qu'ils devaient se réveiller pour la visite de la ville.

Tout était minuté ! Quelques heures après, tout ce monde arriva à l'Aladdin Theater dans un état d'épuisement. »

« Je suis parti le vendredi matin et rentré le lundi soir, retrace Laurent Chauvel. Je travaillais dès le mardi matin. En fait, je suis allé en week-end à Las Vegas, pour mon premier vol international à 23 ans. J'avais emprunté l'argent à ma famille. »

« Rien que pour l'organisation des avions qui portaient le nom de chansons de Johnny, Las Vegas 96 est un fabuleux souvenir », s'émeut Monique Lemarcis.

« J'étais dans l'avion *Que je t'aime*, apprécie Laurent Chauvel. Alors que nous buvions du champagne, les chansons de Johnny passaient en boucle, des gens dansaient. Jean-Pierre Foucault – qui présentait le concert pour TF1 – était sorti de la classe affaires pour fêter son anniversaire avec nous. Chaque personne avait eu droit à sa dédicace. »

« J'aurais aimé être discret mais le commandant de bord a annoncé au micro que c'était mon anniversaire, précise l'animateur de TF1. Je me souviens de la gentillesse de tous ces passionnés. »

Jusqu'ici, les cinq mille deux cents voyageurs vivaient leur rêve américain. L'ambiance est retombée quelques heures avant le concert, pour plusieurs raisons. « Las Vegas 96 est une litanie de malentendus », introduit Patrice Gaulupeau.

« Les gens étaient tellement fatigués qu'on a dû en réveiller certains juste avant le concert, indique l'harmoniciste Christophe Dupeu. En plus l'ambiance était morose car il y avait des problèmes de billetterie. »

« Je me suis retrouvé à l'étage alors que ce n'était pas prévu, donc j'étais dégoûté, confirme Laurent Chauvel. Je me suis endormi et j'ai été réveillé en sursaut par l'entrée sur scène de Johnny ! »

« Un public endormi dans une salle de concert, c'était affreux, soupire Jean-Claude Camus. Je n'avais jamais vu ça. »

« Les fans étaient trop fatigués pour mettre l'ambiance, relève Gaulupeau. Et quand ils ont essayé de se lever, la sécurité américaine est venue leur taper sur la tête. »

« Le début du concert s'est très mal passé, la sécu nous a gâché les vingt premières minutes, poursuit Chauvel. Les mecs nous repoussaient, nous obligeaient à nous rasseoir. On était crevés et maltraités ! »

« La sécurité était très renforcée, ce n'était pas du gâteau, ajoute Nadine Kerwyn. Quand ils ont ouvert leurs grands bras, j'ai profité de ma petite taille pour passer par-dessous et accéder au premier rang. Johnny m'a vu et a crié "Nadine !" juste avant la chanson *Gabrielle.* »

« En plus, le spectacle avait été survendu par la production, avance Gaulupeau. On avait annoncé un spectacle "*à l'américaine*". Dans l'esprit des gens, ça devait logiquement être supérieur aux derniers shows de Johnny, qui étaient des spectacles "*à la française*". »

« C'était assez perturbant de voir qu'il n'y avait pas le moindre décor, abonde Laurent Chauvel. On s'attendait à un Parc des princes puissance 1000 ! »

« Chanter à Vegas était une fausse bonne idée car on s'attendait à des artifices, ajoute Jean-Pierre Foucault. Finalement, le concert était dans une petite salle, loin de tout ce à quoi Johnny nous avait habitués. »

Explication rationnelle : en une soirée à Las Vegas devant cinq mille personnes, il était impossible d'amortir le coût des décors comme dans des grands stades, et encore moins comme quand Johnny jouait trois mois d'affilée au Zénith.

Toutes ces péripéties auraient pu rester anecdotiques, si le reste du show avait fonctionné. Mais décidément, ce concert était maudit. Fait rarissime dans sa carrière, Johnny Hallyday n'était pas en forme et souffrait d'un problème de gorge.

« C'était assez bizarre, raconte Christophe Dupeu. Une heure avant le début du spectacle, on a bu un verre avec Johnny et Érick Bamy. Johnny était nickel. Il n'a rien laissé paraître. Pourtant, dès que j'ai croisé son regard sur scène, il était vitreux, absent. Je n'avais pas compris. »

« Johnny lui-même était embué par son décalage horaire, peste Jean-Claude Camus. Il avait retardé son départ de Paris à cause d'une histoire de yacht qu'on ne voulait pas lui payer. »

« Johnny a raté *Que je t'aime* et *Sur la route de Memphis*, s'étonne Laurent Chauvel. Pire, il a dû recommencer sa nouvelle chanson écrite par son fils, *Chanter pour toi*. C'était vraiment un concert étrange. »

« Il a peut-être mal chanté à cause de son angine, mais le concert était génial, avec un choix de classiques du rock'n'roll qu'il n'avait pas l'habitude de chanter », s'enthousiasme malgré tout Nadine Kerwyn.

« Quand j'ai découvert qu'il avait changé tout son répertoire pour ce concert, ça m'a préoccupé, raconte Camus. Il aurait dû revenir à ses classiques au dernier moment pour sauver l'affaire. »

« En quinze ans à filmer Johnny, je n'ai vu que trois ou quatre concerts pas très réussis, répertorie Gaulupeau. Habituellement, il revenait toujours le lendemain pour se rattraper. Là, c'était un concert unique, et il en était très affecté. Johnny avait conscience d'être passé à côté de son show. Mais il n'y pouvait rien, c'était sa voix ! »

« Il a le droit d'être malade, non ? s'agace Jacky Letort. Bien sûr qu'on entendait ses problèmes de voix ce soir-là, mais le concert était top. Quoi qu'il arrive, c'était toujours bien avec Johnny. C'est surtout Paul Anka[14] qui a tout gâché avec son apparition ridicule. On n'avait pas besoin de lui. »

« Après le concert, on a essayé de le voir sortir, raconte Chauvel. On entendait beaucoup de rumeurs, selon lesquelles Johnny était en larmes. Un musicien nous avait dit qu'il était mal et qu'il valait mieux que nous partions. »

« La sortie de scène a vraiment été compliquée pour lui, confirme Michel Marseguerra, le régisseur confident. Il avait ressenti que sa prestation n'avait pas été à la hauteur de l'événement. Surtout, quand je l'ai récupéré au pied de la scène pour l'emmener vers sa limousine, il a bien vu qu'il n'y avait presque plus personne autour de lui. Il savait ce que ça voulait dire. À cet instant précis, nous n'étions plus très nombreux à le soutenir, c'était regrettable. »

« Vegas n'est pas un bon souvenir pour Johnny, précise Jean-Pierre Foucault. Il ne m'en a jamais reparlé. »

« Johnny était effondré, confirme Camus. Il avait compris qu'il s'était pris le bide de sa vie. »

Au moment de rentrer à Paris, le producteur bichonna les fans déçus : « Certains pleuraient ! Je suis allé m'exprimer dans chaque avion, afin d'expliquer que Johnny s'était trompé dans l'approche de son concert et qu'il en était malheureux. »

Contre l'avis de Jean-Claude Camus, le concert avait été diffusé sur TF1. « J'étais resté sur le souvenir de la tournée d'été 1996, sublime, malgré son look un peu spécial, indique

14 Cf. "Mes mille concerts avec Johnny", de Robin Le Mesurier.

Didier Moser. Quand j'ai vu le concert de Vegas sur TF1, j'avais l'impression de ne pas voir le même homme ni le même groupe. Quel plantage ! » Fabrice Thoumire, lui, refusa de regarder le concert pour d'autres raisons : « J'avais prérempli le dossier pour aller à Vegas, mais ça coûtait 15 000 francs pour deux personnes, c'était trop. La déception de ne pas y être allé était trop grande. Ma femme a regardé TF1 sans moi. »

Quelques mois plus tard, Johnny expédiait une lettre aux déçus de Vegas afin de s'excuser, et les invitait à assister aux répétitions du Stade de France, organisées au Zénith de Paris.

Royal Albert Hall : Récit d'un concert unique

15 octobre 2012, Royal Albert Hall de Londres. Dans ce temple de la musique anglaise, Johnny Hallyday fut touché par la grâce pour son premier vrai concert en Grande-Bretagne. Elizabeth II n'était pas là, mais les spectres de Sinatra et Hendrix - qui triomphèrent jadis dans cette salle – avaient sans doute encouragé le rocker français à donner l'un de ses meilleurs concerts des années 2000, et l'un de ses meilleurs concerts tout court. J'avais traversé la Manche à l'aube pour ne pas rater l'événement. À l'arrière du bateau, le somptueux soleil levant présageait d'une grande journée. Avant l'entrée de Johnny, nous avions dû rivaliser d'astuces pour tromper le conformisme britannique qui stipulait que les spectateurs devaient rester assis. Après avoir été raccompagné plusieurs fois à ma place – un affreux huitième rang beaucoup trop excentré – pendant la première partie d'Amandine Bourgeois, je trépignais, scrutant aussi les mouvements des membres de ma bande, disséminés à divers endroits de la salle. En entrant sur scène pour l'introduction d'*Allumer le feu*, les musiciens perçurent l'atmosphère malsaine. Greg Zlap me l'a révélé récemment au cours d'une conversation : « À chaque fois que

j'entrais sur scène, je cherchais les visages connus pour saluer les fidèles. Au milieu des gens assis qui applaudissaient, je vous ai tous vus debout, loin de la scène, avec une telle tristesse sur le visage. J'ai cru que vous alliez pleurer ! C'était horrible à voir. Une catastrophe totale. » Faire autant de kilomètres pour voir notre idole d'aussi loin ? C'était inconcevable. Toutefois, la méconnaissance anglaise du phénomène Johnny Hallyday avait cela de bon que la sécurité du *Royal Albert Hall* pensait que nous resterions sagement sur nos chaises alors qu'il serait devant nous. Les *security men* étaient stricts, mais peu nombreux. Aucune barrière solide n'avait été prévue entre les sièges du premier rang et la scène. Johnny donna le signal. Dès son apparition, je me ruai vers la scène avec tous mes camarades. « Pendant la première partie, j'avais joué la petite française bien éduquée assise sur son siège, raconte Laurine Falconetti. Mais il était évident que j'allais me jeter sur la scène à l'arrivée de Johnny. » Harmonica à la bouche, Greg assistait au spectacle : « J'ai vu un vrai match de rugby ! Les trois ou quatre molosses ont été renversés en même temps que le cordon trop fin qu'ils avaient placé devant la scène. » Le rapport de force était effectivement largement en notre faveur. De son côté, la sécurité de Johnny laissait faire car elle connaissait chaque visage et savait qu'aucun mal ne serait fait à Johnny. En quelques secondes, j'étais passé du huitième rang à la main sur la scène. Était-ce la révolte de son public qui avait déclenché la folie de Johnny Hallyday ce soir-là ? « Johnny était un chanteur de rock'n'roll, il n'aimait pas voir des gens assis en face de lui », glisse Greg Zlap en guise d'indice. Chanson après chanson, Johnny était de plus en déchaîné ! Agenouillé devant nous, il tapa rageusement dans mon poing et ceux des autres, prit la main des jeunes filles en leur réservant des clins d'œil et essuya sa transpiration en décrochant le foulard d'un fan. Une pure folie rock'n'roll ! Dans un état second proche de la folie qu'il suscitait dans les années soixante, Johnny surprit tout son monde en enjambant les amplis pour monter dans les gradins et serrer les mains des spectateurs assis sur les côtés. Je revois comme si c'était hier le visage paniqué de Patrick – son garde du corps – qui se demandait quelle mouche avait piqué son patron. La mouche du rock'n'roll.

« Dans l'esprit de Johnny, ce premier soir au *Royal Albert Hall* est resté mythique, confie Mathieu André, le coiffeur de la star. Il avait adoré le contact charnel avec la foule. C'était comme un concert des Beatles ! Le deuxième soir, la sécurité londonienne avait rajouté une barrière pour ne pas se faire avoir. Dans sa loge après le concert, Johnny était en colère. »

– Mais pourquoi ont-ils changé la configuration de la salle alors qu'il n'y a pas eu de problème hier ?

Johnny envoûte les Russes au Kremlin

Vingt-trois ans après la chute du Mur de Berlin et quarante-six ans après sa tournée mouvementée en Europe de l'Est, Johnny est allé se produire à Moscou, au Kremlin ! Dans la salle, l'ambiance était plutôt feutrée et toujours sécurisée, même si quelques passionnés russes tentaient de mettre l'ambiance. J'ai fait la connaissance de deux OVNIs russes, tombés sous le charme de l'idole française. Ekaterina Lokhovina avait 19 ans lorsque Johnny a chanté dans son pays, en 2012. Je lui ai demandé comment une jeune fille russe d'une vingtaine d'années s'était découvert une passion pour un rocker français de 70 ans. « J'ai toujours été intéressée par la musique française : Notre Dame de Paris, Starmania, Les Enfoirés, Jean-Jacques Goldman… L'âge de Johnny m'importait peu, il était tellement talentueux. J'aime sa voix, l'atmosphère rock'n'roll autour de lui. J'ai étudié le français, ce qui m'a permis de comprendre les paroles des chansons. Grâce à Internet, j'ai rencontré d'autres Russes qui aimaient sa musique, et nous nous regroupions dans un appartement pour regarder des DVD. Lorsqu'il a annoncé sa tournée en 2012, j'ai acheté des places pour aller le voir à Anvers, en Belgique et au Stade de France le jour de son anniversaire. C'était mon premier voyage à l'étranger sans mes parents, à 19 ans, et pendant ma période d'examens, c'était assez effrayant. Jamais je n'aurais pu imaginer qu'il viendrait chanter à Moscou. Quand j'ai appris la nouvelle, j'étais stupéfaite ! Finalement, j'ai assisté aux trois concerts. À Anvers, j'ai été impressionnée du nombre de gens qui portaient des vêtements à l'effigie de Johnny dans les rues. C'était mon premier concert de rock'n'roll, avec son lot de nouvelles émotions. Quand il est arrivé à Moscou, je l'ai accueilli à l'aéroport avec mes amis. J'avais préparé des t-shirts, des ballons. Johnny avait l'air surpris car aucun d'entre nous ne lui a demandé d'autographes. Ce n'était sans doute pas dans ses habitudes, mais cela nous paraissait impoli. Il m'a demandé si je parlais français ou anglais. Je lui ai montré le dos de mon t-shirt, sur lequel j'avais fait inscrire mon programme de concerts (Anvers, Paris, Moscou). Pendant le spectacle, Johnny a semblé surpris de recevoir autant de fleurs, car ce n'est pas dans vos habitudes en Europe, mais en Russie, la coutume est d'offrir des fleurs au chanteur. Quand il est décédé, j'ai ressenti de la tristesse mais aussi une immense gratitude pour tout ce qu'il m'a apporté. Je me sens chanceuse de l'avoir rencontré. »

Dans la bande d'amis d'Ekaterina, on retrouve Dmitriy Garine, qui a découvert Johnny au milieu des années 70, alors qu'il avait déménagé en Suisse, son père travaillant pour l'Organisation Mondiale de la Santé. Le jeune russe avait vu Johnny sur scène à la Patinoire des Vernets, à Genève, en août 1975. De retour en Russie, il a vécu sa passion discrètement, dans l'indifférence générale. « J'aimais sa manière de chanter et sa capacité à toujours trouver le bon costume, ainsi que sa proximité très amicale avec le public. Je ne comprenais pas le français, mais cela ne m'empêchait pas d'apprécier sa musique. Beaucoup plus tard, la télévision russe a diffusé des clips sous-titrés, ce qui m'a permis d'avoir une nouvelle lecture des chansons. En 2010, j'ai découvert grâce à Internet que d'autres Russes s'intéressaient à la créativité de Johnny Hallyday. Beaucoup d'entre eux étaient très jeunes. Mais je n'aurais jamais cru que Johnny vienne chanter dans notre pays. Quand ça s'est produit, j'étais horriblement stressé. À l'aéroport, j'avais invité un ami pour me soutenir moralement. J'avais un bouquet de fleurs pour Læticia. J'avais l'impression que la terre allait s'écrouler sous mes pieds quand je lui ai tendu le bouquet, et elle m'a embrassé. C'était surréaliste ! À l'initiative de sa femme, Johnny a entamé la conversation. C'était un dialogue très amical. Nous lui avions préparé un flash mob[15] ! Il avait l'air assez surpris. Johnny avait tellement changé par rapport à mon premier concert en 1975 ! Le concert était fantastique même si malheureusement la salle n'affichait pas complet. En décembre 2017, j'ai ressenti la douleur d'une perte irréparable. Il nous a quittés bien trop tôt. On attendait encore beaucoup de lui. Et tout d'un coup, plus rien. C'était atroce. J'écouterai ses chansons jusqu'à la fin de ma vie. »

Shalom Tel-Aviv !

Quelques jours après le concert russe, Johnny se produisit en Israël, à Tel-Aviv : son premier concert en Terre sainte. Malgré la distance, une poignée de fans français avaient fait le déplacement. Lors de mon interview avec Johnny, le rocker m'avait confié être impressionné de voir les mêmes visages en face de lui, chaque soir, d'une ville à l'autre, d'un pays à l'autre. « On a fait beaucoup de concerts à l'étranger, et même là-bas, il y a bien une dizaine de personnes qui étaient les mêmes à chaque fois. Avec tous les kilomètres parcourus, il fallait quand

15 *Sorte de chorégraphie éclair effectuée par une foule.*

même la suivre, cette tournée ! Ce qu'ils font n'est pas évident du tout. » Cette fidélité a parfois entraîné des scènes amusantes. Très peu d'irréductibles avaient pu s'organiser pour se rendre à Moscou. Sur une plage de Tel-Aviv quelques heures avant le concert, le guitariste Yarol Poupaud et le bassiste Fred Jimenez chambrèrent les fans :

– Mais qu'est-ce que vous avez foutu ? On a vu personne à Moscou, vous étiez où ?

– C'est la première date de la tournée sans vous, ça nous a perturbés.

Dans la Nokia Arena de Tel-Aviv, l'ambiance était électrique. « On avait l'impression de vivre un concert des années 70, explique Laurent Chauvel. Sièges en plastique, sécurité débordée, désorganisation absolue… Le public franco-israélien était hystérique. À force d'essayer de toucher et d'accrocher Johnny, certains ont manqué de le faire tomber. À son visage, on voyait que notre idole adorait ça. Au moment où il a dit "Shalom Israël, Shalom Tel-Aviv", ça a été de la pure folie. Après le show, nous nous sommes retrouvés dans la rue en plein Tel-Aviv avec des couteaux de cuisine qui nous servaient à enlever les agrafes des affiches, *Johnny Hallyday* en hébreu. » Collector…

Par un heureux hasard, Claude Pierre-Bloch, ex-camarade de galère des années 60 et 70, se trouvait en vacances en Terre sainte à cette période. « J'étais à l'autre bout du pays, mais Johnny m'a fait appeler pour que je vienne le voir. Il m'a raconté sa découverte du Mur des Lamentations, et m'a confié qu'il y avait laissé un mot à destination de ma famille. Johnny avait donné une interview à une radio israélienne et avait expliqué avoir vécu quelque temps dans une famille de résistants – ma famille. » Lors de cet entretien à la radio, Johnny Hallyday révéla qu'il avait été à un cheveu de s'engager aux côtés de Jean-Pierre Pierre-Bloch, en pleine Guerre des Six Jours (5-10 juin

1967). « C'est vrai, confirme Claude. Johnny voulait à tout prix s'engager pour Israël. Il a accompagné mon frère à l'aéroport et voulait monter dans l'avion. Jean-Pierre l'en a empêché. » Quelques mois plus tard au Palais des Sports de Paris, Johnny annotait l'un des couplets de *Hey Joe* : « Israël, la bombe, tu t'en fous de tout ça ? » Israël avait remplacé le Vietnam.

Johnny en Asie : les concerts qui n'ont jamais eu lieu

En décembre 2013, une mini-tournée en Asie était programmée – Bangkok, Hanoï, Hô Chi Minh-Ville, Hong Kong – mais avait dû être annulée en raison des troubles politiques en Thaïlande. En guise de substitution, Johnny avait chanté au Trianon le 15 décembre, pour un concert dont les profits furent reversés à l'association *La bonne étoile*, qui œuvre justement en Asie. Problème : une quinzaine d'irréductibles du premier rang avaient programmé leur voyage en Asie (vols, hôtels...) et ne pouvaient pas être remboursés. Un véritable dilemme hallydéen. « Pour nous, c'était la double peine, souffle Florian Large. Soit on perdait des milliers d'euros en annulant notre voyage, soit on ratait le concert de Johnny à Paris. En plus, c'était un concert intime, dans une petite salle, le genre de shows qu'on adorait tous. On était dégoûtés. » Parmi le groupe de fans, tous n'étaient pas d'accord. Certains avaient profité du voyage, malgré la terrible frustration. D'autres, comme Laurent Chauvel, n'avaient pas voulu manquer le concert : « Dans ma tête, je me suis dit : *Je perds des sous mais ce n'est pas grave*. Au Trianon, c'était un concert de ouf ! » Afin de dédommager les fans qui avaient voyagé sans voir Johnny, le manager Sébastien Farran leur offrit l'entrée gratuite pour tous les concerts de la tournée américaine, quelques mois plus tard. « Aux États-Unis, on se rendait à la billetterie et on récupérait nos invitations, c'était royal, apprécie Florian Large. On était un peu inquiets de savoir où on allait être placés, mais à chaque fois, on se faufilait au premier rang. »

US Born Rocker Tour : la tournée inespérée

Il n'est jamais trop tard pour réaliser ses rêves. Y compris lorsque l'on a vécu les mille vies fantasmagoriques de Johnny Hallyday. Le rocker français a longtemps couru après son vieux rêve américain. Quand bien même il était rapidement parvenu à enregistrer dans des studios partout aux États-Unis avant de sillonner le pays à moto et enfin de vivre en Californie, la star française dut attendre l'année 2014 pour chanter plus d'un soir d'affilée au pays du rock'n'roll. « Johnny était très excité à l'idée de commencer cette tournée », confirme Fred Jimenez, bassiste du groupe. Même s'il avait fallu pour cela revoir ses ambitions à la baisse… « Dans mes souvenirs, la tournée s'est déroulée en deux temps. Au début, Johnny était un peu ronchon. Dans les petites salles américaines, il n'arrivait pas en hélico, nous devions trouver une énergie différente. C'était parfois délicat pour son ego, notamment quand il découvrait sa loge de la taille d'un placard à balais. Un jour, ça s'est débloqué. Il a senti les fantômes dans la salle. On lui a expliqué que James Brown avait fait ses débuts à l'endroit où nous jouions, et qu'il était le premier Français à s'y produire. À partir de là, cette deuxième partie de tournée fut magique. Dans la *House of Blues* de New Orleans, c'était grandiose. » Laurent Chauvel partage le même souvenir de ce concert : « Dans cette salle de l'Amérique profonde qui ressemblait à un grand saloon, Johnny a livré sa meilleure prestation. On le sentait heureux de se produire là-bas. » Évidemment, le rocker ressentait parfois la frustration de constater que les Américains ne disputaient pas les places du premier rang à sa frange d'irréductibles français, qui se seraient accrochés à la barrière de la scène même au fin fond d'un glacier de l'Antarctique, à condition qu'on leur promette la venue de Johnny Hallyday.

« Cette question obnubilait les fans, confie Fred Jimenez. Ils nous interrogeaient souvent à ce sujet. Plus d'un an après le décès de Johnny, j'ai recroisé l'un d'eux au Bus Palladium. Il m'a harcelé de questions : "Maintenant, tu peux me répondre. Aux États-Unis, Johnny était content de nous voir ou on le dérangeait ?" En vérité, Johnny était un vrai gémeau. Tout ou rien. D'un soir à l'autre son discours variait : "C'est un miracle de les voir toujours devant, ces gens sont incroyables." Et trois jours plus tard : "Ils font chier… Toujours voir les mêmes gueules !" Malgré cette diatribe, il était évident que Johnny ne pouvait pas se passer d'eux. Si aucun membre du gang n'avait été présent aux États-Unis, il se serait demandé pourquoi ils l'avaient abandonné. Ces gens faisaient partie de sa famille… »

En guise de remerciements et grâce à l'entremise du coiffeur Mathieu André, Johnny a offert une setlist dédicacée à la douzaine de fans présents lors de cette tournée américaine, après le dernier concert à Dallas. Un beau cadeau qui venait récompenser d'immenses sacrifices. « Il m'a fallu plus de deux ans pour rembourser ma mère qui m'avait avancé l'argent », glisse Laurent Chauvel, qui a dépensé 4 000 euros en dix-sept jours de tournée.

De la Californie au Texas en passant par Washington, Miami ou Boston, Johnny remplit treize salles de concert, en surprenant plus d'un Américain. « Les gens venaient observer le phénomène français, raconte Florian Large. Chaque soir, ils étaient soufflés par Johnny… mais aussi par nous ! »

– En fait, son public est aussi fou que lui ! s'extasia un Américain après le concert.

Pour la douzaine de fans français, cette tournée était aussi l'occasion de rechercher une plus grande proximité avec leur idole. Un soir, Johnny assista incognito à un petit concert de musique typique de la Nouvelle-Orléans en compagnie de Yarol Poupaud et Fred Jimenez. « À 6 heures du matin, Johnny était assis sur un banc, en train de fumer sa clope, comme si de rien n'était », se souvient le bassiste, qui avait été étonné de découvrir la simplicité de son patron, quelques mois après le gigantisme de la tournée française. « Malheureusement, nous l'avions raté de peu », regrettent Laurent Chauvel et sa bande, qui vécurent d'autres émotions inattendues. « À la Nouvelle-Orléans, nous avons dîné avec Mathieu, le coiffeur. Après avoir dégusté le Jambalaya, plat local de la Louisiane, nous avons fini la soirée dans sa chambre avec quelques bouteilles de vin blanc et vue sur le Mississippi. D'un signe, il nous a montré que la chambre de Johnny était juxtaposée à la sienne. Ça nous a fait quelque chose… »

CHAPITRE 9

DANS L'INTIMITÉ DE JOHNNY

Playlist du chapitre :

Ceux qui parlent aux étoiles (2002)

Je m'accroche à mon rêve (1968)

Ma religion dans son regard (2005)

Je t'attends (1986)

État de grâce (2008)

Entrer dans l'intimité de Johnny Hallyday était un sentiment inouï. Rencontrer cet homme au pied de la scène fut l'une des choses les plus magiques de ma vie. Avant d'y parvenir, c'était aussi l'action la plus effrayante. Comme les autres chanceux, je m'étais posé cette question naïve avant de le rencontrer : *Et si j'étais déçu ? Et si Johnny n'avait pas envie de me voir ? Et si je tombais mal ?*

Sur le chemin de la loge, la moindre personne croisée et le moindre murmure m'insufflaient une dose d'angoisse supplémentaire. Le clin d'œil d'un garde du corps dans l'ascenseur. Un chambrage du manager.

– T'es prêt, j'espère ? Tu vas vivre le moment de ta vie !

Au moment de patienter devant la porte du Maître, le souffle de sa voix se fit entendre. *C'est donc réel.* Quelques secondes séparaient notre première poignée de main dans la vraie vie.

On me fit entrer, et je le vis d'abord de dos, face à son miroir. Johnny Hallyday se leva et m'accueillit avec une grande générosité.

Grâce à sa gentillesse et son humanité, mes craintes s'envolèrent en moins d'une seconde. En entrant pour la première fois dans sa loge – liquéfié par la terreur – je compris aussitôt que j'allais passer l'une des demi-heures les plus agréables de ma vie. Souriant, timide et humain, Johnny m'invita à prendre place sur son canapé où il dégustait des sucreries après son concert, et m'offrit un bonbon. Un Mentos au citron.

– C'est bon, n'est-ce pas ?

Johnny aimait mettre à l'aise son interlocuteur.

Pendant que nous parlions, j'observais sa multitude de tatouages sur ses avant-bras, qui disaient tout des mille vies qu'il avait traversées. À l'issue de notre entretien passionnant, Johnny me dédicaça sept photos quand je lui en demandais deux.

– Ça me fait plaisir, sourit Johnny, stylo dans une main, Gitane dans l'autre.

Dans sa vie, Johnny a souvent connu ce sentiment d'admiration pour autrui. Presley, Dean, Brando. Les grands du cinéma. Quand il avait rencontré Elia Kazan pour la première fois, il n'avait pas osé lui demander un autographe alors qu'il tenait fermement dans sa main la biographie du réalisateur américain qu'il avait emmenée spécialement pour la faire dédicacer. Johnny avait conservé cette croyance : réclamer un autographe était une forme de courage qui méritait d'être récompensé. Évidemment, le chanteur préféré des Français n'a pas pu satisfaire tout le monde. Mais dès qu'il le pouvait, il recevait des petits groupes de fans dans sa loge et signait des autographes. Pourra-t-on un jour comptabiliser le nombre de fois où il a griffonné sa célèbre signature ? Sorties de concerts, de plateaux de télévision, de restaurants, de boîtes de nuit, à la plage, au ski ou à Saint-Tropez... Même en pleine nuit, il y avait toujours un fan en planque quelque part pour le retrouver. « Souvent, les gardes du corps nous empêchaient d'approcher Johnny pour lui laisser un peu d'air, explique Sébastien Morisseau, qui collectionne les heures d'attente. À chaque fois, il tournait les talons et venait malgré tout nous voir. C'était un truc de fou. Johnny était un rebelle au grand cœur. Au festival de cinéma de Beaune, Johnny avait remonté patiemment la file de fans, signant nos photos et nos bras pendant une demi-heure. Il offrait à chaque personne son petit morceau de rêve. Certains autographes d'artistes intouchables valent des millions de dollars car ils n'en signent jamais. On a eu la chance d'aimer un artiste disponible pour nous. »

Chaque historiette d'intimité volée ou offerte de bon cœur est le reflet de l'histoire d'amour entre Johnny Hallyday et son public. Certains épisodes sont à l'image du personnage : invraisemblables, mais authentiques. À force de le suivre partout avec respect et admiration, certains fans ont réussi à tisser une relation solide avec leur idole, frisant parfois l'inimaginable. « Le plus grand rêve de mon enfance était de voir Johnny en vrai et, éventuellement, de lui serrer la main, sourit Lucien Périn. C'est à peine croyable, mais en plus des concerts, j'ai eu la chance de le voir une centaine de fois en privé. » Inconditionnel des concerts depuis la fin des années 70, Lulu s'était fait remarquer à l'Olympia 2000, alors qu'il assistait au concert tous les soirs avec son épouse Catherine et ses filles. « On était une petite famille atypique. Avec nos bandeaux et nos t-shirts à l'effigie de Johnny, on ne passait pas inaperçus. » En plein concert, Johnny s'était approché de la famille Périn – debout au premier rang – et avait pris l'une des filles dans ses bras. Le début d'une grande complicité. « Johnny m'appelait Lulu et demandait toujours des nouvelles de mes filles. Je n'étais pas son ami, mais je savais qu'il m'estimait. » À la moindre occasion, Lulu Périn faisait l'aller-retour Troyes-Paris pour saluer son idole. Souvent, Johnny lui réservait de belles surprises. Pour un réveillon de la Saint-Sylvestre, Lulu et sa famille patientèrent devant le restaurant Le Rue Balzac – propriété du chanteur - afin de souhaiter la bonne année à la famille Hallyday. « Nous attendions à quelques mètres de distance, comme à notre habitude. C'était notre manière de le respecter. S'il voulait nous saluer, il faisait signe. S'il n'avait pas envie, on ne le forçait pas. » En quittant le restaurant vers 3 heures du matin, Johnny remarqua leur présence et vint leur faire la bise. « Oh Lulu, je suis trop content de te voir. Viens avec moi ! » La star invita la famille Périn à entrer à l'intérieur du restaurant, avant de s'adresser à sa femme – « Lætiticia, regarde qui je t'amène ! » – puis à son cuisinier – « Donne des chocolats chauds aux gamines, elles ont dû avoir si froid dehors. »

« Johnny souhaitait même qu'on nous serve un repas complet, s'étouffe le Troyen. Vu l'heure, on a évidemment refusé. »

À chaque départ ou arrivée de Los Angeles, Lulu se rendait à l'aéroport pour saluer son idole.

– Est-ce que ça te dérange que je vienne ? demandait toujours le fan.

– Tu ne me gêneras jamais. Si tout le monde était comme toi, je signerais tout de suite, rassurait Johnny d'un clin d'œil.

Un jour, cet employé d'autoroutes s'était même retrouvé dans le salon VIP en charge de garder le labrador de la famille – Santos – pendant que Johnny et son staff étaient à l'enregistrement. « Dans ces moments d'intimité, je me creusais toujours la tête pour savoir ce que je pouvais lui dire sans l'embêter. Comme je prévoyais des vacances au Maroc, il m'avait fait la liste de ses restaurants préférés et les plats qu'il fallait y choisir. » Le Troyen essayait de ne pas avoir systématiquement une relation de fan à idole. Mais l'envie de le questionner sur son répertoire reprenait parfois le dessus. Alors qu'il assistait aux répétitions du Théâtre de Paris en 2013, Lulu avait eu la bonne surprise de voir Johnny s'asseoir à côté de lui pendant une pause. « Il venait de répéter *Dead or alive*, alors je lui avais demandé d'où sortait cette chanson[16]. Johnny était ravi de me détailler son tour de chant différent des autres concerts. Il voulait me faire comprendre pourquoi il voulait jouer ces morceaux. Cela comptait pour lui. » Parfois, Lulu profitait de cette proximité pour faire remonter à Johnny et Lætitia les retours du public au fil des différents spectacles.

Pris de tendresse pour cette famille, le couple Hallyday savait envoyer des marques d'affection au bon moment. « Nous avons vécu des coups durs familiaux et des problèmes de santé. À chaque fois, Johnny et Lætitia étaient présents. À travers des SMS ou des mails, ils nous ont aidés à traverser ces moments. Lors d'un concert à Los Angeles où nous n'avions pas pu nous rendre, Lætitia nous avait téléphoné pour nous faire écouter quelques chansons en direct. »

---

16 *Chanson extraite du répertoire de Lonnie Donegan, spécialiste écossais du skiffle.*

En 2006, Catherine et Lucien Périn furent même invités aux dix ans de mariage du couple Hallyday, célébrés au Jardin d'Acclimatation en présence de nombreuses personnalités. Le couple troyen dut se pincer plusieurs fois pour réaliser que cette invitation n'était pas une blague. « Nous avons vécu un rêve éveillé. Nous avions loué des costumes d'Indiens afin de respecter le *dresscode* de la soirée western. Nos filles étaient déguisées aussi. On était propulsés dans le monde des cow-boys mais aussi dans celui où Jean-Paul Belmondo, Mimie Mathy et Mathilde Seigner étaient assis à la table d'à côté. En plus de nous avoir invités, Johnny avait fait en sorte que l'on soit mélangés au reste des invités et qu'on ne soit pas "la table de fans dans un coin". »

– Alors, t'es heureux d'être là ? lui demanda l'Idole.

– Je suis dans un rêve.

Au milieu de la centaine de célébrités parfois blasées de ce milieu, Johnny savait qu'une partie de ses invités vivraient une soirée hors du temps. Lætícia les présenta à Carlos puis à David.

– Il est super ton costume d'Indien, lança le fiston Hallyday.

Jouissant d'une telle proximité, le couple troyen adapta ses comportements afin de faire profiter les autres. « J'allais toujours aux séances de dédicaces pour le plaisir. Au lieu d'aller voir Johnny moi-même, je prenais les copains en photo avec lui. »

Si Lucien Périn a construit pierre après pierre sa relation avec Johnny, un autre grand passionné a brisé la glace dès le premier soir. En 1967, Michel Poggi avait 15 ans. Bluffé par le premier concert auquel il venait d'assister à Marseille, l'intrépide adolescent s'était rué à l'extérieur et avait grimpé sur l'estafette de police où était réfugié le *Prince du tumulte*. Debout sur les pneus, il croisa le regard de son idole. Quelques mètres plus loin, il rencontra Josette Sureau – admiratrice numéro 1 et présidente du fan-club – alors qu'il tentait de s'introduire dans l'hôtel où logeait la vedette.

– Si tu veux voir Jojo, tu te calmes et tu me suis », a ordonné Josette. D'un coup sage comme une image, le jeune Marseillais a suivi son ange gardien et admiré Johnny, en train de poser pour les photographes du *Provençal*[17]. « Allons l'attendre au bar », proposa Josette.

Quelques minutes après l'avoir vu sur scène pour la première fois, Michel Poggi allait aussi rencontrer Hallyday en privé. « Johnny s'est avancé vers nous en se remontant le pantalon comme le faisait John Wayne dans les films », rêvasse encore le Marseillais.

– Eh, mais c'est toi qui es monté sur le car de police ? T'es pas fou ?

« Le grand Jojo me fixait droit dans les yeux. Je ne savais plus où j'étais. J'ai commencé à avoir peur et… »

– Tu bois un coup ?

Après avoir trinqué, Michel engagea la conversation.

– Ma sœur a épousé un Parisien. Ils vivent en bas du Sacré-Cœur. Je monte souvent à la capitale.

– La prochaine fois que tu viens à Paris, va voir Josette, répondit Johnny.

Sacrée première rencontre… « Ce soir-là, Johnny m'a administré une piqûre pour la vie, raconte cet ancien employé du Cercle des nageurs de Marseille. De 1967 à 2017, je pense avoir assisté à mille concerts. Aujourd'hui, tous mes anciens collègues ont de magnifiques villas au bord de la mer. Moi, je vis toujours dans un T2. J'ai vécu pour ma passion… » Et Johnny lui a bien rendu…

---

17 *Ancien nom du journal La Provence.*

À la fin des années 60, le Marseillais s'était installé quelque temps à Paris pour raisons hallydéennes. Chaque fin d'après-midi, il grimpait sur son Solex afin de prendre place sur son banc préféré, situé en face du 16 avenue du Président Wilson à Neuilly-sur-Seine. « Avec d'autres fans, j'ai passé des heures à attendre devant le portail en fer forgé. Dès qu'il y avait du mouvement, on se positionnait chacun à un endroit différent, car Johnny n'aimait pas les attroupements. »

Un soir de l'hiver 1971, le rocker vêtu d'un blouson aviateur marron sortit de son domicile et se dirigea vers sa Rolls-Royce, garée sur le trottoir. Derrière un arbre, il remarqua la présence de Michel Poggi :

– Tu aimes le cinéma ?

– Oui mais j'ai pas de sous, répondit Michel.

– Allez, monte !

Johnny et son fan descendirent les Champs-Elysées et s'arrêtèrent juste devant le cinéma. « Ils projetaient *Les lèvres rouges*. Le film avait débuté quand nous nous sommes assis en haut de la salle, ainsi personne n'a remarqué la présence de Johnny. De même, nous sommes sortis dès le mot FIN. C'était difficile de se concentrer sur le film, car je regardais Jojo du coin de l'œil. »

– Viens, on va boire un coup, proposa le rocker après la séance.

– Qu'est-ce qu'on vous sert ? fit le barman.

– Une pression, dit Michel, imaginant que son idole allait commander la même chose.

– Un Viandox, dit pour sa part Johnny, surprenant son jeune fan.

Le temps de boire leur consommation, les deux hommes eurent le temps de discuter.

« J'ai beaucoup travaillé sur un projet mais je crois que ça va tomber à l'eau, confia Johnny. Je voudrais jouer *Hamlet* sur scène[18]. Bon, tu prends le métro ou je te ramène ? »

Subjugués, le reste de la bande de fans virent ainsi revenir la Rolls-Royce avec Johnny et Michel Poggi à son bord. À l'époque, le rocker avait tissé des liens très puissants avec ses irréductibles fans. Josette Sureau avait pris en main son fan-club, où il avait aussi engagé Patrick J., futur opérateur-prompteur. Il n'était pas rare que Johnny monte dans la voiture de l'un de ses fans s'il n'avait pas son véhicule à disposition. Johnny avait même sermonné l'un d'entre eux, peu regardant sur l'hygiène de sa voiture.

– Elle est pourrave ta caisse ! s'était écrié Johnny en jetant les déchets par la fenêtre. Une autre fois à la fin des années 60, le rocker a pris le temps de discuter avec un groupe de jeunes admirateurs, dont l'un d'eux était particulièrement timide et complexé.

– Dites, les gars, fit Johnny. Votre pote le grand à lunettes, il a déjà baisé ? Faut qu'on l'aide. Sans hésiter, Johnny emmena son jeune fan rencontrer… des prostituées !

Quelques années après la séance de cinéma, Michel Poggi fut reçu par son idole dans la loge du Palais des sports. Hallyday avait même fait les présentations :

– Salut Michel, je te présente Sylvie. Sylvie, voici mes fans, Michel et sa femme Chantal.

« Jojo connaissait ma femme, puisqu'un soir elle s'était jetée sur la scène pour lui rouler une pelle en plein concert ! En redescendant dans la fosse, elle m'avait embrassé à mon tour pour éviter que je sois jaloux. »

---

18 *Le double-album Hamlet sortit finalement en 1976, mais Johnny ne le joua jamais sur scène.*

– Dis donc, Michel, elle embrasse bien ta femme ! l'avait taquiné Johnny après le concert.

Tout au long de sa carrière, Johnny avait pris l'habitude de voir le Marseillais au premier rang de ses spectacles. On peut apercevoir Michel dans le film *J'ai tout donné* de François Reichenbach en 1972 ou dans le documentaire *All Access* rendant compte de la tournée européenne de 1994.

Malgré les années, Johnny n'a pas oublié l'identité du jeune fan qu'il avait invité un jour au cinéma. Un soir d'hiver de l'année 2011, Michel Poggi – dont les enfants s'appellent Sylvie et David – attendait patiemment l'arrivée de son idole derrière la Taverne de l'Olympia. « Il pleuvait des cordes mais je n'ai pas bronché. Johnny est arrivé en voiture, conduit par Patrick. On appelait ce chauffeur-garde du corps “Le Pitbull” car il était peu avenant avec nous, contrairement à tous les autres. » La vitre fumée s'abaissa, et Johnny fit signe à Michel de s'approcher.

– Qu'est-ce que tu deviens ? fit la star.

– Je suis bientôt à la retraite.

– Rappelle-moi ce que tu fais ?

– Je travaille au Cercle des nageurs de Marseille.

– …

– C'est là où s'entraînent Manaudou et Camille Lacourt, tu vois ? précisa Michel.

– Ah, OK. Tu es bien alors ?

– Oui, j'ai fait le plus gros de ma carrière et je suis près de la mer.

– Ça me fait plaisir, sourit Johnny.

À cet instant, le Marseillais prit la main de Johnny et l'embrassa comme s'il s'agissait du pape, avant de prendre congé.

Un autre fan provençal – d'une tout autre génération – a également vécu un conte de fées au contact de Johnny Hallyday. Jonathan Luciani – connu sous le nom de John dans le public hallydéen – a découvert l'Idole des jeunes sur scène en 1999 à l'adolescence, avant d'être rapidement limité par ses obligations de jeune père de famille. Une fois son divorce prononcé, le Marseillais multiplia les concerts. « Au début, je me contentais des spectacles à Marseille et Fréjus. Dès que j'ai pu, je suis allé partout. » En se rendant dans chaque ville de France, John signalait sa présence par des messages au couple Hallyday sur les réseaux sociaux. Le jour de son anniversaire aux Arènes de Nîmes, Læticia vint le voir au premier rang :

– C'est toi, John ? Nous avons reçu tes messages. Mon mari est d'accord pour te rencontrer.

« Quand elle m'a dit ça, je suis entré dans la quatrième dimension. Je me languissais presque de la fin du concert. Devant la loge, je faisais les cent pas dans un état lamentable d'anxiété. Quand je suis entré, Johnny a crié que c'était mon anniversaire, tout le monde s'est retourné. Pétrifié, je n'ai pas dit un mot. Un muet ! Læticia a tenté de me détendre mais aucun son ne sortait de ma bouche. »

Un an plus tard à Fréjus, le rocker réservait une nouvelle surprise à John pour ses 30 ans, en lui dédiant *Quelque chose de Tennessee* :

– Ce soir, c'est l'anniversaire d'un fan. Un fan fidèle à la tournée, qui est venu voir de nombreux spectacles, il s'appelle John. Bon anniversaire John, cette chanson est pour toi.

« Je n'y croyais pas, j'ai fondu en larmes et mes sanglots ont duré toute la chanson. Depuis, *Quelque chose de Tennessee* est devenu très important pour moi. »

Entre-temps, le passionné marseillais avait rencontré Johnny une deuxième fois, à la Halle Tony-Garnier de Lyon. « Cette fois, j'avais apporté des cadeaux pour me donner une contenance et m'aider à lui parler. J'avais fait réaliser des toiles au fusain représentant Jade et Joy, ainsi que des bracelets corses. Johnny m'avait parlé de cette île qu'il appréciait, de ses amis Jacques Dutronc et Michel Mallory. Ensuite, je lui ai demandé de signer mon poignet. »

– Tu ne vas quand même pas te le faire tatouer, toi aussi ? s'est étonnée la star.

– Si, répondit John timidement.

Malgré son application, le rocker rata un peu le "J" de son prénom.

– Mamour, vas-y doucement, ça va rester sur sa peau, s'inquiéta Lætichia.

– Ce n'est pas si facile, fit Johnny.

Jonathan Luciani fut l'un des derniers fans à échanger directement avec Johnny Hallyday, le 5 juillet 2017 à Carcassonne. Avant l'ultime show du rocker, il avait croisé Lætitia dans les gradins. « Quand elle m'a dit "J'envoie quelqu'un te chercher à la fin du concert", c'est comme si elle m'avait dit "Il faut que tu le voies une dernière fois". Dans les coulisses, Jean Reno était présent. Nous attendions Johnny à l'entrée du restaurant installé pour l'occasion. Quand il est arrivé, tout le monde a applaudi chaleureusement. Même dans sa vie privée, il était acclamé. C'était un moment très fort. Laeticia est restée un moment en ma compagnie, comme si elle avait besoin de se confier à une personne extérieure à son milieu. Elle m'a raconté les aléas de la tournée qui venait de s'achever, les soins intensifs, les chimios… Même si je ne voulais pas croire à ce qu'elle me racontait, c'était très touchant. Johnny m'a serré la main avant d'aller s'asseoir. Il a disparu dans le restaurant et je ne l'ai jamais revu… »

Lors des dernières tournées, Johnny Hallyday retirait de plus en plus souvent son armure de vedette intouchable. « Lætícia a beaucoup aidé pour rapprocher Johnny de son public, indique Micheline Pisoni, qui suivait les tournées pour RTL. Elle s'était prise de sympathie pour les fans qui suivaient chaque spectacle et leur a permis d'accéder aux loges. » Régulièrement, l'épouse du rocker passait dans les premiers rangs et désignait les "*élus*"qui iraient voir son mari dans les coulisses. « C'était la plus belle journée de ma vie, confie le Normand Fabrice Thoumire. Tout est gravé dans ma mémoire. J'ai rêvé de ce moment pendant trente ans. Pour la photo, je ne sais pas ce qu'il m'a pris, j'ai mis mon bras autour de son cou et il m'a laissé faire. Quand je pense que j'avais longuement hésité avant de faire ce concert à Brest… Si j'avais raté ce moment, j'aurais eu l'impression d'avoir raté ma vie. »

L'attente d'une existence entière… Avant de poser en photo avec son dieu, Nadine Kerwyn a patienté… cinquante ans ! La fan belge avait pourtant suivi tous les spectacles depuis 1961. « De toute ma vie, je n'ai jamais osé lui parler. Même quand j'ai fondé un fan-club en 1987, je passais par Joël Desvouges[19] pour m'adresser à lui. Mon admiration était trop importante. Les occasions n'ont pourtant pas manqué. Lors d'un concert à L'Ancienne Belgique dans les années 60, j'étais arrivée très en avance. Installée à une table ronde, j'ai assisté à la première partie, un spectacle d'acrobates. En attendant son tour, Johnny s'était assis à ma table car c'était la plus proche du bar. Il avait

19 *Ex-homme de confiance du rocker.*

croisé ses pieds sur la table. Nous étions seuls. Et je n'ai pas dit un traître mot. Le résumé de ma vie… Même en concert, je restais tétanisée, quand mes amies se battaient pour le toucher. À Hambourg en 1994, il a pris mon foulard pour éponger la sueur de son front. Je n'ai pas osé tendre la main pour le récupérer. » Lors du *Rester Vivant Tour* au Palais 12 de Bruxelles, Læticia permit à Nadine de rencontrer son idole dans sa loge. « Quand la sécurité est venue me chercher à la fin du spectacle, j'ai cru qu'on allait me reprocher d'avoir trop chahuté. En fait, Læticia m'invitait à faire une photo. Je m'étais toujours juré une chose : *Si un jour je pose à côté de Johnny, je veux qu'il rigole sur la photo*. En m'approchant de lui, j'étais si terrifiée que je ne tenais pas sur mes jambes, je lui ai écrasé le pied. Il m'a regardé en souriant… Et la photo est sublime. »

– Je suis fan depuis 1960, bredouilla enfin la fan de Tournai.

– Je sais, fit Johnny d'un signe de la tête.

Hallyday reconnaissait ses fidèles. Au premier rang, certains faisaient en sorte de porter des tenues flashy ou de s'installer à la même place d'un soir à l'autre et d'une tournée à l'autre afin d'être repérés. « Sous la tente pendant quarante-huit heures avant un concert, je ne pensais qu'à une chose, assure Sébastien Jounel. Obtenir la place au centre de la scène, derrière son prompteur. Johnny Hallyday, c'est une religion. Au divorce de mes parents, c'est lui qui m'a sauvé. Mon père m'ayant abandonné, je m'identifiais à la solitude de Johnny. Dans le public hallydéen, on est tous des cabossés. Parfois, je me demande s'il existe un fan de Johnny qui a été heureux dans son enfance. À l'adolescence, j'avais le choix de mal tourner : soit je devenais dealer, soit je suivais ma passion. J'ai choisi Johnny. Pour lui, j'ai enduré des choses que je n'aurais pas imaginées pour la plus belle des femmes. » En récompense, l'Ardéchois eut plusieurs fois accès à l'intimité de son idole.

– Qu'est-ce que je te sers, un whisky ? proposa le rocker en recevant pour la première fois Sébastien dans sa loge.

« Mon cœur battait à mille à l'heure. Il me parlait comme s'il me connaissait. Je ne suis même pas parvenu à terminer mon verre tant j'avais peur de lui. Le décalage était très impressionnant. Il me parlait très simplement mais j'avais l'impression que mon corps flottait, que j'étais ailleurs. » En 2012, le passionné ardéchois avait profité d'un bon tuyau qui l'informait de l'heure d'arrivée de Johnny sur le tarmac de l'aéroport privé de Saint-Étienne. Alors qu'il attendait derrière la grille, Sébastien Journal héla son idole. Après un bref instant d'hésitation, le rocker fit le tour de la grille. « Il est resté plus d'un quart d'heure avec moi. Je n'ai rien demandé, ni photo ni autographe. On a simplement discuté comme deux potes. Je ne l'avais pas revu depuis son coma à Los Angeles, j'avais des questions à lui poser. » Retranscription d'une conversation stupéfiante :

– On a eu tellement peur de ne jamais vous revoir, dit Sébastien.

– Oh… J'aurais pu mourir je ne sais combien de fois dans ma vie.

– Si vous pouviez choisir, comment voudriez-vous mourir ?

– Sur scène.

– C'est bien le seul concert auquel je ne voudrais pas assister. Ce serait horrible…

– Ouais, mais c'est comme ça que je veux mourir.

« Cette hantise m'a suivi jusqu'à mon dernier concert, confie l'Ardéchois. Lors de la tournée des *Vieilles Canailles* en 2017, j'avais la peur au ventre. De peur que sa prédiction ne se réalise, je n'ai assisté qu'à un seul concert. »

À force de suivre Johnny partout, certains fans eurent la chance d'être "adoptés" par Johnny et Læticia. « Pendant plusieurs années, tous mes jours de repos étaient consacrés à Johnny, explique Paul Laboulais (30 ans). Je faisais les allers-retours Normandie-Paris, même si ce n'était que pour le voir de loin. J'ai passé des heures devant l'Hôtel Costes, souvent pour rien ! » À force, le jeune fan a été reconnu, apprécié et il a pu découvrir l'intimité de son idole, notamment au travers d'invitations lors des répétitions. En 2012, il avait prévenu Læticia de ses vacances à Los Angeles.

– Viens déjeuner à la maison, à Pacific Palisades !

« Quand je suis entré dans le salon, Johnny était en pleine sieste sur le canapé. C'était plus qu'impressionnant. Il nous a ensuite rejoints dans la cuisine. Comme pour tout le monde, Læticia assurait le lien avec Johnny. »

– C'est notre ami Paul.

– Alors, champagne ? s'exclama le rocker, sautant sur l'occasion alors qu'il suivait l'éprouvant régime Dukan pour préparer physiquement sa prochaine tournée.

Évidemment, Christine et Jacky Letort faisaient partie des gens que Johnny aimait inviter dans sa loge après les spectacles. Entre la star et le couple, un rituel s'était installé. Chaque soir, le couple de fans jetait sur scène une peluche en forme de lion. Si Jade en a gardé une, toutes les autres ont été offertes à l'UNICEF, la *Bonne étoile* ou d'autres associations caritatives. « Avant chaque tournée, Christine achetait entre soixante et quatre-vingts peluches, ça représentait une grosse somme », recense Jacky. Dans sa ville natale de Grenoble, Christine avait prévu un lion d'une taille tellement imposante que le couple avait été reçu en loge.

– Je vous laisse seul avec lui car j'ai confiance en vous, indiqua Jimmy, le chef de la sécurité. Jacky avait apporté une bouteille de whisky à son idole – « Chivas 21, je m'étais renseigné ».

– T'as envie que j'me bourre la gueule ? fit Johnny.

– Mais non Johnny, je sais bien que tu ne bois pas, dit Jacky en souriant.

– Bon, ma reprise de la chanson *Le cœur en deux*, qu'en pensez-vous ?

– C'est super !

– Christine, dans quelle ville se trouve-t-on aujourd'hui ? demanda le rocker au moment de signer le livre d'or placé dans sa loge.

– On est chez moi, à Grenoble !

Christine et Jacky faisaient partie du quotidien de la famille Hallyday. « À Monaco, on le voyait tout le temps et on savait où l'attendre, confie Jacky. Un après-midi, on a appris qu'il se trouvait dans une pizzeria. Une fois devant le restaurant, on a décidé de le laisser tranquille. Mais le chien de Christine a échappé à notre vigilance pour aller embêter le caniche blanc de Læticia ! »

– Venez le récupérer, ordonna Patrick *Le Pitbull*.

– Bonjour Johnny, excuse-nous, entreprit timidement Christine.

– C'est ton chien qui renifle le cul du mien ? s'esclaffa Johnny.

– Mamour, comment tu parles ! fit Læticia. Oh, c'est vous. Bonjour Christine, bonjour Jacky, asseyez-vous.

– Vous aimez la pizza ? enchaîna Johnny.

– Oui, mais je sais que tu les aimes très fortes, répondit Jacky.

« La pizza était absolument immangeable, se souvient Jacky Letort. C'était tellement épicé... J'ai fini ma part avec difficulté puis nous les avons laissés tranquilles. »

Pour tous ceux qui n'ont pas eu la chance d'être invités en loge, d'autres moyens existaient pour décrocher un moment d'intimité loin des projecteurs : suivre l'Idole partout.

Première possibilité : le Balzac, restaurant ouvert par Johnny et son ami Claude Bouillon en 2001, dans une rue perpendiculaire aux Champs-Elysées. Fan sarthoise née en 1957, Ginette Canet – surnommée "Ginou" – avait longtemps hésité avant d'assister à un concert. « Je craignais que le son ne soit trop fort. Je m'étais dit, j'y vais au moins un quart d'heure puis je sortirai. Mais dès que je l'ai vu et entendu, c'était fini. Je lui ai tout consacré : mes congés, mes primes, mon treizième mois... » À la veille de son quarante-neuvième anniversaire en 2006 – alors que Johnny chantait à l'Olympia – Ginou réserva une table au Balzac. À quelques chansons de la fin du concert, elle quitta l'Olympia pour être en avance. « Afin que ce ne soit pas suspect, j'avais réservé une table pour deux personnes, prétextant que mon compagnon allait me rejoindre. J'avais apporté un cadeau pour Johnny et Læticia : une peluche qui ressemblait à Tobby, leur chien. Lorsque Johnny est arrivé, Patrick m'a fait signe de ne pas bouger. J'avais commandé les spaghetti aux olives vertes "façon Johnny". J'ai dîné le plus lentement possible afin d'avoir une chance de le croiser. Mes pâtes s'étaient transformées en mortier tant elles avaient refroidi ! À 1 heure 30 du matin, Læticia est venue me saluer, puis Johnny l'a rejoint. »

– Mamour, tu te rends compte qu'elle est venue fêter son anniversaire ici ?

– Bon anniversaire, dit Johnny.

– Mon plus beau cadeau serait de faire une photo avec vous deux.

– Bien sûr, il n'y a pas de problème, fit Lætîcia.

– T'es pas couché à cette heure-ci, toi ? s'exclama Johnny en désignant la peluche Tobby dont la tête dépassait du sac de Ginou.

– C'est pour vous ! s'écria la Sarthoise.

– C'est votre anniversaire et c'est nous qui recevons un cadeau, protesta Lætîcia.

Ce soir-là, Ginou n'a pas payé pas l'addition.

En 2010, la Provençale se fit tatouer à Los Angeles le portrait de Johnny sur l'avant-bras. L'année suivante, elle ferait plusieurs fois l'aller-retour Marseille-Paris pour assister quinze fois à la pièce de théâtre *Le Paradis sur terre*. À force de l'y voir, Lætîcia l'invita de nouveau auprès de son homme.

– Bonsoir, Chicken[20] ! Regardez ce que j'ai fait (*tendant son avant-bras*) !

– Wow ! Eh bien là, vous m'avez gravé dans la peau (*tenant le poignet de son admiratrice*).

« J'allais devant le Balzac tous les soirs quand Johnny chantait à Paris, raconte Yann Ekwalla. Après avoir attrapé un bout de sa guitare durant *Flashback Tour*, j'ai décidé de la faire dédicacer. J'avais tout minuté. Pour une fois, j'ai assisté au concert de l'arrière de Bercy, afin de pouvoir quitter la salle trois ou quatre chansons avant la fin. J'avais mon morceau de guitare dans le

20 *Prénom du personnage joué par Johnny.*

coffre de ma voiture. L'après-midi même, j'étais allé en repérage au Balzac, afin de demander aux voituriers à quel endroit je pouvais garer mon véhicule. Je n'avais rien laissé au hasard. J'ai vu Johnny sortir de sa Bentley noire avec les têtes de mort sur la portière, c'était un truc de dingue. Je voyais ses mains avec ses bagues, la trace de ses veines… »

– Bonsoir Johnny, c'est pour la guitare…

– Pas de problème, fit le rocker avec la voix cassée. T'as aimé le concert ? Allez, viens.

« Quand Johnny m'a dit *Viens*, je n'ai pas pigé que j'avais le droit de le suivre dans le restaurant. J'étais mort de peur ! »

– Il t'a dit de venir, suis-le, s'en amusa le voiturier.

Quand Johnny dînait au Balzac, la file d'attente devant le restaurant ne désemplissait jamais. Âgé de 12 ans en 2006, Tennessee Thelier avait passé une nuit dehors en espérant parler à son idole. À 3 heures 30 du matin, la star sortit et aperçut ce gamin à côté de sa voiture.

– Bonjour, ça va ? Il n'est pas un peu tard pour être dehors à ton âge ?

« J'étais pétrifié, incapable de parler. Johnny a mené un monologue pendant 30 secondes. Je me suis effondré. Mon rêve se réalisait. » Un an plus tard, le jeune garçon assistait avec son père au tournage de l'émission *Taratata* sur France 2. Lorsque Johnny passa devant sa rangée, Tennessee se faufila sous la barrière afin de s'approcher de son idole. Mais la sécurité veillait au grain… *Le Pitbull* le repoussa violemment. Johnny se mit en colère.

– Ça va pas ? C'est un gamin !

Puis :

Fan depuis son enfance, John a
rencontré Johnny lors du Rester Vivant Tour.
Après son décès, Lætitia lui a offert un t-shirt porté par le rocker.

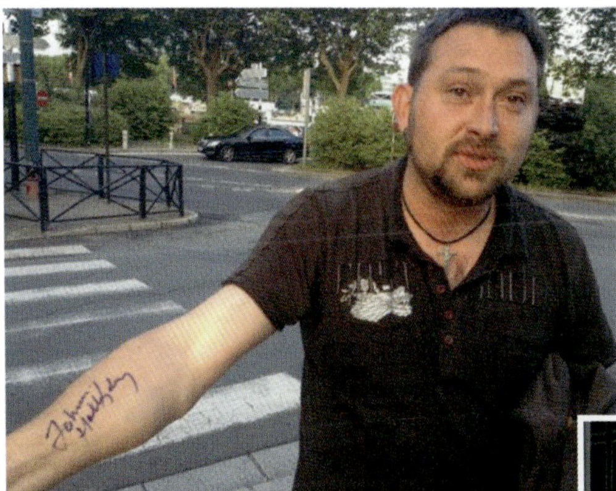

Stéphane en avait rêvé toute sa vie :
la signature de Johnny Hallyday sur
son avant-bras, désormais tatouée.

Une photo unique, prise par Johnny lui-même, dans les rues de Quiberon ! On aperçoit son reflet dans les lunettes de Lætícia.

Pauline et Laurine illustrent le renouvellement du public hallydéen. Amoureuses du rocker, elles l'ont suivi partout !

Après une course-poursuite dans les rues de LA, les deux jeunes filles ont vu Johnny essayer sa nouvelle Harley.

Moment de communion à Bercy lors du Rester Vivant Tour. Chaque soir, le peuple hallydéen était prêt à « mourir d'amour enchaîné ».

À Marseille, le 22 décembre 2012. Johnny rit de la surprise réservée par son premier rang, qui a coiffé des bonnets de père Noël pour fêter la fin de la tournée.

Le 25 mars 2006, la famille Périn est transportée dans un rêve, invitée à l'anniversaire des 10 ans de mariage des Hallyday. Le thème : les cowboys et les indiens !

Johnny avait tissé des liens très forts avec « Lulu & Cath », qu'il invitait régulièrement à partager des moments privés, comme ici au Théâtre Édouard-VII en 2011 ou à l'Hôtel Drouot en 2007.

Maître de la scène,
maître de la gestuelle

Christine et Jacky sont tombés amoureux lors d'une tournée de Johnny. Le rocker était habitué à les voir ensemble, chaque soir, au premier rang… puis parfois dans sa loge !

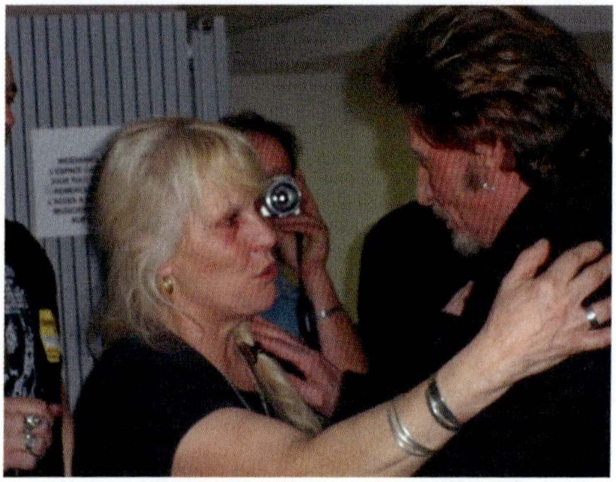

Quand Christine tombe dans le coma en 2015, Johnny lui affiche publiquement son soutien.

Après son décès, Johnny a insisté pour revoir Jacky et lui confier sa peine.

Lors du Rester Vivant Tour,
Johnny Bednarz vit son rêve,
devenant chauffeur
des camions techniques.
Même sa fille en a profité !

Complicité entre Johnny
et Laurent Chauvel, au
Grand studio RTL en 2011.

Johnny tient dans ses bras
la peluche « Lion » offerte
chaque soir par
Christine et Jacky.

CLUB JOHNNY HALLYDAY

La présente carte de membre certifie que

Mlle NADINE KERLUYN

habitant à Pecq

29 rue de Tournai

est membre du Club Johnny Hallyday.

Cette carte est valable jusqu'au 31 MAI 1962

pour le club : R. Bollens, 126, avenue O. Warland à Bruxelles 9

Nadine a adhéré au fan-club de Johnny en 1961. Cinquante ans plus tard, elle pose enfin à côté de l'homme de sa vie.

En plein concert à Rouen en 2016, Johnny quitte la scène pour faire un selfie avec Julien, l'un de ses fans.

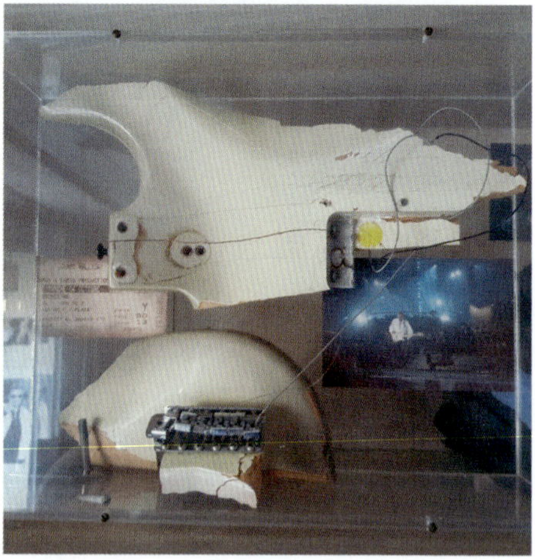

L'une des innombrables guitares cassées par Johnny, récupérée à Bercy en 1992.

Une évidence m'a rapidement sauté aux yeux : je devais vivre chaque concert de Johnny au premier rang. Irréelle explosion des sens.

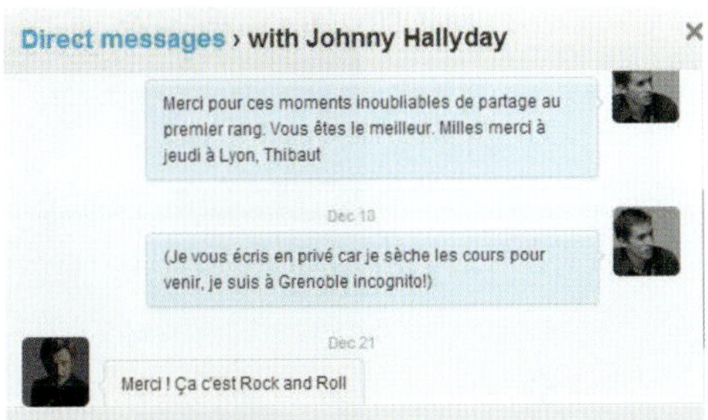

La tournée 2012 me réserva de nombreuses surprises, comme celle de recevoir un message privé de Johnny Hallyday, ou d'être reçu un quart d'heure dans sa loge.

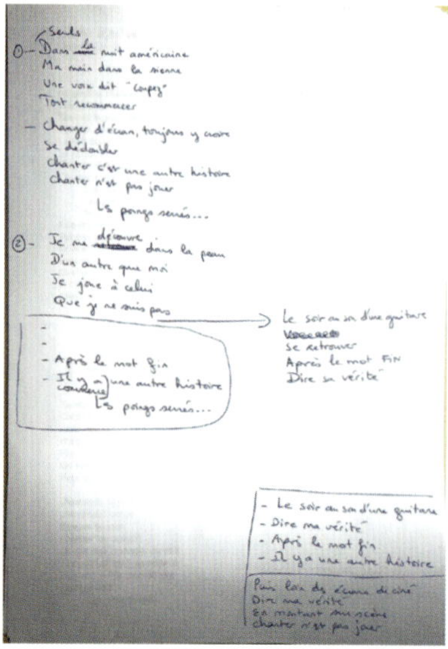

Brouillon inédit de « Chanter n'est pas jouer » (Nimier-Rouaud).

Sourire éclatant pour accueillir Louis Bertignac, son guitar hero.

En pleine relecture avec Isabelle Bernal (Seul, Rester Vivant...).

Dans la loge de l'Olympia, en 1962, Johnny, Sylvie et Manou Roblin, parolière des Rocks les plus terribles.

JOHNNY L'APPELLE "LE MARSEILLAIS"

Michel Poggi est un Marseillais qui ne cache pas sa passion pour Johnny Hallyday. A 48 ans, ce réceptionniste du Cercle des Nageurs de Marseille, père de deux enfants, David et Sylvie (ce n'est pas un hasard), et déjà deux fois grand-père, évoque avec bonheur les instants de rencontre, toujours fugaces, mais forts et authentiques, avec son idole.
Sa première rencontre avec "le Grand" comme il l'appelle, remonte en 1967 à Marseille. "C'était au Gymnase. A 15 ans j'avais un culot fou. Je tenais tellement à rencontrer Johnny que je m'étais fait engager un mois auparavant à l'Hôtel Noailles où je savais qu'il viendrait".
Quelques minutes avant le concert, rassemblant son courage, Michel grimpe à toute allure sur le toit du car de police qui conduisait Johnny. Pari réussi, les yeux de la vedette se portent sur lui. Après le concert, Michel rejoint vite l'Hôtel Noailles pour reprendre son poste. Johnny Hallyday le voit et le reconnaît. Alors, il l'invite à boire un verre. "C'est vraiment un moment magique que je n'oublierai jamais". Des instants privilégiés comme celui-ci, Michel en a vécu beaucoup, que ce soit en France ou à l'étranger, comme à Genève ou Las Vegas, des instantanés avec Johnny qui l'appelle amicalement "le Marseillais". Michel a suivi plus de 1000 concerts de Johnny Hallyday et ce n'est pas fini ! "Bien sûr, j'irai le voir au Stade Vélodrome le 16 juillet prochain. C'est comme s'il faisait partie de ma famille. Je lui souhaite tout le bonheur possible et surtout, qu'on lui rende tout cet amour qu'il nous donne".

> Catherine

Michel a souvent été invité par Johnny à boire un verre ou assister à une projection au cinéma. Encore un témoignage de l'étonnante proximité entre le rocker et ses fans.

Dans la loge de Bercy, Guy Nouvel, fidèle vendeur de programmes, exauce son rêve en trinquant avec le couple Hallyday.

Nuits de bonheur au Ti Saint-Barth,
avec Jean Réno et Manu Lanvin.

Dans sa maison rouge de RTL, avec Anthony Martin.

« Je vous ai vue ce soir au premier rang. » Le 9 octobre 2015 à Lille, Johnny reconnaît Océane.

« Allez, viens ma belle », dit Johnny à Laura, sans imaginer qu'elle a passé la nuit sous la pluie.

Fan-club du Bénin, en voyage à Barcelone pour le concert au Teatro del Licèu.

Affiche collector : le concert n'a jamais eu lieu !

Précieux sésame permettant de voir Johnny en loge.

Johnny en concert à Barcelone en 2016.

Avec Jean-Pierre Foucault, une complicité jamais démentie.

Dans les coulisses de l'Olympia 64, Johnny fait découvrir le disque de « Joey & the Showmen » à Paul McCartney.

Dans les années 60-70, Claude Pierre-Bloch a vécu mille et une aventures avec Johnny.

À Bercy lors du
Rester Vivant Tour en 2015.

Johnny était à Bercy comme dans son salon. En trente ans, il s'y est produit 103 fois !

En 2015, Johnny débutait chaque concert caché derrière ses Ray-Ban. Après 7 chansons, le rocker jetait ses lunettes dans le public, déclenchant un immense mouvement de foule.

– Est-ce que ton papa a de quoi nous prendre en photo ? sourit-il en prenant Tennessee dans ses bras.

Les émissions TV et radio étaient en effet de bons moyens de croiser Johnny. À chaque fois que Johnny se rendait à RTL, Steven Castot quittait sa Normandie et fonçait vers le 22 rue Bayard, à l'angle de la rue Montaigne, perpendiculaire aux Champs-Elysées. « En 2011 à RTL, c'est ma première poignée de main avec Johnny. En 2013, il a accepté de faire un selfie. Mon bras était trop court pour prendre la photo alors Johnny s'en est chargé lui-même, avec un grand sourire. C'était quelques jours avant le début du *Born Rocker Tour.* »

– Je viens vous voir à Bordeaux ce week-end.

– À Bordeaux ? s'étonna le rocker, connaissant moins bien son planning que son public.

Certains parcours de fans sont hélas jalonnés d'éternels rendez-vous manqués. « J'ai suivi la tournée 2003 en train, raconte Pascal Labelle. La nuit, je dormais dans les gares. À Paris, la gare est fermée entre minuit et 5 heures du matin. J'en avais donc profité pour attendre devant la boîte de nuit de Johnny. En décembre, sous la neige. Quand Johnny est arrivé à bord de son 4x4, je me suis rendu compte que je n'avais plus de pellicule sur mon appareil jetable. J'avais tout utilisé pendant le concert. »

Troisième possibilité pour croiser Johnny en tenue de ville : Quiberon, dans le Morbihan. Fatigué par ses tournées harassantes, le rocker aimait se ressourcer au bord de l'océan dans la thalassothérapie fondée par Louison Bobet. Dès que Johnny posait le pied sur le sable breton, le bouche-à-oreille fonctionnait et les fans se postaient un peu partout dans la station balnéaire, avec un double objectif un brin contradictoire : tout faire pour voir Johnny mais tout faire pour ne pas le déranger pendant sa période de repos.

Face à ses fans respectueux, Hallyday savait qu'il suffisait de leur offrir quelques secondes d'attention pour modifier positivement le cours de leur vie. À jamais. Du rire aux larmes, Laura Morantin raconte son émouvante rencontre : « Dès que j'ai appris que Johnny était à Quiberon avec sa fille Laura, j'ai embarqué mon mari et mes enfants, sans laisser le choix à quiconque. On partait en week-end ! » N'ayant pas les moyens financiers de réserver une chambre dans le même hôtel que son idole, la Nazairienne et sa famille logeaient dans l'établissement le plus proche. Laura passait toutefois le plus clair de son temps à attendre patiemment devant la porte d'entrée du Sofitel, s'y introduisant même chaque midi afin de faire réchauffer l'assiette de sa fille. « Alors que j'allais donner mon plat à une serveuse, j'ai entendu dire : "Il arrive". J'ai entendu le célèbre raclement de gorge, j'ai failli faire tomber l'assiette ! »

– Bonjour, Johnny, dit la jeune femme.

– Bonjour.

« C'était mon premier face-à-face avec Johnny Hallyday. Vu ma tête ahurie, il a forcément compris que j'étais une fan. Je l'ai laissé aller déjeuner sans insister. » Après tant d'efforts, Laura Morantin ne pouvait pas se contenter de ce bref échange. Au petit matin du départ de Johnny – les fans sont bien renseignés – elle joua le tout pour le tout. Capuche sur la tête, trempée par la pluie morbihannaise, elle se cacha derrière un buisson dès quatre heures du matin. Après onze heures d'attente infructueuse, son mari était venu la rejoindre, excédé. « Jérôme trouvait le temps long, explique la jeune femme née en 1985. Cela faisait plus de quinze ans que je le bassinais avec Johnny alors qu'il n'aime pas sa musique. Il comprend ma passion mais il la subit. » De son côté, Laura commençait à douter de ses informations. Johnny partirait-il vraiment aujourd'hui ? N'y avait-il pas une autre sortie ?

– Bon, va mettre de l'essence dans la voiture et s'il n'est toujours pas sorti quand tu reviens, on rentre à la maison, se résigna la Nazairienne.

Quelques minutes seulement après le départ de son mari, Laura vit une voiture se ranger devant l'entrée du Sofitel. Elle remarqua des têtes de mort dessinées sur les portières, puis reconnut le coach sportif du chanteur. Une fraction de seconde plus tard, elle vit Johnny descendre les marches de l'hôtel. La jeune femme quitta sa cachette et se rua vers son idole. Dans sa précipitation, elle s'écroula dans l'escalier ! Alors qu'elle se relevait dans un mouvement désordonné, le coach sportif la coupa dans son élan.

– Johnny est là pour se reposer, laissez-le tranquille.

Laura Morantin s'immobilisa.

– Allez, viens ma belle, dit le rocker dans un sourire.

« Aucun mot ne pourrait résumer les secondes qui m'ont séparé de lui. Je ne touchais plus le sol. *Laura, tu rêves, il ne t'a pas dit ça.* C'était tellement irréel. Plus j'avançais vers lui, plus je tremblais et plus je pleurais. Je voyais Johnny de plus en plus près, avec son blouson en cuir, son chapeau et sa cigarette. J'ai tendu mon téléphone au coach. Déboussolée, je ne parvenais plus à trouver mon application photo. Quand je suis arrivée à hauteur de Johnny, il m'a pris par la taille et m'a serré contre son corps. J'étais collée à lui ! »

– Merci Johnny, sanglotait la Nazairienne incapable de s'arrêter de pleurer. Je suis la fan la plus heureuse du monde. Tu réalises mon rêve.

– Johnny, l'avion nous attend, nous devons y aller, prévint le coach.

– Allez, refais-nous deux photos, proposa le rocker dans un nouveau geste de prince, comme pour laisser le temps à son admiratrice de se ressaisir afin de faire bonne figure sur la photo.

« Cette phrase a produit dans ma tête l'effet d'un feu d'artifice. J'étais tellement émue que j'ai penché ma tête et il a fait pareil. On s'est serrés vachement fort. Nos visages se touchent sur la photo, qui est parfaitement réussie, grâce à la gentillesse de Johnny. Ensuite, je lui ai demandé l'autorisation de lui faire la bise, il a éclaté de rire ! »

Laura Morantin n'allait pas s'arrêter là. La Nazairienne reprit sa course folle en suivant – à pieds ! – le véhicule sur la route. « Je courais en joignant mes mains en cœur et en hurlant à Johnny que je viendrai le voir à Rennes à son prochain concert. Il me regardait par la vitre en riant. J'aurais pu me faire écraser… mais j'étais simplement heureuse. J'ai aussi pensé très fort à feu mon père, qui rêvait de le rencontrer aussi. J'ai crié de toutes mes forces : "PAPA ! Merde, t'es plus là et je *le* rencontre…" Je suis certaine qu'il a tout fait pour descendre du ciel et me rejoindre à Quiberon. Johnny Hallyday, c'était sa vie entière… »

Alors que Laura était encore sur son nuage, Jérôme – le mari – avait regagné les environs de l'hôtel et découvert sa bien-aimée au bord de la route, complètement euphorique.

– Je l'ai vu ! Je l'ai vu ! J'ai fait ma photo avec Johnny !

« Il avait du mal à me croire. Sur son visage, j'ai vu un sourire et aussi du soulagement. Il s'est senti libéré pour moi. Il savait tout ce que cela représentait. »

Être photographié à côté de Johnny était aussi une obsession pour Yann Ekwalla, qui avait pour habitude de traîner à Marnes-la-Coquette en période de concerts parisiens. « La première fois que je les ai vus, Christine et Jacky m'ont pris pour un agent de sécurité car je dormais dans ma voiture devant la grille de la maison, plaisante le fan breton.

Johnny lui-même avait demandé à Pistache[21] si je faisais partie du staff car il était étonné de me voir si souvent. » Yann vit dans le Finistère, à une centaine de kilomètres de Quiberon. Il s'est rendu plusieurs fois à la thalassothérapie sans jamais y voir son idole. « Un jour, je descendais avec mon camion pour livrer de la marchandise en Espagne. Un ami m'a prévenu que Johnny était à Quiberon. Je venais de dépasser La Rochelle. J'ai aussitôt fait demi-tour et au téléphone, mon patron n'a même pas essayé de m'en dissuader. »

– Je sais que je ne peux pas lutter avec Johnny Hallyday. Si je t'interdis d'y aller, je sais que tu vas laisser le camion en plan au bord de la route. Je préfère que tu rentres avec.

Quelques heures plus tard, Yann se garait sur le parking du boulevard Louison-Bobet. « Les majordomes me connaissaient. Ils m'ont indiqué l'endroit où Johnny allait prendre sa voiture. Il avait réservé une voiture toute simple, chez Europcar, je n'en revenais pas ! Quand j'ai vu Johnny arriver, mes jambes ont commencé à trembler. C'était comme une paralysie. »

– Détends-toi, glissa Johnny à son admirateur.

Originaire de Loire-Atlantique, Pauline Pasquier s'est aussi plusieurs fois rendue à Quiberon. En 2013, à peine rentrée de Nîmes où elle avait assisté à la *dernière* du *Born Rocker Tour*, elle avait quitté un repas de famille en catastrophe.

– Je suis désolée mais Johnny est à Quiberon, je dois y aller !

Depuis plus d'un an, Pauline avait pris l'habitude de partager ses aventures sur les réseaux sociaux et avait été remarquée par

---

21 *Ange gardien de Johnny.*

le couple Hallyday. Ce jour-là, la jeune fille de 20 ans a scruté chaque endroit de la cité balnéaire avec un groupe de fans avant d'apercevoir Johnny à l'intérieur du Gulf Stream, un restaurant en bord de mer. « Les autres fans sont allés voir Johnny pour lui demander des photos et des signatures sur le bras, moi je n'ai pas osé. J'ai attendu en retrait. » En sortant, Læticia reconnut la jeune fille. « C'est Pauline *la twitteuse* ! fit-elle à son mari. Je vais vous prendre en photo ensemble. » Après la photo et alors que Johnny était accaparé par d'autres personnes – l'histoire de sa vie – Pauline avait entamé la conversation avec Læticia :

– J'aimerais bien faire une photo avec vous aussi, dit Pauline.

– Avec plaisir, mais qui va faire la photo ?

– Peut-être Johnny ? fit timidement la jeune Nantaise.

« Je n'étais vraiment pas dans mon état naturel pour demander une chose pareille, rougit Pauline Pasquier. En plus, Johnny n'avait pas compris. Croyant que je voulais une deuxième photo avec lui, il a posé sa main au creux de mon dos et a souri comme s'il allait être photographié. Læticia lui a expliqué, et Johnny m'a pris en photo avec sa femme. » Malheureusement, le rocker n'avait pas l'habitude d'être de ce côté-ci de l'appareil…

– Je suis désolée, Johnny, ça n'a pas marché, murmura Pauline.

– Oh il n'est pas très doué mon homme, rit Læticia.

– Oh si, oh si, il est doué, corrigea Pauline dans un amusant réflexe de fan.

« Surtout, j'ai eu peur que Johnny soit en colère contre moi », précise la Nantaise. Le rocker s'exécuta avec plaisir et réussit son cliché. Pauline Pasquier peut ainsi s'enorgueillir de posséder une photo prise par Johnny Hallyday *himself*. « Dans le reflet des lunettes de soleil de Læticia, on devine sa silhouette », précise la jeune fan en admirant sa collection de photos.

Certains fans avaient, eux, pris une décision radicale : suivre Johnny partout, tout le temps, en tournée mais aussi dans sa vie privée. Dans les années 80 et 90, la *Bande de Paris* s'organisait avec des talkies-walkies afin de transmettre les informations des allées et venues du rocker traqué. « Tous les week-ends, c'était la chasse à Johnny, plaisante Patrick Pennetier. Jo Rodriguez[22]nous connaissait : "Faites pas les cons et je ferme les yeux". On écumait les boîtes de nuit. Un soir, on a croisé Patrick Bruel trois fois d'affilée dans trois discothèques différentes. Il ne comprenait pas trop qui nous étions. »

Tout événement était prétexte à suivre l'Idole. « À l'époque de Nathalie Baye, nous avions appris le déménagement du couple à L'Étang-la-Ville, raconte Nathalie Jacquillat. Nous avions attendu le camion de déménagement à Neuilly afin de pouvoir le suivre et connaître l'adresse. Les déménageurs ont réussi à nous semer, mais nous les avons surpris sur une aire de repos en plein déjeuner ! Quand on les voyait, Nathalie Baye avait toujours un mot gentil pour nous. On la voyait parfois avec Laura dans sa poussette. »

Un fan parisien se faisait remarquer encore plus que les autres : Laurent Viterbo, né en 1964, tombé dans la marmite hallydéenne en 1978, lors d'un Hit-Parade de RTL. Johnny avait chanté *Elle m'oublie*. À partir de cet instant, Laurent n'a plus jamais quitté les basques de son idole, se renseignant sur l'adresse personnelle du rocker et ses habitudes. « Johnny était un noctambule donc on faisait les sorties de boîtes à la mode. J'étais jeune et non-véhiculé. Avec un copain, on faisait tout à pied. À force de me voir, Johnny a appris à me connaître. Il m'appelait par mon prénom, ça faisait bizarre. » Parfois, le rocker était intrigué...

---

22 *Chauffeur de la star.*

– Vous me suivez à moto ou quoi ? Comment vous vous débrouillez pour me trouver à chaque fois ?

Interloqué… de voir des gamins de 15 ans devant l'Élysée-Matignon à 5 heures du matin.

– Mais vous n'allez pas à l'école demain ? Vous devez étudier, c'est important.

Ou agacé… « Johnny était un rocker, il pouvait s'énerver, confie Laurent Viterbo. Un jour, il m'a fait la morale. Il m'a expliqué qu'il acceptait que je le suive mais qu'il ne voulait pas que j'aille l'aborder quand il était avec une gonzesse. Dans ces moments-là, il voulait être tranquille. Un jour, il m'a littéralement couru après en vociférant car il était excédé de me voir. J'avais suivi sa voiture et je l'avais vu s'arrêter devant une boutique de vêtements pour enfant. »

Une autre fois, c'était devant chez Carlos, boulevard Saint-Germain. Laurent connaissait l'adresse de tous les amis de Johnny. « Devant les passants médusés, Johnny avait traversé la route pour nous engueuler. Il m'avait chopé par le colback. Les gens croyaient assister à une bagarre impliquant Johnny Hallyday et n'osaient pas intervenir. » À notre époque, la Bande de Paris se serait retrouvée à la une d'internet.

– Mais pourquoi Johnny Hallyday vous parle comme ça ? s'enquérirent les passants après avoir assisté au savon que leur avait passé le rocker.

Mais si Johnny piquait parfois des colères, il réservait aussi à ses sangsues bienveillantes des surprises inoubliables, comme ce jour du Marathon de Paris, à l'époque où il habitait chez Long Chris, près de la Tour Eiffel. Johnny déjeunait seul dans une brasserie. Avec un copain, Laurent Viterbo était en poste devant le restaurant, en attente d'un énième autographe.

D'un seul coup, Johnny s'était levé pour cogner à la vitre, faisant signe à ses deux fans d'entrer. « Forcément, on a extrapolé, confie Viterbo. On pensait qu'il allait nous chasser. »

– Asseyez-vous, fit Johnny. Qu'est-ce que vous voulez ?

Intimidés, les deux fans indiquèrent qu'ils allaient prendre une boisson, mais leur idole les sermonna.

– Mais non, vous allez manger quelque chose.

« Je réalise aujourd'hui que durant ce repas, nous n'avons pas eu une conversation de fans et de star. Nous avions beaucoup parlé de l'armée, car mon ami faisait son service. Johnny avait un côté très blagueur. Assises à la table d'à côté, deux personnes se sont adressées à lui. »

– Vous êtes là pour le marathon ?

– Oui, mentit Johnny, qui ne voulait pas révéler qu'il séjournait dans le quartier.

– Auriez-vous une photo à nous dédicacer ?

– Je n'en ai pas, mais peut-être pourriez-vous demander à mes deux secrétaires ici présents *(Johnny fit un clin d'œil à ses deux fans)* ?

Des années plus tard, au King Club, après un concert au Stade de France en 1998 : « Johnny avait une vue incroyable. J'avais réussi à trouver une table assez proche de la sienne. Il m'a repéré ! »

– Mais qu'est-ce que tu fais encore là ? !

– …

– Hey ! Barman, s'il vous plaît ? Servez un verre à Monsieur. Et à ses amis également.

– C'est qui ? demandèrent les stars invitées par Johnny ce soir-là.

– C'est un fan. Je ne sais pas comment il fait, mais il est au courant de tous mes déplacements.

Bon gré, mal gré, Johnny s'était habitué à la présence continue de ses admirateurs. « Quand j'arrivais Villa Molitor le matin pour boire un café, il y avait systématiquement une dizaine de personnes qui attendaient devant sa maison », indique Jacques Verrecchia.

– Bonjour Maître, comment va Johnny ?

– Johnny va-t-il sortir aujourd'hui ?

– Avec qui est-il ?

« Certains fans ne vivaient qu'à travers la vie quotidienne de Johnny Hallyday. Cela dépassait la musique. C'était absolument insensé. » Laurent Viterbo confirme le ressenti de l'avocat : « Suivre Johnny a fait partie de ma vie de tous les jours pendant près de quarante ans. Je ne me suis jamais demandé si c'était normal. Pour décompresser après le boulot, certains vont picoler. Moi, je me décontractais en allant voir Johnny. » La collection de clichés de Laurent est stupéfiante. Il possède plusieurs dizaines de photos sur lesquelles il pose avec la star. Je remarque plusieurs clichés datant de l'époque *Terminus*, quand Johnny avait les cheveux teints en blanc. « Je l'avais vu devant chez Dominique Valéra[23], chez qui il s'entraînait pour le film. Johnny m'avait encore surpris ce jour-là : "Pourquoi tu ne viendrais pas t'entraîner avec moi ? Tiens, je te donne l'adresse." » Laurent s'était alors rendu devant la salle d'entraînement mais n'avait pas osé franchir la barrière imaginaire et était resté à sa place, appareil photo en main.

---

23 *Champion de karaté.*

Parfois, le rocker se laissait aller à des confidences. « J'ai passé ma vie à voir Johnny et donc fatalement, lui aussi m'a vu très régulièrement pendant quarante ans. Il m'a vu grandir. J'ai connu le Johnny déjanté ou le Johnny confident. Après sa première séparation avec Adeline, il m'a raconté qu'il était très amoureux et qu'il essayait de la récupérer. » À une époque, Laurent était le fan que Johnny connaissait le mieux. « Ça avait des avantages et des inconvénients, raconte le Parisien. Il me prenait pour un chef de file. Quand il y avait un truc sympa : c'était pour moi. Quand il y avait un problème : c'était moi aussi. Lors de la tournée 90, j'ai été interdit de spectacle. À la patinoire Mériadeck de Bordeaux, la Bande de Paris à laquelle j'appartenais avait provoqué une bagarre dans le but de prendre les places du premier rang. Je n'en étais pourtant pas à l'origine. Quand Johnny est sorti de son ascenseur magique et qu'il a vu le bordel que nous avions provoqué, j'ai vu la colère passer dans son regard. Lorsque nous l'avons retrouvé à l'aéroport, il était toujours en colère. Pendant quelque temps, Camus me raccompagnait à la porte des zéniths. Grâce à mes connaissances dans son staff, je parvenais à entrer par derrière. “Tant que Johnny ne te voit pas, c'est bon. Mais surtout, ne t'approche pas du premier rang. Sinon, il va gueuler et il va nous prendre la tête !”

Laurent Viterbo n'en a jamais voulu à son idole. « Quand on aime Johnny, on accepte aussi le personnage *destroy* et on comprend ses réactions, même si on les subit et même si elles nous touchent. Johnny avait malgré tout beaucoup d'attention pour nous. Un jour, le père d'un ami – excédé par nos virées nocturnes – avait écrit à Johnny pour lui dire qu'il en avait assez que son fils le suive partout. Quelque temps après, devant Canal+, Johnny m'a fait signe en me demandant de l'accompagner à l'intérieur. Il voulait me parler : “Le père de ton pote m'a écrit. Ça ne va pas du tout, il faut que tu lui parles. Il doit être plus sérieux en cours. Les études, c'est important. Je compte sur toi.” »

Au milieu des années 2000, la famille Hallyday s'installa aux États-Unis. Une nouvelle possibilité – plus coûteuse ! – pour voir Johnny en privé. Pauline Pasquier et Laurine Falconetti traversèrent l'Atlantique à l'occasion d'un concert au Fonda Theater, en avril 2014. Les deux amies rêvaient de croiser Johnny en ville, même si le défi était surdimensionné, comme Los Angeles l'est par rapport à Quiberon ou St-Tropez, mais rien ne pouvait arrêter deux jeunes filles de 20 ans amoureuses de Johnny Hallyday. Après avoir repéré le rocker dans sa voiture, les deux amies le suivirent aussi discrètement que possible. « Avec tous les feux rouge et la circulation californienne, j'ai plusieurs fois doublé par la droite pour ne pas le perdre de vue, raconte Pauline. Je tremblais de peur qu'il se retourne et nous reconnaisse. »

« Accélère ! » l'encourageait Laurine à chaque feu rouge. C'était le jour de chance des deux admiratrices. Johnny se gara sur le parking d'un magasin Harley-Davidson et, sous leurs yeux, il essaya une nouvelle moto avant de l'acheter. Après avoir attendu à l'écart, Pauline et Laurine prirent leur courage à quatre mains et s'avancèrent vers le rocker, concentré sur son nouveau jouet.

– On est venues de France pour votre concert, dit Laurine.

Intimidé et gêné par tant de sollicitude de la part de deux jeunes filles de 20 ans, Johnny n'avait pas su quoi répondre et avait regardé… ses pieds ! Il leur proposa de faire une photo, avec pour arrière-plan… sa nouvelle moto.

Laurine reste marquée par la timidité de son idole. « Johnny était tellement déjanté qu'on prenait une claque monumentale à chaque concert. Le rencontrer en privé, c'est une deuxième claque. J'ai réalisé que mon idole était un homme sensible, gentil, humble. À chaque fois que j'ai pu m'approcher de lui, je tremblais de toutes parts, je ne savais plus comment je m'appelais. J'essayais de bredouiller quelques mots : lui dire qu'il était parfait, que je l'aimais plus que tout. Et il baissait les yeux ! Après tant d'années au sommet, j'ai été frappée par sa lucidité. Cette prise de conscience m'a rendue encore plus amoureuse de lui. L'homme était aussi extraordinaire que l'artiste. » À force de voir cette jeune fille brune partout, Johnny la reconnaissait. « Lors de l'émission *Champs-Elysées*, Johnny était entré sur le plateau et m'avait fait la bise ! J'étais tétanisée. » En 2015, Pauline et Laurine étaient reçues en loge par Johnny après le deuxième concert du *Rester Vivant Tour* à Nice. Pauline avait prévu un clin d'œil en souvenir de leur rencontre de Los Angeles en portant un t-shirt avec l'inscription *Rather be in Los Angeles*[24]. « Johnny était magnifique, assis sur une grande chaise en cuir face à son miroir en train de boire un verre de vin blanc. Nous étions stressées et avions patienté avec Robin Le Mesurier. »

– Rather be in Los Angeles, s'écria Johnny en remarquant aussitôt le t-shirt de Pauline.

– With you (*avec vous*) ! sourit la Nantaise.

– Me too (*moi aussi*), fit Johnny.

Rencontrer Johnny Hallyday à Los Angeles… Le rêve américain de centaines de fans. En avril 2012, Laurent Chauvel et Sébastien Morisseau avaient acheté leur ticket pour le spectacle à l'Orpheum Theater. Pour une fois, ces inconditionnels n'avaient pas suivi Johnny dans toute la ville, décidant de profiter de l'occasion pour visiter la cité des Anges. « Ce jour-là, notre étoile nous avait réservé une incroyable surprise », confie Sébastien. Alors qu'ils étaient attablés à la terrasse de Carney's en bord de route, Laurent, Sébastien et leurs amis virent une Bentley s'arrêter à un feu rouge.

---

24 «*Je serais mieux à Los Angeles*».

– C'est la voiture de Johnny ! s'écria l'un d'entre eux.

Stupeur. Excitation. Tables renversées. Course folle.

– Bonjour, comment allez-vous ? fit Johnny, de la manière la plus naturelle du monde, alors qu'il venait de voir une demi-douzaine de personnes se jeter sur sa portière.

Assis côté passager, Sébastien Farran écarquillait les yeux. Le jeune manager venait de prendre ses fonctions auprès de Johnny et découvrait la relation passionnelle qu'il entretenait avec ses fans. Alors que le feu rouge s'éternisait, les fans en profitèrent pour poser au côté de Johnny. « Il nous a dit qu'il se rendait à une émission de radio et qu'il acceptait de faire des photos avec nous à condition qu'on ne les diffuse pas », racontent les deux fans. Comme la parole de Johnny est d'évangile, les fans n'ont jamais montré cette photo au-delà du cadre privé. Alors que le feu passait au vert, le rocker leur donna une dernière consigne :

– Faites attention en traversant.

Faites attention en traversant. Johnny…

Rencontrer Johnny Hallyday était un rêve pour tout le monde, y compris pour ceux qui passent aussi leur vie à signer des autographes. « Au Stade de France, je m'amusais à remonter la file d'attente devant la loge de Johnny, raconte Fred Jimenez. Au fur et à mesure que j'avançais, la célébrité s'annulait. On y croisait d'abord des animateurs TV comme Nikos Aliagas, puis d'immenses vedettes à l'image d'Alain Delon. Même un ancien premier ministre – Jean-Pierre Raffarin – attendait son tour. Comme si c'était l'audience du Pape. »

À force de chanter dans tous les stades de France, Johnny impressionnait même les footballeurs. À l'occasion des concerts au stade Pierre-Mauroy de Lille en 2015, le footballeur international Rio Mavuba réalisa son rêve. « Johnny Hallyday est une légende, un grand monsieur de la chanson française. Je voulais absolument le voir chanter dans le stade où je jouais tous les week-ends. J'ai eu la chance de le rencontrer en loges. Lætícia m'a présenté en lui expliquant que j'étais footballeur. Johnny n'était pas le plus grand passionné de foot, et moi je ne suis pas Zidane, donc il ne me connaissait pas. Mais quand il a regardé mon blouson de près, j'étais tellement heureux. »

– Il est bien ton cuir ! Tu l'as acheté où ?

« En sortant du stade, je n'en revenais pas. Je n'arrêtais pas de répéter à ma femme : "Johnny a aimé mon cuir". Ça m'a vraiment fait quelque chose de voir cet homme. Il était abordable. Je suis fier de l'avoir rencontré. Je connais tous ses tubes par cœur. C'est vrai que les footballeurs n'écoutent pas du Johnny dans le vestiaire, mais en troisième mi-temps avec les kinés, on s'ambiançait bien avec ses chansons. »

À l'Elysée ou à Matignon, on écoutait aussi beaucoup Johnny Hallyday. Parmi les plus hauts représentants politiques, Nicolas Sarkozy et Jean-Pierre Raffarin rivalisent de connaissances et de passion dès qu'il s'agit d'évoquer le plus grand rocker français. « Lors du repas de mariage de Johnny et Læticia, Nicolas Sarkozy a entonné une chanson de Johnny qu'il était le seul à connaître, s'amuse Jean-Claude Camus. Ni Johnny, ni moi ne nous souvenions qu'il avait chanté ce titre. Nicolas Sarkozy la connaissait par cœur. » De son apparition dans la campagne de Valéry Giscard d'Estaing en 1974 à ses dîners avec les Macron, Johnny a traversé la vie des présidents de la République, entrant régulièrement dans leur intimité. Décryptage de l'ex-Premier ministre Jean-Pierre Raffarin : « Il faut rappeler que Johnny a été très méprisé au début de sa carrière, avant de devenir une cathédrale. Nicolas Sarkozy est un vrai fan, authentique, qui aime Johnny et connaît très bien ses chansons. Il les chante d'ailleurs plutôt bien. Je les ai souvent vus ensemble, leur relation amicale était très sincère. Jacques Chirac aimait la personnalité de Johnny et sa manière d'être un homme très libre. Pour les autres, c'était souvent de la considération pour une star de premier plan. Johnny était une référence dans la société française, très intéressante pour un politique. » Jean-Pierre Raffarin avait invité Johnny à Matignon lorsqu'il était Premier ministre. « C'était un véritable événement. De tous les chefs d'Etat et de gouvernement que j'ai reçus à Matignon, Johnny est celui qui a mobilisé le plus d'attention de la part du personnel. Quand il est arrivé dans son *Hummer* avec Lætícia et Pascal Nègre, il fascinait tout le monde. C'était un jour où il buvait de l'eau ! » Le Maître de la scène en avait profité pour distiller des conseils au chef du gouvernement : « Nous avons beaucoup parlé du contact avec la salle. Il m'a fait prendre conscience de l'importance de la communication non-verbale, très utile pour la politique : les secondes qui vous séparent du micro quand vous entrez sur une scène. Ce sont souvent ces secondes-là qui créent l'ambiance de la salle, avant de prononcer le premier mot. Il ne faut pas parler trop tôt. Désormais, je ne vais plus directement derrière mon micro. Je m'arrête pour voir la salle de face. J'envoie un signe au public, j'invente un geste spontanément pour créer du lien avec la salle. Et quand j'arrive au micro, je sais que le public est prêt. J'ai compris tout cela grâce à mes discussions avec Johnny. »

Jean-Pierre Raffarin est un fan de la première heure. « J'ai commencé à le côtoyer dès mes premières responsabilités publiques, car je travaillais avec Jean-Pierre Pierre-Bloch[25]. Je *le* voyais lors des fêtes d'anniversaire. Dès ma première rencontre, j'avais l'impression de bien le connaître, car j'avais ses codes. J'ai découvert Johnny au début des années soixante. Jeune adolescent, j'ai repéré sa voix, son énergie, le prestige de cet Elvis français. J'ai aimé l'équilibre entre la violence et la tendresse,

25 *Ex-secrétaire de Johnny et député de Paris.*

entre l'énergie et la nostalgie. Dans les tubes de Johnny, on retrouvait toujours beaucoup de mouvement – *Rien que huit jours*, *Da dou ron ron* – et des chansons plus calmes : *L'idole des jeunes*, *Douce violence*. Il y avait une tendresse permanente dont *Retiens la nuit* était la matrice. Johnny était un blouson noir, mais un peu moins que les *Chaussettes noires*. Dans ma jeunesse à Poitiers, ça bagarrait dur entre les supporters de Johnny et ceux d'Eddy Mitchell. C'était très conflictuel. Jeune lycéen, j'avais passé une nuit devant l'Hôtel de France afin d'apercevoir Johnny – qui n'était sorti qu'à onze heures du matin ! À 14 ans, l'amitié est la plus grande des valeurs. Johnny était notre ami, notre frère. On vivait avec lui cette fraternité. À cette époque de l'adolescence, on veut bouger, agir, aimer, pleurer. On faisait tout cela avec Johnny. Il était un membre de la famille. Il a représenté notre génération à chaque étape de notre vie, en incarnant tous nos objectifs : son mariage puis sa volonté de se libérer de Sylvie, ses grandes ambitions professionnelles, son concert à Las Vegas, et puis *Rester vivant*… Johnny était l'incarnation d'un potentiel de vie. Il était l'énergie vitale par excellence. C'est pour cela qu'on tenait tous à ce qu'il reste en vie, et qu'il l'est toujours d'une certaine manière. Quand on le voyait sur scène, on se sentait appartenir à un groupe conduit par un leader avec lequel on se sentait complètement connectés. C'était une sorte de dissolution individuelle. Johnny n'avait pas cette expression verbale séduisante et suspecte de manquer de sincérité – celle que l'on reproche parfois aux politiques. Dès qu'il s'exprimait, il était maladroit comme tout ! Il n'avait aucune aisance verbale, mais n'en avait pas besoin. Johnny avait une communication très codée. Il inventait des codes qui étaient spontanément compris par son public. Il se connectait ainsi avec les gens : "Maintenant je vais vous parler d'une fille ! Dites-moi ! Vous voyez qui j'veux dire ?" Et cela suffisait ! Il n'avait pas besoin de faire de belles phrases recherchées pour expliquer qu'il était heureux de chanter dans telle ou telle ville. Johnny disposait d'une intelligence très humaine qui n'était pas manipulée par toute forme de technique. Il existait un côté un peu sauvage chez Johnny. Il proposait ses propres codes, pas ceux de la société. Il réussissait à exister en nous. Sur scène, il parlait à des fauves comme un fauve. Il était le lion, nous étions les lionceaux. Quand il chantait *Les portes du pénitencier*, Johnny mettait de l'énergie et du relief dans le mot PORTES *(Jean-Pierre Raffarin insiste oralement sur la prononciation puissante du mot* portes *par Johnny dans la chanson)*. Ce n'était pas le mot qui comptait, mais tout ce qu'il y mettait dedans. Dès les deux premières notes de *Gabrielle*, le public se levait. J'avais l'impression que son énergie était sans limite. Quand il décidait d'être pour nous, il s'offrait à nous. Il n'a jamais donné un concert de deuxième catégorie. Malgré sa vie personnelle parfois douloureuse, il a toujours eu la volonté d'être parfait sur scène. Quand il reprenait la gym ou s'arrêtait de boire, il se bousculait pour rassembler toute sa force et son énergie. Parfois, il avait des attitudes à la limite de l'obscène tant il vivait sur scène les paroles qu'il prononçait. Johnny assumait toujours ses actes. Sur scène, il parlait à chaque individu. Il avait une forme de bienveillance pour les blousons noirs, il n'y a qu'à écouter la chanson *Les Mauvais garçons*. C'était un homme d'une grande liberté. Il n'avait pas eu peur d'évoquer la drogue dans une grande interview donnée au *Monde*. Il savait qu'on lui pardonnerait tout. Un jour, j'ai attendu Johnny pendant quatre heures à l'aéroport de Poitiers que j'avais fait ouvrir en pleine nuit afin qu'il puisse rentrer à Paris après un concert à Angoulême. Il était KO après son show mais je lui avais glissé deux mots le temps qu'il monte dans son avion. L'émotion était toujours forte quand je le voyais. »

Afin de clore ce chapitre, Jean-Pierre Raffarin nous donne sa définition du sentiment d'être fan de Johnny : « Johnny Hallyday, une étoile dans nos yeux ? C'est exactement ça. C'est une étoile au-dessus de nos têtes. Elle nous parle, nous représente. Être fan de Johnny, ce n'est pas un raisonnement intellectuel, ça ne se discute pas. C'est une forme de grâce. Ce n'est pas rationnel. On ne peut pas en faire une démonstration logique. Le flux passe et on se sent exister dans *son* existence. Cela me fait penser à une très belle phrase de René Char : *Aimer, c'est vouloir que les choses soient ce qu'elles sont.* Cela signifie qu'il y a une part d'irrationnel. Je ressens ça avec Johnny. Je veux être fan de Johnny mais je ne l'ai pas décidé. Quand j'entends *Allumer le feu*, je suis heureux ! Les choses sont ce qu'elles sont. »

CHAPITRE 10

ILS ONT TRAVAILLÉ POUR JOHNNY
PARTIE 2

Playlist du chapitre :

Du respect (1966)

Un garçon sur la route (1975)

Salut Charlie (1978)

Sans profession (1982)

Si c'était à refaire (2002)

Mathieu André, coiffeur à temps plein

Mathieu André ne donne jamais d'interview. Son téléphone a longtemps sonné dans le vide. Comme beaucoup d'intimes de Johnny, il n'a pas besoin de lumière pour apprécier son incroyable histoire avec la star. « Les fans étaient tout ce qui comptait pour lui. Alors si je te réponds, c'est parce que Johnny l'aurait fait aussi. Pour ses fans. » Mathieu André est devenu le coiffeur de Johnny en 2006, juste après le film *Jean-Philippe* et avant *Flashback Tour*. Mathieu était là tout le temps. « Tournée, interview, maison, quotidien, ou même avant d'aller au restaurant... Dès que Johnny avait besoin de se montrer, j'accourais. Pour lui, la séquence coiffure-maquillage était une tannée. S'il avait pu nous éviter, il l'aurait fait. Il s'est souvent posé la question. »

– Mais les gens ne viennent pas pour ça ! soupirait la star.

« Évidemment, il était bien content après de voir qu'il était beau sur les photos. Il était assez lunatique à ce sujet car on pouvait se faire engueuler si une photo ne lui plaisait pas. Il y avait surtout beaucoup de surveillance autour de son image : la production, le management, Læticia... *Lui* aimait que ce soit vite fait. Au total, je disposais de sept minutes pour le coiffer ! Pas une seconde de plus... Je n'avais pas intérêt à me tromper. Comme on arrivait une heure avant un spectacle, tout était minuté : la coiffure, le maquillage, un temps de discussion avec son directeur artistique, un temps de repos et distraction devant la TV, etc. Pendant que je le coiffais, il était silencieux. Avant un show, il avait le trac. Il avait besoin d'attention et de calme. Il n'était jamais seul. S'il avait besoin d'un verre d'eau ou d'un café, on était là pour lui apporter. On parlait très rarement. Si jamais il était désagréable dans ces moments-là, il redoublait de gentillesse après le concert. Dès qu'il montait sur scène, je me précipitais devant les écrans avec Nelly, son habilleuse, afin de vérifier que tout était en ordre. Nous devions toujours rester près de la scène, car s'il sortait de manière impromptue pour remettre son oreillette, il fallait aussi lui arranger les cheveux. Pendant un concert, Johnny était généralement intouchable. Quand il sortait de scène, on échangeait un regard. Si je lui faisais un signe, il savait qu'il devait se recoiffer. Je lui tendais son peigne et un miroir et il s'en occupait lui-même. Avant une tournée, je prévoyais une cinquantaine de peignes – des Triumph en argent – car je savais qu'il aimait les lancer dans le public. Après le show, il était invisible pendant cinq minutes, le temps d'une douche. J'étais l'un des rares à rester dans sa loge à ce moment-là. Il fallait qu'il décompresse. Ensuite, je l'accompagnais dans sa course folle – voiture, motos de police, avion privé – et je dormais chez lui quand il y avait une interview ou une émission le lendemain. Je vivais des moments privilégiés, spectaculaires. Il accordait beaucoup d'importance aux avis de son public. Si un spectateur relevait un souci dans sa coiffure, il me le faisait savoir en me disant que j'étais nul ! Johnny était très taquin, avec un humour froid. Dans son bureau, il m'avait fait écouter deux enregistrements de son dernier album. »

– Laquelle tu préfères ? lui demanda Johnny.

– J'aime bien *J'en parlerai au diable.*

– Bon, alors je choisis la deuxième parce que tu as mauvais goût !

« C'était son côté cash. Il disait souvent tout en un seul mot, mais ce mot faisait l'effet d'une phrase entière. Parfois, il n'avait même pas besoin de parler. Un regard ou une simple attitude suffisaient. J'ai mis du temps à m'y faire. La première fois, il m'intimidait tant que j'ai fait semblant de le coiffer. Je n'ai rien coupé ! J'avais trop peur. Il m'est arrivé de trembler avec mes ciseaux. Son regard était déstabilisant car rien ne transpirait. Dans mon métier, on a besoin d'assurance technique ou artistique, mais avec lui on ne savait pas si l'on faisait bien ou mal. Ce n'est pas lui qui allait le dire ! Il m'a fallu un an ou deux pour être sûr de moi dans mes gestes, dans mon organisation. Tout devait être hyper carré, y compris pour Nelly. Mais je ne l'ai jamais vu faire du mal à qui que ce soit. S'il sentait qu'on avait besoin de lui, il nous défendait. Sur le tournage de *Rock'n'roll*[26], on écoutait en boucle des vieilles chansons de

---

26 *Film réalisé par Guillaume Canet, sorti en 2017.*

Johnny Cash. Il était incollable sur la musique. Il connaissait les noms et l'histoire de tous les groupes de musique. Pendant les moments de détente, c'était le cinéma et rien d'autre. Il ne faisait que ça ! Films de cow-boys, vieux films des années 50-60, le catalogue d'Audiard, des films d'horreur comme *Massacre à la tronçonneuse*. Il adorait le sang ! Ça, je ne pouvais pas. Quand je lui disais que j'aimais les films d'amour, il riait. Johnny voulait de l'action. Ça le détendait. »

Je demande alors à Mathieu André son meilleur souvenir avec Johnny. « Mon meilleur souvenir, c'est tous les jours. Dès que j'étais avec lui. Je n'ai que des bons souvenirs, notamment culinaires. On allait dans les meilleurs restaurants. J'ai goûté les meilleures pâtes du monde avec lui. Bon, les seuls mauvais moments, c'est quand il me filait son assiette, exagérément épicée. "Tiens, je n'ai plus faim, tu peux finir." Trois fourchettes de ses spaghetti suffisaient pour que j'aie des difficultés à digérer ! Johnny avait énormément d'humour. Il aimait faire des blagues. Il me manque. Depuis sa disparition, j'écoute rarement ses chansons. Cela me fait plus de mal que de bien. Dès que je vois une image de concert, les souvenirs de la loge remontent. Johnny est irremplaçable. Je ne vais plus à un concert, ni pour le travail ni pour le plaisir. C'était tellement différent et exceptionnel d'être avec lui qu'il est désormais difficile de vivre autre chose. »

Daniel Angeli, un paparazzi pas comme les autres

Parfois, les belles histoires débutent par les plus grandes fâcheries. Ainsi, Johnny et Eddy Mitchell se sont rencontrés car le premier avait fauché des disques au second. Entre Hallyday et Angeli, cela ne s'est pas passé beaucoup mieux. Roi des paparazzis, Daniel Angeli signa en 1996 une tonitruante couverture du tabloïd à scandales *Voici* : « J'avais shooté Johnny alors qu'il sortait d'une boîte de nuit bourré, soutenu par deux gardes du corps. Quelques jours après, je suis allé le voir à une terrasse de café à Gstaad, en Suisse. Je lui ai demandé une entrevue. »

– Tu m'as fait perdre cinq mille places à Bercy avec ta photo, refusa Johnny.

– Je t'en ai fait gagner dix mille, répliqua le paparazzi.

« Ma repartie l'avait fait rire, mais il n'avait pas donné suite à la conversation. » Toutefois pendant ce bref échange, Læticia avait fait la connaissance de l'épouse de Daniel Angeli et les deux femmes avaient échangé leurs numéros. Le lendemain, Daniel Angeli recevait un message de la star : « Je vais faire du ski. J'aimerais que tu viennes avec moi. »

Dans la foulée, Johnny Hallyday engageait Daniel Angeli, qui serait son photographe officiel pendant plus de quinze ans. En tant que paparazzi, Angeli avait déjà signé de superbes clichés volés, notamment à Saint-Tropez – quand Johnny est bloqué par la foule en sortant d'une boutique, ou quand le rocker adresse un doigt d'honneur à un policier pendant un rassemblement de motards. Cependant, passer de l'autre côté de la barrière était assez intimidant : « Lors des premières répétitions, j'étais terriblement impressionné par Johnny. Il fallait le voir sur scène pour comprendre. Quand je me suis retrouvé au pied de la scène pour la première fois, je n'ai pas osé bouger pour faire mes photos. »

– Allez vas-y, tu vas découvrir le plus grand, l'encouragea Jean-Claude Camus.

« Jean-Claude avait raison. De toute ma vie de photographe, je n'avais jamais vu un tel phénomène. Il était envoûtant. Ensuite, je suis peu à peu entré dans la famille. Johnny et moi avions tellement de points communs : les *Gitanes*, nos vies similaires (plusieurs mariages...), notre année de naissance.

Nous avons construit une grande amitié. Je n'oublierai jamais le concert de la Tour Eiffel. Alors qu'il chantait devant près d'un million de personnes, il s'était retourné pour me demander si tout allait bien. Parfois, il venait me piquer ma clope en plein concert ! Ou il essayait de m'entraîner sur scène. Johnny me faisait aussi des signes, afin que je sache qu'il allait envoyer un accessoire (peigne, bouteille, serviette, guitare...) dans la foule. D'un regard, il me montrait même la personne à qui il destinait son objet. »

L'un de ces signes codés avait frappé Éric Jean-Jean qui m'a raconté l'anecdote au cours d'une discussion dans son studio à RTL. « Pendant un show, je discutais au pied de la scène avec Daniel. Alors qu'on se dirigeait vers les coulisses, Johnny a fait non de la tête. Daniel s'est aussitôt préparé à shooter et quelques instants plus tard, des feux d'artifice ont explosé derrière Le Grand. C'était fascinant. Il maîtrisait soixante mille spectateurs mais il savait aussi exactement à quel moment son photographe devait enclencher. Le lendemain, le cliché était dans tous les journaux. » Œil de lynx intraitable, Johnny repérait le moindre détail autour de lui. « Les tournées étaient épuisantes, j'ai dû photographier au moins quatre cents concerts. Il m'est arrivé une fois de m'assoupir... Johnny avait ricané : “Je t'ai vu, tu dormais à gauche de la scène.” »

Un soir en concert à Sion, Daniel Angeli avait été le témoin d'une rare faiblesse de son patron. « Il était descendu de quelques marches pour prendre les mains des fans. Sa hanche en plastique s'était probablement déboîtée, car il a eu des difficultés à remonter. J'ai hésité à lui donner la main, mais je l'ai laissé se débrouiller. Dans la voiture en direction de Genève, je lui en ai parlé. Il m'avait sermonné : “Heureusement que tu ne l'as pas fait !” »

Admirateur éternel de son boss, Daniel Angeli reconnaît aussi que le rôle de photographe attitré n'a pas toujours été simple à endosser. « C'est difficile d'être l'ami d'un tel personnage, toujours entouré par des dizaines de gens. Il y avait toujours beaucoup de pression. Je devais aussi m'acquitter de missions pour lesquelles je n'étais pas concerné : aller demander un chèque à un producteur en le menaçant que Johnny ne chante pas s'il ne recevait pas son argent. C'était pour acheter une maison. Dès qu'on visitait un pays, Jojo voulait y construire une maison ! Johnny était aussi un déconneur qui aimait foutre la merde. J'étais souvent désigné comme l'une de ses victimes. »

– Daniel, chante avec moi *Blue suede shoes* !

– Enfin, Johnny, tu sais bien que j'en suis incapable.

– Mais comment t'as pu être paparazzi ?

« Même si c'était faux car je l'ai toujours été, Jojo aimait bien dire qu'il avait fait de moi un vrai photographe. »

Vrai photographe et vrai passionné : le loft de la famille Angeli est aujourd'hui entièrement consacré à la gloire de Johnny Hallyday : immenses affiches, photographies encadrées, statues, livres... Un musée plein d'authenticité dans lequel on se sent bien. Je demande à Daniel quelle est la photo que préférait Johnny. « Celle qui a été choisie pour l'affiche du film *Jean-Philippe*, répond le photographe en m'amenant devant le cadre XXL à l'entrée du loft. Elle date de l'été 2000, à l'Olympia, et Johnny la conservait dans son bureau. S'il se foutait des photos de famille, Jojo choisissait soigneusement ses souvenirs de scène. »

– Putain, t'as enfin pris une photo rock'n'roll ! avait encore chambré Johnny.

Jacques Rouveyrollis, l'allumeur de réverbères

« Aux lumières, Jacques Rouveyrollis ! » En remontant le boulevard de Magenta pour me rendre au bureau parisien de l'éclairagiste des stars, j'ai cette phrase en boucle dans la tête : celle que répétait inlassablement Johnny Hallyday après avoir présenté ses musiciens. « Effectivement, il disait ça quelques fois », reconnaît modestement le faiseur de lumières de Johnny et de plusieurs dizaines de vedettes. Si un passionné d'art et de chanson française avait dû choisir un endroit de confinement pas trop désagréable, le bureau de Jacques Rouveyrollis aurait été une option ô combien recevable. Un bureau ? C'est un musée ! Au mur, des dizaines de photos de toutes les stars qui ont brillé sous ses projecteurs : Barbara, Charles Aznavour, Sylvie Vartan, Johnny Hallyday, Jacques Dutronc, Jean Marais… Sur ses étagères, des centaines d'ouvrages et d'objets rappellent tous les spectacles qu'il a éclairés. « Je suis un autodidacte, explique Rouveyrollis en présentant ses souvenirs un à un. Mon université, elle est là, autour de moi. De Shakespeare à Dorothée, j'ai tout fait. Pour moi, c'est la même chose. Tous les publics sont là pour rêver, quels qu'ils soient. Quand j'éclaire un spectacle d'enfants, je me dis que l'un d'eux deviendra peut-être Président de la République un jour. Peut-être ai-je eu un jour Emmanuel Macron dans le public de Dorothée ? Dans ces moments, on oublie le milieu social, la race, la culture… on ne demande à l'artiste que son talent. »

« Jacques Rouveyrollis est un génie de l'éclairage, un magicien et un mec de cœur », s'enflamme le compositeur Jean Renard. Après avoir travaillé pour Sylvie Vartan, Jacques Rouveyrollis a été nommé maître des lumières du *Johnny Hallyday Story* de 1976, le premier grand spectacle qui retraçait toute la carrière du rocker. Les deux hommes ne se sont jamais quittés… « Johnny était un garçon fidèle à son équipe. C'était très facile de travailler avec lui. On n'a jamais bossé dans la terreur. C'était festif et bon enfant, tout en étant professionnel. Avec Johnny, on travaillait très sérieusement sans se prendre au sérieux. Dès l'instant où il m'a choisi, j'ai eu carte blanche. En quarante-et-un ans, je ne pense pas avoir parlé deux fois d'éclairage avec lui. Lors des réunions préparatoires des grands spectacles, il faisait sentir que nous devions tout faire pour satisfaire le public. Ses fans étaient les gens qui comptaient le plus pour lui. Dès qu'il mettait son costume de scène, il devenait "Johnny Hallyday" et n'avait qu'une obsession : faire rêver les gens. Hallyday était très conseillé mais avait toujours le dernier mot. Personne ne lui imposait rien. Lorsqu'il voulait changer, il changeait. Il ne se laissait pas influencer, ni par son imprésario, ni par qui que ce soit. Sur scène, il comprenait les réactions du public. Si une chanson ne convenait pas et n'avait pas un impact suffisant, il était capable de l'enlever dès le lendemain. Parfois, Johnny me demandait d'allumer toutes les lumières de la salle car il aimait voir son public. Il appréciait le contact des gens, notamment quand la scène était au milieu de la salle. »

Alors que notre entretien devait *a priori* se limiter à quelques minutes, Jacques Rouveyrollis se laisse porter par notre conversation enflammée sur sa manière d'éclairer Johnny Hallyday : « Je n'essayais pas de faire une œuvre d'art sur une œuvre d'art. J'étais là pour éclairer l'affiche, souligner l'œuvre d'art, qu'elle soit sur la gigantesque scène du Stade de France ou la plus minuscule du Théâtre de Paris. Comme l'artiste s'appelait Hallyday, avec un contenu de cette dimension, c'était assez facile. La lumière doit être utilisée pour révéler mentalement, intellectuellement ou physiquement. Je n'essayais pas de faire mon show. Il fallait bien cerner l'œuvre qui se jouait, qu'elle soit théâtre, lyrique... Quand j'éclairais Johnny, c'était *Gladiator* ! Avec Barbara, c'était plus intime. Chaque artiste a sa propre identité. Je n'ai jamais fait du Rouveyrollis. Je faisais du Hallyday, du Sardou ou du Aznavour. Ce qui était fantastique avec Johnny, c'est qu'il rassemblait toutes les couches sociales.

Quand vous mettez un lettré et un illettré devant un tableau, les deux font : "Waouh". Ensuite, le lettré explique mais en vérité, on s'en fout. Moi, ce sont les deux secondes d'émerveillement qui m'intéressent. C'est ça le génie, celui qui a réussi à lier les deux extrêmes. Avec Johnny, on avait l'impression de participer à une messe. Je me souviens de notre premier concert au Parc des Princes, en 1993. Nous découvrions le stade, et je trouvais que ma position à la régie – en bas des tribunes, face à la scène – était vraiment très éloignée de l'artiste. En me rendant aux toilettes une heure avant le concert, au milieu des spectateurs, je me suis mêlé incognito à une conversation :

– Franchement, c'est trop grand le Parc des Princes. On ne va rien voir, Johnny sera beaucoup trop petit.

– T'as rien compris, toi ! riposta un fan. Peu importe notre place. Ce qui compte, c'est d'être là. »

Claude Pierre-Bloch, fils de Résistant rock'n'roll

L'histoire est assez méconnue mais Johnny Hallyday a été proche de la famille de Jean Pierre-Bloch, ancien résistant. Ses deux fils, Jean-Pierre et Claude, ont travaillé pour le jeune rocker dans les années 60 et 70. Tout est parti d'une rencontre hasardeuse dans une station-service de Gironde, lors de l'été 1962. « Mon frère Jean-Pierre revenait de la guerre d'Algérie. Il connaissait vaguement Johnny pour l'avoir croisé dans plusieurs boîtes de nuit parisiennes. Nous étions en vacances dans notre maison du sud-ouest, et prenions de l'essence dans une station du Pilat. Une grosse *Buick Invicta* bleue décapotable est arrivée : c'était Johnny Hallyday ! Il a reconnu mon frère et tous deux ont discuté quelques minutes. »

– Je chante au Casino ce soir, indiqua la jeune vedette.

– Où dors-tu ? demanda Jean-Pierre, le frère de Claude.

– Nulle part ! Tout est complet, je n'ai pas d'hôtel. On repart après le gala.

– Viens dormir à la maison, nous avons de la place, proposa Jean-Pierre Pierre-Bloch.

« Timide, Johnny a refusé plusieurs fois car il était gêné de venir chez nos parents. Et finalement, il a dormi tous les soirs à la maison pendant deux semaines ! Cet été-là, dès qu'il chantait dans le Sud-Ouest (St-Jean-de-Luz, Andernos, Biarritz, Orthez...), il dormait chez nous. »

Le tout jeune Johnny Hallyday – 19 ans – a terminé sa tournée d'été tandis que la famille Pierre-Bloch retrouvait ses appartements franciliens, à Neuilly.

« Un soir, Johnny a appelé mon frère et il a nous invités à l'Olympia. Après la représentation, nous avons fini tard dans la nuit chez Castel. Alors que mon frère allait prendre congé, Johnny s'est adressé à nous :

– Je n'ai pas envie de rester seul dans mon appartement.

Johnny a donc posé ses valises chez nous à Neuilly. Il allait y rester environ trois ans ! Il était très proche de mes parents. Il s'adressait même à ma mère en lui disant "Maman". Elle était la seule à avoir le droit de le réveiller le matin, avec un gant humide. Quand elle arrivait dans sa chambre, il grognait : "Non, pas le gant de toilette !" »

Au sein de cette grande famille respectée pour son activité résistante pendant la Seconde Guerre mondiale, Johnny apportait une touche rock'n'roll et insouciante : « Johnny était allé enregistrer en Angleterre, à Londres, et il était revenu avec de l'herbe. C'était la première fois qu'il en fumait. Dans notre hôtel particulier de Neuilly, il roulait ses joints dans sa chambre. Ma tante n'avait pas pu imaginer ce qui se tramait. Elle répétait en boucle, “Ça sent l'eucalyptus” ! » Johnny avait découvert le cannabis avec son batteur Bobbie Clarke.

Les deux frères Pierre-Bloch entrèrent ensuite au service de l'idole des jeunes, à commencer par Jean-Pierre. « Johnny aimerait que tu deviennes son secrétaire », avait informé Johnny Stark, l'impresario. « Jean-Pierre a donc quitté Publicis pour s'occuper de Johnny pendant quelques années. Moi, j'ai monté une agence de publicité pour vendre le nom Hallyday à des marques de vêtements. On avait installé un stand d'habits aux Galeries Lafayette ! Johnny m'a ensuite demandé de devenir son attaché de presse. “J'ai une seule condition” m'avait précisé Johnny. Tu t'occupes seulement de moi. » Entretemps, j'avais effectivement monté des créations de mode pour Sylvie Vartan et je travaillais pour d'autres artistes. J'ai donc respecté la consigne de Johnny en stoppant toutes mes autres collaborations, et j'ai refusé une proposition de Michel Sardou. Quelques années plus tard, j'ai reçu un appel en pleine nuit. J'étais habitué à ce genre de coups de fil nocturnes. Johnny aimait qu'on soit avec lui 24 heures sur 24. Moi, ce n'était pas mon truc de rester dans des boîtes de nuit jusqu'à 6 heures du matin. C'est pour cela que nous avions engagé Alan Coriolan. Quand je rentrais me coucher, c'est lui qui devait rester avec Johnny. Mais parfois, il téléphonait à 3 heures du matin en s'écriant : “Mais pourquoi t'es parti ? !” J'avais de gros problèmes de voisinage. À l'époque, les téléphones étaient très bruyants et les appartements mal isolés. En pleine nuit, ça résonnait dans tout l'immeuble ! Les voisins gueulaient… J'avais été obligé de poser mon téléphone sur des bottins pour étouffer le bruit. Cette nuit-là, Johnny m'a énormément inquiété. “Claude, il faut que tu viennes ! On a été pris dans une bagarre, un car de flics vient d'arriver.” Je me suis habillé en vitesse pour les rejoindre au Saint-Hilaire.

Interloqué, je ne vis ni car de flics, ni attroupement. Je suis entré et j'ai découvert Johnny tranquillement attablé dans un coin de la célèbre boîte parisienne avec Michel Sardou. Fatigué et stressé de ma course folle dans Paris pour lui éviter des ennuis, je lui demande aussitôt :

– C'est quoi cette histoire de bagarre ?

– Assieds-toi.

– Mais où est le car de flics ? Je n'y comprends rien…

– Je te lève l'interdiction. Tu peux travailler avec Michel.

Johnny m'avait bien eu ! Il avait trouvé le moyen de me sortir de mon lit et m'avait fait venir en pleine nuit pour m'annoncer qu'après une discussion avec Michel Sardou, il était d'accord pour que je travaille également avec lui. »

Attaché de presse de Johnny, Claude Pierre-Bloch parcourut le monde entier auprès de la star pendant une douzaine d'années. « Dans mon milieu, on me disait souvent : “Mais qu'est-ce que tu fous avec ce mec ?”, “Hallyday, c'est n'importe quoi !” Tous les gens qui critiquaient, je les ai invités à un concert. Et tous sont tombés sous le charme de Johnny, sans exception. Johnny était une personne avec un très grand cœur. Il ne s'est jamais comporté comme une idole. Je ne l'ai jamais entendu dire “Je suis Hallyday”. À l'époque, nous allions souvent au cinéma. J'ai en mémoire Johnny dans la file d'attente, au milieu des gens. Il y avait toujours un directeur de cinéma pour accourir et proposer à Johnny d'entrer. Et Johnny de répondre invariablement : “Je fais la queue comme tout le monde.” »

À écouter Claude Pierre-Bloch pendant des heures, je comprends aussi que malgré la fierté, le prestige et l'amitié, travailler au service de Johnny Hallyday n'était pas de tout repos : « Quand j'étais en boîte de nuit avec lui, j'étais toujours bourré car je finissais ses verres pour éviter qu'il ne boive trop. » Vraiment pas de tout repos : « Après les galas, on attendait Johnny pendant des heures. Alors qu'on avait 500 kilomètres à parcourir en voiture jusqu'à la ville suivante, on dînait jusqu'à 3 ou 4 heures du matin… et pas en buvant de l'eau ! Johnny disait "On s'en va" mais une heure après, on était toujours là. C'était épuisant… Je me souviens d'un Bruxelles-Paris qui nous avait pris des heures pour sortir de la ville. Johnny voulait à tout prix acheter de la graisse à frites belge ! Pas facile au petit matin… On a fait tous les magasins de l'agglomération. Nous avions tous très sommeil, et Johnny me dit : "Allez, Claude, tu conduis." Comme je dormais à moitié, je roulais très lentement. Agacé, Johnny a repris le volant et nous sommes partis à toute vitesse ! Pendant des années, nous avons parcourus des milliers de kilomètres ainsi. Si on avait peur, il ne fallait surtout pas demander à Johnny de ralentir. Sinon, il accélérait encore plus. »

Claude Pierre-Bloch a aussi expérimenté les goûts particuliers de son patron en matière de nourriture. « Johnny voulait toujours manger des trucs forts. Et comme pour la boisson ou n'importe quoi d'autre, il vivait dans l'excès. Quand il jugeait qu'un plat n'était pas assez épicé, il rajoutait n'importe quoi qui était relevé. Un jour aux Antilles, on mangeait du crabe. "Tiens, goûte ça", me propose Johnny. Il avait fourré le crabe de tout un tas de sauces et condiments extrêmement forts. J'ai eu la bouche en sang toute la journée ! Une autre fois, en partance pour Nashville, nous prenions le petit-déjeuner à l'aéroport de Roissy. Café-croissant pour toute l'équipe… pendant que Johnny buvait du Tabasco à la bouteille ! Je me demandais comment cela pouvait ne pas lui trouer l'estomac. Il buvait absolument n'importe quoi, même du vinaigre à table. »

Alors que son épouse vient rejoindre notre discussion, Claude Pierre-Bloch rit aux éclats en rappelant les farces de

Johnny quand il venait lui rendre visite dans sa maroquinerie parisienne. « Il venait parfois dans le magasin de ma femme, s'installait derrière le comptoir et vendait des valises aux gens. On entendait parfois les clients chuchoter : “Il ressemble à Hallyday, tu ne trouves pas ?”. Mais personne ne pouvait y croire. C'était une époque sans garde du corps, sans portable, sans réseaux sociaux… C'était tellement drôle ! »

Fatigué de son rythme de vie auprès de la star, Claude Pierre-Bloch quitta Johnny après une énième folie. « À la veille du concert sur le porte-avion Foch retransmis à la télévision, je lui avais dit de rester raisonnable, au moins ce soir-là. Évidemment, il s'était encore couché très tôt le matin. On s'était engueulés. Mais on est restés amis jusqu'au bout. Quand Johnny remportait une Victoire de la Musique, je lui laissais un message et il me rappelait dans la foulée. À chaque fois qu'on se voyait, il racontait à Lætitia l'histoire de sa jeunesse passée dans ma famille. Il lui a raconté des dizaines de fois ! J'essayais de le couper en lui disant “Elle le sait déjà !” mais Johnny aimait raconter ses vieilles histoires. »

Monique Lemarcis, l'oreille attentive

Mythique directrice artistique de RTL, Monique Lemarcis a influencé toute la chanson française pendant trente ans. « Quand je suis arrivée à RTL en 1968, Johnny était encore parrainé par Europe N°1 et *Salut les copains*. Notre objectif était de ramener Johnny dans le giron RTL, ce que nous avons fait. » Comme les nombreux témoignages de ce livre le prouvent, Johnny Hallyday est resté fidèle à RTL jusqu'à la fin de sa vie et a construit une relation très forte avec Monique Lemarcis : « Entre Johnny et moi, c'était d'abord une histoire d'amitié et de confiance. Il venait dans mon bureau rue Bayard et je lui faisais écouter des disques afin qu'il ait connaissance de toutes les nouveautés. Johnny me faisait écouter les siens en avant-première et nous en discutions ensemble. Johnny était tranquille dans le bureau, on avait tout notre temps. Parfois, je lui faisais ajouter ou enlever des titres. Je savais ce qui allait plaire aux auditeurs de RTL, qui représentaient son public. C'est aussi grâce à moi que Johnny a chanté en duo avec Julio Iglesias au Palais des Congrès. J'avais dit à Julio : "Johnny a fait une chanson qui te convient exactement". *Me olvide de vivir*, traduction espagnole de *J'ai oublié de vivre*, est devenu numéro 1 mondial ! Parfois, Johnny entrait aussi dans mon bureau pour me confier des choses plus intimes, mais ce sont des souvenirs que je garde pour moi. Même après ma retraite, il me convoquait en studio pour écouter ses albums, comme en 1998 avec Pascal Obispo. Ensuite, il est venu me chercher en voiture pour aller au Stade de France. Ça démontre sa gentillesse et ses attentions. »

Avez-vous déjà rêvé d'inviter Johnny Hallyday à votre pot de retraite ? Monique Lemarcis l'a fait. « Quand j'ai quitté RTL en 1996, tous les artistes sont venus chanter. C'était merveilleux de voir Johnny Hallyday chanter pour mon départ, avec Eddy Mitchell, Dick Rivers… »

Pendant trois décennies, Monique Lemarcis a multiplié les organisations d'émissions, concerts et opérations spéciales. « Quand Johnny disait oui pour un projet, c'était oui. Pour les émissions de radio, il était toujours à l'heure, contrairement à Claude François. »

Grâce à cette belle complicité professionnelle, Monique Lemarcis a vécu de nombreux moments d'intimité auprès de la star. « En tant que femme, j'étais quand même moins dans son intimité que des animateurs comme Sam Bernett, relève modestement la programmatrice de RTL. Mais Johnny avait une grande confiance en moi. J'étais à son mariage avec Adeline, puis celui avec Læticia. Alors qu'il possédait une très belle maison, il était même venu visiter mon tout petit appartement à Sèvres. » Creusoise, Monique Lemarcis passait ses vacances dans une maison proche de celle de Nathalie Baye. « Le jour où Johnny et Nathalie sont arrivés devant chez moi, je n'en revenais pas. C'est mon plus beau souvenir avec lui. J'avais dit à Johnny : "J'ai tout imaginé dans ma vie sauf de te voir un jour dans la Creuse, chez moi !" Johnny aimait les choses très simples. Il était fantastique pour ça. »

Dans son autobiographie, le rocker a raconté une histoire rocambolesque. Avant un dîner au restaurant avec la respectable programmatrice de RTL, il avait consommé du *brown sugar*[27] avec Gérard Depardieu. Pendant le dîner, les deux acolytes s'étaient effondrés dans leur soupière, devant Monique Lemarcis, avant d'être exfiltrés. « Cette histoire est vraie, confirme la directrice artistique. Même si j'aurais préféré l'oublier ! Cela ne m'avait pas beaucoup amusé. Gérard Depardieu avait sorti un disque, c'est pour ça qu'il voulait me rencontrer. »

François Goetghebeur, l'ultime réalisateur

François Goetghebeur est le dernier à avoir filmé Johnny Hallyday. Réalisateur réputé, il avait été choisi en 2016 par France Télévisions pour mettre en image les Victoires de la Musique. Johnny concourait dans la catégorie "Meilleur album de l'année", avec *De l'amour*. « Aux Victoires, toutes nos séquences étaient en direct. Mais Johnny était l'exception qui confirmait la règle. Comme il était en concert à Boulazac, il n'était pas certain d'arriver avant la fin de la cérémonie, malgré son avion privé. Nous avions donc tourné la chanson la veille, lors des répétitions, par sécurité. C'était assez casse-gueule, car toutes mes caméras n'étaient pas prêtes : je n'avais ni spider-cam,

27 *Nom argotique donné à l'héroïne brune.*

ni grues, ni public. Tendu comme un string, j'avais la pression, je ne voulais pas me louper pour ma première fois avec Johnny. Il est arrivé vers 17 heures et on m'a fait comprendre qu'il fallait aller vite. Johnny avait beaucoup de qualités, mais pas la patience. J'avais une idée précise pour l'ouverture du tableau : je voulais qu'il prenne sa posture *fifties* comme dans le clip, sans éclairage, afin que l'on voie seulement sa silhouette. La lumière devait s'éclairer au moment du premier riff de guitare. » Malgré ces bonnes idées, François Goetghebeur ne savait pas comment s'y prendre. Isolé dans le car-régie, alors qu'il n'avait jamais rencontré Johnny Hallyday, ses consignes avaient du mal à passer. À ce moment-là, Nathalie André, la responsable des divertissements de la chaîne, et Læticia Hallyday entrèrent dans le car.

– J'ai compris ce que vous voulez, je vais aller lui dire, proposa Læticia.

« Et, tac ! Johnny l'a fait, se réjouit encore François Goetghebeur. Dans la foulée, Nathalie André m'a présenté à Læticia, et j'ai compris qu'on allait pouvoir travailler ensemble. Læticia a beaucoup fait pour renouveler les vieilles habitudes musicales de Johnny et amener du sang neuf autour de lui. Au soir du direct, Johnny n'arrivait pas, nous avons diffusé l'enregistrement de secours. Finalement, il est arrivé juste à ce moment-là et s'est installé tranquillement dans le public avant de recevoir son prix. Présent dans la salle, mon neveu d'une quinzaine d'années ne comprenait pas pourquoi Johnny s'était allumé une clope sans que personne n'y trouve à redire. C'était toujours comme ça avec Johnny ! »

Une anecdote personnelle à ce sujet : en juin 2013, Johnny avait grillé cigarette sur cigarette pendant plus d'une heure dans le minuscule studio de Georges Lang à RTL, sous les yeux du grand patron Christopher Baldelli qui n'avait évidemment pas bronché. En quatre années à RTL, je n'ai vu personne obtenir un tel privilège, encore moins avec Georges qui n'aimait pas l'odeur du tabac dans son studio. Et pourtant, le fumet des Gitanes sans filtre de Johnny n'était pas le moins odorant !

Quelques semaines après les Victoires de la Musique, François Goetghebeur était choisi par l'équipe Hallyday pour réaliser la captation du *Rester Vivant Tour*, prévue à Bruxelles. « J'étais allé en repérage lors d'un concert précédent, raconte le réalisateur. Pour la première fois, j'avais vraiment discuté avec Johnny. Comme c'était un vrai passionné de cinéma, on avait surtout parlé d'un projet de film musical que je souhaitais mettre en place. Sébastien Farran nous recadrait en rappelant qu'on était là pour préparer le DVD de la tournée. L'humeur du moment était unanime, notamment via l'investissement de Yarol : "François, fais-nous un truc rock'n'roll, pas variétés." »

François Goetghebeur m'a ensuite raconté ses aventures impromptues à Los Angeles avec Johnny Hallyday. « Je me trouvais en Californie pour un voyage de travail avec des gens du métier comme Renan Luce ou Pierre-Dominique Burgaud. J'avais prévenu Lætitia de ma présence à Venice Beach, et elle nous a invités à boire un verre à Pacific Palisades. On a débarqué à huit chez Johnny ! Le soir, on n'en revenait pas. Mais ce n'était que le début… Dès le lendemain, j'ai reçu un texto de Lætitia qui me disait qu'ils dînaient avec un copain, et qu'ils me proposaient de les rejoindre ensuite dans un bar. J'étais avec Jeff Génie, un manager d'artistes, il ne me croyait pas. "T'es en train de me dire que Johnny Hallyday va venir ici ?" C'était un bar-boîte intérieur-extérieur avec un arbre gigantesque au milieu, une vraie boîte de jeunes de 20, 25 ans maximum. L'endroit et Johnny Hallyday ne collaient en rien. C'est comme si on attendait Johnny au Macumba de l'Île de Ré ! Finalement, Johnny et Lætitia sont apparus avec leur ami, qui était… David Guetta ! Je me suis donc retrouvé entre le couple Hallyday et le couple Guetta, c'était lunaire. Johnny s'enfilait verre sur verre.

Je me souviens lui avoir dit : “T’es sûr ?” Johnny m’a répondu d’un clin d’œil : “T’inquiète !” Johnny était extrêmement sympa avec David Guetta mais sa musique restait un mystère pour lui. Encouragé par l’alcool, il m’avait fait une confidence à l’oreille : “Je ne comprends vraiment rien à la musique de David Guetta.” »

Hervé Lewis, l’Indien

Avez-vous remarqué la taille des bras et des épaules sculptées de Johnny Hallyday dans les années 80 et 90 ? Johnny a découvert l’art de la musculation grâce à Pierre Billon. « J’étais à fond là-dedans, alors au début je l’entraînais moi-même, précise le parolier. Mais ce n’était évidemment pas mon métier, j’ai fini par lui présenter Hervé Lewis, qui est devenu son entraîneur officiel. »

En vérité, Hervé Lewis – surnommé *L’Indien* – et Johnny Hallyday s’étaient déjà croisés au milieu des années 70 dans une boîte de nuit parisienne. « Même si je n’ai jamais bu autre chose que de l’eau, je sortais beaucoup quand j’étais jeune, révèle Lewis. J’avais une étoile bleue en strass accrochée sur mon blouson. “Elle est sympa ton étoile” m’avait dit Johnny. Je la lui avais offerte, mais nous en étions restés là. »

L’*Indien* ne se doutait pas qu’il deviendrait le coach sportif attitré de Johnny et passerait une quinzaine d’années dans les pas de la star, à la ville comme à la scène. Pour toutes celles et ceux qui aiment transpirer dans les salles de sport, j’ai demandé à Hervé Lewis de nous dévoiler le contenu de ses entraînements pour le rocker :

« Avec Johnny, c’était toujours excessif. Il n’était pas motivé pour les séances, mais tout à coup, ça lui prenait et il n’arrêtait plus. Quand il décidait de s’y mettre, on faisait des séances de deux heures, deux fois par jour. Endurance à la machine elliptique, musculation, couché, dorsaux, bras, abdos, un peu de boxe. Je lui faisais l'entraînement complet, sans prendre aucun produit pour les muscles. Pour le développé-couché, je n'ai jamais cherché à travailler trop lourd car ce n'était pas le but de l'opération. On travaillait l'endurance plutôt que la force pure. L'objectif était qu'il chante chaque soir avec un maximum d'énergie, pas de faire des compétitions de bodybuilding. Naturellement, Johnny était un costaud. Une force de la nature ! Ses excès ont abîmé la machine, mais quand il s'entraînait, le résultat était là. Ensemble, on a fait la couverture du *Monde du muscle*. J'avais réussi mon pari : arriver à un stade où Johnny prenait du plaisir dans le sport, sans sortir, ni boire, ni fumer. Nous avions passé trois mois très intenses, à Cancún au Mexique puis à Los Angeles. Johnny ne sortait plus. Il voyait qu'il se sentait mieux dans sa peau et que son corps changeait. On ne faisait plus que ça. On allait au Gold's Gym de Los Angeles, un endroit mythique où Arnold Schwarzenegger s'entraînait. Johnny adorait cette ambiance. Le midi, on déjeunait dans un restaurant pour sportifs : salades, blancs de poulet, riz, légumes. Le soir on rentrait à Beverly Hills, Johnny prenait des couleurs au bord de la piscine, et on se couchait tôt. À Bercy, on avait aménagé une salle de sport dans sa loge. En tournée, un camion transportait tout le matériel, même si Johnny était moins sérieux dans ces moments-là, il retombait dans ses démons d'alcool. Mais 80 % du boulot avait été fait en amont, et le simple fait de chanter tous les soirs maintenait sa condition. Parfois, il faisait vingt pompes sur scène entre deux chansons ! »

À côté du fauve, les musiciens n'en revenaient pas : « Quand on a enregistré l'album *Lorada*, Johnny avait le bide du mec de 50 ans qui profite de la vie, plaisante l'harmoniciste Christophe Dupeu. Trois mois plus tard, je l'ai retrouvé carré avec des tablettes de chocolat. Il avait une volonté inégalable. Le mec enchaînait des centaines d'abdos dans sa loge ! »

« Avec Johnny, il se passait toujours quelque chose, reprend L'Indien. Quand vous vivez avec lui, vous avez l'impression d'être dans un film de James Bond : On est à Los Angeles, on prend l'avion, on arrive à la *Lorada*, puis on repart directement en hélicoptère pour chanter à Monaco, et on rentre à Saint-Tropez pour passer la nuit de discothèque en discothèque. Pour faire du sport, il valait mieux être à l'étranger, Johnny avait moins de tentations. Un soir après un concert à Bercy, on avait foncé à l'aéroport pour prendre un avion privé car c'était l'anniversaire d'un copain de Saint-Tropez. Cette nuit-là, on est rentrés à moto à la *Lorada*, complètement fracassés ! Le lendemain, Johnny était malade mais on est remontés à Paris pour assurer le concert suivant. Aucun autre chanteur n'aurait fait ça, il aurait suffi d'annuler sa présence à l'anniversaire… mais Johnny ne s'économisait jamais. »

Brigitte Delouis, la maquilleuse du Président

Si chacun connaît la proximité de Johnny avec les présidents de la République, beaucoup ignorent qu'il a été apprêté par l'ex-maquilleuse de Valéry Giscard d'Estaing. « J'ai travaillé pour Johnny de 1994 à 2002, explique Brigitte Delouis, mariée au tromboniste Alex Perdigon. Je le maquillais pour ses clips, séances photos, interviews filmées. J'allais également à Marnes-la-Coquette pour lui faire des teintures de cil. Il transpirait tellement sur scène que le mascara ne tenait pas. Au bout de vingt minutes, même le *waterproof* coulait ! Johnny était un homme extraordinaire, d'une grande générosité. Tout le monde savait qu'il aimait les grosses cerises, alors il en trouvait souvent dans sa loge en arrivant pour une émission. Mais si nous étions six dans la loge, il s'adressait à la production : "Je ne suis pas seul, nous sommes six. Pourriez-vous apporter des cerises pour tout le monde ?" À l'époque, Johnny aimait avoir de la bière ou du vin blanc dans sa loge. Lors d'un raccord avant un enregistrement d'une émission de Jean-Pierre Foucault, Johnny m'a demandé si je pouvais lui ramener à boire. »

– Bière ou vin blanc ? demanda la maquilleuse.

– Ça ne va pas, non, depuis quand je bois quand je travaille ? rétorqua Johnny au milieu du public.

« Après une séance de teinture à la maison, j'étais toujours invitée à dîner. Un soir, Lætitia avait fait des œufs cocotte. »

– J'ai la chance d'avoir une ferme à côté de chez moi à la campagne, c'est pratique pour les œufs frais, lança dans la conversation Brigitte Delouis.

– Mais pourquoi tu ne m'en as jamais apporté ? protesta Johnny.

Brigitte Delouis lui fit donc livrer un plateau d'une trentaine d'œufs. Lors d'un déjeuner au Balzac, Johnny s'adressa à son associé Claude Bouillon :

– Tu devrais demander à Brigitte de nous fournir en œufs, je les déguste chaque matin au petit-déjeuner.

« Johnny était comme ça. Il avait beaucoup aimé mon étui à lunettes en argent lors de notre première rencontre, alors je lui avais acheté le même. Il était ravi. "Brigitte, désormais, je penserai à toi à chaque fois que je lirai." Pour le Stade de France 1998, il m'avait demandé de l'aider à choisir ses bijoux. »

La maquilleuse conserve un souvenir fort de cette série de concerts, dont le premier avait été annulé à cause de la pluie. « Il voulait absolument monter sur scène ! Il était en tenue, habillé, coiffé et maquillé, et ne voulait rien entendre. » Une semaine plus tard, la pluie s'était de nouveau abattue sur le Stade de France et Johnny a assuré le concert dans des conditions apocalyptiques. « Au changement de costume, Nelly et moi essayions de lui enlever son pantalon en cuir, mais c'était impossible. Le cuir trempé était collé à sa jambe. "Laissez tomber, je reste comme ça !" »

Travailler pour Johnny, c'était aussi avoir de sacrées surprises. « Un jour, alors que j'étais gare de Lyon, mon téléphone a sonné. C'était lui ! Pendant que je lui parlais au milieu de la foule, je me disais : *Tous ces gens autour de moi ne peuvent pas imaginer que je suis en train de parler à Johnny Hallyday.* »

Patrice Gaulupeau, caméra au poing

« Johnny m'a recruté pour un tournage de huit jours à Daytona. Finalement, ça a duré quinze ans… Mon travail était assez simple, et tout s'est fait naturellement, sans qu'on en discute ou même qu'on y réfléchisse. Johnny avait un problème : les chaînes de télévision voulaient sans arrêt le filmer pour des reportages. Or, dans les années 90, il y avait de plus en plus de chaînes, ça devenait ingérable. Dès qu'il levait le petit doigt, il y avait toujours un média pour réclamer un reportage. » Johnny a ainsi confié à Patrice Gaulupeau le soin de le filmer en permanence afin de fournir des images aux médias, quelle que soit l'occasion. « Je travaillais seul avec ma grosse caméra BetaCam, sans assistant ni preneur de son. Autonome, je répondais à toutes les demandes : making-of de disque, shooting-photos, tournages, anniversaires… Je filmais absolument tout. J'étais discret, mais extrêmement présent… mais extrêmement discret ! Même si j'étais à 50 centimètres de son visage ! Je filmais son intimité, mais je ne faisais pas partie de sa bande de potes, ni des dîners avec la douzaine de pique-assiette. J'étais là pour mettre sa vie en images, point. Johnny avait compris ça et l'appréciait beaucoup. En bon professionnel, il vivait sa vie normalement sans regarder l'objectif. En quinze ans, je n'ai pas entendu une réflexion du genre "Pose ta caméra, tu me fais ch…". Parfois, je sentais qu'il valait mieux ne pas filmer alors je ne filmais pas. Quand il était fatigué ou tout simplement quand je me rendais compte que ce n'était pas le bon moment. Ça dépendait du feeling des uns et des autres. En 1997, lors de l'enregistrement de *Ce que je sais* avec Pascal Obispo, j'étais là tous les jours. En revanche, j'ai très peu filmé lors de l'album suivant, *Sang pour sang*, car Johnny et David voulaient du calme, se retrouver tous les deux. Pire, en 1994, j'ai parcouru 20 000 kilomètres pour rien. Johnny enregistrait *Rough town* à Los Angeles, je n'ai pas filmé une seule seconde ! Il fallait l'accepter. »

Johnny vouait une grande confiance en son cameraman unique. « Il n'a jamais regardé un seul film avant sa diffusion. Il m'avait dit un jour : "Avec toi, je ne me pose jamais la question de ce que je peux faire ou ne pas faire." Il savait que n'importe quelle bêtise qu'il ferait ne se retrouverait jamais à la télévision. Johnny aimait faire des grimaces, se mettre une cigarette dans le nez en louchant, pour me faire rire. Il m'a tout montré ! Personne ne verra jamais ces images, et il le savait. »

Après quinze ans dans les pas de Johnny, Patrice Gaulupeau a décidé lui-même, après le rallye du Dakar, d'arrêter sa collaboration. « Être caméraman de Johnny Hallyday, c'est très valorisant, mais très fatigant. Être avec lui en permanence, sauter dans un avion, analyser les images qu'on filme, avoir un costard si on doit se retrouver à l'Élysée… et porter une caméra de 12 kilos sur l'épaule. Je suis l'un des rares à avoir terminé ma collaboration avec Johnny sans m'être fait virer par l'artiste ou quelqu'un de sa bande. »

Jo Rodriguez, chauffeur et garde du corps à temps (très) complet

Impossible de comptabiliser le nombre de Français qui ont reproduit sur leur corps un tatouage identique à l'un des tatouages de Johnny. L'histoire de Jo Rodriguez est bien plus singulière : c'est Johnny qui a reproduit le tatouage à tête d'aigle de son chauffeur ! Cette donnée illustre le rapport unique que le rocker entretenait avec Jo Rodriguez au début des années 90, époque Lorada et fiestas à Saint-Tropez. « Ce que j'ai vécu avec Johnny, personne ne l'a vécu. Je suis le seul garde du corps à avoir autant partagé sa vie. J'habitais chez lui jour et nuit, 24 heures sur 24, 7 jours sur 7. Cinq ans de vie commune ! J'avais sa carte bleue et les clefs du coffre. Il avait une totale confiance en moi. C'est lui qui avait décidé que je reste en permanence avec lui. Il ne voulait que moi. J'étais son confident. J'ai connu les bons et les mauvais moments. »

– Je veux le même tatouage que toi, avait dit Johnny. On sera deux frères.

« Quand je conduisais Johnny en voiture, j'avais l'impression d'être un convoyeur de fonds. Il fallait faire attention à tout le monde. Les fans nous suivaient en permanence. Je devais être prudent et rapide à la fois. Villa Molitor, je dormais dans la chambre de David. Il n'était pas rare que Johnny me réveille à 3 heures du matin pour me demander de cuisiner un plat de pâtes ou se rendre chez ses amis, Carlos ou Claude Brasseur. Johnny ne dormant pas, il fallait sortir ! C'était la vie nocturne d'Hallyday. Dans Johnny, il y avait trois personnages : le Johnny à jeun, timide et effacé. Le Johnny entre deux vins, adorable, blagueur, amusant. Le Johnny qui dépasse les limites, et qui devient bagarreur. Il aimait ça ! »

Si vous visionnez le film *La Gamine*[28], vous apercevrez une scène – fictive – de bagarre entre Johnny et son chauffeur : « T'as une sale gueule, tu vas jouer le rôle du gangster », avait dit le réalisateur Hervé Palud en découvrant l'allure du chauffeur de Johnny.

J'ai demandé à Jo Rodriguez l'instant le plus marquant de ses cinq ans de vie commune avec la star : « Juste après le concert au Parc des Princes en 1993, j'ai ramené Johnny chez lui, Villa Molitor. Nous avons dîné, seuls, tous les deux, dans son salon.

Quelques minutes avant, il était au milieu de cette foule magnifique. Il avait besoin de calme, même si ses habitudes étaient de fuir la solitude en invitant beaucoup de monde à la maison. Il aimait aussi tendre des pièges à ses amis. Je me souviens d'une nuit où il avait téléphoné à Tony Frank. “Il paraît que t'as dit ça sur moi !” Johnny inventait n'importe quelle histoire. Mais au fil de ses plaisanteries, Johnny était absorbé par son imagination : il se persuadait que son scénario était vrai ! Et là, ça chauffait… Alors Tony avait débarqué en plein milieu de la nuit à la maison :

– C'est quoi ces conneries ? !

– J'ai dit ça pour que tu viennes boire un coup ! »

Micheline Pisoni, l'amie de RTL

« Johnny était capable de traverser toute une salle de spectacle pour aller embrasser Micheline Pisoni ! » La confidence est signée Éric Jean-Jean, célèbre animateur de la radio rouge. « Je n'ai eu qu'une amitié professionnelle avec lui », tempère la responsable des partenariats à RTL, qui s'est occupée du sponsoring de

---

28 *Film réalisé par Hervé Palud, sorti en 1992.*

Johnny pendant plusieurs années. « Nos premières rencontres datent du début des années 80, lorsqu'il a connu une période creuse avant l'arrivée de Michel Berger. La radio l'avait beaucoup soutenu à ce moment-là. Johnny était extrêmement timide alors j'avais pris l'habitude de rester à distance. S'il voulait me parler, il le faisait, sinon je ne m'incrustais pas. Pour cette raison, nos relations étaient bonnes. Il avait une cour gigantesque, les gens se précipitaient sur lui. Un soir, il m'avait utilisée comme prétexte pour s'écarter d'un groupe de gens qui ne le lâchaient pas. "Pisoni, tu viens ?" Il m'appelait toujours par mon nom de famille ! Je me souviens aussi d'un soir à Bruxelles, à la fin des années 2000, où il était un peu saoul. Il draguait toutes les filles autour de lui. Je le regardais de loin, c'était marrant. J'étais très souvent présente lors des tournées car Johnny aimait que ses sponsors soient là en permanence. Dans ma carrière, c'est lui qui m'a donné le plus envie de me décarcasser. Pour le concert gratuit de la Tour Eiffel en 2000, j'avais fait installer des banderoles RTL sur tout le Champ de Mars et des grands panneaux le long des Champs-Élysées, car il traversait l'avenue en *Hummer* avant de commencer à chanter. Cela reste pour moi une grande fierté. Entre RTL et Johnny, ça ne s'est jamais arrêté. Je me suis souvent battu avec les autres radios – surtout NRJ – qui voulaient le récupérer. C'était la guerre avec les maisons de disques, mais il n'y avait pas de problème avec Jean-Claude Camus, ni avec Johnny qui était assez fidèle. Il n'allait pas nous jeter parce que la maison de disques le forçait. Dès qu'il venait à RTL, les fans l'attendaient à la fois devant le 22 rue Bayard et à l'arrière, dans l'impasse d'Antin où il entrait généralement. Son chauffeur m'appelait une heure et demie avant son arrivée et je venais lui ouvrir. Johnny était tellement sollicité qu'il en avait vraiment marre en période promotion. Après ma retraite, je suis partie vivre dans la région de Limoges et je suis allée le voir en concert au zénith, en 2015. »

– Mais qu'est-ce que tu viens foutre dans cette région ?

– J'habite là !

– Tu ne t'ennuies pas, ici ?

« J'étais accompagnée de la sœur de C. Jérôme (*Kiss me*, *Cindy*, *Et tu danses avec moi*), et Johnny nous avait surpris par sa mémoire, alors que C. Jérôme était décédé quinze ans plus tôt :

– Comment va la fille de Claude ?

Johnny était ainsi. Il paraissait distant alors qu'il avait beaucoup de mémoire et d'attention. Parfois, il était aussi surprenant de colère, et c'est souvent Jean-Claude Camus qui en prenait plein la tête ! C'était souvent pour des bêtises, s'il n'avait pas envie d'aller quelque part, il râlait en disant que l'avion choisi n'était pas terrible. »

Guy Nouvel, vendeur de programmes et roi de la débrouille

Lors de la tournée 2012, j'avais rencontré Guy Nouvel, voix familière des concerts, reconnaissable à son inlassable cri d'une gigantesque amplitude sonore : « Leeeee prograaaaaamme ». Dans toutes les villes, celui que l'on surnomme "P'ti loup" distribuait les programmes du fan-club en échange de quelques euros et surtout, d'un sésame recherché : l'entrée gratuite à tous les concerts de Johnny Hallyday. Manutentionnaire dans une filiale de la SNCF, Guy bénéficiait de la gratuité des transports ferroviaires, ce qui lui permettait de suivre son idole partout en France, malgré un salaire inférieur au SMIC. Avant de vendre des programmes, P'ti loup avait rivalisé de combines insensées afin d'intégrer le staff de Johnny. Tout commença en 1982, lorsque la première représentation du Palais des Sports affichait complet. « Après un accompagnement pour une colonie de la SNCF, je disposais d'un badge "services sociaux". J'ai trafiqué l'intitulé du badge pour y inscrire "Palais des Sports". J'ai accroché à mon bras un brassard fluorescent de l'armée et je suis entré au Palais des Sports. Déterminé, je disais bonjour à tous les techniciens, incognito. En fait, il y avait trois équipes distinctes qui ne se connaissaient pas : l'équipe de Johnny, celle du Palais des Sports et celle de la télévision. Chacun pensait que je travaillais pour un autre ! Je ramassais des câbles pour faire illusion. J'ai réussi à récupérer un véritable badge de la tournée Johnny que j'ai collé sur mon blouson. Ainsi, j'ai assisté aux dix-huit représentations gratuitement ! » Un soir, à force de déambulation, Guy Nouvel s'était même retrouvé à observer Johnny dans sa loge pendant une émission de RTL.

Lors de la tournée suivante, le "roi de la combine" avait logiquement fini par se faire repérer. Toutefois, à force de proposer son aide pour charger et décharger les camions, il s'était fait connaître et accepter des techniciens de Johnny, qui le laissaient entrer et profiter du concert tous les week-ends, en échange d'un brin de manutention. Jusqu'au jour où Guy croisa Patrick Jacob, l'opérateur-prompteur et éminent responsable du fan-club : « Peux-tu nous aider à vendre des programmes ? »

P'ti loup entrait ainsi officiellement dans l'équipe. « Mado, la mère d'un responsable du fan-club, m'a souvent demandé de l'accompagner lorsqu'elle apportait des fleurs dans la loge de Johnny, ça me donnait l'occasion de le côtoyer. » La semaine, de retour au boulot, ses collègues qui le surnommaient Johnny le prenaient pour un mythomane. « J'avais ramené au bureau mes photos prises avec Johnny, à Bercy en 1992. Ces abrutis disaient que j'inventais tout, que mes photos étaient truquées et ils ont tout détruit, négatifs compris. J'en avais gros sur le cœur. Heureusement, j'ai découvert un an plus tard la cassette de Bercy 92. À la fin, une séquence montre le pot d'adieux que Johnny avait offert à tous les techniciens, et on m'aperçoit près de Johnny. La cassette étant en vente dans toute la France, personne ne pouvait dire que j'étais un menteur ! » Guy Nouvel, qui porte chaque jour de sa vie un t-shirt à l'effigie de son idole, a fait de nombreux sacrifices pour suivre Johnny partout. « La production ne prenait pas en charge mon hébergement. J'errais la nuit dans les rues en espérant trouver un abri – une porte d'immeuble non codée – puis je prenais le premier train qui me ramenait chez moi, à Trappes. Un soir à Caen alors que Johnny chantait deux soirs d'affilée, des fans m'ont donné la clé de leur chambre d'hôtel. Ils la payaient seulement pour se doucher, mais dormaient sous la tente pour être au premier rang. Moi, j'étais payé 1 euro par programme vendu. Certains disaient que j'étais exploité, mais pour moi, c'était un privilège. Sans ce petit boulot, je n'aurais vu Johnny qu'une ou deux fois par an. Je n'ai peut-être pas réussi dans la vie, mon compte est toujours à découvert, mais j'ai vécu des instants incroyables. Mes trois enfants ont fait la bise à Johnny dans sa loge. » À Bercy en 2003, il avait posé avec Johnny et Læticia. Définitivement, à compter de ce jour-là, plus personne ne put jaser au travail…

CHAPITRE 11

LA PERSONNALITÉ DE JOHNNY

Playlist du chapitre :

À propos de mon père (1974)

Seul (1998 et 2014) / *Seul, mais pas solitaire* (1985)

Autoportrait (2011)

I am the Blues (2007)

Le regard des autres (1995)

Qui peut prétendre affirmer aujourd'hui : « J'ai tout compris dans le personnage de Johnny Hallyday » ? Chaque Français l'a si souvent vu, lu, entendu, écouté, par choix ou par hasard – parfois même par obligation, qu'il se dégage une fausse impression de connaissance de son personnage. Son histoire est ancrée dans nos vies. Il n'y a qu'à se rappeler du personnage joué par Fabrice Lucchini dans *Jean-Philippe*, quand le plus grand fan récite la biographie de son idole sur son perron : « Vous êtes né le 15 juin 1943 à Paris. Vous avez été élevé par votre tante Hélène Mar, etc. » Une année ne suffirait pas pour consulter toutes les archives écrites, sonores et visuelles des soixante ans de carrière de Johnny. Pourtant, j'ai l'intime conviction que notre idole a quitté ce monde en nous laissant quelques énigmes à résoudre. Alambiqué, le fonctionnement de son cerveau de Gémeau ascendant vierge mériterait une étude clinique.

J'affectionne cette part de secret. Johnny nous a tout sacrifié, absolument tout, mais en conservant pour lui ses plus intimes pensées. En discutant avec Marie Drucker pendant la préparation de ce chapitre, je découvre que l'ex-présentatrice du 20 Heures de France 2 porte la même analyse : « J'ai l'impression qu'il est mort avec une part de mystère. Ça ajoute à sa grandeur. À première vue, on pense tout savoir de lui. Mais quand on creuse… Il aura quand même réussi à garder cette part de secret, qui tient à la complexité de son personnage et à sa personnalité profonde. » Même ses amis intimes éprouvent parfois ce doute. « Jojo était un personnage seul et très mystérieux, confie Yves Rénier. Il ne se racontait pas beaucoup. Il m'a parfois dit des choses très fortes que je garderai pour moi, car c'était très personnel. Mais ce genre de confidences étaient rares. »

J'ai alors demandé à l'Académicien Daniel Rondeau de définir la personnalité de Johnny : « Le rock'n'roll est une musique et une iconostase. La musique appartient à tout le monde et l'iconostase est une grande muraille qui fait le tour de la terre. Musique et image racontent la même histoire, celle d'une souffrance perdue. Dans l'iconostase française du rock, il n'y a et il ne restera qu'un seul visage, celui de Johnny Hallyday. Il a été pour les Français le Fils sans Père, le Tentateur, le Prince Charmant, le Petit Chaperon rouge, le Grand Méchant Loup, l'Ange crucifié de la consolation et du pardon. Un pardon qui s'adressait d'abord à nous-mêmes, comme dirait Salman Rushdie ;

les Français pardonnaient tout à Johnny, ses excès d'alcool, de drogue, ses mariages ratés, parce que c'était une façon de se pardonner leurs propres dérapages et leurs échecs. J'ajouterai que celui qui veut comprendre Johnny ne doit pas oublier qu'il était supérieurement intelligent (une intelligence non académique, pas toujours articulée, mais une sorte d'intelligence laser, assez sidérante) et qu'il a gardé jusqu'au bout un fond de sincérité qui l'honore. Il y avait chez lui une pâte humaine, personnelle, qui lui a permis d'établir des liens profonds avec des milliers de gens qu'il ne connaissait pas. Je ne suis pas surpris que sa mort n'ait pas brisé ces liens. La fidélité des Français en témoigne encore aujourd'hui. Il reste étonnamment présent. »

Le Fils sans Père. Pour comprendre la personnalité torturée de Johnny Hallyday, il y a en effet un passage obligé : Léon Smet. Le père belge de Jean-Philippe Smet, qui l'avait abandonné quelques mois après sa naissance avant de mal se comporter à chaque fois que son fils peu rancunier tentait de se rapprocher de lui. Peu de documents existent au sujet de l'artiste belge, si ce n'est le film-muet *Mr. Fantômas* dans lequel il avait joué en 1937, ou une interview pathétique à la télévision belge, donnée en 1983. Devenu un vieil homme seul, pauvre et sans le sou, Léon Smet envoyait quelques piques à son fils tout en buvant sa bière devant la caméra :

– Quel effet ça fait d'être le père d'une vedette ?

– Ce que ça me fait ? Indifférence. [...] Il mène sa vie, il a brillamment réussi, je lui souhaite tout le bonheur, mais à part ça je m'en fous.

À chaque visionnage de ce triste document, je suis frappé par deux sentiments : la ressemblance physique entre Léon et Johnny – si on scrute la partie haute du visage, c'est flagrant – et la violence des mots de l'acariâtre belge pour son fils renié.

Peu de gens ont connu Léon Smet. Auteur de la chanson *À propos de mon père*, Michel Mallory en fait partie. Je lui confie les clefs du récit : « J'ai connu Léon, ainsi que les désillusions, les plaies ouvertes de Johnny tout au long de sa vie. J'avais moi-même des rapports curieux avec mon père, un homme très dur. Mon père était très proche de Johnny, en tout cas beaucoup plus que de moi. Avec Jojo, nous partagions nos terribles histoires liées à nos pères. »

– Je vais essayer de me trouver un père de remplacement, un oncle ou un ami de mon père, dit Mallory.

– Moi aussi, répondit Johnny (*il a eu plusieurs pères de substitution dans sa vie : Lee Halliday, Charles Aznavour, Jean Pierre-Bloch*).

« Johnny s'accrochait à une seule chose à propos de son père. Une phrase que lui avait confiée Serge Reggiani : "Je n'ai jamais eu un meilleur professeur de théâtre que ton père." Johnny répétait ça à l'infini. Il s'agrippait à une image qu'il avait lui-même fabriquée. D'où le couplet : *Je l'ai inventé tout entier / Il a fini par exister*. En réalité, Léon Smet était un ivrogne invétéré et un vrai sale con. Johnny avait tout fait pour renouer avec lui. Léon a accepté de rentrer de Belgique pour s'installer à Paris. Ensemble, nous sommes allés le chercher à la gare. Johnny lui avait loué un appartement que nous étions allés meubler dans l'équivalent Ikea de l'époque. Johnny l'a emmené ensuite chez Cerutti pour la totale : vestes, pantalons, chemises… Trois jours plus tard, Léon avait tout revendu et l'appartement était vide. Voilà qui était le père de Johnny… »

Et voilà pourquoi le visage de Johnny Hallyday se renfermait dès qu'il était question de l'abandon perpétré par son père. « Il m'avait parlé de ses parents après la mort de sa mère en 2007, mais c'était très rare », relève Anthony Martin. « Johnny rechignait toujours à parler de son passé, poursuit Patrick Sabatier, animateur à la télévision et à la radio. Tout ce qui touchait à son père était tabou. En réalité, Johnny Hallyday est vraiment né quand il a laissé Jean-Philippe Smet derrière lui. Il n'avait jamais envie de se retourner vers son enfance. » En dix-sept ans d'interviews, Anthony Martin a souvent essayé d'aborder le sujet : « Il fallait beaucoup de patience pour y parvenir. Johnny était un grand pudique. Son enfance était un lourd fardeau enfoui en lui. Quand il acceptait de me suivre sur ce terrain-là, Jean-Philippe reprenait sa place et racontait avec douleur la vie qu'il avait mise de côté pour construire Hallyday. Johnny vivait depuis toujours avec ce traumatisme. Souvent à Los Angeles, il terminait nos entretiens les larmes aux yeux, car ses blessures remontaient à la surface. »

Si Johnny s'est inventé des pères de substitution, il profitait aussi de la moindre occasion pour toucher du doigt l'amour familial qu'il n'avait jamais connu. « Johnny était très affectueux avec les parents de ses musiciens, dévoile Rocky. Je sentais que ça lui avait manqué dans sa vie. Quand mes parents étaient là, il aimait les inviter dans sa loge à l'entracte. Il offrait toujours une tasse de thé à ma mère et savait que mon père était un grand amateur de whisky. »

– Georges, venez goûter ce whisky que je viens de recevoir.

– Johnny, tu dois monter sur scène, c'est l'heure, protestait Jean-Claude Camus.

– Je suis avec les parents de Rocky, on peut bien attendre cinq minutes.

Au quotidien, les proches de Johnny ressentaient cette fracture provoquée par cet abandon. « À l'intérieur de lui, il trimbalait toujours une sorte de chagrin, de blessure liée à son enfance », indique Hervé Lewis. Délaissé par son père, le jeune Jean-Philippe ne grandit pas non plus avec sa mère, occupée par son métier de mannequin. Claude Pierre-Bloch conserve une image très dure des relations glaciales entre Huguette Clerc et son fils lors du tournage du film *D'où viens-tu Johnny ?* en Camargue, en 1963. « Nous étions dans une petite roulotte qui servait de loge, avec Johnny et Fernand Sardou. Sa mère était venue lui rendre visite. Johnny nous a laissés sans voix en s'adressant ainsi à elle : "Bonjour, Madame." »

Avec la naissance de David en 1966, Johnny était devenu père à l'âge de 23 ans sans disposer de repères pour savoir comment se comporter. « Johnny avait des scrupules à être un père absent, confie Michel Mallory. Ce n'était pas son choix. Son métier l'exigeait. Il enchaînait trois tournées de quarante-cinq jours par an, sans compter les séances de studios. David a été élevé par sa mère et sa grand-mère, et il est parti très tôt aux États-Unis. Johnny et David ont eu peu de relations marquantes dans la prime enfance. Au début des années 80, j'avais longuement discuté avec Johnny à ce sujet. »

– Un jour, tu vas avoir une discussion avec ton fils et je ne voudrais pas être à ta place, fit le parolier.

– Qu'est-ce que tu veux dire par là ?

– Il existe peut-être des moyens d'être plus présent même si tu n'es pas là.

– T'as raison, répondit Johnny après un long silence. Mon métier m'a bouffé la vie. Je n'ai vu que ça. Rester tout en haut, c'est difficile. J'ai perdu le sens des réalités.

« À ce moment-là, Mort Shuman est arrivé avec une putain de musique. C'est ainsi qu'est née la chanson *Il ne faut pas me ressembler.* »

Aime-moi
Et sois mon frère, mon ami

Le grand soleil qui brillera sur ma vie
Mais ne sois pas comme moi

« Cette chanson raconte leur relation père-fils, reprend Mallory. Entre eux, il y avait beaucoup de non-dits, de pudeur. Chacun s'était construit un univers distinct. David était un pur californien, très différent du caractère d'un mec du Tennessee comme Johnny. Mais cela n'a pas empêché une grosse dose d'amour. En revanche, j'ai été surpris que David n'évoque jamais cette chanson en ma présence. Je ne sais pas ce qu'il en a pensé. »

Avec le temps, Johnny a pansé certaines plaies liées à son enfance. À la fin de sa vie, il avait enfin tissé des liens forts avec sa maman et l'avait même installée dans sa maison, avec le soutien de Læticia. Le rocker a été très affecté par son décès en 2007, comme le raconte Didier Golemanas : « Quand j'ai proposé la chanson *Que restera-t-il* à Johnny, il est tombé dans mes bras, en pleurs. "Tu sais, je vais dédier cette chanson à ma mère." »

En 2004 et en 2008, deux événements allaient perturber – et bonifier – l'existence du rocker : l'adoption de ses troisième et quatrième enfants, Jade et Joy. « Je le revois sur la plage Royal Palm à l'Île Maurice, sourit Jean-Pierre Foucault. J'admirais la scène de loin et j'en étais bouche bée. »

– Regarde, ce n'est plus Johnny Hallyday, fit l'animateur TV à son épouse. C'est le papa de la petite Jade.

« Je voyais un homme heureux, qui ressemblait à tout sauf à la vedette que je connaissais. C'était un père de famille qui jouait avec une gamine dans les vagues. Un type normal qui voulait faire plaisir à son enfant. Avec Jade et Joy, il a rattrapé le temps perdu. Il était en accord avec lui-même. Je n'oublierai jamais le sourire de l'Île Maurice sur son visage. »

Tout au long de sa vie, Johnny a lutté contre la souffrance provoquée par l'abandon de son père. Il n'en disait jamais grand-chose, si ce n'est le récit de son enterrement dans la solitude, Johnny restant hanté par la vision du cimetière tristement vide ce jour-là.

La solitude. Peut-être la plus grande obsession de Johnny Hallyday. En consultant la liste de ses chansons, on en dénombre une dizaine formées autour du vocable SEUL. Cette idée fixe le suit toute sa carrière : *Je suis seul*, en 1966. *La solitude*, en 1973, extrait de l'album *Insolitudes*. *Revoilà ma solitude*, en 1978, dans l'album *Solitudes à deux*. En 1980, le rocker est *Perdu dans le nombre*. En 1985 : *Seul mais pas solitaire*, et *Chanteur abandonné*. *Seul*, en 1998. *Seul au beau milieu d'un lac*, en 2006. *Jamais seul*, en 2011. *Seul*, à nouveau, en 2014.

Sur scène, le rocker exprimait ce sentiment tantôt dans des élans de désespoir, se tordant de spasmes *rhythm'n'blues* sur le sol de l'Olympia ou du Palais des Sports, tantôt avec gravité à la fin de sa vie, en chantant *Seul* accompagné du piano d'Alain Lanty.

La solitude est un grand pays, j'y vivrai le reste de ma vie[29]

« À chaque fois que j'allais chez Johnny pour préparer une émission, je ressentais sa pudeur et sa solitude », introduit Patrick Sabatier. Si tant de chansons expriment la même idée, c'est parce que les paroliers de Johnny vivaient au quotidien à ses côtés ou, a minima, s'imprégnaient de sa vie avant d'écrire. Tout au long de son existence, Hallyday n'a cessé de véhiculer cette impression d'extrême solitude. « Jojo était un solitaire en compagnie, analyse Pierre Billon. Il aimait avoir des gens autour de lui mais fonctionnait comme un type seul. Les gens ignorent à quel point c'était un contemplatif. C'était un mec qui badait devant des beaux paysages ou des oiseaux. »

29 *Extrait de «La solitude», chanson écrite par Michel Mallory, en 1973.*

Marie Drucker conserve un souvenir avec Johnny qui balaye tous les autres. « Lorsque je l'ai interviewé pour mon film sur Charles Aznavour, nous avions rendez-vous dans une suite d'hôtel. Pendant que mon équipe affinait le réglage des caméras, Johnny patientait dans le salon de sa suite. Moi, je l'observais en silence. Il était assis sur le canapé. Seul. Les coudes sur les genoux. Il réfléchissait, fixant un point dans le vide. Il se dégageait de lui une grande solitude très émouvante. »

Pendant le tournage des émissions sur les plateaux TV, j'aimais aussi admirer Johnny pendant des heures. Bichonné par les maquilleuses, rassuré par une armée de producteurs et d'assistants, scruté par un public qui scandait son nom chaque minute, Johnny ne faisait rien. Ne disait rien. Il tirait sur sa Gitane, buvait quelques gorgées d'eau. Dans ses pensées. Entre deux prises, il pouvait parfois patienter un quart d'heure, mais ne s'en plaignait jamais. Il attendait, dégageant cette force mystérieuse et cette impression d'être parfois un extra-terrestre contraint de vivre dans notre monde. « Johnny était de caractère assez taciturne, poursuit Brigitte Delouis, sa maquilleuse. Je le trouvais souvent triste dans la loge, les coudes sur les genoux. »

– Ça n'a pas l'air d'aller, Jojo ?

– Je m'ennuie.

« Johnny était quelqu'un qui se sentait profondément seul, en permanence, ajoute Anthony Martin. C'était inhérent à sa vie. On ne peut pas être son personnage sans avoir ce sentiment-là. » « On dit que le succès isole… et Johnny était celui qui en avait le plus », poursuit Michel Amsallem. « Johnny ne pouvait pas être seul, il aurait pu en mourir, répond Jean-Marie Périer quand je l'interroge sur la pochette d'*Insolitudes*. Il fallait qu'il ait un public, parfois c'étaient de vrais amis, ils sont rares, parfois n'importe qui pouvait être son ami pour l'espace d'un quart d'heure au cours d'une soirée arrosée. »

De cette impression de solitude, la parolière Isabelle Bernal en a tiré l'une des plus belles chansons de la dernière décennie du rocker : *Seul*, issu de l'album *Rester Vivant*, en 2014. « J'ai écrit ces paroles en sachant sa vie, en le regardant. C'était quelqu'un qui parlait peu. Lors de chaque discussion, il se contentait toujours du nécessaire. Les conversations intimes étaient rares. En relisant mon texte, je me suis dit : *Mais qu'est-ce qu'elle est triste, cette chanson*... Johnny en a été très ému. Il m'a posé beaucoup de questions à propos de ce titre. Que signifiait pour moi la solitude ? Y-avait-il un lien avec ma propre vie ? Il m'a ensuite confié ses propres expériences, en ajoutant que cette chanson l'avait touché au plus profond. » Le clip a été mis en scène par Pierre Rambaldi, ami intime du rocker. « Johnny détestait la solitude, confie le réalisateur. Il avait besoin de copains, de conversation. Dans son travail, il était le numéro un, seul en scène. Mais quand il redevenait Jean-Philippe Smet, il était maître de son destin, entouré de gens fidèles. Il transmettait ses valeurs : l'amour, la liberté de pensée, le rock'n'roll. »

Seize ans avant la chanson d'Isabelle Bernal, Lionel Florence avait déjà écrit un morceau s'appelant *Seul*. « Lorsque Pascal Obispo m'a demandé d'écrire pour Johnny Hallyday en vue d'un album, pour moi le thème de la solitude était évident, explique le parolier. Même si cela paraît cliché, la solitude est inévitable aux personnes devenues tellement "star" qu'elles sont intouchables, comme des rois ou des dieux en haut d'une pyramide que l'on n'ose plus approcher. Johnny faisait partie de ces gens qui donnent tout à leur public, qui en sont proches par leur notoriété, mais sont sur un piédestal qui les isole. On peut être aimé, adulé par des milliers de fans, remplir des stades pour son anniversaire, mais être profondément seul quand on rentre chez soi le soir. Le temps passé est également un thème que je souhaitais aborder pour Johnny[30]. La nostalgie est un thème

---

30 *Dans la chanson «Le temps passer», en 1998.*

classique de chanson ou dans la littérature. J'ai eu l'occasion de parler avec Johnny en studio et j'ai été touché par son extrême sensibilité à regarder derrière lui, sa carrière, ses amours, les gens qui comptaient dans sa vie... Il m'a avoué avoir été parfois dépassé par le temps qui passe, mais jamais il ne m'a parlé de regrets. Johnny était quelqu'un qui vivait au présent avec un regard très lucide sur son vécu. Comme dans un rétroviseur qui ne vous empêche pas de regarder en avant. »

Dans la vie, quand Johnny s'enfermait dans sa carapace, il fallait le comprendre et l'accepter. Jacques Verrecchia se souvient d'un déjeuner dans un grand restaurant parisien. « Il avait parfois des comportements d'apparence étranges chez une personne normale, mais Johnny n'en était pas une. Ce jour-là, il n'a pas prononcé le moindre mot de tout le repas. J'ai opté pour la même stratégie. Je me suis tu. Il ne voulait pas m'être désagréable. Il cogitait énormément. L'esprit sans cesse en ébullition. Peut-être imaginait-il ce jour-là un spectacle à la Tour Eiffel ou au Stade de France ? Je ne le saurai jamais. Quoi qu'il en soit, il était ailleurs. En sortant, il m'a vivement remercié. “C'était formidable !” »

Lorsqu'il recevait des amis à son domicile, le rocker pouvait adopter un comportement similaire. « La particularité de Johnny, c'est qu'il aimait être entouré avec la possibilité de se retrouver seul quelques instants malgré tout, explique Bruno Putzulu. Il nous invitait à Marnes-la-Coquette, restait dans ses pensées et tout d'un coup on ne le voyait plus : il avait disparu dans son bureau. Mais il aimait savoir qu'il y avait du monde chez lui. » « J'aimais beaucoup ces moments de rêverie, ajoute Patrice Gaulupeau. À quelques centimètres de son visage, je filmais ce grand solitaire perdu dans ses réflexions. »

« À chaque fois que j'étais avec Johnny, je voyais ses fans partout, reprend Jacques Verrecchia. Mais il parvenait à vivre comme si cela n'existait pas. Son armure lui permettait de vivre en dehors de la réalité. Même en société, au milieu de cinquante personnes, il était capable de s'isoler. »

La nuit, la solitude devenait une angoisse. « Il détestait l'idée de dormir, indique Christophe Fostok, coiffeur de la star chaque été pendant ses vacances à Saint-Barth'. Il m'a confié plusieurs fois qu'il avait peur de ne pas se réveiller. Il craignait la mort. C'était très étrange de l'entendre dire ça. » Pour tromper son anxiété, Johnny utilisait le moindre subterfuge en demandant aux gens qui travaillaient pour lui de rester à ses côtés le plus longtemps possible. « Oh, j'en ai passé des nuits d'angoisse avec Johnny, soupire Daniel Angeli, son fidèle photographe. Je me souviens d'un soir à Lille, il était particulièrement déprimé. »

– Reste avec moi, je ne trouve pas mes *Stilnox*[31] !

Après avoir fouillé dans son sac de médicaments, j'ai trouvé sa boîte de somnifères.

– Prends tes cachets, j'me barre dans ma chambre, lança Angeli.

– Non, couche-toi là. Mets-toi en chien de fusil.

« Le lendemain matin, tout le monde me cherchait ! Je m'étais endormi dans la chambre de Jojo, ça lui avait permis de trouver le sommeil. Son angoisse de la nuit, c'était celle de la mort. »

Au cours de mes entretiens, la récurrence de ces anecdotes m'a fait réaliser à quel point Johnny avait lutté toute sa vie contre ses peurs. Si Daniel Angeli a rejoint Johnny à la fin des années 90, les souvenirs de Claude Pierre-Bloch remontent au début des années 60. « Nous étions toujours des dizaines à l'entourer mais cela n'empêchait pas Johnny de se sentir seul, très seul, en permanence. Il n'arrivait pas à dormir seul la nuit. Après

---

31 *Somnifères.*

une séparation avec Sylvie, il avait loué un moulin à Saint-Maurice. Nous avions assisté à la projection du film avec Jean-Paul Belmondo et Ursula Andress, *Les tribulations d'un Chinois en Chine*. Alors que je le déposais devant chez lui, Johnny m'a retenu. "Je n'ai pas envie de rester seul ici." Il avait des envies de suicide. Je suis resté dans sa chambre et il n'a jamais dormi. Il m'a confié ses angoisses toute la nuit. Deux jours après, il repartait en tournée et il semblait déjà aller mieux. Johnny était comme ça... »

En tournée, Johnny pouvait compter sur le soutien de ses musiciens. « Il n'était pas rare d'être réveillé à l'hôtel à 5 heures du matin par un coup de fil du patron, raconte Hugo Ripoll, guitariste de 1987 à 1992. Johnny détestait tellement rester seul dans sa chambre qu'il trouvait toujours un prétexte : travailler un aspect du show, me parler de Jimi Hendrix... Je ne compte pas le nombre de fois où je l'ai vu faire ouvrir des bars d'hôtel en pleine nuit. On s'installait au comptoir et il me confiait ses peines de cœur. Si je le chauffais un peu, il me rétorquait : "Tu ne vas pas me faire ch..., moi j'ai joué avec Hendrix." »

Guitariste star du début des années 80, Rocky avait remarqué la même chose : « Johnny se sentait seul tout le temps, y compris dans sa luxueuse voiture. Parfois, il demandait à son chauffeur de rouler à vide et il nous rejoignait dans le bus des musiciens. On jouait aux cartes, on déconnait. Il aimait notre compagnie. Johnny a été seul presque toute sa vie et pourtant, il détestait ce sentiment. Ça a été le problème avec toutes ses femmes : il faisait passer les copains avant la famille. Le seul endroit où Johnny ne se sentait pas seul, c'était sur scène ou avec ses musiciens. Dès que la tournée s'arrêtait, il cherchait une nouvelle occupation. À Saint-Tropez, il achetait un bateau qui l'amusait deux jours. Et après, c'était : "Ouais, bon... Je tourne en rond." »

L'analyse de Claude Lelouch est encore plus marquante. Le réalisateur a souvent côtoyé Johnny, de leur premier tournage commun en 1962 (*L'idole des jeunes*) à l'ultime scène jouée pour *Chacun sa vie* en 2016. « Le seul moment où Johnny était vraiment heureux, c'était quand il entrait en scène, quand il entendait "Moteur !" ou les cris du public. Avant et après, il était toujours au bord du désespoir. Il avait besoin d'être sur une scène ou dans le rôle d'un personnage pour être bien dans sa peau. »

Dans la chanson *Seul, mais pas solitaire* écrite en 1985, Michel Berger semble avoir parfaitement compris le mécanisme de solitude de Johnny Hallyday.

Comme une étoile que le soleil éclaire [...]

Quelquefois triste, jamais amer

Chaque couplet est du sur-mesure : *Seul avec la terre entière*, c'est Johnny éternellement suivi par ses amis, son staff, les pique-assiettes et les gardes du corps. « Dans ces moments-là, il se sentait seul car il savait que la plupart des gens ne l'entouraient que pour son argent ou son aura, décrypte Rocky. » *Seul derrière la paroi de verre*, pour le moment où Johnny est seul dans sa cabine de studio, pour enregistrer année après année les nouveaux tubes qu'attendaient sa maison de disques et ses producteurs. *Seul dans un rond de lumière*, c'est la star seule face à son public. « Au milieu des années 80, Nathalie Baye était très présente pour soutenir Johnny, introduit le violoncelliste Jean-Philippe Audin. Mais pendant ce temps-là, tous les copains manigançaient leurs coups en douce afin de conserver leur influence sur Johnny. Ils étaient toxiques ! Ça me rendait malheureux pour lui, car c'était un homme sensible, et je voyais que ça lui pesait lourd. Il était dans un piège. Car ce n'étaient jamais les copains qui payaient les pots cassés, ou qui s'écroulaient sur scène. Les copains, ils creusaient l'ardoise et disparaissaient quand Johnny devait assumer les conséquences, sur scène ou au moment de payer l'addition. » Seul dans un rond de lumière, il restait Johnny Hallyday, sans doute un peu désemparé. « *Seul, mais pas solitaire* est le titre de chanson qui résume le mieux Johnny, ajoute David Hocq, incollable sur la discographie. Même au milieu d'une foule, je l'ai toujours vu le regard fuyant, mélancolique, un peu triste. Le cerveau de Johnny mériterait un débat philosophique ou du journalisme d'investigation. Avant sa mort, j'aurais aimé lui poser une question : "Johnny Hallyday, avez-vous été heureux ?" Je crois qu'il a traversé sa vie en donnant du bonheur aux gens sans jamais se remettre de sa blessure d'enfance. »

J'ai posé cette question à Hervé Lewis, le coach sportif qui a vécu de longues années au quotidien avec Johnny : « Il a été heureux sur scène, et quand il était très amoureux d'une nana. Mais sa vie sentimentale étant rarement simple, cela n'aidait pas. En-dehors de ces moments-là, je ne pense pas qu'il ait été heureux. Mais il n'en parlait pas. J'étais tout le temps collé à lui, mais avec son côté taciturne, je ne savais pas toujours ce qu'il pensait. Avec lui, ce n'est pas ce qu'on se disait qui était important. C'étaient nos silences. Quand il était dans ses démons d'alcool, c'était compliqué. Mais quand il parvenait à se détendre et à être joyeux, c'était un type formidable. »

Lors des dernières années de sa vie, Johnny semblait plus apaisé, entouré d'une famille enfin stable autour de Lætitia, Jade et Joy à Los Angeles, et avec un emploi du temps toujours très chargé (tournées, albums, films) pour rompre la monotonie. « Ce que je vais dire est un peu égoïste, reconnaît David Hocq. Pour donner tout ce qu'il a donné sur scène, notre idole devait avoir des failles, des blessures, des angoisses. C'est malheureux à dire, mais je ne l'ai jamais vu aussi bon que dans la peau d'une bête blessée. Lors des dernières années, je l'ai trouvé plus sage sur scène. Sans doute allait-il mieux qu'avant. »

Malgré les échecs, les déchirements et les tromperies, Johnny a toujours eu en tête cette quête de la famille parfaite. Patrick Sabatier m'a confié la teneur d'une touchante conversation privée avec la star. « Un soir tard alors que nous étions avec ma femme Isabelle, nous l'avions raccompagné chez lui, rue de Courcelles, où il habitait momentanément. Il était à l'arrière de notre véhicule ! En bas de chez lui, il nous a proposé de monter. Cette soirée était exceptionnelle pour moi, car j'assurais l'antenne du matin sur RTL. J'ai trempé mes lèvres dans le verre qu'il m'a servi, et nous nous sommes lancés dans une grande discussion. Nos vies, la fidélité, l'amour, la vérité. Johnny était très curieux du fonctionnement de mon couple avec Isabelle. À ses yeux, nous étions un couple normal. Il voulait se renseigner sur notre secret. Si la vie normale l'effrayait, il était aussi à la recherche d'une vraie stabilité. »

Les confidences de Johnny Hallyday étaient rares. De nombreux intervieweurs se sont frottés à l'armure de cet homme aussi instinctif qu'intelligent. Si la première question froissait le bonhomme, il était difficile de s'en relever ensuite. Johnny détestait aborder la question de son état de santé. Après l'annonce de son cancer, il n'a jamais donné d'entretien confession larmoyant, préférant remercier ses fans pour leur soutien dans une vidéo et parler de la tournée des *Vieilles Canailles*. Sur le plateau du 20 Heures de TF1, Johnny n'avait pas apprécié la première question – maladroite – au sujet de son cancer, et avait aussitôt levé son bouclier. Dès la première seconde, l'interview était ratée. Je me souviens très bien d'une discussion avec une journaliste de France Télévisions quelques heures avant mon interview de Johnny en 2012 devant les portes du Zénith d'Amiens.

– Comment t'as fait pour décrocher un tête-à-tête avec lui ? C'est carrément impossible !

– À force de persévérance…

– Est-ce qu'ils t'ont interdit de lui parler de sa santé ?

– Ils ne m'ont rien interdit du tout. Mais ils savent que je ne vais pas gâcher mon quart d'heure avec Johnny Hallyday à lui poser les sempiternelles questions qui l'ennuient. Je vois Johnny tous les soirs sur scène, ne t'inquiète pas pour lui, il va bien. Moi, je veux lui parler de musique, de cinéma, d'Amérique.

Ah, ces journalistes…

Plusieurs personnages de ce livre ont passé de longues heures en interview avec Johnny, à différentes époques de sa vie. Sam Bernett, Patrick Sabatier, Patrice Gaulupeau, Anthony Martin, Marie Drucker… Comment perçaient-ils l'armure hallydéenne ? Comment renouvelaient-ils leurs questions année après année ? Quels liens ont-ils tissés avec la star au fil des entretiens ?

Sam Bernett (RTL) : « Johnny était très difficile en interview, car il avait du mal à s'exprimer et à exposer précisément ce qu'il avait envie de dire. Grâce à son intelligence rare, il avait parfaitement conscience que les gens se foutaient de sa gueule dès qu'il ouvrait la bouche. Alors il se limitait à répondre des banalités sans faire de longues dissertations. Ce problème remonte à l'enfance. À l'âge de 2 ans, sa mère Huguette l'avait confié à des fermiers normands, de très braves gens qui fabriquaient du savon pendant la guerre. Le petit Jean-Philippe avait ramassé et avalé des paillettes de soude qui lui avaient brûlé les lèvres, la bouche et la gorge. Il avait fini à l'hôpital, si bien que Johnny Hallyday a failli ne jamais exister. De cet incident, il lui est resté un léger zézaiement qui pouvait parfois lui revenir quand il était fatigué[32]. Parfois, cela pouvait se sentir en interview, alors il restait sur ses gardes. »

32 *Sur scène ou en studio, Johnny avait parfaitement gommé ce défaut qui ne s'entend qu'une seule fois, au début de la chanson Les monts près du ciel, enregistrée en 1965.*

Si ce défaut d'élocution provoqué par l'ingestion de soude tourmenta Johnny pendant ses interviews, elle lui offrit la victoire à chacun des concours de sauces piquantes qu'il organisait ! Ce livre est rempli d'anecdotes savoureusement épicées à ce sujet…

Avec Sam Bernett, Hallyday est même devenu animateur radio : les *Sunday Rock* de RTL en 1982. « C'était la première fois qu'il prenait les rênes d'une émission. Honnêtement, il était très doué. On formait un beau duo, car nous étions très complices. On enregistrait dans la semaine pour une diffusion le dimanche. Avant l'émission, nous avions un rendez-vous immuable au sous-sol du Steakhouse de l'hôtel Hilton de Suffren. En dégustant des gros steaks américains, on établissait la programmation sur nos blocs-notes. L'émission se déroulait au *Rock'n'roll circus*. Johnny prenait ça très au sérieux. Assis côte à côte sur un canapé, nous recevions des invités : Tony Joe White, Jacques Dutronc, Julien Clerc… Johnny ouvrait et fermait l'émission en chantant. »

Patrice Gaulupeau (communication officielle d'Hallyday) : « De manière générale, Johnny détestait les interviews mais était obligé d'en faire. Quand il n'avait pas envie, il utilisait quelques ficelles. Soit il pensait à autre chose en répondant, soit il nous disait tout ce qu'on avait envie d'entendre, soit il inventait un mensonge. J'ai mené trois longues interviews pour l'émission *Hallyday par Johnny* sur Canal+. Mes questions l'horripilaient :

– Mais pourquoi tu me demandes ça ? Tu connais la réponse !

– Bien sûr, Johnny, mais pas ceux qui vont regarder le film…

Lors de l'interview dans le métro – tournée à deux heures du matin – j'avais préparé des questions intimes, au cas où il soit coopératif. J'avais peur qu'il m'envoie mes fiches à la figure, du genre *Je t'en pose, moi, des questions ?* en me laissant planté seul dans la rame. Cette nuit-là, ça s'est très bien passé. Je lui ai même demandé s'il pensait avoir des funérailles nationales à sa mort. »

Anthony Martin (RTL) : « En tant qu'interlocuteur particulier de sa radio partenaire, j'étais collé à ses basques où qu'il soit et quoi qu'il fasse. Johnny était construit de telle manière qu'à partir du moment où il avait confiance en vous et qu'il comprenait que vous n'étiez pas là pour l'embêter, ça débordait rapidement sur la sphère privée. »

– Où vas-tu comme ça ? Pourquoi tu pars ? Qu'est-ce que tu as à faire ?

– Je dois faire le montage de l'interview, je suis en direct demain matin sur RTL, répondait le journaliste. C'est un boulot fou.

– Non, non, non, coupait la star. Reste dîner à la maison.

« J'ai vécu beaucoup de moments hors micro, hors du temps aussi. Johnny était conscient de son lien avec RTL, et nous nous entendions bien. J'avais sa confiance. Pour avoir une bonne interview, il fallait se rendre à Los Angeles. Là-bas, il y voyait clair. Il n'était pas dans la tourmente parisienne avec tout ce monde autour de lui qui le rendait mécanique dans sa manière de répondre. En 2007, j'ai pu mener une interview fleuve au bord de sa piscine, pendant plus d'une heure. Seulement tous les deux. Je n'avais jamais entendu Johnny se raconter ainsi à mon micro. Il était très lucide sur son personnage. Ses confidences touchantes me l'ont rendu encore plus sympathique. Pendant une interview, c'est toujours lui qui décidait ou non d'ouvrir la porte d'entrée. Il détestait la promotion, qui représentait une corvée à ses yeux. Il y avait plusieurs façons d'aborder cet homme-là : soit on l'abordait comme un seigneur sans cacher le fait d'être impressionné devant lui et ça l'énervait, et donc il se bloquait ; soit on l'abordait comme un pote, avec un immense respect mais sans le vouvoyer, en déconnant avec des apartés, des blagues potaches qu'il adorait, quelques références à son répertoire et on transformait ces interviews en moments de complicité. Même s'il jouait son personnage dans le contenu de ses réponses, il ne voulait plus être Johnny Hallyday dans ces moments-là. Quand il était en bonne condition, il adorait raconter ses souvenirs. Mon plus grand moment, c'est quand il m'avait lâché : "Je ne pensais pas devenir Johnny Hallyday". Il avait expliqué que son personnage avait été créé par la force des choses et qu'il avait lui-même fini par s'appeler Johnny plutôt que Jean-Philippe, et que ça le dépassait. C'était une mise en abîme merveilleuse. Avec l'âge, il y avait de plus en plus de sagesse dans ses confidences. Sa plus grande satisfaction était d'avoir rendu heureux tant de gens tout au long de sa vie, d'être celui qui fédérait le plus grand nombre. Johnny était rarement fier de lui. Mais le bonheur des gens, c'était sa vraie fierté. »

Quand j'étais reporter à RTL, j'aimais traîner dans les couloirs de la station pour recueillir tous les souvenirs d'Anthony. L'un d'eux m'avait particulièrement amusé. Alors qu'il partait à Los Angeles pour interviewer Johnny, il reçut un coup de fil de Jean-Claude Camus :

– Johnny voudrait que tu lui apportes des clopes, il n'en trouve plus, les États-Unis ont stoppé la production de ses Gitanes !

Le chef du service culture de RTL embarqua donc pour la Californie les valises remplies de cartouches de cigarettes sans filtres.

– Oh, c'est génial, merci beaucoup ! s'exclama le rocker en embrassant le journaliste dès son arrivée à Pacific Palisades.

Jean-Pierre Foucault (TF1) : « Johnny était un mec attachant, sensible, drôle… mais pas forcément à l'antenne. Quand on débutait une émission, il polissait son image et se barricadait. Pendant une page de publicité, il redevenait cet homme brillant, pertinent, humoriste… À l'antenne, Johnny sortait sa carapace qui lui permettait d'être tranquille vis-à-vis de ses détracteurs. Il se cachait et se protégeait derrière l'apparence d'un homme bourru. » La veille de notre entretien, Jean-Pierre Foucault avait bavardé au téléphone avec Lætіcia. « Elle m'a rappelé à quel point Johnny aimait la bienveillance et la complicité réciproque qui nous liait au fil des *Sacrées Soirées* et autres émissions. Avec moi, c'était comme avec Michel Drucker. Johnny pouvait jouer le jeu, il connaissait notre sincérité. Avant une émission, j'allais bavarder dans sa loge et nous fixions ensemble quelques axes d'interview. » Au téléphone, Foucault et Lætіcia ont évidemment évoqué leurs souvenirs du *Qui veut gagner des millions ?* en 2005, quand le couple Hallyday avait joué ensemble, remportant 100 000 euros au profit des associations d'enfants en Asie. « Au départ, Johnny hésitait à participer, raconte l'animateur. Lætіcia l'avait convaincu. En coulisses avec son beau costume, il tournait dans tous les sens. »

– Je ne sais pas ce que je suis venu faire ici. Écoute Jean-Pierre, je n'ai pas réfléchi en acceptant.

– Ne t'inquiète pas, tous les artistes sont dans la même situation que toi.

– Je vais être ridicule ! Qu'est-ce que tu vas me poser comme question ?

– Mais non, tu seras comme tout le monde. Aie confiance en ta culture, et en Lætіcia.

« Quand vous approfondissiez un peu Johnny, vous vous rendiez compte qu'il avait une profonde culture qu'il cachait.

Il n'avait pas envie d'étaler ses connaissances. Ses fans n'avaient pas besoin de ça : ils se contentaient de la bête de scène et de ses chansons. Peu leur importait qu'il soit intouchable en cinéma ou en littérature. Pourtant, sur ces deux sujets, il était très fort. Tous ceux qui osent dire que Johnny était un idiot sont les véritables imbéciles. » Au cours de cette émission, Johnny stupéfia tout l'auditoire avec une repartie inattendue. Au moment de "l'appel à un ami" pour une question portant sur une bague Cartier des années 20, voici ce qu'il a répondu à Jean-Pierre Foucault :

– J'ai beaucoup d'amis décédés.

– Qu'est-ce que tu dis ? s'étonna Lætícia, interdite.

« Parfois, l'esprit de Johnny Hallyday s'évaporait et retombait dans la conversation sans savoir ce qu'il s'était dit lors de la minute précédente, explique Jean-Pierre Foucault. C'était sa façon de faire, sa liberté. Pourtant, je savais qu'il connaissait parfaitement les règles des jokers puisqu'il regardait l'émission chez lui. De toute sa carrière, il n'a jamais été facile à interviewer car le journaliste n'était jamais à l'abri d'une phrase sortie d'on-ne-savait-où qui pouvait nous faire trébucher. C'était un jeu amical de sa part, un peu comme Gainsbourg, dont on se demandait toujours s'il était saoul ou pas. Mais Johnny était toujours impeccable pour une émission de télévision. »

Marie Drucker (France 2) : « Johnny était un artiste extrêmement difficile à interviewer, car très économe dans ses mots. Ce n'était toutefois pas un défaut. Tant de gens parlent à tort et à travers alors qu'ils n'ont rien à dire. Le téléspectateur qui adore Johnny n'allait pas lui tenir rigueur d'être réservé. C'était sa personnalité. Il fallait l'accepter et l'intégrer. On ne devrait pas interviewer les grands artistes aussi souvent.

À chaque fois on entend “Untel n’avait rien à dire”, “Untel est timide”. On n’est pas assez indulgents avec eux. Johnny a été très caricaturé par les humoristes alors qu’il était un être très intelligent. Qui ose mettre en doute son intelligence à la lecture de son exceptionnelle carrière et tous les choix qui en découlent ? L’erreur des journalistes est de demander à l’artiste d’intellectualiser son album sublime ou l’incarnation de son rôle au cinéma. Est-ce que cela mérite d’être en permanence décortiqué et analysé par l’artiste ? »

Patrick Sabatier (TF1 & RTL) : Évoquons à présent l’une des meilleures émissions de télévision avec Johnny : *Avis de recherche*, sur TF1 en 1989, présentée par l’ex-vedette de la première chaîne, Patrick Sabatier. « TF1 hésitait beaucoup car quelques mois avant, une précédente émission avec Johnny n’avait pas fonctionné en termes d’audience. “Oh la la, mais tu es sûr que c’est une bonne idée de consacrer une soirée entière à Johnny Hallyday ?” J’ai tenu bon, et ça a cartonné ! Dans *Avis de recherche*, les téléspectateurs ne venaient pas voir le Johnny chanteur comme à chaque fois. Ils voulaient un Johnny plus humanisé, plus proche d’eux. Je me souviens d’un homme extrêmement pudique. Il avait fallu que Gilles Paquet insiste auprès de lui et le rassure. Johnny refusait le voyeurisme. Pendant l’émission, il avait accepté de se laisser guider comme un enfant. Il n’était pas vraiment préoccupé par les surprises que je lui avais préparées, mais par une seule interrogation : *Qu’est-ce qu’on va pouvoir penser et dire de moi ?* Je voulais que cette méga star n’en soit plus une pendant une soirée afin que le public s’identifie à lui et que l’on puisse capter le moment où la vedette se met à nu. Quand Johnny a timidement demandé un autographe au réalisateur Elia Kazan, cela a décomplexé tous ceux qui avaient honte de s’adresser à un artiste pour une dédicace. »

Marc Lévy : En avril 2012, je me souviens avoir dévoré dans *Paris-Match* une interview différente de Johnny, menée par l'un des écrivains préférés des Français : Marc Lévy, qui a accepté de me raconter ce moment singulier : « Quand j'ai retrouvé Johnny dans un hangar californien à l'issue d'une répétition, il n'était pas de bonne humeur. Une interview avec un journaliste anglais l'avait gonflé. Il s'était avancé vers moi en soupirant. »

– Marc vient spécialement de Paris, précisa Lætícia en faisant les gros yeux.

– J'en ai marre, je ne sais plus quoi dire, fit Johnny en invitant l'écrivain à l'accompagner dans un petit bureau. Vous savez qu'on me pose toujours les mêmes questions ?

« J'ai aussitôt senti qu'il n'avait pas du tout envie de me répondre. Heureusement, je m'y étais préparé. Durant les onze heures de vol, j'avais lu les neuf cents pages d'articles que la documentation m'avait fournies à son sujet. Je m'étais fait une promesse : ne pas lui poser une seule question qui lui avait déjà été posée. Je lui ai dit la vérité : "Croyez-le ou non, j'ai trouvé des questions qu'on ne vous a jamais posées !" Johnny m'a regardé d'un air amusé, l'air de dire : *Tu crois que tu vas m'avoir comme ça ?* J'ai attaqué l'entretien par une question liée à son père et à son enfance. Je le savais très pudique à ce sujet. Il se n'attendait pas à ça et a accusé le coup. Il m'a regardé, se demandant s'il devait se sentir en danger ou pas. Johnny était un instinctif, je savais que l'interview entière se jouait à cet instant. La question l'avait touché. Et pendant quelques secondes, il s'est demandé : *J'y vais ou je n'y vais pas ?* Je voulais absolument aborder l'entretien sous cet angle. Je ne pense pas qu'on devienne une étoile par hasard. Le talent existe, d'une part, mais votre histoire vous donne une force que tout le monde n'a pas. Cette histoire n'est pas nécessairement la plus grave, mais elle est toujours profonde. Elle joue un rôle dans votre vie. Certains romans sont entrés dans la lumière pour le roman mais aussi pour l'histoire du roman : c'est le roman du roman. L'histoire de *Gatsby le magnifique* est un roman en soi. Je voulais donc que Johnny raconte enfin l'enfant qu'il avait été. Alors qu'il hésitait à répondre, je lui ai tendu la mai »

– Si vous voulez, on peut déjà arrêter l'interview. Je suis content de vous serrer la main car vous m'avez offert un magnifique cadeau en chantant ma chanson.

– Ah ouais ! Laquelle ? »

Le rocker avait entre-temps déjà enregistré une cinquantaine d'autres titres.

– *T'aimer si mal*, dans l'album de blues, avec Taj Mahal.

Bluffant l'écrivain, Johnny fredonna aussitôt la chanson.

– Je l'aime bien, cette chanson. Ça c'est du blues ! »

Johnny hocha la tête et accepta de suivre l'écrivain dans ses questions intimes. « L'entretien a duré une heure. Je l'ai entraîné dans une histoire, c'était assez magique. Johnny était un homme simple et extrêmement humain. » Ce jour-là, le pudique rocker avait lâché quelques confidences sur son enfance, comme le souvenir de ses récitations du *Petit cheval* de Brassens au centre d'art dramatique de la rue Blanche : « C'est drôle, j'avais complètement oublié cette partie-là de ma vie. Je ne l'ai jamais dit, ça. Je parle peu de mon enfance. Je n'aime pas trop ça, je n'ai pas de très bons souvenirs de mon enfance, alors j'évite toujours d'en parler. »

Sans rien dire ou sans faire – simplement en existant – Johnny Hallyday avait le pouvoir des sirènes de Sicile dans la tradition homérique. Sa personnalité était désarmante. En sortant de sa loge pour la première fois, je m'étais dit que plus personne ne pourrait jamais m'impressionner comme il l'avait fait, pas même tous les chefs d'État en exercice réunis dans mon salon.

« J'ai très vite été séduit par Johnny, sourit Anthony Martin. C'était un immense charmeur ! Il savait vraiment y faire. J'ai rapidement été attendri par son personnage, alors que ce n'est pas un mot qu'on s'attend à employer avant de le rencontrer. Il y avait quelque chose de très affectueux chez Johnny, une douceur d'enfant. On retrouvait aussi ce côté enfant à travers ses excès, ses caprices. J'étais à la fois déstabilisé et heureux. En dix-sept ans, je ne l'ai jamais connu sévère. Dans ses comportements pleins d'affection, Johnny était craquant ! » Même dans le plus banal des instants, Jean-Philippe Smet désarmait n'importe qui. « Aux États-Unis, nous sommes allés faire des courses, raconte Jacques Verrecchia. Johnny poussait son caddie rempli de sauces piquantes. La caissière américaine l'a fixé : elle était scotchée. Pourtant, c'était la première fois qu'elle voyait ce type. Assistant à leur échange de regards, j'ai tout compris. Il balançait des ondes d'extra-terrestre, une puissante dose de magnétisme. Il était quelqu'un d'extraordinaire au sens propre. Homme ou femme, tout le monde succombait. Johnny aurait charmé un barreau de chaise. »

Johnny séduisait effectivement n'importe quel auditoire. En conférence de presse, les journalistes étaient béats d'admiration. Il captivait même ses détracteurs, qui remballaient leurs questions dérangeantes. Lors du point de presse de la Tour Eiffel en 2011, des applaudissements nourris avaient salués son entrée dans la salle.

– Bonsoir ! fit le rocker comme s'il était sur scène. Wouh ! Wap bop a lula balab bam boom !

Alors que Gilbert Coullier parlait un peu trop loin de son micro, Johnny avait interrompu son nouveau producteur :

– Excusez-le, il n'a pas encore l'habitude.

Nouveaux rires dans la salle. Johnny poursuivit ainsi son *one-man-show* au fur et à mesure des questions de la presse régionale.

– Johnny, vous allez chanter au Mans. Y aura-t-il quelque chose de particulier ?

– Y'aura moi !

Après deux interventions de journalistes grenoblois :

– Mais vous êtes tous de Grenoble ce soir ou quoi ? Vous savez que ma mère a habité longtemps Grenoble ?

Alors qu'un intervenant expliquait qu'il avait accompagné des artistes en Israël, et que tout s'était bien passé :

– Ouais, mais tu n'y as jamais été avec Johnny Hallyday *(d'une voix forcée, comme s'il s'imitait lui-même).*

Plus tard :

– Je suis le seul à parler. Vous n'avez pas des questions pour les membres de mon équipe ?

Chaque intervention du rocker était ponctuée de rires et d'applaudissements. Parce que la frontière était poreuse, une journaliste s'était levée et en avait oublié son métier pour simplement féliciter son idole. « J'ai vu le film *Jean-Philippe* cinq ou six fois, c'est un film exceptionnel, bredouilla-t-elle. Ce soir-là, une seule journaliste avait décidé de se payer Hallyday, et elle en avait pris pour son grade. Après avoir sous-entendu que la billetterie de la tournée était au point mort, elle subit les foudres du rocker :

– Tout ce que vous avez à faire de votre vie, c'est d'emmerder les gens ? Votre journal a une dent contre moi, je ne sais pas pourquoi mais je n'en ai rien à foutre. » Et toute la presse française d'applaudir Johnny, pendant que la journaliste en question remballait ses affaires en urgence.

Pendant des années, Hervé Lewis – dit l'Indien – a observé la force hypnotique de son patron. « Grand blond aux yeux turquoise, Johnny ressemblait à un Roi viking perdu en France. Il était un mélange entre l'Enfant, le Dragster et le Loup sauvage : il avait les traits de caractère de l'enfant blessé qui voulait tout, tout de suite, la force du Dragster qui décollait de 0 à 400 kilomètres à l'heure en trois secondes et un pouvoir magique qui transformait n'importe qui en petit garçon admiratif. Tout le monde s'écrasait dans sa loge, y compris Jacques Chirac. Chaque personne était ensorcelée. Dans les formes d'énergie admirées par l'Homme, on recense : la force, la beauté, la voix, la personnalité. Johnny avait tout ça à la fois. Beau gosse avec beaucoup d'énergie, un corps d'athlète et une voix hors du commun, sans compter l'animalité de sa façon d'être. C'est mystérieux, unique. Il n'y a qu'une personne comme cela par génération. Même Delon et Belmondo sont en dessous. » Fort de quarante ans d'amitié avec Johnny, l'avocat Jacques Verrecchia a vu son client aux côtés de la Terre entière. Dans son souvenir, un seul rival était de taille : Alain Delon. « C'était le seul concurrent sérieux. Hallyday-Delon. Ces deux félins beaux comme des dieux ensemble, c'était quelque chose. »

J'ai le regret éternel qu'aucun réalisateur n'ait tenté le pari de réunir ces deux monstres sacrés à l'écran. Imaginez un *Borsalino* bis, dans lequel Johnny assurerait quelques cascades à moto entre un coup de pétard de Delon et quelques crochets du droit de Bébel.

À la fin de la carrière d'Hallyday, les musiciens voyaient parfois Johnny comme un personnage de cinéma. « En vivant avec Johnny en tournée, j'avais plus l'impression de côtoyer Jean Gabin qu'un ami, s'amuse Phil Almos. C'est difficile à décrire, mais je me rendais compte que j'étais à côté d'une figure emblématique de la France. »

« Johnny avait une présence inouïe qui imposait à la fois respect et admiration, ajoute Marie Drucker. Dès qu'il entrait dans une pièce, je ressentais quelques secondes de flottement, comme si chaque personne se disait au même moment : *Johnny Hallyday est à quelques centimètres de moi*. Et pourtant, c'était un homme très affable et charmant avec tout le monde. » La nièce de Michel Drucker vient de mettre le doigt sur une nouvelle complexité de la personnalité de Johnny : s'il terrifiait son auditoire d'un simple coup d'œil, il baissait systématiquement la tête dans le dixième de seconde suivant. Généralement, l'assurance et la décontraction en société vont de pair avec la stature et le charisme. Combien de stars vous tapent dans le dos avant de vous saluer ? Johnny était l'inverse de ce genre de personne. Charismatique, oui. Humble, timide et réservé, encore plus.

Fred Blondin en avait fait l'expérience, alors qu'il assurait les premières parties du *Lorada Tour* estival. « La timidité de Johnny était, justement, très intimidante. Avant le spectacle, il venait me saluer dans ma loge. On aurait pu entendre une mouche voler. C'était très gênant pour nous deux. On avait envie de communiquer, mais on n'y arrivait pas. J'estimais que c'était plus facile pour lui de briser la glace, car c'était lui le "Monsieur" ; et lui pensait probablement que c'était au petit jeune de lui poser plein de questions. Après quatre ou cinq soirées silencieuses, le malaise s'est dissipé et on est devenus copains. » Après avoir intégré le groupe en 2012, Fred Jimenez avait mis beaucoup de temps avant de réussir à aligner quelques mots au rocker.

– Ça va, Fred ?

– Oui.

« Tout rouge, je ne disais rien, soupire le bassiste genevois. Et Johnny ne lançait pas la conversation. On échangeait plus sur scène qu'en-dehors. Pendant une pause lors des répétitions à L.A., il était assis à l'extérieur du bâtiment, à côté de moi. Intrigué par ses chaussures américaines sans lacets, j'ai osé lui poser la question. "Mais comment elles tiennent, tes baskets ?"

Johnny m'a alors expliqué le fonctionnement. Et c'est comme si j'avais débloqué un truc chez lui. Désormais, il savait comment aborder une conversation avec moi. En arrivant le lendemain, il s'est adressé directement à moi : "Hé Fred, t'as vu mes boots ? Regarde la fermeture éclair sur le côté." »

L'élégance, voilà un autre trait de personnalité de Johnny. Il n'y a qu'à voir le soin particulier qu'il a apporté à ses tenues de scène de son premier à son dernier concert. « Johnny avait énormément de goût, explique Alain Lanty. Je me souviens du jour où je m'amusais à essayer son chapeau de cow-boy, dans sa loge. Le Stetson était posé sur une table. »

– Non, c'est pas comme ça !

Johnny se leva et posa au millimètre près le chapeau sur le crâne de son pianiste. Après cette leçon de porter-du-chapeau, Alain Lanty reposa négligemment le Stetson sur la table.

– Non, Alain, fit Johnny à nouveau. Un Stetson, ça se pose au coin de la table, de cette manière.

« Il avait toujours le souci du détail et de l'élégance. Un autre soir, j'avais – à ses yeux – mal noué ma veste. »

– Une veste ne se porte pas ainsi, expliqua à nouveau le maître de la scène en reboutonnant son pianiste.

Dans ce genre de moments intimes, avec ses potes, Johnny était lui-même. Comme sur une scène. Mais dès qu'il s'agissait de répondre à une interview, ou d'exister en société, sa timidité prenait le pas. « Dès qu'il posait le pied dans un restaurant, le silence se faisait et plus personne ne bougeait, explique Claude Pierre-Bloch. Le pauvre Johnny détestait ça et devenait tout rouge. Se sachant scruté, il baissait les yeux avant de choisir une table dans un coin. Systématiquement, il faisait en sorte de s'asseoir dos à la salle pour ne pas voir les clients le regarder. »

Trop souvent, des champions de la bien-pensance aimaient étaler leur culture en sous-entendant éhontément que Johnny “L’interprète” manquait de culture, d’éducation ou d’intelligence. Ces persifleurs n’ont jamais rencontré l’Idole des jeunes, ni même discuté avec ses proches. « Johnny Hallyday était un personnage hors du commun, très mystérieux, d’une intelligence rare, assure son ami Alain Lanty. Entre sa timidité et sa dyslexie qui parfois s’additionnaient, il pouvait parfois prendre un mot pour un autre. Souvent, il était dans son monde et répondait à côté de la question, tout simplement parce qu’il ne l’avait pas écoutée. Parler, ce n’était pas son truc. Mais Johnny avait sa propre culture. Si vous évoquiez avec lui la littérature américaine, le cinéma ou l’art contemporain, il savait ce qu’il disait. Johnny jouissait aussi d’une mémoire colossale sur l’histoire des courants musicaux. » Jean-Marie Périer : « Quand on voit comment les journalistes et les adultes l’ont traité pendant trente ans, le couvrant d’insultes et cherchant systématiquement à le ridiculiser dans leurs interviews… Ils n’avaient pas compris que Jojo s’était fait tout seul. C’est lui qui avait façonné son éducation et sa propre culture, à savoir la musique et le cinéma américain. Il n’était pas très bon en interview, souvent maladroit parce qu’il faut savoir qu’il est très difficile de répondre intelligemment à quelqu’un qui vous prend pour un con. Et Dieu sait s’ils ne l’ont pas épargné pendant trente ans. Mais *lui* m’avait déjà dit à l’âge de 22 ans : “Je préfère qu’ils me prennent pour un con, comme ça je les vois venir !” Il avait beaucoup d’humour. » « Johnny ne communiquait pas avec l’aisance d’un Patrick Bruel, ajoute Michel Amsallem. Des émissions comme *Sept sur Sept* lui faisaient peur. Sa timidité le complexait. Mais c’était loin d’être un con, si les gens savaient… C’était un être instinctif. »

L’instinct de Johnny Hallyday. Tous ses proches, tous ses musiciens, tous ses auteurs m’en ont parlé. Quand Johnny vous dévisageait, son regard stupéfiant semblait être plus efficace que les lunettes translucides élaborées par Q dans James Bond. « Jojo avait des lasers à la place des yeux, sourit Bruno Putzulu. En quelques secondes, il savait à qui il avait affaire. Il n'avait pas besoin d'échanger pour avoir son avis sur quelqu'un. » « À la fois tribal et divin, l'instinct de Johnny était l'aspect le plus touchant de sa personnalité, supérieur à toute autre chose », précise L'Indien. « Johnny était un instinctif absolument incroyable, car il n'était pas assez savant pour raisonner de travers, ajoute Claude Lelouch. Il était tout le temps dans la vérité. Son instinct a dominé sa carrière et sa vie. » Le chanteur Stefan Filey l'a remarqué aussi : « Humainement, Johnny Hallyday était une personne extraordinairement authentique. Il n'avait pas besoin de parler pour convaincre tout comme il ne cherchait pas à combler les blancs d'une conversation. Il était direct ! »

Sam Bernett ajoute une autre qualité : « Johnny était un être très psychologue. Quand il arrivait dans une société, il s'adaptait immédiatement. Grand monde, petit monde, univers de voyous… Il faisait toujours en sorte que tout le monde aille dans sa direction. Quand nous avons traversé la France avec le *Johnny Circus*, il a compris qu'il entrait dans un monde très spécial. Dès le premier soir il a payé des coups à tout le monde, devenant l'idole des forains. »

Johnny était un homme naturellement généreux. Parmi tous les personnages de ce livre, beaucoup d'entre eux peuvent admirer dans leur garde-robe ou dans leur salon des habits ou présents offerts par leur ami / chanteur / patron. « Il ne fallait surtout pas lui dire “Elle est trop belle ta montre”, sinon il l'enlevait aussitôt pour vous l'offrir, précise Brigitte Delouis, sa maquilleuse. Il voulait même me donner l'immense sculpture en fer de la Lorada. »

– Tu aimes ma sculpture, Brigitte ? Tu sais quoi, j'en ai marre de l'avoir sous les yeux. Je te l'offre.

– Merci Johnny, mais comment vais-je faire pour la ramener chez moi ?

– Débrouille-toi, s'esclaffa le rocker.

Son mari – le tromboniste Alex Perdigon – reçut un autre cadeau : « Johnny lui a offert un blouson Avirex, avec la dédicace "*À mon musicien préféré*". » Combien de vestes en cuir ou en jean Hallyday a-t-il cédées tout au long de sa vie ? « J'avais été marqué par sa générosité avant même de le rencontrer, confie le parolier Pierre Grillet. Je l'avais croisé dans les couloirs de la maison de disques Trema à l'époque de *Hamlet*. Il revenait des États-Unis, il portait une superbe tenue à franges. »

– Elle est belle ta veste, fit un type dans le couloir.

– Tu la veux ? répondit Johnny en retirant aussitôt son vêtement tout neuf.

À une époque classée moyenâgeuse par l'arrivée de Netflix, Johnny faisait suivre dans toutes ses chambres d'hôtel un meuble sur roulettes avec magnétoscope afin de visionner les cassettes de son choix. À la fin de la tournée 79, le rocker a offert son meuble à sa choriste – Liliane Davies – qui trouvait le procédé particulièrement ingénieux. « Cet homme était d'une gentillesse… », sourit tristement la choriste.

« Je n'ai jamais vu un autre chanteur offrir autant de présents à ses musiciens, s'étonne Rejean Lachance. C'était déjà un cadeau de la vie d'être son guitariste. Et pourtant, il trouvait toujours une petite attention : une chaîne, un bracelet… »

Lors du *Rester Vivant Tour*, chaque membre du groupe avait reçu une caisse de bouteilles de vin millésimé. « C'était un de ces nectars ! » savoure encore Stefan Filey, qui salue la classe unique de son patron. « En tournée, Johnny voulait toujours que ses musiciens dînent à ses côtés dans les meilleurs restaurants, raconte le tromboniste Alex Perdigon. On se rapprochait toujours plus de Bocuse que de la gargote ! » « Il voulait sans arrêt nous inviter à faire la fête avec lui, et toujours jusqu'à 5 ou 6 heures du matin, ajoute Hugo Ripoll. Si on refusait, il nous en voulait. » Johnny était toujours aux petits soins pour son groupe. « C'était un vrai gentleman, poursuit Alain Lanty. Il avait toujours une attention pour chacun. Au catering, il goûtait chaque plat pour savoir si son staff mangeait bien. "Ce vin n'est pas bon, j'aimerais que vous le changiez pour la suite de la tournée." »

Hallyday avait assez peu la notion de la valeur de l'argent. Faire plaisir. Se faire plaisir. Pourquoi compter quand on est une rock star ? « Il était jaloux de ma nouvelle guitare qui ressemblait à celle de Chuck Berry, raconte Hugo Ripoll. Il la voulait absolument ! J'ai accepté de lui échanger, et il m'a conduit vers son sous-sol rempli d'instruments :

– Prends celle que tu veux !

Parmi les guitares qu'il me proposait, certaines valaient dix fois le prix de ma copie de Chuck Berry. Mais il s'en foutait. Il était content de l'avoir. Évidemment, je n'ai pas profité de la situation et j'ai pris une guitare d'un standing équivalent. Plus tard, il avait voulu me vendre sa Ferrari, car il savait que je l'adorais. "Tu me la paieras plus tard, on s'en fout." Johnny ne comptait jamais son pognon. Sa voiture n'était évidemment pas dans mes moyens. Madame Ripoll s'était étranglée : "Tu ne vas pas acheter une bagnole qui vaut ton salaire d'une tournée entière ! T'as des enfants à nourrir…" Johnny ne se rendait pas compte de tout ça. »

Dans ses comportements, Johnny était souvent déroutant, dans le bon sens du terme. « Lors de la tournée 1985 à Lille, il m'a lancé dans un solo interminable, raconte Rocky. Johnny était parti en coulisses, j'ai cru qu'il avait eu un problème. »

Le rocker était remonté sur scène avec un large sourire, arrêtant tout l'orchestre d'un geste de la main.

– Mon guitariste est lillois. Aujourd'hui, c'est son anniversaire !

« Il avait manigancé ça tout seul, personne n'était au courant ! »

Johnny aimait partager la lumière avec ses musiciens. Lors du Tour 2012, il avait présenté son bassiste suisse – Fred Jimenez – au public du stade de la Praille à Genève. Quelques mois plus tard, à l'occasion d'un nouveau concert au bord du lac Léman, il avait oublié les origines helvétiques de son musicien. Johnny s'en voulut terriblement au point d'évoquer son bassiste dans toutes les interviews qu'il donnerait lors des jours suivants. « Johnny a parlé de toi en interview, tu devrais surveiller la presse », lui avait indiqué Matthieu André. Le Coiffeur avait raison.

– J'ai lu tes interviews, merci beaucoup, salua timidement le bassiste à l'approche du concert suivant.

– Je suis vraiment désolé, Fred. J'ai oublié de te présenter à Genève alors que c'est ta ville... Je m'en veux.

Au début des années 80, le pianiste Jacques Verrecchia est devenu avocat. « Après avoir passé le barreau, les débuts étaient difficiles. Je démarrais de zéro. Johnny Hallyday a été le tout premier à me faire confiance. C'était un signe révélateur très amical de sa part. Il me donnait des petits dossiers de temps en temps, pour commencer. » Plus tard, Johnny conseillerait même à Alain Delon de faire appel à Maître Verrecchia. L'avocat était devenu un intime du rocker, au point que ses enfants seraient choisis parmi les enfants d'honneur du fameux mariage *Autant en emporte le vent* de Johnny et Adeline, à Ramatuelle. Quelques mois plus tard, le rocker allait lancer un immense défi à son avocat-musicien, au cours d'un dîner au King's club.

– Demain, c'est la dernière de Bercy, faut que tu montes jouer *Blue suede shoes* au piano. Surtout, ne viens pas avec ton costume d'avocat. Mets tes santiags et ton blouson de cuir ! Lorsque l'avocat monta sur scène, Johnny se retourna, presque étonné : Maître Verrecchia ne s'était pas défilé ! « Il aimait lancer des défis dans tous les domaines. Ceux qui le décevaient pouvaient s'attendre à une réflexion très acerbe quelque temps plus tard. Avec sa mémoire d'éléphant, Johnny n'oubliait rien. Ce jour-là, il a vu qu'il pouvait compter sur moi. »

Autre intime de la star, Sam Bernett raconte les liens amicaux très forts entretenus par Johnny au fil des ans : « C'était un gentil garçon, entier, généreux, fidèle en amitié, agréable à vivre, soucieux des autres. Loin de sa vieille image du costaud blouson noir. J'ai vécu des coups durs personnels, il a toujours été là. Il m'a toujours offert de très beaux cadeaux d'anniversaire. » L'ex-animateur de RTL se souvient aussi d'un présent impromptu. « De retour d'un voyage aux États-Unis, il portait une magnifique ceinture indienne en argent. En quelques secondes, il l'a retiré et me l'a donnée. Elle valait au moins 2 000 dollars ! »

Lors de mon entretien avec Robin Le Mesurier, le guitariste préféré de Johnny m'a évidemment montré sa croix, avant de me conter son histoire : « Lors du *Flashback Tour* en 2006, "The Singer" a débarqué dans ma loge et m'a montré son nouveau pendentif, qui représentait un guitariste crucifié. Il m'a ainsi demandé s'il me plaisait. Le lendemain, on frappe à nouveau à ma porte, et quelqu'un m'a averti que Johnny demande à me voir. "Robin, j'ai quelque chose pour toi." Il m'a offert le pendentif identique, m'expliquant qu'il en existait seulement deux au monde[33]. Je ne l'ai jamais quitté. »

Sam Bernett m'a confié une grande marque d'amitié de Johnny au chanteur Christophe. « Ils avaient bu des coups

---

33 *D'une valeur de 25 000 dollars, réalisé par le bijoutier Harry Winston.*

ensemble toute la nuit au *Rock'n'roll circus*. Christophe était sans un sou. Il traversait une période de vaches maigres, jouait beaucoup au poker et avait acheté une Ferrari. À cinq heures du matin, ils sont rentrés à l'hôtel rue des Beaux-Arts, le même que Jim Morrison. Ils se sont effondrés dans la chambre. Le matin, Christophe s'est réveillé seul et a trouvé sur la table de chevet un chèque en blanc. Cet exemple flagrant résume la générosité du bonhomme. »

Alors que ses amis se cotisaient pour lui offrir une Harley-Davidson pour son anniversaire, Laurent Olmedo reçut un coup de fil de Los Angeles.

– Salut Laurent. Je mets 2 000 euros sur ta moto !

« Johnny était la générosité incarnée, précise le comédien. Il gagnait de l'argent pour faire plaisir à sa femme, ses enfants et ses amis. Traverser les États-Unis à moto seul ne l'aurait pas intéressé. Tout ce qu'il faisait, il le partageait avec ses amis. Il aimait cette amitié virile. À l'occasion d'un de ses anniversaires à L.A., j'avais fait un aller-retour express en plein milieu d'un tournage. Devant des stars américaines – Sharon Stone, Mickey Rourke – qui n'avaient jamais entendu parler de moi, Johnny s'était exclamé :

– Je voudrais remercier mon ami Laurent Olmedo d'être venu jusqu'ici. »

« Johnny avait beaucoup de tendresse pour ses amis, confirme Pierre Billon. Lors du dernier road-trip, j'ai constaté qu'il était devenu encore plus attentif à autrui, beaucoup plus doux qu'avant. Je n'irai pas jusqu'à dire que les dents du loup étaient émoussées mais avec le temps, il prenait garde de profiter des moments et des gens qu'il aimait. »

Johnny avait toujours une pensée pour les autres, même s'il était le centre de l'attention. « J'avais téléphoné à Johnny pendant ses soucis de santé aux États-Unis, raconte le réalisateur Stéphane Giusti. Après notre film [34], nous avions gardé le lien. Alors que j'étais hyper inquiet et que je prenais de ses nouvelles, il m'avait subitement coupé la parole. "Et comment va ta maman ?" C'était tout Johnny. Un être éternellement touchant. » Devant un compliment, la star ramenait toujours la conversation sur son interlocuteur. Laurent Olmedo : « Quand j'entrais dans sa loge à Bercy, je n'avais qu'une envie : le féliciter pour son concert exceptionnel. Avant que j'ouvre la bouche, il me lançait : "Tiens, je t'ai vu dans cette série, c'était pas mal." Johnny parlait toujours de mon actualité, alors qu'elle était minable à côté de la sienne. Il détestait parler de ses concerts récents. En revanche, il affectionnait les vieilles histoires : ses rencontres avec Mick Jagger, Bob Dylan, Jimi Hendrix… »

Face à un homme d'une telle générosité, croulant sous les cadeaux, les attentions et les invitations de sa part, ses musiciens et ses amis tentaient parfois de lui renvoyer l'ascenseur. « Il fallait se battre pour l'inviter à dîner, et je crois que personne n'a jamais réussi », indique Laurent Olmedo. Comme beaucoup d'autres, Fred Jimenez s'est creusé la tête un bon nombre d'heures avant une *garden party* organisée à *Pacific Palisades* : que peut-on offrir à la plus grande star du pays ? « Je savais qu'il aimait Little Richard, alors j'ai fait le tour des meilleurs disquaires de Los Angeles, cherchant une pièce rare. J'ai trouvé un disque de rhythm'n'blues de 1965 très méconnu. Je l'avais emballé dans du papier-cadeau. C'était très intimidant d'offrir une surprise à Johnny devant tous ses amis. »

– Ah ! Un vinyle ! Qu'est-ce qu'il a bien pu me choisir ? sourit la star.

---

34 *Pourquoi pas moi ? sorti en 1999.*

Le cerveau du bassiste genevois était en ébullition : *Je suis con, pourquoi je ne suis pas resté dans mon coin. Il va me répondre qu'il écoutait déjà ce disque avant ma naissance.*

– *Money* ? C'est quoi ce disque ? Je ne l'ai pas !

« J'ai respiré un grand coup, soupire Jimenez. Quel bol monstrueux ! »

La star aimait aussi recevoir des attentions. « À Saint-Tropez, Johnny nous invitait en permanence, confie le tromboniste Alex Perdigon. Il m'avait même prêté sa Mercedes pour aller dîner avec ma femme. Au moment de payer, le restaurateur a refusé de nous donner l'addition : "Monsieur Hallyday a téléphoné, c'est pour lui." Beaucoup de gens arrivaient les mains vides à la Lorada. Moi, je trouvais ça normal de lui apporter du vin haut de gamme, en remerciement pour tout ce qu'il faisait pour nous. Il a eu les larmes aux yeux en recevant ma bouteille de Château-Margot. Étonné, j'ai demandé des explications à son fils, David : "Tu lui as fait un cadeau, ça lui arrive très rarement. D'habitude, c'est toujours à sens unique." »

Alex Perdigon se souvient ainsi d'un accès de colère du chanteur. « Il supportait les pique-assiette… jusqu'à un certain point. En plein repas, je l'ai vu expédier tout le monde hors de la Lorada. Il était parti faire un tour à moto pour se calmer.

– Je vais aller chanter à Brive-la-Gaillarde, il y aura peut-être moins de monde autour de la table. »

Johnny détestait les faux-semblants. « Lors des grands concerts, certains VIP passaient dans la loge au début puis revenaient à la fin pour applaudir, regrette Bruno Putzulu. Entre les deux, ils étaient au bar et n'assistaient pas au spectacle. Quand il l'apprenait, Johnny était furieux. Si ces personnalités se présentaient ensuite au Balzac, il les mettait dehors. Johnny n'adoptait jamais ce genre d'attitude. Il est venu assister à chacune de mes pièces de théâtre… même les farces ! C'était un homme fidèle qui se déplaçait pour ses amis. »

Johnny aimait aussi les gens qui ne craignaient pas d'être comme lui : cash. Direct. Encore fallait-il oser… « Il était difficile de savoir son degré d'acceptation des critiques, et chacun avait peur pour sa place », confie Christophe Dupeu. « Beaucoup de ses proches étaient des faux-culs, enchaîne Maître Verrecchia. Personne ne se risquait à le contredire. Nous nous sommes fâchés plusieurs fois pour des questions professionnelles. Il aimait que je lui tienne tête. Pour rester dans la durée avec lui, c'est ce qu'il fallait faire… » Beaucoup disaient amen à Johnny, comme le montre cette indiscrétion racontée par Brigitte Delouis, la maquilleuse. « Quand Johnny a changé de look avec son bouc, en 1997, il avait demandé à l'un de ses collaborateurs de faire la même chose. Dans la loge, il m'a fait un clin d'œil avant de lui lancer : "T'as pas le bouc ? Si tu ne reviens pas avec le bouc dans quinze jours, t'es viré !" C'était faux, évidemment, mais le type a taillé son bouc exactement comme celui de Johnny. »

Ceux qui étaient capables de tenir tête au charismatique Hallyday étaient souvent ses guitaristes. « Johnny ne voulait pas de rapport d'idole à musicien, décrypte Rocky. Quand un truc n'allait pas, je m'introduisais dans sa loge : "C'est n'importe quoi ce morceau-là, tu ne fais pas du tout ce qu'on avait prévu. Les cuivres sont perdus, ils ne savent pas comment attaquer." Il aurait pu me répondre : "Je suis Johnny Hallyday, je fais ce que je veux." Mais il ne l'a jamais fait. Ça montait dans les tours et on se réconciliait en buvant un coup. On s'engueulait souvent, car il était d'une mauvaise foi terrible. Il pouvait dire l'inverse de ce qu'il avait dit la veille en tapant du poing sur la table et en jurant qu'il ne l'avait jamais dit. Il entrait dans des colères épouvantables. "Si t'es pas content, tu fous le camp du groupe !" Une fois, j'ai pris ma guitare et je me suis cassé. Sauf que Johnny m'attendait au bar. "Bon, tu bois un demi ?" Une fois l'engueulade dissipée, pour lui c'était bon. Ce n'était pas un type rancunier. » Double comme un Gémeau, Johnny Hallyday changeait d'humeur comme de guitare.

Successeur de Rocky dans le groupe, Hugo Ripoll a vécu les mêmes expériences. « Johnny avait un côté Louis XIV. Quand il arrêtait de fumer, tout son entourage rangeait ses cigarettes et personne n'en grillait une. Si la table était bleue et que Johnny disait qu'elle était rouge, tout le monde la voyait subitement rouge. Moi, je n'entrais pas dans son jeu. Il fallait être un kakou avec Johnny ! Je confirme ce que dit Rocky : Hallyday était présent le jour où la mauvaise foi a été inventée. Il fallait lui tenir tête, mais seulement jusqu'à un certain point, sinon ça l'insupportait. »

Le tromboniste Alex Perdigon se souvient d'un dîner d'après-concert où ses réflexions avaient inquiété tout le groupe. « Johnny ne cessait de me bassiner avec son rock'n'roll. Il n'avait que ce mot à la bouche ! Moi, j'étais fan de Phil Collins. Et comme on avait bien picolé, je lui ai rétorqué : "Tu sais Jojo, si Phil Collins m'appelle, ton rock'n'roll ne fera pas le poids contre lui." Après le dîner, les musicos me prenaient pour un fou. "Mais il va te virer !" Les soirs suivants, je m'asseyais en bout de table pour éviter ses remontrances. Content d'avoir un type qui pour une fois n'était pas à sa botte, il m'a lancé : "Tu fais la gueule ou quoi ?" » Ironie du sort, cinq ans plus tard Johnny Hallyday engageait le tromboniste de… Phil Collins.

L'Idole des jeunes a aussi choisi comme directeur artistique Yvan Cassar. « Johnny en avait assez d'être entouré de flatteurs sans aucune exigence, confie le violoncelliste Jean-Philippe Audin. C'était un homme humble qui cherchait à s'entourer de musiciens capables de le faire encore grandir. Yvan, ce prodige surdoué de la musique classique, en faisait partie. »

– Non, Johnny, cette prise n'est pas bonne, on va la refaire.

– OK, Yvan, répondait la star.

« Hallyday refusait de découvrir un jour qu'on l'avait rangé dans une petite case rock et qu'il ne progressait plus. »

Johnny voulait toujours donner le meilleur de lui-même au public. Quand l'heure H du jour J approchait, c'était un traqueur. Dans chaque stade ou chaque de zénith de France, on peut sans doute trouver la trace des cheveux que Jean-Claude Camus s'est arraché face au mutisme de son chanteur. « À chaque rentrée parisienne, Johnny ne m'adressait plus la parole pendant deux mois. C'était pratique pour terminer les préparatifs… Si j'avais une question, je devais appeler sa femme, qui faisait office de messager. Ressentait-il un tel trac au point de ne plus me parler ? Je n'ai jamais su la vérité. À chaque fois que je l'interrogeais à ce sujet, il en riait, tout en restant énigmatique. Une fois dans la loge, il ne me parlait toujours pas. Au début, il avait systématiquement une heure et demie de retard. »

– Johnny, tu entends le public ? Faut y aller, on a déjà trois quarts d'heure de retard.

– Vas-y, commence le spectacle toi-même, répondait malicieusement le rocker.

Quand Jean-Claude Camus en avait assez d'attendre, il envoyait au feu le photographe Daniel Angeli.

– Va lui dire que ça chauffe ! faisait le producteur.

– Laisse chauffer ! répondait Johnny.

« Jojo ressentait toujours un moment de pression avant un spectacle, indique Angeli. Il était anxieux. Une fois lancé, ça disparaissait complètement. » Jusqu'au dernier moment, Johnny était entouré. Mais au dernier moment, il était le seul à devoir se jeter dans l'arène.

– Tu vois ce que ça donne quand on entre sur scène ? a demandé un jour Johnny à sa maquilleuse Brigitte, en faisant mine de la pousser vers la foule du Stade de France.

« Johnny avait le trac tout le temps, à chaque concert, assure Patrice Gaulupeau. Il y était habitué et gérait ce stress comme il le pouvait dans le calme de sa loge. Il parlait de n'importe quoi à n'importe qui, avec un copain de passage ou un pompier qui passait par là et qui se retrouvait à échanger des banalités avec Johnny Hallyday. C'était son truc à lui, pour évacuer la pression. »

Tous ceux qui ont eu le privilège d'assister à ces moments d'avant-concert décrivent une transformation hors du temps. Anthony Martin : « Ma première vraie rencontre avec Johnny date du concert à la Tour Eiffel, en 2000. Ce jour-là, j'ai découvert les deux Johnny Hallyday. D'abord la vision d'un homme extrêmement sympathique, calme, affalé dans le canapé. Quelques minutes plus tard, c'était un fauve au summum de la démesure, qui renversait la Tour Eiffel. J'ai assisté à une multitude d'avants-concerts, de la loge à l'escalier de scène. Au départ, c'était un Johnny déconneur, l'air de rien, d'une décontraction déconcertante. En un instant – quand Nelly l'invitait à enfiler sa tenue de scène – tout basculait. Son regard changeait. Beaucoup plus concentré. Beaucoup moins bavard. Une force impressionnante se dégageait de lui. Nous étions tous au garde-à-vous. Son aura et son autorité figeaient le monde. Seul Camus pouvait lui glisser une connerie à l'oreille, ou Nelly lui donner un petit coup de peigne. »

La métamorphose s'était produite. L'homme était devenu fauve.

Dès qu'il devait enfiler le costume de Johnny Hallyday, il se transformait. Même pour un simple tournage avec Patrick Sabatier et sa bande de bikers : « J'étais seul chez lui à la Lorada, raconte l'animateur. Johnny était calme, réservé, parlant lentement, affalé sur son divan. À 18 heures – l'heure d'aller tourner une séquence dans les arènes de Fréjus – il s'était transformé, comme un gladiateur, pour redevenir le chanteur que tout le monde attendait. »

Il n'est pas question d'essayer d'être exhaustif sur le vaste sujet de la personnalité de Johnny Hallyday, cet homme exceptionnel et mystérieux. J'aimerais clore ce chapitre en racontant quelques anecdotes confiées par ses amis qui démontrent que l'humour était encore une autre facette de son personnage.

Alors qu'elle l'interviewait pour son film sur Charles Aznavour, Marie Drucker s'est inquiétée de le voir fumer cigarette sur cigarette :

– C'est pas possible, vous fumez encore ?

– Oui, et mon médecin est d'accord !

– Ah bon ?

– Il m'a dit que je fume tellement que si je m'arrête, je meurs, sourit la rock star.

« Johnny aimait faire des bêtises, savoure Hugo Ripoll. Au restaurant en tournée, ça lui est arrivé de demander à tous les clients présents de faire le poirier simultanément... Évidemment les gens étaient heureux de le faire, puisque le commanditaire s'appelait Hallyday ! » Johnny aimait faire rire les gens autour de lui, même sur les plateaux TV. « C'était un déconneur qui aimait gentiment foutre le bordel », sourit Angeli. Avec Patrick Sabatier, il s'est amusé du look de "gendre idéal" de l'animateur de TF1 en lui offrant un blouson en cuir ou en lui faisant retirer sa cravate – en pleine émission. « Mon plus beau souvenir avec Johnny, c'est en vacances aux Maldives, confie Yves Rénier. Qu'est-ce qu'il m'avait fait rire ce soir-là... Jojo était un mec drôle en toutes circonstances. À peine arrivé dans l'hôtel, nous avions pris le chemin du bar. Après quelques vodkas, j'étais à moitié endormi sur mon fauteuil pendant que Johnny était étendu sur le sol. La serveuse avait protesté timidement : "Monsieur, vous ne pouvez pas rester allongé dans le couloir". Johnny s'en moquait, car il me regardait fixement, préparant son coup. "Commissaire ! Comment tu vas faire pour arrêter les voleurs si t'es toujours en train de dormir ?" J'en rirai toute ma vie. »

CHAPITRE 12

L'AMÉRIQUE ET LES MOTEURS

Playlist du chapitre :

Johnny Rider (1974)
Vietnam Vet (1991)
Que ma Harley repose en paix (1998)
Monument Valley (2007)
L'Amérique de William (2017)

« Dans le cinéma américain, Johnny Hallyday aurait pu être un cow-boy aussi bien qu'un voyou des villes. Un mélange de Steve McQueen, Sean Penn, Warren Oates, Sterling Hayden, un pur personnage à la Peckinpah ou Huston. Il incarnerait le genre d'homme dont on voit bien, dès la première image, qu'il ne finira pas sa vie dans un lit. La plus belle amorce de ce genre de personnage se retrouve dans *L'homme du Train* de Patrice Leconte – son meilleur film. » Je remercie Philippe Labro de m'avoir offert cette merveilleuse description de ce qu'aurait été Johnny dans l'objectif de John Ford ou Clint Eastwood. Auteur de l'hymne *Mon Amérique à moi* puis de la road song *Cadillac man*, l'écrivain français partageait avec Johnny cette attirance viscérale pour la culture américaine. J'ai posé la même question à Pierre Billon, qui a traversé les États-Unis trois fois en compagnie de la star : « Quand il était aux States, Jojo enfourchait sa moto et devenait un personnage différent chaque jour. Le lundi, c'était *Easy Rider*. Le mardi, il était Marlon Brando. Le mercredi, William Faulkner. Et le jeudi, c'était John Wayne… Dans l'imaginaire de Johnny, il y avait les westerns, mais pas seulement : tous les films américains, l'Actors Studio. La culture de Johnny Hallyday se trouvait précisément entre *Les raisins de la colère* et *Lumière d'août*. »

Lors de mon entretien avec Johnny en 2012, j'avais essayé de l'emmener sur le terrain de l'Amérique. Intrigué par sa nouvelle chanson – *Un tableau de Hopper* – je lui avais fait remarquer qu'elle faisait écho à un titre d'Eddy Mitchell datant de 1996, *Un portrait de Norman Rockwell.* Contemporains, les deux artistes américains étaient tous deux des peintres réalistes, qui chroniquaient l'Amérique à travers leurs toiles. « On pourrait mettre Johnny Hallyday dans un tableau de Hopper, analyse Jérôme Attal, auteur de la chanson. Hopper, c'est la solitude, le charisme, l'attente, les vapeurs d'alcool, la violence des sentiments. C'est très Johnny. »

– Vous savez, on a les mêmes goûts, Eddy et moi, me répondit Johnny, l'œil enthousiasmé par ce sujet de conversation inattendu. Moi aussi j'aime Rockwell, mais Eddy l'a chanté avant moi. J'adore Hopper, je m'intéresse à lui depuis longtemps. J'aimerais acheter l'un de ses tableaux, mais ils coûtent une fortune, je n'ai pas assez d'argent ! Au même titre que quand j'ai lu des pièces de théâtre et des scénarios de films quand j'étais môme, c'était Tennessee Williams. Pour moi, tout ça fait partie un peu de la même famille. Hopper, Rockwell, Tennessee Williams…

– C'est l'Amérique…

– Pas uniquement parce que c'est l'Amérique, coupa Johnny. C'est un style. J'adore les films des années 50 en noir et blanc. Les films tournés par Elia Kazan, avec Marlon Brando, sont formidables. *Viva Zapata*, *Sur les quais*… J'adore tous les films de cette époque-là, comme *L'homme à la peau de serpent*.

Au cours de notre conversation, j'avais raconté à Johnny ma découverte passionnée du film *L'Équipée sauvage*, quelques semaines auparavant, avec Marlon Brando dans le rôle de Johnny Strabler, un jeune rebelle chef de gang qui terrorise une ville américaine au guidon de sa Triumph Thunderbird 6T. Précis et connaisseur, Johnny Hallyday me rappela que le réalisateur de ce film de 1953 n'était pas Elia Kazan, mais László Benedek.

– On n'a rien inventé en moto, digressa le rocker. Déjà avec Brando, les histoires de bandes, de blousons noirs… Les gangs de moto existaient déjà, même avant celui des Hells Angels.

Dans l'imaginaire de Johnny, la moto et l'Amérique étaient intimement liées. Dans les années 60 et au début des années 70, il avait souvent voyagé aux États-Unis, pour enregistrer des albums, assister à des combats de boxe ou rendre visite à la famille de Lee Halliday, son oncle, à Tucson dans l'Oklahoma. Mais la grande histoire de Johnny avec l'Amérique a débuté en 1974, lorsqu'il entreprit sa première traversée à moto, direction la Death Valley – la Vallée de la mort – en Californie. « C'était notre rêve à tous, et nous l'avons réalisé ensemble, raconte Sam Bernett. Nous étions partis de Los Angeles jusqu'à la Death Valley. C'était une chevauchée fantastique. » Grand Canyon, désert mojave, forêt de cactus géants, Badwater Basin, Zabriskie Point, Artist's Palette… Un décor inspirant pour l'animateur de RTL. « Cela faisait un moment que Johnny me suggérait de lui écrire une chanson. En roulant, j'avais des idées qui me trottaient dans la tête. »

Des motos et des hommes
Et la Californie
Je roule en tête
Et la bande me suit
[…]
Comme un ange venu de l'enfer
Un fou chevauchant dans un bruit
De tonnerre
[…]
Buvant des bières en boîte
Mangeant des hamburgers
Le soir on s'endort à même la terre

À l'assaut de la Death Valley, Johnny était au guidon d'une Kawasaki 900, offerte par le concessionnaire King Motorcycle après la visite de Johnny sur l'épreuve du Bol d'Or[35] – course à laquelle il consacra aussi une chanson. En 1991, Johnny réalisa l'un de ses plus grands rêves : participer à la mythique Daytona Bike Week, le plus grand rassemblement de motards au monde organisé en Floride depuis 1937. Alors qu'il avait été remplacé par Michel Berger au poste de responsable artistique, Pierre Billon était resté proche de Johnny, grâce à leur passion commune de la moto. « Nous étions chez lui, villa Molitor. Je lui ai montré un reportage de Gaulupeau avec Florent Pagny à la Daytona week. »

---

35 *Course de moto d'endurance au circuit Paul-Ricard, au Castellet.*

– C'est génial ! C'est exactement ce que je veux faire.

Johnny embarqua avec lui son avocat, Jacques Verrecchia, avec cette recommandation :

– Tu ne vas pas quand même pas me faire honte et aller à Daytona en voiture ?

« J'ai donc acheté une Harley à Fort Lauderdale avec Johnny, sourit Maître Verrecchia. Il était ravi de son coup ! » Lors de la grande parade réunissant cinq cent mille bikers, Willie G. Davidson – petit-fils de l'un des fondateurs de Harley-Davidson – décida que Johnny roulerait en tête du cortège, sous les yeux de Peter Fonda.

Dès la fin du rassemblement, Johnny et sa bande (Adeline, Pierre Billon, Hervé Lewis, Tony Frank, Patrice Gaulupeau…) enfourchèrent leurs bolides : direction la Californie ! « Nous avons passé deux mois et demi ensemble sur la route, ce voyage nous a soudés à vie », affirme Billon. Pour ce road-trip de 9 000 kilomètres, Johnny avait choisi une Harley Davidson Heritage Softail 1340. « Traverser l'Amérique en bande, c'était une première, confie Philippe Lacarrière, patron de l'agence de voyages Greatescape. Aucun Français n'avait fait ça ! À cette époque-là, je ne connaissais pas encore Johnny. J'étais à Daytona Beach en simple touriste. En l'observant préparer son périple, j'ai eu l'idée de créer mon agence afin d'organiser des traversées des États-Unis. » Pendant ces deux mois et demi de voyage, Johnny Hallyday était devenu celui qu'il n'avait jamais vraiment été : un simple motard en vacances. Billon raconte : « Jojo n'était pas connu dans les territoires que nous traversions. En plus, on évitait les grandes villes, il n'y avait pas de Français. Au cours de ce voyage, c'était la première fois – à 48 ans – qu'il se retrouvait à glander dans une station-service pendant vingt minutes sans que personne ne l'emmerde. Il pouvait passer une plombe à acheter des couteaux ou une casquette pour un pote. Ensuite, il dévorait des ailes de poulet archi pimentées. Il adorait ça. S'il avait fait la même chose en France, l'autoroute aurait été bloquée par les gens, les flics auraient débarqué... et en plus, les ailes de poulet auraient été dégueulasses ! Cette tranquillité l'a beaucoup marqué, c'est pour ça qu'il a voulu multiplier les voyages par la suite. »

Cette attirance pour les stations-services américaines avait aussi frappé Sam Bernett. Installé à Santa Fe, l'ex-animateur de RTL avait pris l'habitude de rejoindre la bande dès qu'elle s'approchait de son territoire californien. « Dans l'esprit de Johnny, les routiers étaient les cow-boys de la route, des beatniks. Cette ambiance lui plaisait. Johnny adorait deux choses aux États-Unis : s'arrêter au bord de la route dans n'importe quelle station et aller dans les supermarchés pour acheter des sauces piquantes. » « Quand je voyais Johnny remplir son caddie de sauces pimentées ou d'énormes pots de mayonnaise, j'avais l'impression de voir un gosse qui avait le droit d'acheter des sucettes sans compter », sourit Tony Frank.

Malgré les apparences, traverser l'Amérique à moto à la fin de l'hiver n'était pas de tout repos et pas à la portée de n'importe qui. Comme dans la chanson *Johnny Rider*, Hallyday roulait en tête. J'ai demandé aux membres de sa bande de nous raconter les péripéties de ce voyage, Daytona to L.A. :

« Dans certains états, on était souvent coincés par les limitations de vitesse et les interdictions de doubler, indique Tony Frank. On a souvent été rappelés à l'ordre par la police. C'était amusant car dans l'esprit de Johnny, on était tous sur un pied d'égalité. Mais les flics se rendaient compte qu'on était tous plus ou moins à *son* service. »

« Nous avons eu un temps exécrable, regrette Gaulupeau. À peine sorti de Floride, il pleuvait. Au Texas, on a eu la neige… »

« On a souvent roulé sous la pluie battante, poursuit Tony Frank. Quand j'étais devant avec le camion, ils prenaient toute la flotte dans la tronche. Si je restais derrière, je ne voyais pas à 7 mètres et je risquais de leur rentrer dedans. Je conduisais d'une main, et je les photographiais de l'autre. »

« Je suis heureux d'avoir fait ce voyage, embraye Hervé Lewis, même si ce n'était pas de tout repos, et pas toujours simple avec la nana de Johnny ! »

« On a rencontré des soucis de motos, ajoute Patrice Gaulupeau, et il y avait des problèmes relationnels avec Adeline, qui était une petite nana qui n'avait pas du tout le style des bikers. C'était dur, mais vachement sympa. »

« Tout ne s'est pas passé comme prévu, se souvient Tony Frank. Initialement, on devait camper et pique-niquer dans la nature ! J'ai même acheté deux ou trois fois des brochettes qui n'ont jamais été grillées. On finissait toujours dans un motel, et ce n'était pas plus mal ainsi. Je voyais mal Johnny et Adeline dormir sous une tente, sous la neige ! »

« Ce que je retiens avant tout, c'est l'ambiance des gangs de motos à Daytona et le bonheur de rouler au milieu des paysages désertiques du Texas », sourit Hervé Lewis.

« Tous les matins, je me levais plus tôt afin de faire du repérage pour trouver de beaux endroits où photographier Johnny, indique le matinal Tony Frank. Un jour, j'avais déniché une superbe maison coloniale. Mais on ne trouvait jamais le temps pour faire ces photos. Chaque matin, le départ était prévu à 8 heures mais Johnny et Adeline n'émergeaient pas avant 9 ou 10 heures. Ensuite, elle traînait des pieds pour aller au petit-déjeuner… »

Lors de ce voyage, l'un des nombreux arrêts « sauce piquante » donna l'occasion à Billon et Hallyday d'imaginer une nouvelle chanson, intitulée *Vietnam Vet* : « En sortant d'une station-service, nous avons vu un mec, seul avec sa vieille moto et sa bière. »

– J'ai 57 ans aujourd'hui, j'suis en train d'me fêter mon anniversaire, marmonna le type.

– Tu fais quoi dans la vie ?

– Je roule.

« Le gars passait sa vie à rouler sur sa Harley Davidson Shovelhead et se chantait *Happy birthday*. Le soir au motel, on a écrit la chanson avec Johnny, à partir de tout ce qu'on avait vu dans la journée. On avait croisé un vétéran de la guerre du Vietnam et repéré une fille dans un bar qui était une vraie bombe. »

57 ans tout seul
Sur le bord du Highway
Tu t'chantes Happy birthday
Ta came ça s'appelle liberté
[...]
Tu es la fille du bar
Tu t'la joues Marylin
T'es restée à la gare
T'as jamais crevé aucun screen
[...]
Je suis ce Vietnam vet
Remords de l'Amérique

« Johnny aimait les road-movies et les road-songs, poursuit Pierre Billon. Pendant une traversée à moto, c'était facile de lui écrire une chanson comme *Rouler vers l'Ouest*, bourrée de références. L'Heritage, c'est sa moto. "Brando dans ses bagages", "la lumière d'août", "des souris et des hommes pour nous montrer la route", "Y'a tout ce qu'il faut dans ma tête pour rouler vers l'Ouest"... C'est exactement ce que nous vivions. Je notais mentalement les images pendant que je roulais et j'écrivais le soir. Je relatais tout ce que j'avais vu ou que les potes avaient vu. À la fin de la journée, on se retrouvait autour d'une bière et d'un feu de camp, et chacun racontait l'interprétation de ce qu'il avait aperçu sur sa bécane. Un loup, une belle bagnole, une gonzesse magnifique à la fenêtre ("Une maison toute blanche, et Scarlett qui me sourit"), c'était du vécu grâce à toutes nos paires d'yeux. Et je savais que Johnny allait cautionner car il était à côté de moi sur la moto et que j'avais sa voix dans la tronche quand j'écrivais. » Norman Rockwell – on y revient toujours – est cité dans cette chanson.

Dans la foulée de ce road-trip, Johnny Hallyday s'est engouffré à fond dans sa passion pour la moto, au point de créer son propre club : le Harley-Davidson Club Desperados. « C'est Johnny qui a inventé le nom et imaginé le logo, indique Jo Rodriguez, vice-président du club et chauffeur-garde du corps de la star. Il voulait faire référence aux hors-la-loi du Mexique. Johnny voulait rassembler des bikers, faire la fête, partir en randonnée. On faisait beaucoup de virées à Ramatuelle, à Fréjus. Si Johnny réclamait 50 motards avec lui, il en avait 50. S'il voulait qu'on soit 100, on était 100. »

En 2007, Johnny et sa bande reprenaient la route avec une meilleure organisation, gérée par Carole et Philippe Lacarrière. « Lors du premier voyage, ils étaient quand même partis à l'arrache et trop tôt dans la saison, ce qui avait entraîné le mauvais temps », raconte Philippe. Pour ce trip Santa Fe-Los Angeles de 3 000 kilomètres, Johnny avait choisi une nouvelle Harley Softail. Rompu à ce genre de voyages – il en a effectué plus de 500 – Philippe Lacarrière place pourtant ce road-trip tout en haut de son armoire à souvenirs. « Le premier jour, j'ai débarqué à Santa Fe avec le camion et les remorques, Johnny arrivait en avion privé. Il était ronchon, agacé, fatigué. Il s'est très vite détendu. J'avais trouvé le Dodge de 6 mètres de long qu'il m'avait demandé : “Je veux un pick-up avec des roues fumées pour suivre le groupe.” Dès le deuxième jour, j'ai senti que Carole et moi avions été acceptés dans sa bande, sans la moindre difficulté. Johnny était un mec facile, sans problème, passionné d'Amérique et de moto, qui aimait les gens vrais, ceux qui ne lui racontaient pas de conneries. Concernant le parcours, il nous avait fait pleinement confiance et s'était régalé. Nous l'avions emmené dans les réserves d'indiens Apaches et Navajos et sur le Rio Grande. Nous lui avions fait découvrir le Lac Tahoe. Le parcours collait avec le cinéma qu'il aimait, tous les personnages qui l'inspiraient. Johnny avait repéré ces territoires quand il était jeune mais sans les apprécier pleinement. Là, il profitait de son Amérique à lui, en dégustant un bon hot-dog avec ses potes. Je n'ai jamais eu l'impression d'être en voyage avec la plus grande star française. Johnny aimait rouler en tête de la formation en triangle, et on traversait le désert avec un bruit d'escadrille de chasse de la Seconde Guerre mondiale. Le soir, Johnny chantait parfois a cappella en sifflant une bière devant la porte du motel. On a vécu des moments rares. Il avait une prestance incroyable. Je me souviens de cette serveuse dans un bled d'Arizona, s'approchant de mon oreille : “C'est qui ce type ? Une star d'Hollywood ?” Ça m'a fait froid dans le dos. Tout le monde voyait que ce mec dégageait une force différente, qu'il était doué de quelque chose que le commun des mortels n'avait pas eu la chance de recevoir. » Sam Bernett glisse à son tour une anecdote similaire : « Johnny Hallyday est la seule personne que j'ai vu fumer une cigarette dans un restaurant de Santa Fe alors que c'était interdit. En France, on n'osait rien dire à Johnny parce que c'était Johnny. OK. Mais là-bas, personne ne le connaissait ! Pourtant, pas un seul membre du personnel n'est venu lui dire d'arrêter. Ils étaient tous tétanisés par ce charismatique inconnu… » Cette année-là, l'acteur Yves Rénier faisait aussi partie de l'aventure : « Rouler à moto aux États-Unis, avec lui, c'était magnifique. Le père Jojo était complètement dans son élément. »

Afin de profiter pleinement des lignes à venir, branchez votre platine ou votre enceinte bluetooth, jouez la chanson *Monument Valley*, et montez le volume. Les quelques jours passés là-bas représentent les plus beaux moments de Philippe Lacarrière avec Johnny Hallyday. En me les racontant, Philippe ferme les yeux et se revoit encore face aux trois mesas ocres du plateau du Colorado : « Je conduisais ma Harley Davidson Low Rider, fabriquée à la main. Ma femme était à côté de moi, sur son chopper. Devant nous, Johnny Hallyday. Derrière nous, Pierre Billon. On a roulé trois heures sans s'arrêter pour atteindre la Vallée des Dieux. Dans mon souvenir, c'est comme si j'avais roulé avec Peter Fonda et Dennis Hopper dans Easy Rider. »

Ici la terre est rouge
De tout le sang versé
Sous mes pieds le sol bouge
À Monument Valley
La vie sauvage
La vie de l'Ouest
La seule qui m'fait rêver

À Monument Valley, Carole et Philippe s'étaient surpassés pour que Johnny vive pleinement son rêve de gamin fan de cinéma. Si l'un des points de vue du parc national s'appelle le John Ford's point, en référence aux films tournés par le réalisateur, les organisateurs avaient fait encore mieux : « John Ford avait emmené John Wayne – son fils spirituel – à Monument Valley (*La chevauchée fantastique*, 1939). Nous sommes allés dans la baraque de John Wayne, située juste derrière la maison des Goulding. Johnny était imbattable sur le cinéma américain. Au Parry Lodge à Kanab (Utah), il a dormi dans la chambre de Rock Hudson. Il en était ravi, même si elle était pourrave et que le lit était pratiquement d'époque ! »

Avant de tutoyer ses rêves d'enfant une nuit durant, Johnny avait retrouvé sa condition de vedette de la chanson en posant devant les objectifs pour illustrer son nouveau titre, *Monument Valley*. « Lorsqu'il s'est plié à la séance-photos de l'album, on venait de parcourir 400 bornes à moto ! Le personnage était quand même très solide, poursuit Philippe Lacarrière. Quand on regarde les photos aujourd'hui, on imagine qu'il est arrivé en avion privé avant de passer au maquillage. En vérité, Johnny avait roulé sous un cagnard de 40 degrés avec ses affaires derrière son dos, une couverture mexicaine par-dessus, sur laquelle il s'appuyait. Comme nous tous. Pendant nos voyages, Johnny s'habillait comme il l'entendait, sortait parfois en short de sa piaule. Loin de son monde, il s'en foutait. Il adorait ça. Il aimait la route et n'était pas chiant. Un jour, j'étais inquiet de devoir changer le trajet en raison du mauvais temps :

– Johnny, c'est la galère, je vais devoir modifier l'étape.

– Ouais, on aura un dîner et un toit ? T'emmerde pas, ça ira.

Quand on sait tout ce que représentait Johnny Hallyday, il aurait pu se permettre d'être plus demandeur. Mais il s'en moquait. Pluie, orages, chaleur, il s'adaptait aux conditions. Tout ce qu'il voulait, c'était rouler en meute. Durant ce voyage, le thermomètre a affiché jusqu'à 46 degrés ! Johnny n'a jamais laissé sa place. La seule complication avec lui, c'étaient les horaires. Ça l'ennuyait vraiment de se lever tôt, alors on adaptait le trajet pour un départ tardif. Mais une fois parti, on ne l'arrêtait plus… »

La première accélération de ce road-trip avait été déclenchée à Santa Fe, la capitale du Nouveau-Mexique. En écrivant ce livre, je me suis souvenu d'avoir entendu Johnny parler de son attirance pour cette ville typique, et même de son désir d'y vivre. Afin d'être certain de ce que j'allais écrire, j'ai posé la question à Sam Bernett : « Johnny adorait Santa Fe, la ville de l'Ouest comme on l'imagine. La population y est assez drôle : un mélange de hippies, de bobos, de cowboys et de New-yorkais venus s'installer dans un endroit paisible. C'est un endroit véritable, nature et écolo (*la ville la moins polluée du monde selon une étude de l'OMS*) mais aussi très riche culturellement. Hors saison touristique, on recense trente mille habitants mais cent-quatre-vingts galeries d'art. Steve McQueen y a habité. Johnny s'y sentait bien, il venait souvent y passer deux ou trois jours. On partait dans le désert, dans les réserves indiennes afin de lui trouver un ranch. On en a visité plusieurs. Malheureusement, il n'y avait rien à vendre. S'il en avait trouvé un, il l'aurait acheté aussitôt. Je lui ai présenté des cow-boys. D'ailleurs à Sante Fe, Johnny ressemblait lui-même à un cow-boy. Personne ne le connaissait… Mais il lui était impossible de passer inaperçu. Nous étions dans un restaurant tenu par des anciens mannequins, The Cow Girls. Un groupe de musique assurait l'ambiance. Ça démangeait Johnny. Un jour, sans rien dire, il s'est levé et a proposé aux musiciens de jouer quelques morceaux ensemble. Ils ont joué plusieurs standards de rock'n'roll : *Tutti frutti*, *Be bop a lula*… Les Américains étaient subjugués ! Ils ne connaissaient pas le bonhomme, alors c'était d'autant plus surprenant pour eux. Le spectacle du lendemain a été encore plus amusant : le bouche-à-oreille avait fonctionné et toute la diaspora franco-belge de Santa Fe faisait la queue devant The Cow Girls ! Sauf que Johnny n'est pas revenu chanter… »

Revenons à la moto, un art véritable dans l'esprit de notre idole… Pour les spécialistes, j'ai souhaité approfondir les goûts et les usages de Johnny Hallyday en matière de deux-roues. « Les gens l'ignorent, mais Johnny était un vrai biker, assure Pierre Billon. Il roulait vraiment fort ! Ce n'était pas un truc de complaisance. N'importe qui ne pouvait pas se cogner les distances qu'il couvrait… » En 2013, Serge Bueno a ouvert un garage à Los Angeles. Très rapidement, le rocker était devenu l'un de ses visiteurs les plus assidus… « Johnny aimait me voir travailler sur les bécanes. Il prenait la Pacific Coast Highway et s'installait dans mon atelier, fermé de tout accès aux paparazzis. Il adorait apprendre et était très à l'écoute sur l'histoire de la moto. Par exemple, il ne savait pas qu'il existait cinq cents marques de moto françaises au début du XXe siècle. Quand il voyait les motos que je sortais de mon garage, il était fou ! Dès que je lui envoyais la photo d'une nouvelle machine, il venait la voir. » En deux grands voyages, Philippe Lacarrière a passé des centaines d'heures à discuter de la question avec Hallyday : « Je ne pense pas qu'on aurait fait de Johnny un mécanicien, car la technique n'était pas ce qui le passionnait le plus. Il aimait la beauté de la machine, le bruit, le feeling. Sa passion de la moto était plus dans son côté rock'n'roll, voyage et découverte. » « Avec Johnny et Omar Sy, nous avons fait de superbes sorties à moto dans les canyons de Malibu, renchérit Serge Bueno. Johnny en oubliait sa célébrité. » « Il aimait rouler sans casque pour avoir plus de sensations », ajoute Lacarrière.

L'image de Johnny a toujours été associée à la marque Harley Davidson, même si la star a varié les plaisirs tout au long de sa vie. Harley, Triumph, Ducati, Kawasaki, Indian… Quelle était sa moto préférée ? Ses amis répondent :

« Johnny aimait bien rouler donc il appréciait les grosses Harley bien confortables ou les Indians, explique le garagiste Serge Bueno. Il aimait sa Harley *Street Glide*. »

« Il appréciait surtout les motos américaines. Sa préférence allait aux Harley et aux Indians », confirme Philippe Lacarrière.

« Je m'engueulais sans arrêt avec Johnny au sujet des motos, plaisante le guitariste Hugo Ripoll. Pour moi, la moto ultime, c'est la Ducati. Dans son esprit, c'était la Harley. Je lui disais qu'il avait une bécane de vieux con, il me répondait que je pilotais une moto de gonzesse ! »

« Harley Davidson peut remercier Johnny Hallyday, car c'est lui qui a relancé la mode Harley en France », assure Hervé Lewis.

« Quand il a fait le trip jusqu'à la Death Valley en 1974, Johnny était déçu car il voulait absolument une Harley Davidson, mais à cette époque il n'y avait que des motos japonaises », relève Sam Bernett.

« Johnny avait aussi un tas d'autres motos très préparées qu'il laissait au garage, juste pour son plaisir, indique Bueno. Quand il n'était pas en Californie, il me laissait les clefs et j'allais les faire tourner. »

« Johnny aimait les grosses cylindrées, rapporte Éric Jean-Jean. Il s'était mis sur le tard aux cylindres en V et conservait de l'affection pour les machines des mid-sixties et les japonaises. »

« J'ai passé de longues heures à discuter de toutes les bécanes que Johnny a possédées dans sa vie, se souvient Lacarrière. Il en a eu une quantité astronomique. Celles qu'il préférait étaient toujours les motos qui pétaient le feu, qui allaient le plus vite possible ! »

Que ma Harley repose en paix est une chanson qui exprime à la perfection le rapport sentimental de Johnny à ses machines. « Il avait été bouleversé en découvrant mon texte, rapporte Didier Golemanas. »

– Mais comment t'as fait pour entrer à ce point dans ma tête ? avait demandé Johnny à son nouveau parolier.

« Johnny venait de se séparer d'une Harley tombée en panne, il en était meurtri, explique Golemanas. Ce qui explique son interprétation puissante de cette chanson. En studio, il imaginait sa moto broyée et vivait chaque mot. »

Elle m'a regardé dans ses rétros

C'était bien plus fort que des mots

J'ai dit : si j'pars sans elle de Los Angeles

Que les anges me laissent

Dans les songes de Johnny Hallyday, lors de la dernière année de sa vie, il y avait sans doute beaucoup de paysages américains, de traversées du Texas et de vues à couper le souffle admirées devant la porte d'un motel… En septembre 2016, Johnny et ses "frères" prirent la route ensemble une dernière fois. J'avais appris l'existence de ce voyage quelques mois avant leur départ, lors de ma première rencontre avec Pierre Billon, dans son studio de Levallois. À l'époque, Johnny était sur le point d'achever le *Rester Vivant Tour*.

– Johnny est comme un dingue au sujet de notre prochain road-trip, il n'arrête pas de m'envoyer des mails afin de choisir nos bécanes, m'avait confié Billon.

– Quel trajet avez-vous choisi ?

– Cette fois-ci, on va faire le trajet d'*Easy Rider* en intégralité, mais à l'envers. De New Orleans à Los Angeles. Un truc d'hommes, ça ne va pas rigoler. Celui qui ne sait pas rouler ne pourra pas nous suivre…

L'idée de ce road-trip était née pendant la tournée 2015 après un concert particulièrement réussi à Orléans. « On pensait que Johnny serait lessivé à la fin du show mais il a aussitôt voulu consulter notre brochure de voyages », retracent Philippe et Carole Lacarrière.

– Je veux faire ça avec vous au mois d'août, indiqua Johnny en désignant le trajet New Orleans-Los Angeles.

– Mais Johnny, tu as vu qu'il y a quand même 5 500 kilomètres…

– Sans problème, insista Johnny.

– Il va faire chaud, s'inquiéta le couple organisateur.

– M'en fous !

« C'était un immense pari, reconnaît Philippe Lacarrière. Mais l'idée de suivre le parcours d'*Easy Rider* à l'envers l'a complètement fait craquer. Nous avons traversé des endroits qu'il connaissait peu : en Louisiane, il était admiratif de tout… Oh… Je revois encore Johnny sur le Bayou, au milieu des crocos… Il s'éclatait ! Au Texas, il avait été impressionné par les distances. Pour traverser tout l'état à moto, ça prend quatre jours. Deux fois plus qu'un pays comme la France ! »

Durant ce périple, Johnny eut un immense coup de cœur pour Mexican Hat, une minuscule localité de l'Utah où vivent trente-et-une âmes selon le dernier recensement, pour à peine plus de touristes quotidiens. Pour vous situer, la route où s'achève le cross-country de Forrest Gump dans le film éponyme se trouve à quelques encablures de Mexican Hat. Toute la bande s'était arrêtée dormir au Hat Rock Inn. « Ça fait partie de ces endroits qui ne ressemblent à rien de l'extérieur et où personne n'a envie de s'arrêter, reconnaît Philippe Lacarrière.

Mais quand on s'y arrête, on découvre la fabuleuse vue de la San Juan River. »

– T'as vu la gueule de l'hôtel sur le Net ? s'était inquiété Sébastien Farran en préparant le voyage.

– Ne t'en fais pas, l'avait rassuré l'organisateur. Je pense que Johnny va tomber amoureux de l'endroit.

Habitué des lieux depuis plusieurs dizaines d'années, Lacarrière ne s'était pas trompé. J'avoue avoir eu la chair de poule lorsqu'il m'a raconté ceci : « Une fois arrivé à Mexican Hat, Johnny est entré dans sa chambre et en est ressorti avec une chaise, face au canyon de la San Juan River. Il observait. Il admirait. Pendant ce temps, les cameramen qui nous suivaient étaient en train de le filmer. "Vous me faites chier, les mecs ! On a sous les yeux cette vue extraordinaire, et c'est moi que vous filmez ?" Toute la bande s'en est amusée et s'est installée devant ce paysage à couper le souffle : apéro, steak grillé... On a fini au bord de l'eau avec un feu, Johnny à la guitare, Billon qui chantait... »

Réalisateur du *Rester Vivant Tour*, François Goetghebeur a suivi la bande à bord d'un camion, caméra au poing. L'aventure a commencé de manière cocasse, lors d'une conversation à Pacific Palisades...

– Tu fais de la moto ? demanda Johnny.

– J'ai déjà roulé vaguement sur des petits trucs en Asie, mais pas vraiment...

– T'as des tatouages ?

– Non plus...

– Bon, ça te dirait de venir filmer mon voyage ?

« L'idée de départ de Johnny, c'était de sortir un double projet : un album rock que ses fans pourraient découvrir au cinéma avec les images de son voyage. Comme un clip géant. C'est durant ce road-trip que Johnny a convaincu Maxim Nucci de refaire un album avec lui. Johnny a acheté une guitare et ils ont travaillé sur des chansons. Maxim hésitait car il était très content du succès de l'album *De l'amour.* »

Autre belle aventure de ce road-trip New Orleans-Los Angeles 2016 : alors que la bande traversait la réserve Navajo à hauteur de Tuba City, Carole Lacarrière repéra un chien abandonné dans une station-service. À la fin de l'étape du jour, l'organisatrice fit demi-tour avec le camion pour aller recueillir l'animal. Lorsqu'elle revint, Johnny fumait sa cigarette à l'extérieur du motel.

– Qu'est-ce que tu nous as ramené là ?

– C'est un chien qui vient de la réserve des Indiens, il était abandonné. Tu le veux ?

– Évidemment que je veux l'adopter !

– Johnny, fais gaffe, intervint Sébastien Farran. C'est un chien abandonné. T'es sûr que ça plaira à Lætícia ?

– Celui qui va m'empêcher de prendre ce chien n'est pas encore né !

Dès l'instant suivant, Cheyenne – ainsi qu'elle fut baptisée par Carole et Johnny – sauta sur Johnny Hallyday, son nouveau maître. « Les chiens de réserve sont fabuleux, enseigne Philippe Lacarrière. Au bout d'une heure, ils se comportent comme si vous les aviez depuis dix ans. »

– Ce soir, Cheyenne dort dans ma chambre ! s'exclama Johnny.

« Le soir même, Johnny a téléphoné à Læticia et ses filles à Los Angeles », raconte Pierre Billon. "On aura un chien supplémentaire à la maison, ça vous va ?"

Le lendemain, Johnny emmenait Cheyenne chez le vétérinaire pour les vaccins, et le chien de réserve Navajo intégra ainsi la tribu Hallyday. Depuis la mort du rocker, Cheyenne reste l'incontournable compagnon de Santos, le labrador des Hallyday. Joy, la petite dernière, a même créé un compte Instagram du nom de @cheyenne.the.queen, proposant les aventures du chien navajo à Los Angeles. Comme quoi, tout est *possible en moto*...

Certaines soirées furent aussi l'occasion de révélations stupéfiantes. « Johnny était quelqu'un qui écoutait mais parlait seulement si c'était nécessaire, note François Goetghebeur. Un soir, nous étions dehors en train de fumer. Maxim Nucci, Pierre Billon et moi. Johnny allumait sa clope près de nous en écoutant notre conversation. Nous parlions des Doors, de Jim Morrison et de la nuit de sa mort. »

– Ah ouais, j'étais là, coupa Johnny.

– Comment ça ?

– Jim Morrison est mort au Rock'n'roll Circus, à l'intérieur de la boîte de nuit. J'y étais.

Les compagnons de Johnny n'en revenaient pas. Piqué par cette confidence mystérieuse, j'ai interrogé Sam Bernett – le patron de la boîte de nuit – qui confirme autant qu'il précise l'affirmation du rocker français : « Il est fort probable qu'il soit passé boire des verres ce soir-là puisqu'il venait tous les soirs au Circus. En revanche, Johnny n'était pas là au moment précis où Jim Morrison est mort. »

Évidemment, le voyage fut parfois éprouvant. Nul n'en avait conscience, mais Johnny souffrait déjà d'un terrible cancer. « En tant qu'organisateur, je porte toujours attention à mes troupes, relève Lacarrière. J'avais trouvé Johnny fatigué, même si j'étais loin d'imaginer la réalité. En altitude, il peinait à respirer. Il était moins costaud qu'en 2007. Mais dites-vous bien une chose : même fatigué, il a traversé l'Amérique à moto à la fin de l'été. Combien d'hommes de 73 ans en sont capables ? Johnny en avait une sacrée paire… » Philippe Lacarrière garde en mémoire une conversation avec le rocker, pendant leur ultime voyage. « Tous deux mariés à une femme plus jeune que nous, nous discutions de notre chance de les avoir rencontrées :

– Tu sais, j'vais être centenaire, lança Johnny.

– Je te le souhaite, mais tu devrais ralentir un peu la clope.

– Ça, j'peux pas. Mais j'm'en fous, puisque je vais être centenaire. »

Ces paroles ont longtemps résonné dans l'esprit de Philippe Lacarrière…

Quelques jours avant son décès, Johnny avait exprimé le souhait de voir les images de son dernier voyage. Contacté par Philippe Fatien, François Goetghebeur monta à la hâte un film chronologique d'une quarantaine de minutes. « J'ai fait comme un film de vacances, en musique avec des morceaux des Stones et de Bob Dylan… Johnny était étonné que le film soit en noir et blanc. J'avais filmé en format cinémascope, en natif. » « Ce soir-là, après avoir vu tout le film, Johnny nous a proposé de refaire le voyage l'année suivante, raconte Pierre Billon. Il nous a donné le tracé qu'il voulait suivre. Il préférait qu'on ralentisse un peu l'allure. »

– On va trop vite, on roule trop comme des mules. Je voudrais passer plus de temps à Santa Fe. J'aime bien Durango, on pourrait aller dans ce vieux cinoche.

Quelques instants après, au moment de lui dire au revoir, Johnny s'est adressé à Pierre Billon :

– Est-ce que je vais m'en sortir ?

– De toute façon t'as pas le choix, tu nous as tellement fait le coup. Bien sûr que tu vas t'en sortir. Tu vas repartir comme avant.

« Et je pensais ce que je disais », promet Billon en tirant sur sa clope, regard dans le vide. Ce voyage, ils le firent sans lui. Je vous le raconterai un peu plus tard…

À la fin de sa vie, l'art de la moto était presque une thérapie pour Johnny. Quelques mois avant d'être emporté par la maladie, le rocker s'était fait plaisir en érigeant une moto comme on construit une maison. L'architecte s'appelait Serge Bueno. « Fais-moi une moto genre néo-classique » suggéra Johnny à son garagiste.

« Johnny voulait une moto classique car il avait eu des Norton et des Vincent quand il était jeune. Il avait la connaissance de ces machines. Il avait des idées très précises et adorait suivre la construction de sa moto, semaine après semaine. C'était un prétexte supplémentaire pour venir encore plus souvent dans mon atelier. Ensuite, lorsqu'il se soignait à Paris, je lui envoyais les photos au fur et à mesure de l'évolution. Il m'avait fait changer trois fois la selle, je ne pouvais rien lui refuser. Il réclamait une moto dure avec une petite selle. Il rêvait d'un modèle unique. Ce n'était radicalement pas son style de moto pour faire de la route, il n'aurait pas enchaîné plus de quelques tours avec, encore plus à son âge. Mais Johnny s'en foutait, il voulait une belle pièce. » Malheureusement, Johnny Hallyday ne vit jamais sa moto terminée… Pour les bikers, voici les informations techniques de la moto de *ses* rêves : Base Triumph à carburateur, cadre complètement modifié avec suspension arrière horizontale. *Body full aluminium handmade and high polish.* Aujourd'hui, l'œuvre d'art chargée d'histoire se trouve au Haas Moto Museum de Dallas (Texas), achetée par un passionné américain, pour qui Johnny représente « le Frank Sinatra français ». Pour les visiteurs, une plaque informe que la moto a été construite pour Johnny Hallyday. L'ultime moto de Johnny. La machine de ses rêves…

Sa passion pour l'Amérique, Johnny l'a exprimé toute sa vie dans ses chansons. Connaissez-vous le country folk *Hello US USA* datant de 1972 ? Avez-vous relevé tous les hymnes traditionnels américains que l'on entend dans *Mon Amérique à moi*[36], pendant que Johnny déclame sa définition des États-Unis ? Enfin, il y a *L'Amérique de William*, enregistrée en 2017. Cette chanson parle d'un photographe de Memphis, William Eggleston. « J'ai voulu associer la mythologie américaine à la mythologie Hallyday, indique Jérôme Attal, auteur de la chanson. Maxim Nucci a fait écouter ma chanson à Johnny en lui montrant un livre de photos d'Eggleston. En découvrant l'ensemble, il s'est illuminé :

– Wow ! C'est exactement ce que je viens de vivre dans mon road-trip. Ça me parle. » Amusez-vous à écouter *L'Amérique de William* en observant la vie en kodachrome des photos d'Eggleston. Vous comprendrez l'émotion de Johnny et découvrirez la chanson imagée.

Fondu d'aventure, Johnny a également entrepris la descente des rapides du Colorado en radeau, en avril 1978, avec ses amis Michel Sardou, Claude Pierre-Bloch et Sacha Rhoul. Johnny avait eu l'idée après avoir vu le film *Délivrance* de John Boorman. Équipés de chapeaux de cow-boys, de couteaux et de bouteilles de whisky, les quatre copains couchèrent à la belle étoile dans de simples duvets. Évidemment, Johnny multipliait les

36 *Le compositeur Eric Bouad m'a dévoilé pourquoi Mon Amérique à moi débute par le God save the Queen. «Je trouvais l'hymne anglais beaucoup plus mélodieux que l'hymne américain, et puis les États-Unis sont une colonie britannique...».*

blagues. « À peine monté sur le radeau, il m'a poussé dans l'eau, s'esclaffe Claude Pierre-Bloch. La température de l'eau était glaciale. Le guide américain n'a pas apprécié l'humour de Johnny. "La prochaine fois, je vous débarque !" Le soir, Johnny rivalisait d'idées pour nous empêcher de dormir. Il m'avait filé un médoc qui était soi-disant un excellent somnifère. En réalité, c'était un cachet qui faisait pisser ! »

Hallyday, Sardou et leurs amis vécurent pendant une semaine une vie d'aventuriers, se lavant directement dans les eaux du Colorado. « Une nuit, nous avons été réveillés par des phares de voiture. À la fenêtre d'un camping-car, une fille avec des bigoudis sur les cheveux nous observait. On s'était endormis sur un parking, à Lake Powell. Johnny et Michel étaient quand même un peu déçus car les rapides ne secouaient pas tant que ça, relève Pierre-Bloch. On avait même doublé un canot de japonaises en ombrelle. La chaleur de l'air était intense. À la fin, plus personne ne parlait sur le radeau, on en avait ras le bol. »

– On s'tire à Vegas ! proposa Johnny.

Plein de ressources, le rocker avait trouvé un téléphone et était parvenu à réserver un avion privé. Quelques heures plus tard, la bande d'aventuriers entrait sur la pointe des pieds dans le luxueux Caesars Palace de Las Vegas. Couverts de boue et de honte. « Après une semaine dans le Colorado, sans douche, nous étions sales, jaunes, pleins de sable et d'argile, avec des sacs de vêtements à l'odeur pestilentielle, reprend Pierre-Bloch. Johnny et Michel se sont planqués pendant que Sacha et moi allions chercher les clefs de la chambre. Après la première douche, j'avais tellement honte de la saleté que j'ai lavé la baignoire ! » Enfin propres et de retour à la civilisation, les quatre amis s'achetèrent des vêtements neufs. Hasard amusant : Hallyday et Sardou sortirent de la cabine d'essayage dans la même tenue, pantalon blanc et blazer noir. « Johnny appréciait beaucoup Vegas, précise l'attaché de presse. Il adorait les boutiques de mariage. »

Si Johnny aimait tant multiplier les voyages en Amérique, c'est aussi pour ses racines musicales… Quand il était jeune, il recevait des disques américains envoyés par la mère de Lee Halliday, qui vivait dans l'Oklahoma. Après avoir enregistré à Nashville en 1962 puis à Memphis en 1975, Johnny réalisa son rêve en chantant aux côtés de ses maîtres de la musique américaine, en 1984. Carl Perkins, Tony Joe White, Don Everly…

Quelque temps après, Johnny rencontra Georges Lang, la voix et la mémoire de la musique américaine sur RTL. Dans un chapitre consacré à l'Amérique de Johnny, un passage par le studio de Georges Lang s'imposait : « En 1984, Johnny venait d'enregistrer pour *Les Enfants du Rock* une série de chansons qui ne m'avaient pas laissé indifférent. Notre french rock'n'roll star à Music City USA (*le surnom de Nashville*) ça m'interpellait quelque part. J'avais donc assisté à une soirée de promotion de cette émission de télévision rue Caumartin. La plupart des acteurs de cette émission d'Antoine de Caunes étaient là et notamment Johnny, très accessible, pour parler de son trip dans le Tennessee. Monique Lemarcis, la directrice de la programmation à RTL, nous a présentés, rappelant à Johnny que Nashville n'avait pas de secret pour moi et que j'étais très proche d'Emmylou Harris avec qui il avait enregistré en duo *If I Were A Carpenter*, cette magnifique chanson de Tim Hardin, et de surcroît sur la scène mythique du Ryman Auditorium. Cette salle a abrité pendant de nombreuses années le *Grand Ole Opry*, une émission légendaire retransmettant dans tous les états du Middle West les shows country, de Hank Williams à Dolly Parton. Johnny s'est adressé à moi et m'a dit d'emblée :

– Ah oui, je t'écoute parfois, tu es sur RTL juste après l'émission avec les camionneurs.

J'en profitais pour lui demander des nouvelles d'Emmylou Harris que je n'avais pas vue depuis quelques mois, m'interrogeant sur le fait qu'elle s'était séparée de son mari et producteur Bryan Ahern pour vivre avec le musicien anglais Paul Kennerley. Johnny m'a répondu par une pirouette grivoise qui a fait rougir les quelques personnes qui l'écoutaient. La glace était rompue. À partir de ce moment-là, nous avons été appelés à nous voir de temps à autre et pour des raisons aussi diverses que l'interview réalisée en 1991 à l'issue de son concert devant quarante mille personnes à la Citadelle de Namur (en Belgique), ou bien encore lorsque son équipe de production m'a demandé de le présenter sur la scène de Bercy.

Je n'ai jamais fait partie du premier cercle de ses amis, ni du deuxième d'ailleurs, mais ce que je peux dire, c'est qu'à chaque fois que l'occasion nous en a été donnée, nous avons passé de très bons moments à parler de cette Amérique qui nous attirait tant tous les deux, et de cette country music qu'il aimait presque autant que le rock'n'roll. Pour les quarante ans de mon émission, j'avais décidé de présenter *Les Nocturnes* en compagnie de Jean-François Johann depuis le studio qui m'était attribué au premier étage de la rue Bayard. Ce studio était idéal pour la diffusion de mes émissions, mais pas vraiment l'endroit rêvé pour accueillir la star du rock français qui se déplaçait avec son équipe habituelle : son manager Sébastien Farran, son service de sécurité et Lætica. Sans parler de quelques autres personnes comme Nolwenn Leroy venu prêter main-forte pour souffler les quarante bougies du gâteau, mais aussi toute la direction de RTL et quelques journalistes et photographes. Johnny est arrivé tranquillement, bien avant l'heure à laquelle nous l'attendions, écoutant attentivement l'historique des *Nocturnes* que nous retracions à grand renfort de documents de l'époque. Et puis est arrivé le moment où je l'ai accueilli sur l'antenne. Et là, j'ai pu constater que l'Idole adulée de tout un pays pouvait se montrer humble, réservé et très amical. Il nous a fait part de ses coups de cœur musicaux du moment comme The Black Keys qu'il a programmé avec *Lonely Boy*, il nous a parlé avec admiration des Alabama Shakes et de sa chanteuse-guitariste Brittany Howard. Il a rendu hommage à Johnny Cash avec *Get Rhythm*, à Elvis en programmant *I'm Gonna Sit Right Down And Cry (Over You)*, à Muddy Waters avec *Rollin' Stone* et à Carl Perkins en diffusant *Blue Suede Shoes*. Cette nuit-là, Johnny a été particulièrement coopératif, discret, voire même timide, mais combien attachant. Il s'est même permis de dire à la direction de RTL qu'il ne fallait jamais qu'elle ne se sépare de moi :

– Les Nocturnes, c'est une émission formidable.

Il est comme ça Johnny, timide et cash à la fois. C'est ce Johnny-là que j'ai toujours connu, comme le jour où il m'a reçu dans sa loge au Théâtre Édouard VII à la fin d'une représentation de la pièce *Le Paradis Sur Terre*. Tout en me parlant musique, il s'est changé devant mon épouse et moi, ne s'apercevant pas qu'il était en caleçon pendant de longues minutes devant nous, me posant cette question qui revient souvent : "Tu as vraiment un million de disques ?" C'est ce Johnny-là que j'ai aimé fréquenter, loin de ses obligations de superstar, un homme tout à fait charmant et naturel, à cent lieues du mythe qu'il représentait pour des millions de français. Un Johnny qui me questionnait sur Nashville et la scène country, qui m'enviait de connaître l'une de ses idoles, Garth Brooks. Un Johnny qui s'étonnait que mon fils Arthur, habitant la Californie depuis une douzaine d'années, réside à un moment donné dans le downtown de Los Angeles, car l'immobilier dans ce quartier devenu très "bobo" semblait beaucoup trop cher à ses yeux, et ça manquait sérieusement de palmiers !

Avec Johnny, nous étions comme deux enfants une fois l'Atlantique traversée. Il avait évidemment connu les États-Unis bien avant moi eu égard à notre différence d'âge. Johnny avait enregistré à Nashville dès le début de sa carrière, en 1962. Je me souviens être allé il y a quelques années visiter le légendaire Sound Emporium Studio où de nombreux artistes du rock et de la country avaient enregistré à Music City. Le patron, qui me faisait visiter les lieux, m'a rappelé que quelques artistes français étaient venus il y a bien longtemps, et notamment un certain Johnny Hallyday qui lui avait fait forte impression. Johnny, comme moi, avait gardé cette âme d'enfant. Il s'émerveillait de tout aux USA. Une fois le pied posé sur le sol américain, il vivait un rêve éveillé, s'émerveillant aussi bien devant un bacon-cheese-burger servi chez Carney's sur Sunset Boulevard, (le célèbre wagon jaune transformé en restaurant dont la pub dit "Serving probably the best hamburger in the world[37]") que devant une clam chowder onctueuse (crème de palourdes) de chez Water Grill à Santa Monica. Nous nous sommes échangé l'adresse de nos restaurants préférés en Californie, ainsi que les stations de radio à écouter sur les highways de l'Ouest Américain. Ce n'est un secret pour personne, Johnny adorait les grands espaces qu'il parcourait à moto, les randonnées entre copains dans cette nature qu'il avait découverte dans sa jeunesse au cinéma. Johnny était curieux de tout, et notamment de musique. Plus d'une fois, il m'a surpris en me parlant d'artistes absolument inconnus qu'il avait repérés. Mais les discussions se terminaient toujours par l'évocation de la scène country. »

J'ai profité de cette passionnante conversation avec Georges Lang pour lui demander son avis d'expert sur les productions country de Johnny et notamment les titres inclus dans l'album Country-folk-rock en 1972. « Ce disque ne va pas assez loin dans le genre auquel on était en droit de s'attendre avec un

---

37 *C'était un rituel pour tout invité de Johnny à Los Angeles. Le rocker montrait le tapis situé à l'entrée du restaurant, et racontait l'histoire du slogan. «Ils avaient inscrit "Serving the best hot-dog of the world" (on sert le meilleur hot-dog du monde) mais ils ont eu un procès alors ils ont ajouté "probablement"».*

titre pareil. Les trois premières chansons sont pourtant signées de Michel Mallory qui aime le son de Nashville. Johnny flirte avec la country mais ne s'investit pas assez, à mon humble avis. Et pourtant ce disque a été produit par Lee Halliday (de nationalité américaine) qui aime ce genre musical, le plus populaire aux USA. J'ai le souvenir d'avoir accompagné aux États-Unis à la fin des années 70 Lucky Blondo qui enregistrait tout un album-hommage à Elvis. Lee Halliday qui supervisait cet enregistrement avait choisi un studio dans Music Row à Nashville, des musiciens de country et de rock comme le guitariste Dale Sellers (qui a joué avec toutes les stars de Nashville, et même Eddy Mitchell) et les célèbres Jordanaires, les quatre choristes d'Elvis. Pourquoi n'a-t-il pas sorti le grand jeu pour celui qu'il a pratiquement élevé, à qui il a tout appris du métier d'artiste et à qui il a même donné son nom ? Je ne connaîtrai jamais les raisons pour lesquelles Johnny n'a pas enregistré un véritable disque de country, genre qu'il a toujours adoré. Peut-être que sa maison de disques était frileuse à l'idée de le voir s'engager dans une musique qui n'avait pas trop la cote en France à cette époque. Depuis les choses ont bien changé dans le Tennessee.

« Et pourtant Johnny avait les capacités pour reprendre des succès made in Music City. Il l'a bien fait avec un titre de Georges Jones[38]. Je crois savoir que Johnny avait le projet d'enregistrer tout un album à Nashville, mais la maladie l'en a empêché. Et c'est bien dommage. On doit beaucoup à Johnny. Dans les années 60, le jeune homme timide qui fréquentait le Golf Drouot n'avait qu'une envie : faire comme tous ces artistes américains qu'il écoutait dans le jukebox d'Henri Leproux, le patron du célèbre club parisien. Il rêvait d'être à la fois Elvis et James Dean, de reprendre tous ces hits américains et de les chanter à sa manière. Ce qu'il a fait. Lorsque je diffuse dans

38 *Tes tendres années, version française de Tender Years.*

mon émission Beach Party sur RTL des titres des good old fifties and sixties, la plupart ont été repris par Johnny : *Tender Years de George Jones, un chanteur country, est devenue Tes tendres années, Summertime blues d'Eddie Cochran (La fille de l'été dernier), You talk too much de Joe Jones (Tu parles trop), I got a woman* de Ray Charles, chanté également par Elvis, sans parler de *Da Doo Ron Ron, The Twist, Joue pas de rock'n'roll pour moi, Mon P'tit loup, Fils de personne, Le pénitencier,* et tant d'autres. Ses adaptations en français avaient du corps, elles n'étaient pas ridicules, loin de là. Combien de jeunes de mon époque ont découvert le rock'n'roll américain grâce à lui. Son interprétation de L'idole des jeunes, titre emprunté à Ricky Nelson *(Teenage Idol)*, lui colle totalement à la peau. Rien d'étonnant non plus qu'à plusieurs reprises il ait enregistré avec certains artistes US, comme Phil Everly des Everly Brothers, Carl Perkins, les Stray Cats et même Emmylou Harris. Cette dernière se souvient très bien que Johnny lui avait offert un énorme bouquet de fleurs sur la scène du Ryman Auditorium, et que Tony Joe White les avait accompagnés à la guitare. Elle avait été impressionnée par l'aisance de Johnny sur cette scène mythique, surprise (et flattée à la fois) que le french singer ait changé quelque peu les paroles de la chanson de Tim Hardin en remplaçant Mary par Emmy.

Même si les Américains ne connaissaient pas véritablement Johnny, ils s'accordaient tous à saluer son talent d'entertainer. Avant d'accepter de produire l'album *Rester Vivant*, Don Was s'était renseigné sur l'artiste français et avait été littéralement "scotché" par l'énorme popularité du personnage dans tous les pays francophones. Don Was ! Les auditeurs de RTL se souviennent peut-être de cette étonnante nuit d'octobre en 2014, quand Johnny a réservé une immense surprise à Georges Lang. En voici le récit de la voix des nuits : « Johnny était venu à RTL une après-midi pour parler de son nouvel album. Il avait répondu aux questions d'Éric Jean-Jean dans le Grand Studio de la rue Bayard et offert un mini-concert à ses fans réunis dans ce studio mythique. Je m'étais glissé dans les coulisses de l'émission pour saluer mon ami Philippe Rault, ancien journaliste à Rock & Folk et installé depuis plusieurs décennies aux États-Unis. Cette après-midi-là, j'avais bien remarqué que le bassiste du groupe qui accompagnait Johnny était Don Was, ce grand gaillard au look imparable (barbu, chapeau, petites lunettes rondes) qui avait produit Dylan, Joe Cocker, les Rolling Stones et tant d'autres. Philippe a fait les présentations et, à mon grand étonnement, nous nous sommes rapidement retrouvés sur la même longueur d'onde pour parler musique. C'est ainsi que tout naturellement j'ai proposé à Don de l'inviter dans mon émission pour évoquer sa brillante carrière. Sans hésiter, il a accepté de venir dans mon studio en direct deux jours plus tard. Arrive le soir de cette émission, j'étais à l'antenne en direct, je terminais *La Collection,* (l'émission avant *Les Nocturnes*), lorsque mon téléphone portable a vibré. Je pensais que c'était l'agent de sécurité de RTL qui me prévenait de l'arrivée de Don Was. Quelle ne fut pas ma surprise d'entendre la voix de Sébastien Farran qui me dit d'une manière assez laconique :

– Georges, Don arrive dans ton studio dans 10 minutes avec Johnny.

« Pour une surprise, c'en fut une ! Branle-bas de combat dans le studio de la rue Bayard ! Rien n'était prévu pour recevoir ces deux poids-lourds du rock. J'étais seul avec mon assistante Kelly pour accueillir Don Was, et voilà que Johnny s'invitait à l'improviste dans *Les Nocturnes !* Par la suite, j'ai appris que l'artiste avait convié dans le restaurant d'un chef étoilé ses amis proches qui l'avaient accompagné dans l'enregistrement de son album à Los Angeles. À la fin du repas, Don s'est levé pour saluer Johnny, ce dernier lui a demandé pour quelle raison il partait. Le producteur a expliqué au rocker qu'il allait me rejoindre à RTL. C'est alors que Johnny lui a dit : "Georges, c'est mon pote, je viens avec toi." Et c'est ainsi que j'ai vu débarquer dans mon studio Don, suivi de Johnny, Læticia, Sébastien Farran et Bertrand Lamblot, directeur artistique chez Warner, la maison de disques de Johnny. Tout ce beau monde s'est installé tant bien que mal dans ce studio exigu, Johnny prenant place contre un mur assis sur un minuscule tabouret. Dès son arrivée, Il a déclaré sur l'antenne qu'il ne resterait que quelques instants, car mon invité était Don Was. Mais très vite, alors que l'émission venait de démarrer à minuit, tout ce beau monde a pris place devant les micros du studio pour parler musique. J'ai le souvenir d'un brouhaha sympathique où chacun apportait sa pierre à la discussion sur la musique en général, le nouveau disque de Johnny, les nombreux artistes dont Don s'était occupé, la manière dont Sébastien Farran avait choisi Don Was pour les séances d'enregistrement à Los Angeles, la façon de travailler en collaboration avec Bertrand Lamblot qui représentait Warner. Il n'y avait plus de préséance, tout était devenu très amical et passionné de la part de mes invités dans le studio. Johnny, qui ne voulait pas s'imposer de peur de voler la vedette à Don Was, a fini par décider de rester. Il se sentait bien au cœur de la nuit, allant même jusqu'à jouer les interprètes de temps à autre pour traduire les propos de son producteur américain. Pendant ce temps-là Lætícia papotait avec mon épouse un verre de bière à la main, ce qui a fait dire à Johnny, en direct sur l'antenne :

– Ah, ma femme boit de la bière ! C'est moi qui suis belge et c'est elle qui aime la bière !

Au cours de cette émission, j'ai abordé le thème de la country, chère à Johnny. Depuis quelque temps, il me demandait d'organiser une rencontre avec l'une de ses idoles, Garth Brooks, sachant que j'étais proche de cette superstar de Nashville, qui avait vendu cent millions d'albums aux USA en dix ans seulement. Il voulait absolument le rencontrer et comptait sur moi pour que ça se réalise. C'est alors que Don Was a avoué en direct dans *Les Nocturnes* qu'il avait produit l'album de Garth

In the life of Chris Gaines, un disque dans lequel Brooks s'était transformé physiquement pour prendre des allures de rock star et délaisser provisoirement la country. Au cours d'une grande discussion sur l'antenne, Johnny s'est étonné que Don lui ait caché qu'il avait travaillé avec Garth, ce à quoi Don a répliqué qu'il n'avait jamais su que Johnny était fan de ce country boy phénoménal. Sympathique empoignade verbale en direct sur RTL ! Pour calmer les esprits, j'ai alors proposé d'écouter un titre de cet album. Alors que je me dirigeais vers la discothèque des Nocturnes à côté du studio, Don m'a arrêté et m'a signalé que dans son ordi portable, il avait un inédit de ces séances d'enregistrement qui n'avait jamais été diffusé. Il nous a donc donné la primeur d'écouter cette chanson inconnue de Garth Brooks dans *Les Nocturnes* sur RTL. Plus tard dans la soirée, alors que nous parlions de l'album de Johnny, *ce dernier a suggéré que l'on écoute un titre encore tenu secret, tout le monde semblait d'accord, Don Was a cherché dans son ordi un titre désigné par l'artiste, mais il s'est trompé de morceau et a diffusé Au café de l'avenir,* ce à quoi notre rocker a dit “Ce n'est pas grave, on l'écoutera après”. Le problème est que cette émission était disponible en podcast immédiatement après le direct, et que Warner a exigé le lendemain matin que l'on retire les titres encore sous embargo. Le marketing reprenait ses droits après cette soirée sympathique où tout semblait permis ! » Merci à Georges Lang pour ce fabuleux récit.

Dans la passion de Johnny pour l'Amérique et les moteurs, il ne faut pas oublier les engins à quatre roues ! Un livre entier ne suffirait pas pour raconter toutes les histoires abracadabrantesques du rocker au volant de bolides tous plus fous les uns que les autres. Laissez-moi vous en conter quelques-unes…

Tout a commencé en 1961 lorsque le jeune Johnny à peine Hallyday a conduit sa première voiture, une Triumph TR3, offerte par son imprésario Johnny Stark. Cocasse : lorsqu'il caressa son volant pour la première fois, le chanteur n'avait pas encore le permis ! Ce nouveau jouet terminerait sa vie accidentée... Déjà.

Au cours d'une discussion avec Thomas Dutronc, le chanteur me rappelle une phrase glissée par Johnny lors d'une interview à la fin des années 60. Dans l'esprit de Thomas, cette phrase illustre « l'éternelle adolescence » de l'ami de son père. « J'avais beaucoup ri en découvrant cette interview. Johnny venait d'acquérir la voiture de ses rêves, et déclarait qu'il s'agissait du plus beau jour de sa vie ! Pourtant, il venait d'être papa... C'est la naïveté du culte du rock'n'roll. »

Avec ses amis, toujours plus jeunes et plus ébahis, Johnny pouvait passer des soirées entières à décrire ses ex-bolides. « Si j'avais conservé toutes mes voitures, je serais à la tête d'une petite fortune », confia Johnny à son garagiste californien. La liste est d'une longueur astronomique : Lamborghini Miura P400, Aston Martin DB6, Gillet Vertigo, Ferrari 360 Modena, Hummer H1, Hot Rod Boyd Coddington, AC Cobra, Cadillac série 62, Rolls-Royce Phantom Drophead, Iso Grifo A3L, etc. Beaucoup d'entre elles ont terminé dans le fossé. Des accidents légendaires... La Lambo Miura dans un acacia tarbais avec Jean-Marie Périer à son bord, le jour où Johnny simula sa mort à la manière de James Dean ; la Citroën DS aussi, ce qui valut de longues semaines de chirurgie esthétique à Sylvie. D'autres, en revanche, sont moins célèbres pour n'avoir pas connu plus de quelques minutes d'existence. Lors du *Cadillac Tour*, Johnny acheta une Mercedes dans une ville de province. « Nous l'avons essayé un matin, au réveil d'une soirée très alcoolisée, raconte le guitariste Hugo Ripoll. Johnny a accéléré trop fort, boum. Dans le fossé. Au bout de 200 mètres. "C'est d'la merde, cette caisse !" Il a laissé la voiture dans le fossé et nous sommes repartis... » Claude Pierre-Bloch, lui, n'oubliera jamais cette rutilante Ferrari explosée dans la vitrine des Grands magasins, à

Paris. « Johnny conduisait son bolide tandis que j'étais sur la place passager. Nous étions poursuivis par ses fans en Vespa ! Dans la rue Caumartin, Johnny a freiné un peu trop tard. Nous avons cassé du verre mais en sommes sortis indemnes. »

Les rues de Paris étant un peu trop étroites pour lui, Johnny Hallyday s'est engouffré à chaque fois qu'il l'a pu dans une carrière de pilote automobile. En 1967, il a rendu visite à Jean-Pierre Beltoise au Grand Prix d'Argentine. « Johnny lui a aussitôt demandé s'il pouvait monter dans la voiture, glisse Tony Frank. » Ses photos montrent un Johnny captivé dans les paddocks, écoutant attentivement les conseils du pilote français qui allait ce jour-là remporter la course de Formule 3. Quelques semaines plus tôt, Johnny avait participé au rallye de Monte-Carlo avec Henri Chemin. Partout où il passait, Johnny troquait ses habits de chanteur pour une combinaison de coureur automobile. « Lors d'une séance-photos pour le calendrier Ricard, il en avait profité pour piloter une F3 au circuit du Castellet, se souvient Tony Frank. Pendant le tournage de *Terminus* en Hongrie, nous avions visité la piste du circuit d'Hungaroring, qui venait tout juste d'être construit pour le championnat du monde de Formule 1. »

Les merveilleux bolides conduits par Johnny ont évidemment inspiré ses fans. Il est temps de vous raconter l'histoire de la Dauph'Hallyday du Boulanger… Bruno Baille l'a acheté en 1978 pour disputer quelques rallyes et courses de côte. Lorsqu'il abandonna la compétition, le Boulanger décida avec un ami décorateur de la transformer en « hommage roulant » à Johnny. « J'ai mis sept ans à terminer le travail. Ça représentait un coût, alors on l'a fait petit à petit. Lors des concerts, tout le monde tournait autour et la photographiait pour mon plus grand plaisir. » En 2003, Bruno Baille exposait au rallye de Monte-Carlo, où l'un des pilotes engagés s'appelait… David Hallyday. « Il rentrait d'une "spéciale", complètement crevé, et il a vu la voiture. Il est resté sur le cul ! Il m'a regardé, l'air de dire : *C'est un truc de fou ta voiture !* Un peu plus tard, il est venu l'admirer de près et nous avons discuté pendant vingt minutes. David m'a encouragé à poursuivre ma passion et a signé au-dessus de ma portière. »

Au courant de cette œuvre d'art mécanique, Johnny voulait lui aussi apposer sa signature. En 2009, sur la terrasse de l'Hôtel du golf de Saint-Étienne, le Boulanger eut l'occasion d'échanger quelques mots avec son idole : « Bruno, je signerai ta voiture en privé, mais pas en tournée. Je veux que ça reste entre nous. » Finalement, Johnny n'a pas trouvé l'occasion pour s'exécuter. La star et son entourage avaient été malheureusement échaudés par la vente inopportune d'une Harley Davidson dédicacée pour un fan. « Ma Dauphine n'aurait jamais été et ne sera jamais à vendre, assure Bruno Baille. C'est sentimental. J'ai prévenu mes enfants, je veux qu'elle parte dans un musée dédié à Johnny. » La renommée de la voiture a même atteint les États-Unis. Alors qu'il était assis au deuxième rang de l'Orpheum Theater de Los Angeles en 2012, le boulanger ardéchois fut accosté par… le primeur californien de Johnny ! « Il me parlait en américain, je ne comprenais rien. Sa femme a traduit : il voulait que je lui donne des photos de ma Dauphine. Pour me remercier, il m'a offert une guitare signée par Johnny. »

À l'orée des années 2000, Johnny en a eu assez de ses brèves aventures frustrantes où il n'était qu'un invité sur des machines qu'il rêvait de dompter. Après une tentative – plutôt ratée – au rallye de Tunisie avec son beau-père André Boudou, le rocker a choisi un défi à sa mesure en s'inscrivant au rallye-raid le plus réputé du monde : le Dakar. Alors qu'il appelait Jean Todt pour tenter d'acquérir sa Ferrari Modena, Johnny a glissé au patron de la Scuderia qu'il envisageait de s'engager sur le rallye africain. Jean Todt a invité le chanteur à se rapprocher d'André Dessoude, un directeur de course expérimenté. La suite de l'histoire – racontée par André – est du Johnny pur sucre : « Le 22 mai 2001, je fêtais mon anniversaire au rallye du Maroc, à Ouarzazate, avec les membres de mon équipe. "Johnny Hallyday est là, il te cherche." Pardon ? Je ne comprenais pas ce qu'il m'arrivait. Je me suis avancé vers l'entrée du bivouac, et là je vois Johnny – le vrai ! – avec deux bouteilles de champagne à la main. "Bon anniversaire, André !" Je précise que c'était la première fois que je le voyais... Imaginez ma surprise ! "Je voulais absolument vous voir, m'a expliqué Johnny. Jean Todt m'a dit que si je voulais courir le Dakar, c'était avec vous. Alors j'ai obéi et me voici." »

Avec une telle entrée en matière, André Dessoude ne pouvait rien refuser à son nouveau pilote. D'autant que celui-ci avait peu d'exigences. « On aurait payé très cher pour avoir Johnny Hallyday, assure le directeur de la team Nissan. Mais quand je lui ai demandé s'il voulait des honoraires, sa réponse fut très claire : "Tu rigoles ! Je ne veux rien." La seule exigence de Johnny Hallyday était tout aussi simple qu'irréalisable : être traité comme n'importe quel autre pilote. » Gare à ceux qui lui rappelaient sa condition de rock star... « Lors d'une conférence de presse à Atar (*en Mauritanie*), Johnny était assis sur un fût d'essence au milieu de mes autres pilotes, parmi lesquels Stéphane Peterhansel (*qui à cette époque avait déjà remporté 6 fois le Dakar*). »

– Ici, les champions s'appellent Peterhansel, Bourgnon, etc., lança Johnny à la somme de journalistes présents face à lui. Moi, je ne suis pas un champion. Adressez-vous à eux.

Malgré cette mise en garde, la première question fut posée à Johnny.

– T'es plus con que la moyenne ? rétorqua Johnny. Je t'ai dit que c'est pas moi le champion.

Au fur et à mesure de l'avancée de la conférence de presse, Johnny accepta évidemment les questions mais il prenait toujours le soin – dans ses réponses – de renvoyer vers Peterhansel. Passionné d'automobile, Johnny vouait un immense respect pour les champions qui l'entouraient, à commencer par René Metge, son copilote, déjà triple vainqueur du rallye-raid. « Lors de notre première rencontre au Balzac, nous avons plus parlé de mon parcours de pilote que de sa carrière de chanteur. Nous avions découvert notre participation commune à la même course, au circuit de Montlhéry en 1967. Il roulait en Mustang, je conduisais une Mini ! » Avant même le départ du rallye donné à Arras, Metge et Hallyday ont été submergés par la célébrité du second. Premier bain de foule : la Grand place, où était situé le parc fermé, lieu d'inspection des voitures par les commissaires. « Johnny voulait assister au contrôle de sa voiture stand après stand, comme les autres pilotes, mais c'était impossible, raconte Metge. Il y avait une cohue extraordinaire autour de lui. Pourtant, on l'avait fait passer par une porte dérobée. » Deuxième bain de foule, sur la bien-nommée place des Héros, où chaque équipage était présenté au public. En vingt ans de Dakar, André Dessoude n'avait jamais vu ça : « Impossible d'accéder au podium ! Malgré les gardes du corps de Johnny, on a dû appeler les CRS en renfort. » Alors que tout s'agitait autour de lui, Johnny vivait cela paisiblement. L'habitude… « René, tu t'agrippes à mon bras et tu fonces derrière moi, sans regarder ! » « On a traversé la foule ainsi, c'était horriblement dur. Sauf pour lui. Une fois arrivé, il s'inquiétait pour moi. "Où est René ?" » « La traversée de la France a été un moment grandiose, poursuit Dessoude. Dès qu'on s'arrêtait quelque part, une centaine de personnes nous attendaient et tapaient sur le capot de la voiture de Johnny. Moi, je le devançais avec mon véhicule. »

– Avance, André, on se traîne !

– Je ne vois plus où je roule, je vais écraser cent personnes !

« Parfois, j'appelais Hubert Auriol, le directeur de l'épreuve, pour lui annoncer qu'on contournait le parcours, faute d'arriver complètement hors-délais. » « Entre deux spéciales, on était escorté par des motards, ajoute René Metge. On roulait en double-file pendant plusieurs kilomètres ! Même en pleine nuit, ses fans étaient toujours au courant du moment où il arriverait, c'était un mystère. Johnny s'énervait quand les gens cognaient sa voiture. Parfois, il me glissait à l'oreille : “Tu vas voir comment on maîtrise un public.” Il sortait, montait sur le capot et chantait deux ou trois notes. Les gens hurlaient de bonheur… » D'après la confidence suivante à son co-pilote, Johnny ne se rendait pas vraiment compte de l'agitation centrée sur sa seule et unique personne :

– T'as vu le monde qu'il y a ? Tu vois, les rallyes ont toujours du succès en France. Quand j'avais fait Monte-Carlo, c'était pareil. Le public patientait tout au long de la nuit pour admirer la course.

– T'es sûr que c'est pour le rallye ?

« J'avais envie de lui montrer toutes ces statues “Johnny” grandeur nature en bord de route. Il était évident que la foule venait voir Johnny, rallye ou pas rallye. À Arras, j'avais dû déplacer la voiture car les fans étaient en train de faire tomber le grillage qui la protégeait. » « J'ai attendu des heures au bord de la route seulement pour voir une voiture rouge passer à toute vitesse, confirme Patrick Pennetier. Mais je savais que c'était celle de Johnny, alors j'étais heureux. »

Une fois la Méditerranée franchie, les mouvements de foule allaient *decrescendo*. Encore du monde en Espagne, puis des centaines de camping-cars au Maroc, avant le calme plat au milieu du désert mauritanien. Johnny put ainsi se concentrer sur l'essentiel : le match avec les dunes. « Johnny Hallyday était un bon pilote, analyse René Metge. On sentait aussitôt qu'il avait déjà maîtrisé la pédale d'accélérateur d'une AC Cobra ou d'une Ferrari. Il était avide d'enseignements : lors d'une des premières spéciales dans le Sud, la route asphaltée était une vraie patinoire. "Roule doucement, c'est comme ça que tu iras le plus vite." Je devais lui parler en permanence. Dans le cas contraire, il se tournait vers moi et craignait que je sois contrarié par sa manière de piloter. Il analysait continuellement ses performances. Pour prendre les virages dans les dunes, je lui ai enseigné qu'il fallait entrer à l'extérieur et refermer après. Ça a mis du temps mais mon travail a porté ses fruits. Lors de notre deuxième rallye en Tunisie, Johnny avait beaucoup progressé. Je lui disais parfois de pousser le régime, car il se débrouillait vraiment très bien. S'il s'était consacré au rallye-raid pendant dix ans, Johnny aurait pu remporter le Dakar. »

Comme tout pilote, Johnny a subi les affres du désert. « On n'a eu aucun accident grave et très peu d'ensablages. Quand il fallait déterrer une roue, je lui interdisais de descendre de la voiture car j'avais peur qu'il y laisse sa fausse hanche. À la moindre panne ou incident mécanique, il rejetait la faute sur lui. Très souvent, il n'y était pour rien… En tapant une pierre, il s'était fait mal au poignet, alors je l'avais remplacé au volant pendant une centaine de kilomètres. Sinon, je n'ai jamais réussi à lui piquer le volant. »

– Sur les grandes liaisons, je peux te remplacer si t'en as marre, proposait Metge de temps à autre.

– Non, on n'a pas le droit, répondait Johnny laconiquement.

Si René Metge dépeint d'abord Hallyday en pilote prudent, le naturel revenait parfois en sixième vitesse : « Ça a été ma seule occasion de gueuler dans la voiture. En arrivant à Agadir, nous étions roue dans roue avec un autre équipage. Johnny ne voulait pas qu'ils restent devant nous et ne cessait d'accélérer. »

– Reste derrière, on a bien roulé, rien cassé et on est presque arrivés.

– Je ne veux pas être derrière, insista Johnny en accélérant à nouveau.

À ce moment-là, le pare-brise cassa. Il faut toujours écouter René Metge… Une fois dans le désert, la star vivait enfin son rêve : être un pilote comme les autres au milieu de l'enfer du Dakar. « Des années durant, Johnny m'a téléphoné – rarement en plein jour – pour me raconter sa nostalgie des nuits dans les dunes », raconte, ému, André Dessoude.

– Johnny, t'as vu l'heure qu'il est ?

– Je suis seul dans mon bureau, à Marnes-la-Coquette. Je repensais au Dakar…

Le rocker solitaire se replongeait dans cette nuit sur le plateau du Tagant, seul sur le sable. À l'issue de la douzième étape, l'équipage Hallyday-Metge n'était pas parvenu à rallier Tichitt avant le coucher du soleil. Sous la nuit noire, impossible de trouver la trace pour gagner le bivouac. Dans l'attente du lever du jour, le rocker et le champion automobile avaient dormi dehors. Dans le quotidien *L'Équipe*, Johnny avait expliqué ce qu'il regrettait de cette vie itinérante : « Sur le Dakar, j'ai surtout adoré le sable, les dunes et dormir à la belle étoile. J'aimais le décalage entre la civilisation et le désert, cette vie de nomade, ce camping permanent. » Au bivouac, Johnny Hallyday ne passait pas inaperçu… Chacun des pilotes, mécaniciens ou organisateur voulait obtenir son instant d'éternité avec l'Idole. Ce qui courrouçait René Metge : « Tout le monde lui sautait dessus et je repérais toujours un type qui tentait de lui payer un verre. Moi, je gueulais pour l'envoyer se coucher. On passait quand même neuf à dix heures d'affilée dans la bagnole à rouler… » « Johnny nous avait promis de ne pas boire d'alcool, indique André Dessoude. Un soir, il a pris une canette de bière offerte par un concurrent insistant. Mon assistante, Géraldine, lui a pris des mains et lui a rappelé sa promesse. Il a obéi. Le lendemain matin, je le réveillai à 6 heures. »

– J'ai mal dormi, salua Johnny. En me couchant, j'ai crevé mon matelas pneumatique avec ma cigarette. J'ai passé la nuit sur les cailloux.

– Mais pourquoi tu n'es pas venu m'en demander un autre ? Nous avons des matelas de rechange dans le camion.

– Je me suis fait engueuler hier soir, j'étais en tort alors je me suis écrasé.

« Lors de cette aventure, nous nous sommes vraiment rendu compte de la grandeur de cet homme, poursuit André Dessoude. Pourtant, avant de débuter, j'avais la trouille qu'il en ait marre et qu'il quitte le rallye en cours. C'était tout le contraire. De tous mes pilotes, Johnny était le plus passionné. Lors du briefing au camion, il restait assis dans le sable et prenait des notes. "Je suis novice", disait-il pour justifier ses questions. Et moi qui pensais que ce rendez-vous quotidien lui casserait les pieds… »

Dans la voiture surchauffée, l'ambiance était bonne aussi. « Johnny avait énormément d'attention pour moi, souffle René Metge. Il veillait à mon repos, mon café… Je ne m'attendais pas à cela de la part d'une méga star. Il ne donnait jamais d'ordre, il parlait simplement. Il savait apprécier les choses. Johnny n'était pas un mec qui a tout fait et tout vu. Et pourtant… » Le triple vainqueur du Paris-Dakar eut même le droit à un cours de chant particulier :

– Avec tout le temps que tu passes dans ma voiture, les mécanos vont vouloir que tu chantes. Faut que je t'apprenne à poser ta voix ! *Tourner le temps à l'orage…*

– Je peux t'apprendre à mieux conduire mais tu auras du mal à me faire chanter correctement, plaisantait Metge.

« De temps à autre, Johnny chantait en conduisant. *Be bop a lula…* Ça résonnait, j'avais l'impression d'avoir un tambour à côté de moi ! Il réfléchissait aussi à haute voix, à propos de sa future entrée en scène du Parc des Princes, en 2003, pour ses 60 ans. »

– Qu'est-ce que tu ferais, toi ? Je veux imaginer un truc qui éblouira mes fans.

– Difficile à dire…

– Je pourrais arriver au volant d'une voiture, inventa Johnny, en partant des coulisses. Et je crèverais un écran pour arriver sur la scène, face au public !

Et pendant que Johnny roulait en rêvant du Parc des princes, ses gardes du corps suaient sang et eau pour s'accrocher dans les dunes. Eux aussi vivaient une aventure. René Metge avait été prévenu par Patrick : « Ne le quitte pas des yeux ! Je dois toujours savoir où vous êtes ! » « En tant que co-pilote, j'étais aussi le standardiste de Johnny. Sa fille Laura téléphonait très souvent. Et j'avais organisé une surprise, en faisant venir Læticia, cachée dans une station-service. »

Dans les semaines qui suivirent ce Dakar harassant, Johnny réserva une surprise monumentale à toute son équipe, sans exception. Une soixantaine de personnes furent invitées au Balzac pour un concert très privé. Au lieu de son habituel habit de lumière ou autre blouson de cuir, Johnny avait revêtu le t-shirt rouge du Team Nissan. Des posters du Dakar avaient été placardés au mur. « Nous avons vécu une soirée hors du commun, disent en chœur Metge et Dessoude. Johnny avait modifié quelques paroles de chansons pour prononcer nos deux noms. Il chantait à un mètre de nous ! La sonorisation était tellement forte que les voisins du restaurant s'en étaient plaints. À 2 heures du matin, la police est arrivée mais Jean-Claude Camus a appelé le préfet pour faire poursuivre la fête. Johnny avait tellement apprécié son aventure qu'il voulait remercier chacun des membres de l'équipe. Inoubliable. »

CHAPITRE 13

ACTORS STUDIO

Playlist du chapitre :

Il n'y a plus de géant à l'Est d'Eden (1981)
L'aventure, c'est l'aventure (1972)
À tout casser (1968)
J'ai épousé une ombre (1983)
My rifle, my pony and me (Dean Martin & Ricky Nelson, *Rio Bravo*, 1959)

De la poussière s'échappe du bitume abîmé d'une route américaine sans feu rouge. Le bruit d'une Indian quatre-cylindres vrombit au milieu du désert. Hallyday file à toute allure. Coiffé de son bandana rouge, il roule vers Rose Creek car le chasseur de primes Sam Chisholm recrute des mercenaires afin de faire tomber Bart Bogues, une terreur de l'Ouest. Hallyday roule pour sauver l'opprimé et récolter un bifton. C'est la ruée vers l'or. Nous sommes en 1879. On se frotte les yeux. Nous sommes le 23 septembre 2016.

– Les gars, j'vous laisse, je fonce voir la nouvelle version des *Sept Mercenaires* ! Ça sort aujourd'hui.

En plein road-trip, Johnny Hallyday avait laissé sa meute de copains bikers derrière lui et mettait les gaz vers le cinéma le plus proche qui jouait le remake du film de John Sturges et Steve McQueen, avec cette fois-ci Denzel Washington au casting.

Le cinéma et Johnny Hallyday, c'est une histoire d'amour passionnelle, avec donc son lot de bonheur, de souffrances et d'échecs. Il n'est pas question ici de tirer un bilan de la filmographie de l'acteur Hallyday mais de raconter son amour inconditionnel pour le cinéma agrémenté de brèves de tournage. Idole de millions de gens, Johnny avait aussi un réflexe de fan quand il s'agissait de rencontrer ses maîtres : Elia Kazan, Clint Eastwood, William Friedkin, Jean-Luc Godard, Jacques Audiard… Face à un géant du cinéma, Johnny pouvait perdre tous ses moyens. François Goetghebeur, réalisateur du *Rester Vivant Tour*, m'a fait le récit de la rencontre inattendue entre Johnny Hallyday et Jacques Audiard. Dans un hôtel de Los Angeles en 2016, Goetghebeur avait croisé le réalisateur (*Sur mes lèvres*, *De battre mon cœur s'est arrêté*, *Un prophète*, *De rouille et d'os*), fils du célèbre dialoguiste Michel Audiard. Goetghebeur et Audiard se connaissaient, ce dernier lui ayant remis le Grand Prix de la Sacem quelques mois plus tôt. Accoudé au bar de l'hôtel avec Audiard fils, le réalisateur du *Rester Vivant Tour* orienta la conversation sur le rocker français :

– Tu connais Johnny ? demanda François Goetghebeur.

– Non, répondit Audiard.

– C'est vraiment un type super.

– Je crois qu'il m'avait envoyé un mail un jour, pour me dire qu'il adorait mes films et qu'il aimerait jouer pour moi. Mais Johnny Hallyday, ce n'est pas trop mon truc...

– Tu te trompes, Johnny est un vrai fan de cinoche. L'idée que tu te fais de ce mec est complètement fausse.

Alors que l'aiguille de l'horloge approchait de minuit, encouragé par les effluves d'alcool, François Goetghebeur décrocha son téléphone et appela Lætícia Hallyday.

– Je suis avec Jacques Audiard ! J'aimerais le présenter à Johnny. On peut venir déjeuner demain midi ?

– Oui, avec plaisir, répondit Lætícia, assez étonnée de ce coup de fil nocturne.

– C'est arrangé, annonça Goetghebeur à Audiard avant de fermer le bar. Demain, tu rencontres Johnny. Tu verras que ce n'est pas le mec que tu crois.

Le lendemain midi, François Goetghebeur ne faisait plus le fier au moment de sonner à la porte des Hallyday, à Pacific Palisades. *Mais qu'est-ce qui m'a pris ? C'était quoi cet excès de confiance ?* D'autant qu'après trois sonneries, personne ne venait ouvrir.

« Finalement, Lætícia est apparue, vêtue d'un sweat à capuche et surprise de nous voir. Elle n'avait pas pris au sérieux mon appel de la veille. Elle a bien géré l'effet de surprise et nous a fait entrer, avant de retourner en cuisine. Elle préparait le repas pour un déjeuner qu'elle avait organisé, avec notamment Mick Jones, vieux pote musicien de Johnny, et Ann Dexter, la mère de Mark Ronson. Et là, c'était complètement surréaliste ! Johnny était assis, en train de prendre un peu d'oxygène dans son masque, quand il m'a vu entrer chez lui avec Jacques Audiard. Je me suis retrouvé sur la terrasse : à ma gauche,

Johnny Hallyday. À ma droite, Jacques Audiard. Ces quarante minutes ont été les plus longues de ma vie. Johnny était un grand timide. Audiard est un animal avec beaucoup de réserve. Ils ne se parlaient pas ! J'essayais de lancer la conversation en parlant du jardin de Johnny et de ses problèmes de voisinage, puis du western que Jacques préparait à Calgary. Rien ! J'en avais renversé le champagne, c'était un grand moment de gêne pour moi. Johnny n'arrêtait pas de se lever, de partir, de revenir… Et finalement, c'est lui qui a fait le premier pas. Il s'est rassis, et a baissé la tête :

– Je suis timide. Mais je suis impressionné car j'ai vu vos films quatre ou cinq fois chacun, et j'aime beaucoup ce que vous faites.

Johnny Hallyday venait de faire sa déclaration d'amour cinématographique à Jacques Audiard ! Jacques a été touché droit au cœur. D'un seul coup, il a compris que Johnny n'était absolument pas cet animal rock'n'rollesque qui ne l'intéressait pas du tout. À partir de là, la rencontre était créée. Ils ont discuté ensemble tout l'après-midi ! »

Ce qu'Audiard a mis du temps à comprendre, Claude Lelouch l'avait aussitôt perçu après sa première rencontre avec Johnny, en 1962. Le réalisateur l'a fait tourner trois fois au cinéma : *L'aventure, c'est l'aventure* (1972), *Salaud, on t'aime* (2014), *Chacun sa vie* (2017). « Lors de mon premier film avec lui, c'était déjà une immense vedette, raconte Lelouch. Pourtant, face à Jacques Brel et Lino Ventura, Johnny avait le trac. Quand il devait donner la réplique à de grands acteurs, il avait la timidité d'un enfant. » Après ce premier film, Lelouch et Hallyday se côtoyèrent régulièrement. « Je me rendais à ses concerts et il venait à mes avant-premières. À chaque fois, il m'interrogeait. »

– Claude, quand refait-on un film ensemble ?

– J'attends que tu aies des rides, Johnny.

« Je savais que ses rides seraient photogéniques. Avant de lui offrir un grand rôle, je voulais qu'on sente qu'il avait vécu, souffert. Dans *Salaud, on t'aime*, Johnny joue Kaminsky, un photographe de guerre qui prend enfin le temps de se poser : c'est le portrait d'un homme d'action qui veut rattraper le temps perdu avec ses enfants, qui joue au papa avec ses filles qui sont déjà des femmes. Ce film, c'est un peu sa vie et la mienne. Tous les deux, nous avons tout donné à notre métier, sans jamais être des papas exemplaires qui vont chercher leurs enfants à l'école et les aident à faire leurs devoirs. »

– Claude, ton film me fait réfléchir à ma vie, confia Hallyday à Lelouch. Ce que traverse le personnage de Kaminsky, c'est exactement ce que je ressens avec mes enfants et toute mon existence.

« Vers la fin du tournage, Johnny interprétait autant son personnage que sa propre vie. Il a fini par s'apercevoir que Kaminsky, c'était lui. Il a surimpressionné le scénario. »

Claude Lelouch a tourné les plus belles scènes de Johnny au cinéma. D'abord, il y a cette séquence intimiste dans le chalet de Praz-sur-Arly. Côte à côte sur un vieux canapé, Johnny Hallyday et Eddy Mitchell regardent pour la énième fois leur film préféré : *Rio Bravo*, le western d'Howard Hawks.

– Toi non plus t'arrives pas à dormir ? interroge Kaminsky en rejoignant son vieil ami médecin.

– Non. Mais tu sais, quand y'a *Rio Bravo* à la télé, c'est pas évident de dormir.

– On en est où, là ?

– Alors là on en est où Dean Martin et Ricky Nelson vont bientôt chanter ensemble dans la prison.

Après avoir réglé leurs comptes, les deux amis chantonnent *My rifle, my pony and me* en superposant leurs voix sur celles des acteurs américains. « Je rêvais de cette scène, sourit Lelouch. Grâce à la magie du cinéma, j'ai réussi ce petit miracle de réunir à l'écran Johnny, Eddy, Dean Martin et Ricky Nelson. Cette scène était très risquée. Elle aurait pu être ridicule mais elle est en réalité bouleversante. Johnny et Eddy ont été très influencés par l'Amérique et les westerns. Cette scène leur ressemble à tous les deux. »

J'ai aimé *Salaud, on t'aime* pour sa grande humanité. Johnny y est désarmant d'authenticité, avec ses cheveux grisonnants comme on ne les avait jamais vus. Soucieux du moindre détail, il avait changé de coiffeur pour ce tournage. Pour une fois, Johnny ne jouait ni un gangster, ni un flic, ni son propre rôle de chanteur. Lelouch avait visé juste… et choisi Sandrine Bonnaire pour donner la réplique à Hallyday : « Claude avait senti que Johnny avait ce goût du jeu d'acteur depuis toujours. Il lui a donné ce rôle d'un homme avec sa souffrance, un père, un amant. Pendant tout le tournage, Johnny a été fantastique. Il était à la fois un acteur très instinctif et quelqu'un qui travaillait beaucoup, qui réfléchissait beaucoup au scénario, à son rôle. Il se remettait sans cesse en question et avait besoin de savoir ce qu'il allait faire ou dire. Même si ensuite il prenait des risques, car il n'était pas un acteur peureux ou frileux. Il doutait de lui-même en tant qu'acteur à cause des éternelles critiques. J'avais rencontré Johnny deux fois avant le tournage. La première fois, c'était en 1987, nous avions reçu le prix du CNC[39], lui pour la musique, moi pour le cinéma. Intimidée, j'avais déjà apprécié l'homme, que j'ai mieux découvert lors d'un dîner chez Patrice Leconte. En très petit comité, j'avais fait la connaissance d'un homme humble, très simple, qui ne s'embarrassait pas de ce

---

39 *Centre national du cinéma.*

que les autres lui renvoyaient. Je sentais que j'allais aimer cet homme. Dans ce film, j'ai apprécié tous ses silences. Il était tellement charismatique qu'il n'avait rien besoin de faire. J'adore la scène du repas, quand l'une de ses filles se rebelle. Johnny a eu l'intelligence du rôle, le sens de l'acteur. Il a compris que tout cela renvoyait à sa propre vie et à sa paternité. Ça l'a perturbé, mais il a utilisé son expérience personnelle plutôt que de la subir. C'était un grand acteur que j'avais remarqué dans *Détective* ou *L'homme du train.* » Parce que Lelouch est un cinéaste imprévisible, il réservait souvent des surprises à Sandrine Bonnaire et Johnny Hallyday. « Quand on tourne avec Claude, il faut arriver avec ses propres bagages, reprend l'actrice. On dispose d'une trame mais on ne sait pas où l'on va aller. Il faut savoir ce qu'on a envie de donner car le moindre écart peut se retrouver dans le film. » Dans *Salaud, on t'aime*, deux scènes de baiser entre Sandrine et Johnny avaient été soufflées au dernier moment par Claude Lelouch. « Dans une séquence où nous sommes à l'intérieur de la maison, Claude m'avait glissé à l'oreille d'embrasser Johnny sans lui dire. J'ai eu ce geste amoureux, je lui caresse le visage avant de l'embrasser tendrement. Johnny avait été un peu surpris, car il était très timide avec les femmes. Plus tard, Claude a inversé les rôles, et c'est Johnny qui m'a pris par surprise, en se jetant sur moi pour m'embrasser ! Son baiser à lui était plus osé que le mien. » Et à chaque fois, Claude Lelouch filmait ces scènes derrière sa caméra, mélangeant cinéma et spontanéité.

Sandrine Bonnaire conserve aussi de beaux moments hors tournage. Ensommeillée lors d'un dimanche matin de relâche, son téléphone sonna dans sa chambre d'hôtel :

– Bonjour Sandrine, qu'est-ce que tu fais aujourd'hui ? s'enquit Johnny. Mon ami Marc Veyrat rouvre un restaurant. J'ai commandé un hélicoptère. Veux-tu venir déjeuner avec moi ?

« J'ai trouvé cette proposition magique. En hélicoptère ? La classe ! Ensuite, nous sommes allés dans un organisme pour tenter d'arrêter de fumer. Lors des semaines suivantes, nous nous téléphonions souvent pour prendre des nouvelles. Johnny avait réussi à arrêter pendant trois mois, soit beaucoup plus longtemps que moi. Il ne se rendait jamais compte du décalage horaire avec les États-Unis, puisque je recevais souvent ses appels au beau milieu de la nuit. Régulièrement, il m'appelait pour me donner son programme de rentrée à Paris ou me proposer d'aller à Saint-Barth'. »

Trois ans plus tard, Claude Lelouch tournait l'ultime scène de Johnny au cinéma, dans *Chacun sa vie*, avec Jean Dujardin et Antoine Duléry. Hallyday jouait le rôle de… son sosie ! « C'est ma scène préférée de toute la filmographie de Johnny, confie le réalisateur. C'est son testament cinématographique. Je l'ai toujours trouvé bon acteur mais il n'avait jamais été aussi extraordinaire sur un tournage. Jamais une star n'a joué un truc pareil. Pas un acteur au monde n'a été aussi loin dans l'autodérision ! Johnny a fait preuve de beaucoup d'humour et de recul sur sa vie. Comme si ce jour-là, la preuve était enfin faite qu'il était – aussi – un immense comédien. Jusqu'ici, tous ses rôles à quelques exceptions près se servaient trop de sa réputation, de ce qu'il représentait. Je savais qu'il avait de l'humour. Quand je lui avais proposé en 1972 de jouer le rôle d'un Johnny Hallyday kidnappé dans *L'Aventure, c'est l'aventure*, il en fallait une sacrée dose. Cette scène a permis à Johnny d'aller au bout du second degré qu'il portait sur son propre personnage. Avant le tournage, il doutait : “C'est extraordinaire, mais est-ce que je vais y arriver ? Est-ce que je vais être capable de me foutre de ma gueule à ce point-là ? D'avoir autant de recul sur ce que je suis ?” Je l'avais rassuré : “Évidemment. Je le ressens profondément.” La veille du tournage, Johnny s'était bien préparé avec Dujardin et Duléry. Ils avaient beaucoup fumé et pas mal bu. Les deux prises ont été tellement magiques que j'ai longuement hésité avant de savoir laquelle j'allais conserver. Johnny m'a donné l'impression de ne s'être jamais autant amusé ! Quand j'ai dit "Coupez !", j'ai eu ce sentiment indéfinissable que je venais de filmer la dernière scène de Johnny. Il était déjà très fatigué. Dujardin et Duléry étaient émerveillés par ce qu'ils venaient de voir : on s'est regardés tous les trois, conscients que Johnny n'avait jamais été aussi géant, si merveilleux. Il venait de nous faire cadeau du meilleur de lui-même, en une seule scène. »

Antoine Duléry conserve des souvenirs précis de cette scène mythique. « Nous avons beaucoup répété la scène lors de notre apéro-dîner. On souhaitait que Johnny ait de l'assurance au moment du tournage. Avec Lelouch, il y a toujours une part d'improvisation. On voulait être certains d'avoir de bons appuis pour être capables de rebondir. Johnny était très à l'aise avec les figures libres inventées. C'est lui qui a trouvé l'idée de la formidable réplique sur le nom de sa femme : "Læticia ? Non, ça c'est la femme du vrai Johnny. Ma femme à moi s'appelle Thérèse !" »

Pour *Chacun sa vie*, Lelouch avait aussi imaginé une scène inédite : Johnny au milieu de son public, dans la fosse. Cette scène avait été tournée après le dernier concert en solo du rocker, au théâtre antique de Vienne, le 21 juillet 2016, avec de vrais fans de Johnny pour l'entourer. Pauline Pasquier en faisait partie : « Je n'y croyais pas ! Mais Johnny est bel et bien arrivé à côté de nous avec son blouson en cuir. Claude Lelouch nous donnait ses consignes. On avait ordre de ne pas regarder Johnny car il jouait le rôle d'un simple fan. J'avais tellement envie de l'admirer que je me suis cachée derrière un grand et je l'ai regardé : cela a duré une dizaine de minutes, Johnny reproduisait nos gestes. » Christine Bodart n'en revenait pas non plus : « Johnny se retrouvait à 50 centimètres de moi ! ».

Si les fans de Johnny ne se précipitaient pas toujours dans les salles obscures pour voir les films de leur idole, ils profitaient en revanche de la moindre annonce d'un tournage pour s'inscrire au casting des figurants ou suivre le tournage du film. « Avec mon premier assistant, si on ne savait plus exactement où le tournage avait lieu, on suivait les voitures des fans qui connaissaient notre planning à la minute près, s'esclaffe Laurent Firode, réalisateur de *Quartier VIP*. Je n'ai jamais su comment ils faisaient, mais ils étaient là chaque jour du tournage. » Quand ils obtenaient le droit d'être figurants, c'était l'occasion pour certains de vivre des moments intenses et effrayants, comme le fait de devoir bousculer Johnny en entrant dans un bus ou de devoir le conspuer pour les besoins du scénario. Le tournage de *Jean-Philippe* se déroula pendant trois nuits sur le parking du centre commercial de Villacoublay, dans les Yvelines. La scène tournée était celle du Stade de France, quand le Johnny raté prend la place de Chris Summer, joué par Antoine Duléry.

– Vous allez devoir me siffler, me huer, réclama Johnny, sachant qu'il demandait l'impossible à ses fans.

– Ce n'est pas Johnny, tenta le réalisateur Laurent Tuel alors que les fans continuaient à scander le nom de leur idole. Imaginez que c'est un autre chanteur qui prend sa place.

Les fans acquiescèrent et se mirent à conspuer gentiment leur idole.

– Non mais oh, ça va pas ! coupa Johnny d'un grand sourire.

Entre deux prises, Johnny s'était emparé du micro et avait demandé aux musiciens présents de brancher leurs guitares. Parmi les cent cinquante fans inscrits au tournage, Laurent Chauvel se régalait : « J'ai été payé pour voir Johnny chanter des classiques du rock'n'roll sur un parking, en pleine nuit ! Il a livré deux bœufs d'une quinzaine de minutes. *I got a woman*,

Whole lotta shakin' goin'on, Be bop a lula... Il chantait super bien, a terminé un morceau à genoux... Laurent Tuel a fini par intervenir : "Euh, Johnny, il va bientôt faire jour..." Pour la dernière prise, nous devions croiser Johnny sur la passerelle qui mène au Stade de France. Interdiction de le regarder ! Je ne tenais plus : *Il est à côté de moi, mais je ne peux pas faire de photo !* » « T'inquiète pas, ça va aller », fit Johnny à son admirateur d'un clin d'œil complice.

Quelque temps avant de jouer Jean-Philippe, Johnny avait hésité à jouer à nouveau son propre rôle, même s'il basculait dans une dimension où sa carrière de chanteur aurait échoué. Durant le tournage de *Quartier VIP*, il en avait débattu avec le réalisateur Laurent Firode.

– Je n'ai pas envie de faire *Jean-Philippe*. Je dois toujours jouer mon personnage.

– Je comprends tes réticences, mais ce serait dommage. Le film peut faire un carton. Tente le coup !

L'idée de *Jean-Philippe* était sortie du cerveau de Christophe Turpin : « Je lis beaucoup de romans de science-fiction, notamment ceux de Philip K. Dick, explique le scénariste. Cet auteur américain évoque souvent les mondes parallèles, notamment dans *Le Maître du Haut-Château*. Ma première idée concernait les Beatles : comment serait un monde où les quatre Anglais n'auraient pas connu le succès ? En France, la personne la plus évidente pour ce rôle était Johnny Hallyday. À part lui, ça n'aurait pas fonctionné, même avec Patrick Bruel. J'ai écrit le scénario en 2003, et Barbara Schulz l'a transmis à Antoine Duléry qui l'a donné à Johnny. Initialement, j'avais imaginé Gérard Depardieu dans le rôle du fan qui devient le manager de Jean-Philippe. Finalement, ç'aurait été une mauvaise idée, car son personnage aurait pu être envahissant pour Johnny. José Garcia a été envisagé. Puis Fabrice Luchini. Lorsque nous avons parlé de lui à Johnny lors de notre premier rendez-vous au Balzac, Johnny lui a aussitôt téléphoné ! Luchini n'avait pas trop compris le concept spatio-temporel. Sa fille Emma l'a encouragé à accepter le rôle, mais c'est surtout une scène qui l'a décidé : Fabrice avait très envie de jouer la scène où il déclame *Ma gueule* et *La bagarre* dans la rue. Luchini étant fan d'Hallyday, il y avait une complicité évidente entre eux. Johnny était un homme assez simple et accessible avec un don de dieu-vivant, c'est pour ça que le film fonctionne. Antoine Duléry m'avait raconté ses barbecues avec lui et des après-midi à déguster des glaces devant des films. En fait, Johnny aurait pu être l'un de ses fans. Sur le tournage, il était très sérieux et connaissait mieux son texte que Luchini. »

Je fais remarquer à Christophe Turpin qu'il n'a pas hésité à écorner Johnny dans son scénario, comme lorsque Barbara Schulz le traite de *vieux schnock* en le larguant dans une station-service. « Johnny riait beaucoup de lui-même. Il ne se prenait pas au sérieux. Contrairement à beaucoup d'acteurs français qui se prennent pour d'autres… »

À l'issue du tournage, Johnny a participé à la soirée organisée avec toute l'équipe du film dans une maisonnette de Quiberon. « Johnny était d'une simplicité ! On papotait, assis sur des tabourets autour d'une table avec des cacahuètes. Son garde du corps préparait des caïpirinhas. Les techniciens étaient ravis de cette soirée avec lui. Johnny se mettait au niveau des gens. Beaucoup d'artistes connus sont sympas seulement avec les autres célébrités. Lui était gentil avec tout le monde. Il était timide, quand Luchini était extraverti. Johnny était quelqu'un d'assez poétique. Lors de notre premier dîner, nous avions parlé de films d'horreur. J'avais lancé la conversation sur un film d'Alexandre Aja, un remake d'une saga de Wes Craven. “Ah oui, avait dit Johnny. *Les yeux de la colline.*” En fait, le titre du film est : *La colline a des yeux*. Ça, c'était la magie de Johnny.

En mélangeant ses mots, il avait rendu plus joli, plus poétique le titre de ce film. Ça sonnait mieux. C'était du Johnny tout craché. »

Quand il était enfant, Christophe Turpin avait assisté au tournage de *Conseil de famille* à Carnac, réalisé par Costa-Gavras au milieu des années 80. L'occasion de se rappeler que le jeune Fabrice Luchini jouait le rôle de l'avocat véreux, aux côtés de Johnny, Fanny Ardant et Guy Marchand.

C'est grâce à *Jean-Philippe* qu'une grande amitié s'est nouée entre Antoine Duléry et Johnny Hallyday. « Mes scènes avec lui étaient vertigineuses. Je devais m'adresser à lui comme s'il était un ringard ou un raté. “Alors Johnny, qu'est-ce que tu deviens après tant d'années ?” Moi, Antoine Duléry, dire ça à Hallyday, c'était surréaliste. Ensuite, je joue la star pendant qu'il reste sagement derrière avec sa guitare. Il faut beaucoup de recul et de dérision pour accepter de renvoyer cette image. Grâce à son intelligence instinctive, Johnny était capable de cela. Trois films le prouvent : *Jean-Philippe*, *Chacun sa vie* et *Rock'n'roll*, dont la scène avec Guillaume Canet est géniale. Johnny avait beaucoup de recul sur son personnage. En fait, dès qu'il sortait de scène, il oubliait qu'il était Hallyday. Il ne s'est jamais pris pour Johnny Hallyday. » Antoine Duléry cite alors l'interview de Johnny sur *France 3 Nord-Pas-de-Calais*, pendant la promotion de *Jean-Philippe*. Le rocker était très alcoolisé. « Si on écoute sérieusement cette interview, elle est extraordinaire. Perdu dans son brouillard, il dit la vérité. *(Duléry imite la voix de son ami)* “Si Johnny n'existait pas, c'est pas grave. Jean-Philippe Smet a rencontré Johnny mais Johnny n'a jamais rencontré Jean-Philippe Smet”. Il était toujours dans cette dichotomie. »

Dans la filmographie hallydéenne, deux rôles reviennent souvent, hormis celui de son propre personnage : celui du flic (*David Lansky*) et surtout celui du gangster : *Conseil de famille*, *L'homme du train*, *Wanted*... et *Kidnapping*, un épisode de

Commissaire Moulin. Yves Rénier raconte comment cette collaboration est née, en 2004. « J'avais organisé un dîner chez moi, en présence d'une douzaine de personnes, dont Patrick Balkany et Johnny. La conversation a viré sur *Commissaire Moulin*. »

– Mais pourquoi tu ne me fais jamais tourner avec toi ? s'étonna Johnny.

– Tu fais du cinéma, pas de la télé. Mais si tu as envie...

– Si t'avais un rôle de vrai méchant, je serais preneur.

– Je pense que j'ai ce qu'il te faut. Lis ça...

Yves Rénier alla chercher un scénario écrit quelque temps auparavant : l'histoire de William Terrano, dangereux braqueur multirécidiviste qui sort de prison avec une seule idée en tête : se venger du Commissaire Moulin qui l'a enfermé.

– Direct ! J'le fais même gratos s'il faut, s'emballa aussitôt Hallyday.

– Génial, mais il n'est pas question que tu tournes gratuitement.

– Je pourrais avoir une Kalachnikov ?

– Bien sûr.

– Et un lance-roquettes ?

« Sur le tournage, Johnny était très investi, et me répétait sans cesse : "Je te remercie de m'avoir donné le rôle d'un vrai méchant." C'était un acteur très professionnel, qui n'arrivait jamais les mains dans les poches. Il savait toujours son texte. À sa manière de dire les répliques, je savais qu'il avait travaillé. »

« Johnny était un acteur très méticuleux et très sérieux, confirme Bruno Putzulu, qui a partagé l'affiche avec lui dans le film *Pourquoi pas moi ?* tourné à Barcelone en 1998. Entre deux scènes, il n'était jamais relax. Il demandait souvent à faire des "italiennes", c'est-à-dire qu'on lui fasse réciter son texte. Il souhaitait tellement exister en tant que comédien qu'il était toujours soucieux d'être au rendez-vous quand le réalisateur disait "Action !" »

Le réalisateur de *Pourquoi pas moi ?* s'appelle Stéphane Giusti : « Johnny est arrivé tard dans mon projet. Je me creusais la cervelle pour trouver le bon acteur qui aurait cet humour et ce décalage pour le rôle de José. En tombant sur une chanson de Johnny dans ma voiture, je me suis arrêté net. C'est lui ! Selon moi, Johnny était meilleur quand il s'éloignait le plus possible de son personnage. Il a aussitôt accepté. "Alors tu veux de moi pour jouer un torero ? s'était étonné Johnny. Mais comment as-tu eu cette idée ?" Dès notre première rencontre, nous avons parlé de cinéma. Johnny m'a interrogé sur mes auteurs et mes réalisateurs préférés. Je lui ai dit de se préparer à donner une image différente de lui.

– J'en ai assez de cette image qu'on me donne, lança le rocker. C'est un peu de ma faute car je me laisse toujours convaincre.

« Jouer un torero à la retraite avec une fille lesbienne, ça l'amusait beaucoup, dans l'humour mais aussi politiquement. »

– On me traite toujours de con, de mec de droite réac et borné. J'en ai un peu marre. C'est bien que je m'implique sur des sujets un peu différents.

« En réalité, Johnny était un homme insaisissable, très ouvert et qui était souvent là où on ne l'attendait pas. Cela véhiculait des valeurs de tolérance qui étaient les siennes. Johnny avait un très beau discours sur le racisme ou la tolérance sexuelle, mais il le gardait pour lui. Il avait aussi apprécié le travail avec la jeune génération d'acteurs (Putzulu, Julie Gayet). Il savait repérer la gêne chez les gens et la dissiper d'un clin d'œil. Par son humour, il avait aussitôt brisé la glace. Au lieu d'être la star dans son coin, il avait été adopté par l'équipe. »

– Je suis comme tout le monde alors tu me traites comme les autres ! l'avait prévenu Johnny.

La directrice de production était très gênée. En tant qu'acteurs tournant à l'étranger, tous devaient recevoir un défraiement obligatoire chaque semaine. Donner une enveloppe contenant 200 euros à Johnny Hallyday, ce n'est pas évident. Lui, ça l'amusait énormément de faire comme tout le monde.

– Alors, le défraiement ? riait Johnny. Est-ce que je peux avoir mes 200 euros ?

« C'était son côté ludique, presque enfantin. À chaque fois que nous sortions, il me traînait au supermarché situé en bas de l'hôtel. À Barcelone, il était tranquille, et voulait en profiter. »

– Mais Johnny, qu'est-ce qu'on va encore foutre au supermarché ?

– On s'en moque, c'est juste pour regarder.

Et pendant le tournage, comment était Johnny ? « C'était un acteur généreux, reprend Stéphane Giusti. Il était bon assez rapidement. On répétait avant, alors deux ou trois prises suffisaient. Quand un jeune acteur avait besoin de huit prises pour dire son texte, Johnny gardait son impatience pour lui. » Cette confidence du réalisateur me rappelle l'une des marottes que Johnny aimait répéter à longueur d'interviews dès qu'il évoquait les tournages : « Gabin a dit un jour : "Si vous voulez faire du cinéma, soyez sûrs d'avoir un siège !" »

« Je me souviens aussi d'une séquence où son personnage – José – dit une connerie monumentale, reprend Stéphane

Giusti. “Toi aussi tu couches avec des lesbiennes ?” (alors que son fils – Putzulu – tente de lui expliquer de manière détournée qu’il est homosexuel). Johnny a interrompu plusieurs fois la scène. »

– Tu es sûr que je dois dire ça ? Il est vraiment con, ce type…

– Oui, Johnny, c’est le personnage.

– Non mais qu’est-ce que j’ai l’air con en disant ça !

« Intelligemment, Johnny a réussi à faire évoluer son personnage, alors que ce n’était pas prévu dans mon scénario. Par des nuances ou des détails de jeu, il l’a assoupli, le rendant plus sympathique. J’avais prévu un José binaire, bas du casque. Johnny l’a transformé en mec largué qui comprend les enjeux au fur et à mesure du film. Il lui a insufflé son intellect. Par exemple, dans une scène tournée dans une minuscule salle de bain, Johnny a improvisé le fameux double regard de Cary Grant. »

– T’as vu, j’ai fait le double take de Cary Grant ! Tu vas le couper au montage ?

– Bien sûr que non ! C’était génial.

« Johnny était un acteur extraordinaire, même si les intellos du cinéma le disaient ringard, ou en parlaient comme un gag. Jusqu’au moment où ils s’intéressaient à lui. Mon mixeur avait critiqué mon choix. Après avoir vu le film, il s’est extasié devant le jeu de Johnny et voulait le féliciter. »

Quelques années plus tard, Stéphane Giusti et Johnny évoquèrent l’idée de tourner un nouveau film ensemble. « Je voulais jouer un remake d’*Othello* dans un monde mafieux, très décalé. »

– OK, mais je veux jouer le personnage d’Othello, déclara Johnny, toujours emballé quand il s’agissait de Shakespeare.

– Non, toi tu vas jouer le vieux.

– J'suis pas vieux !

– Mais Othello est noir, Johnny…

« En 2011, dans sa loge du Théâtre Édouard VII, Johnny a pris des nouvelles de ma série en préparation sur l'*Odyssée* d'Ulysse. »

– Alors, t'as trouvé ton Ulysse ?

– Non, je suis toujours en plein casting.

– Bon. J'vais le faire !

– C'est sympa Johnny, mais le personnage est trop jeune pour toi. Ulysse part à la guerre à 15 ans et revient avant ses 40 ans.

– On peut se débrouiller.

– Par contre, tu pourrais jouer son père.

– Le vieux ?

– Quel âge a David ?

– Ouais, David a 40 ans.

– Tu vois, tu peux jouer le père d'Ulysse.

– Bon, on verra… Tu me proposes toujours des rôles de vieux !

Évoquons à présent le film-phare de la carrière cinématographique de Johnny : *L'homme du train*, raconté par son réalisateur, Patrice Leconte.

« En 1998, Johnny a remis un César d'honneur à Jean-Luc Godard. En coulisses, il s'est adressé à moi, évoquant mes films avec beaucoup de profondeur et de sincérité. J'ai aussitôt senti qu'il connaissait mon travail. Puis il m'a mis la main sur l'épaule. “Un jour, j'aimerais bien être filmé par toi.” J'ai été infiniment touché par cette formule merveilleuse. Cette idée ne m'a jamais quitté, mais je ne trouvais rien qui convienne. Malgré mon admiration pour ce type-là, je n'aurais jamais eu l'idée de lui proposer un film. Puis j'ai pensé à l'associer à Jean Rochefort, afin de télescoper deux mondes contraires et complémentaires. L'un et l'autre avaient leurs propres blessures, leur passé, leurs cicatrices. Avec Claude Klotz, j'ai réalisé un travail de chimiste : ce film est une grande éprouvette avec quelques gouttes de Johnny Hallyday et quelques gouttes de Jean Rochefort. L'histoire est venue assez vite. Un gangster aux petits bras qui arrive dans la ville de province d'un professeur de français à la retraite. Deux solitudes cabossées se rencontrent. Quand je lui avais brossé le scénario, Johnny avait aussitôt eu des références (“Ah oui, un peu comme dans tel film de Spencer Tracy”, etc.). Ma préoccupation était de mettre en lumière l'acteur Hallyday, pas le chanteur de rock'n'roll. Le secret, c'était de l'entraîner sur un terrain qui lui plaisait, avec un rôle dans lequel il était à l'aise, sans aucune connexion avec son personnage musical. Et il m'a cueilli ! Johnny a été d'un professionnalisme absolu, se tenant à carreaux par rapport à l'alcool, pile à l'heure tous les matins en connaissant son texte au rasoir. En deux prises, il était toujours d'une justesse incroyable. Époustouflant. Il avait la trouille de Jean Rochefort mais ça ne l'a pas tétanisé. De son côté, Jean s'interrogeait : “Comment joue-t-on avec un rocker ?” »

J'ai demandé à Patrice Leconte de me raconter la première scène du film (regardez-là !), quand Johnny entre dans une pharmacie et demande une aspirine (j'ai toujours rêvé de faire comme lui, sans jamais oser) : « Johnny n'avait pas besoin de dire : “Bonjour monsieur, je voudrais une aspirine.” Non. Il lui suffisait de dire : “Aspirine !” pour nous cueillir et véhiculer de l'émotion. C'est la première scène que nous avons tournée et c'était déjà formidable. Ensuite, j'ai aimé filmer Johnny avec des charentaises au pied. Après la scène de l'essai des pantoufles, Johnny m'avait dit, "J'crois que je vais m'en acheter, c'est formidable." »

Patrice Leconte raconte aussi les merveilleux traits d'humour que Jean Rochefort préparait pour Johnny. « Nous devions initialement tourner le film à Foix, avant de changer de localité. Jean était catastrophé de ce contrordre. Je ne comprenais pas pourquoi. »

– Je voulais faire déposer une demi douzaine de roses dans la chambre d'hôtel de Johnny en lui précisant : "Je t'offre six roses de Foix !"

– Nous allons finalement tourner le film à Annonay.

– Pourvu qu'il ne prenne pas ça pour une indication de jeu !

Pendant le tournage, Johnny montra aussi sa grande générosité. « Après un geste intempestif, j'ai cassé ma montre. Elle avait peu de valeur… Deux jours plus tard, j'ai trouvé dans ma chambre d'hôtel une superbe montre accompagnée d'un mot. "Patrice, j'ai vu que tu avais cassé ta montre. Je sais que tu aimes bien les montres normales avec des chiffres et des aiguilles. Ton Johnny qui t'aime." Je pense à lui dès que je regarde l'heure. »

Si *L'homme du train* est le film préféré de Johnny parmi ceux qu'il a tournés, c'est peut-être aussi pour son succès critique à la Mostra de Venise, où il fut sélectionné en compétition officielle. Après la projection, Leconte, Rochefort et Hallyday furent vivement applaudis pendant de très longues minutes. Johnny se pencha à l'oreille de son réalisateur.

– Merci Patrice. C'est le plus beau jour de ma vie.

Johnny Hallyday avait les larmes aux yeux. En quittant la salle, Leconte retint son acteur par la manche :

– Johnny, j'ai été très touché par ce que tu m'as dit. Mais les applaudissements, tu connais, non ? Des stades entiers t'ont ovationné !

– Ouais mais ce soir, c'était en tant qu'acteur.

Une interview de Johnny dans le magazine spécialisé *Première*, à propos du tournage de *L'homme du train*, confirme l'application scrupuleuse de l'acteur Hallyday : « J'étais très nerveux de donner la réplique à Rochefort. Pour moi, il représente le comédien qui a tout fait. Comme il connaît toujours son texte rubis sur l'ongle, j'ai bûché le mien comme un fou. Ma terreur, c'était qu'on refasse des prises à cause de moi ! Je ne vais jamais me voir aux rushes ; je pense que corriger ses défauts au cours d'un film est une mauvaise idée ; il vaut mieux commencer et finir avec. [...] Moi, quand je tourne, j'ai une discipline d'enfer. Je m'entraîne, et je suis toujours accompagné d'un nutritionniste qui me fait suivre un régime strict. »

Parfois, cette minutie dans le travail pouvait lui jouer des tours, comme le raconte Laurent Firode, réalisateur de *Quartier VIP* en 2005 : « Johnny était tellement inquiet qu'il avait commis une erreur, en demandant à l'un de ses amis de le faire répéter. Sans mon regard, le jeu évoqué en répétition avait un peu dévié et ça modifiait légèrement le caractère de son personnage. Mais Johnny était un acteur sérieux. C'était le genre de comédien qui restait hors-champ pour offrir son regard à l'autre quand il donnait la réplique. Combien d'acteurs célèbres s'en vont à peine leur phrase terminée ? Même face aux comédiens peu connus, Johnny restait pour leur éviter de jouer en face d'un morceau de scotch. »

Johnny avait été à l'origine de *Quartier VIP*, avec des consignes claires données au réalisateur : une comédie à l'américaine dans laquelle il jouerait un double-rôle, avec un personnage jouant lui-même un rôle. Laurent Firode imagina ainsi Johnny en gardien de prison sortant de son train-train quotidien pour travailler au quartier VIP et se transformer en faux homme d'affaires suisse pour le compte de l'un de ses prisonniers. « Je trouvais ça amusant de voir Johnny en prolo qui va jouer les monsieurs grande classe de la haute. C'était une époque où on parlait beaucoup de la détention de Loïk Le Floch-Prigent au quartier VIP. Ça avait fait tilt chez Johnny. »

Entre Laurent Firode et Johnny Hallyday, le courant était très vite passé grâce à leur passion commune pour un film de John Sturges de 1955, *Un homme est passé*, avec Spencer Tracy. « C'était l'un de ses films préférés et il n'avait pas l'habitude de tomber sur quelqu'un qui le connaissait. Johnny aimait tellement cette grande époque des couleurs chatoyantes du cinéma américain. Après avoir visionné *Quartier VIP*, il m'avait demandé de lui écrire un autre film : encore une "RomCom" (*romantic comedy)* à l'américaine, avec de l'action et des effets de suspense. Johnny n'était pas le plus grand amoureux du cinéma français, c'était indéniable. Malgré trois rendez-vous, ce deuxième film est resté en stand-by. » Pour ce deuxième film, Laurent Firode aurait pu faire appel à Catherine Jacob (*La vie est un long fleuve tranquille*, *Tatie Danielle*), qui s'était très bien entendue avec Johnny dans *Quartier VIP*. « Quand j'ai proposé à Catherine de jouer le rôle de la femme de Johnny, elle est tombée à la renverse ! D'abord, elle m'a parlé d'un cadeau formidable. Mais quand elle a découvert que la première scène au planning de tournage était celle de la rupture, elle était très inquiète. »

Catherine Jacob raconte la suite : « Le postulat du rôle prêtait à sourire. C'était une comédie. Nous étions un couple qui ne fonctionnait pas et je harcelais mon mari pour qu'il achète un camping-car pour les vacances. Pour la première scène, je devais l'engueuler, bagages à la main. Quand il a passé l'encadrement de la porte, j'ai eu un moment de solitude, car c'était *lui*. J'ai eu très peur. Pendant une microseconde, je me suis inventé une histoire : *Quand il est immobile, c'est la marionnette des Guignols. Quand il remue, c'est Laurent Gerra.* Engueuler Johnny sans l'avoir jamais rencontré, ce n'était pas évident ! Mais je dois dire qu'il a toujours été extrêmement gentil et adorable avec moi. Ce qui m'a fortement impressionné, c'est le dédoublement de sa personnalité. Du Johnny sur scène qui allume le feu, celui qui a toujours fait partie de nos vies, au monsieur paisible dans son fauteuil, j'avais l'impression qu'ils étaient deux. Je me disais, *Le vrai Johnny, il est caché derrière le papier peint, il va sortir du mur pour allumer le feu.* L'homme en face de moi, calme, poli, doux, m'impressionnait encore plus que celui du Stade de France. On tournait dans une cuisine microscopique de 5m² dans un horrible pavillon de banlieue. C'était fou de voir Johnny là-dedans. Le samedi matin, une scène se déroulait dans le supermarché du coin. Même s'il avait été fermé pour l'occasion, toutes les caissières étaient venues, agglutinées pour apercevoir Johnny, lequel, subitement, m'a pris dans ses bras et m'a entraîné dans une valse au milieu des rayons, en m'interrogeant sur ma marque de yaourts préférés[40] ! Johnny n'était pas expansif mais très délicat. Il était à l'affût de tout ce qui pouvait l'amuser. »

Dans l'œil de sa caméra, Laurent Firode se délectait de la complicité entre Hallyday et Jacob. « Lors d'une scène dans la cuisine, Johnny fait la vaisselle avec ses gants Mapa. Il trouvait ça très drôle. Johnny avait ce côté proche du peuple. J'ai trouvé qu'il avait des rapports plus froids avec Valeria Bruni Tedeschi, son autre partenaire du film. Elle représente la haute bourgeoisie, contrairement à Johnny qui était un artiste populaire. Ce sont des non-dits qui comptent dans l'établissement des relations humaines. »

---

40 *Si vous avez vu le one-man-show de Michel Drucker, cette anecdote sur les yaourts vous confirmera que Johnny en était vraiment très friand !*

Malgré quelques beaux succès et de très bons films ainsi qu'une sélection à Cannes pour *Vengeance*, l'Idole des jeunes a ramé tout au long de sa carrière pour imposer son nom au cinéma. « Le problème de Johnny au cinéma, c'est qu'il était toujours difficile pour le spectateur d'oublier l'image du chanteur, solidement ancrée dans l'esprit de chacun, reprend Putzulu. Si Maradona joue dans un film, ce sera toujours Maradona… » « Dans sa tête, Johnny rêvait d'être considéré comme un acteur, poursuit Yves Rénier. Ça lui tenait vraiment à cœur. Il considérait que le cinéma lui avait trop rarement donné des scénarios à sa hauteur. Pour les metteurs en scène, le personnage Hallyday était souvent trop grand pour eux. »

« C'est dommage, car Johnny connaissait absolument tout sur l'histoire du cinéma, ajoute Bruno Putzulu. Le catalogue d'Elia Kazan, n'importe quel vieux film en noir et blanc, les nouveautés, ou encore le ciné asiatique. Ce n'est pas un hasard s'il a tourné *Vengeance* avec Johnnie To. J'ai passé des journées entières chez lui, à Marnes-la-Coquette, enfermés dans son cinéma. Il adorait enchaîner les films ! Il climatisait tellement la salle qu'il était difficile de résister au froid. »

La carrière de Johnny Hallyday au cinéma est parsemée de projets avortés : un scénario que devait lui écrire Quentin Tarantino (le réalisateur avait apprécié *Vengeance* et rencontré Johnny à Cannes), un remake de James Bond tourné en Égypte en 1969 (*Les Armes de la colère*) et jamais terminé pour problèmes de financement, une participation au film *Les Lyonnais* d'Olivier Marshall[41]… « Johnny avait un goût d'inachevé avec le cinéma, indique Pierre Rambaldi. Il aurait pu prétendre à une carrière beaucoup plus importante. C'était souvent la conclusion de nos conversations : les metteurs en scène avaient du mal

41 *Johnny aurait pu jouer le rôle d'Edmond Vidal, finalement donné à Gérard Lanvin.*

à voir quelqu'un d'autre que ce qu'il était. Et c'est vrai qu'il était difficile de faire incarner à Johnny Hallyday le rôle d'un personnage lambda. Il fascinait les metteurs en scène. Mais combien de rôles lui correspondaient vraiment ? Johnny avait une réelle envie de donner plus au cinéma. Il adorait le métier d'acteur et le travail à accomplir. Il affectionnait ce moment où il entrait dans la peau d'un personnage pour ne plus être lui-même le temps d'un tournage. C'était une forme d'évasion car son quotidien n'était pas toujours facile à vivre. »

Adulé par ses fans, le rocker rêvait aussi d'une reconnaissance du milieu du cinéma. En me racontant le tournage de *Quartier VIP*, Laurent Firode m'a révélé la malveillance d'un grand acteur français à l'égard de Johnny : « Les comédiens étaient parfois cruels avec Johnny, surtout François Berléand. Il maniait l'ironie à deux balles, lançait sans arrêt des vannes dès que Johnny avait le dos tourné. Et toujours en lâche ! Excédé, je l'avais pris entre quatre yeux. "Tu ne fais rire personne, arrête. Si tu trouves qu'il est naze, la prochaine fois, interromps la scène et dis-lui en face !" Berléand m'avait beaucoup déçu. Oui, Johnny pouvait avoir des trous de mémoire et oublier son texte. Oui, Johnny était un acteur stressé et inquiet. Mais les plus stressés sont les meilleurs ! Johnny était un acteur beaucoup plus sincère que François Berléand. Johnny n'était pas fabriqué. Il ressentait les émotions de son personnage. En plus, ce que faisait Berléand était à l'opposé de la personnalité de Johnny, qui était un type franc. D'ailleurs, au début du tournage, il s'était présent très humblement à François Berléand et Pascal Légitimus, ses deux partenaires principaux. "Moi, je débute au cinéma, alors soyez sympas avec moi." C'était sa timidité qui prenait le dessus, car c'était faux : il avait déjà tourné avec de grands réalisateurs (Godard, Costa-Gavras, Leconte...). Mais il ne se trouvait pas forcément légitime pour un grand rôle. Il estimait qu'on lui faisait des cadeaux parce qu'il était une star de la chanson. » « Le cinéma n'a pas toujours été très sympa avec lui, regrette Patrice Leconte. Il a eu des rôles un peu cons qu'il aurait dû refuser. »

Tous ses proches le confirment : Johnny Hallyday avait une connaissance parfaite du cinéma. S'il rêvait de jouer le rôle de Clint Eastwood dans *Sur la route de Madison*, je l'aurais aussi parfaitement imaginé derrière la caméra, exerçant le métier de réalisateur. Si son emploi du temps l'avait laissé tranquille quelque temps, je suis certain qu'il se serait engouffré – avec succès – dans cette entreprise. J'ai posé la question à Pierre Rambaldi : « Je n'en sais rien. Johnny était un interprète, pas un auteur. Il incarnait des œuvres avec un don presque divin. Il était déjà sur les planches à l'âge de 5 ans pour chauffer les salles des spectacles de Desta et Lee Halliday. Le métier de réalisateur est assez technique, je ne sais pas s'il en aurait eu envie. Johnny aimait la lumière. Ce qu'il aimait, c'était d'être au service d'un réalisateur. Ça m'a bluffé. Il donnait ce que plein d'acteurs ne donnent pas sous prétexte qu'ils sont de grands acteurs. Johnny était avant tout consciencieux et passionné. Il voulait bien faire son job. »

Le cinéma était son premier rêve professionnel, bien avant la chanson. Ses premiers cachets de chanteur – lorsque Jacques Dutronc l'accompagnait à la guitare – lui servaient à payer ses cours d'art dramatique, rue Blanche. « Ne supportant pas la solitude, Johnny vivait d'abord dans le regard des autres, explique Jean-Marie Périer. Je l'ai vu parfois s'amuser à changer de rôle plusieurs fois dans la même journée en fonction de qui se trouvait dans la pièce, justement parce qu'il avait l'âme d'un acteur. » Si peu matérialiste quand il s'agissait de ses guitares ou de ses costumes de scène, Johnny a en revanche conservé des souvenirs de chacun de ses tournages : les claps de fin, ou les bottes du *Spécialiste*.

Même pour sa carrière de chanteur, Johnny profitait de la moindre occasion pour vivre sa passion du cinéma. En 1998, il tourna le clip de *Ce que je sais* sous les ordres de William Friedkin (*L'exorciste, French connection*) au bord de l'Hudson River, sous le Brooklyn Bridge à New York. Quatre ans plus tard, il choisit Xavier Durringer pour la réalisation de son clip *Debout*. « Johnny avait beaucoup aimé son film *J'irai au paradis car l'enfer est ici*, et il a voulu reproduire l'une des scènes du film avec les mêmes acteurs, explique Laurent Olmedo, qui jouait le rôle d'Antonio. C'est comme ça que je l'ai rencontré. Jouer à côté de mon idole, j'étais comme un fou. J'écoute ses disques depuis que je suis gamin. Je me souviens du blouson qu'il portait ce jour-là, avec un tigre dans le dos. Lors du dîner post-tournage, on a chanté *La musique que j'aime* ensemble, main dans la main ! Les gens avaient reconnu sa voix et se battaient pour entrer dans le restaurant. Le cinéma nous a rapprochés. Il aimait beaucoup les films de Durringer, Bogart, Kazan, mais pas *Camping*. Il trouvait ce genre de comédies françaises un peu ridicules. Avec sa connaissance du cinéma, Johnny aurait mérité de faire un grand polar. Parfois, il me sortait de vieux films en noir et blanc totalement inconnus, et on les regardait, sans dire un mot. Il pouvait rester des heures devant des films sans parler. »

En 2014, Johnny choisit son ami Pierre Rambaldi pour le clip de *Seul*. « Il n'était pas satisfait des idées de la maison de disques et avait insisté auprès de moi. En écoutant la chanson, j'ai pensé au film *Un homme dans la foule*, d'Elia Kazan. » Évidemment, Johnny avait retenu la proposition. Trois ans plus tôt, je l'avais entendu évoquer ce film lors de sa conférence de presse à la Tour Eiffel : « C'est la scène de fin que j'ai adorée. Cette histoire d'un homme déchu, profondément mauvais dans la vie, qui profère des méchancetés et des saloperies sur les gens qui l'écoutent. Cet homme était devenu une sorte d'idole à la télévision. Alors que tout avait été préparé, il se retrouve sur la loggia de son appartement à faire son discours tout seul, dans cet énorme espace sans qu'une seule personne ne vienne. Il ne reste que cette femme qu'il a trahie, et qui pourtant est toujours amoureuse de lui, qui lui déclenche une machine à applaudissements à chaque phrase. J'ai trouvé ça extraordinaire. »

Pierre Rambaldi organisa le tournage dans les rues de Downtown L.A., précisément dans la mythique Broadway Street. Pour l'occasion, la ville de Los Angeles avait fermé la circulation pendant tout un dimanche. La veille du tournage, Rambaldi avait donné les dernières consignes au staff de Johnny, réuni sur la terrasse de la star à Pacific Palisades.

– À quelle heure Johnny doit-il te rejoindre ?

– Le soleil se lève à 6 heures. Il faudrait qu'il soit là à 5 heures du matin.

– T'es fou ? répondirent en chœur Sébastien Farran et le représentant de la maison de disques. Il ne viendra jamais à cette heure-ci. Combien de temps veux-tu qu'il reste ?

– Le soleil se couche à 18 heures, donc jusqu'à 18 heures.

– Mais tu es complètement dingue ! Personne n'a eu ça avec Johnny. C'est impossible.

– Mais il est dans tous les plans ! Je n'ai pas d'autres solutions que de le convoquer à 5 heures.

Percevant les éclats de voix sur sa terrasse, Johnny vint rejoindre son équipe.

– Qu'est-ce qui se passe ici ?

– Je ne sais pas Johnny, il semblerait que cela pose un problème aux gens avec qui tu travailles que je te convoque à 5 heures demain matin. Tu dois être là du premier au dernier plan, du lever du soleil à 6 heures jusqu'au coucher à 18 heures.

Johnny Hallyday dévisagea lentement chacun des membres de son staff.

– C'est comme ça qu'on fait du cinéma, les gars, vous n'y comprenez rien.

Le lendemain matin, Johnny était à l'heure et le tournage s'est déroulé sans accroc.

« Johnny, c'était le Roi Lion, image Pierre Rambaldi. S'il m'avait dit qu'il ne voulait pas rester plus de deux heures, j'aurais adapté mon script. Mais il respectait énormément le travail des gens. Sur le tournage, il discutait avec les figurants, les techniciens. En écoutant mes indications de jeu, il était accessible, humble, avec son éternel questionnement : *Vais-je être à la hauteur* ? J'avais abordé ce tournage comme une scène de cinéma plutôt qu'un clip de chanson. Je tournais avec une Alexa et des objectifs anamorphiques – peu de profondeur de champ – utilisés dans les années 70, notamment par Sergio Leone. C'était le cinéma qu'adorait Johnny. Sur le tournage, je lui parlais comme à un acteur qui jouait le rôle de Johnny dans *Un homme dans la foule.* »

Évidemment, j'ai évoqué avec Pierre Rambaldi l'avant-dernier plan du clip : un très gros plan sur Johnny, renvoyant une impression de tristesse, de solitude, presque de déprime, d'une puissance inouïe. Pierre Rambaldi avait lu dans le visage de son ami les mêmes histoires que Claude Lelouch. « Je voulais montrer sa gueule. Il n'y en a pas beaucoup des comme ça sur la planète. J'ai tourné un plan qui ne fait pas de cadeau, qui montrait le visage de Johnny tel qu'il était : avec le poids des années, les rides. » Encore une fois, le réalisateur allait subir les pressions de l'entourage de la star :

– J'espère que tu retoucheras son visage en post-production, pour gommer les défauts.

– Non, je ne touche à rien. C'est cette gueule qui m'intéresse. »

Habitué à voir ses photos retouchées, Johnny lui-même s'était interrogé.

– Tu es vraiment sûr de toi, Pierre ?

– Je veux la vérité de ton visage.

Afin de l'en persuader, Pierre Rambaldi montra à Johnny une série de visages : Henry Fonda dans l'objectif de Sergio Leone, Clint Eastwood.

– Tu appartiens à cette grande famille, fit Rambaldi.

– Ouais, OK, d'accord, acquiesça Johnny.

« C'était cohérent avec le cinéma qu'il adorait : les films américains des années 40, 50. Il a toujours cultivé cette passion. Dès qu'une réédition de film sortait, il se jetait dessus. Je pense que Johnny a vu tous les films qui existaient sur Terre, même s'il aimait moins les comédies. Il appréciait par-dessus tout les westerns et l'action. » Pierre Rambaldi et Johnny s'étaient rencontrés par hasard, en 2009 au Festival de Cannes. La star y faisait la promotion de *Vengeance*, son film d'action tourné à Hong Kong. Alors qu'il envoyait des textos, assis dans un canapé blanc sur une plage de la Croisette, à quelques mètres du plateau du Grand Journal de Canal+, le réalisateur ne remarqua que les gens autour de lui se levaient les uns et après les autres. Toujours absorbé par l'écran de son téléphone, Rambaldi vit un homme s'asseoir à côté de lui, puis lui tendre la main.

– Salut. Je m'appelle Johnny Hallyday !

« J'ai manqué d'en tomber à la renverse ! Je ne l'avais jamais rencontré. Pendant vingt minutes, nous avons discuté de cinéma. Et ensuite… »

– Bon, on va bouffer ?

« Pendant ce temps-là, tout le protocole de Cannes l'attendait ! Je ne suis pas entré dans la vie de Johnny Hallyday, c'est lui qui est entré dans la mienne. Depuis, grâce aussi à nos épouses et nos filles, nous avons entretenu des rapports plus familiaux qu'amicaux. »

Grâce au cinéma, la plus grande passion de Johnny Hallyday.

CHAPITRE 14

LE PREMIER RANG

Playlist du chapitre :

Quelque chose de Tennessee (1985)
I wanna make love to you (1994)
L'amour à mort (2012)
Que je t'aime (1969)
Ma gueule (1979)

Le premier rang d'un concert de Johnny Hallyday, c'est une explosion des sens. C'est l'irréel. C'est la force d'un voyage sur la Lune, dans n'importe quel zénith de France. Les cimes du plaisir. L'ivresse sans boire. Le pic de la vie. Alors que le pianiste jouait l'introduction de *Ma gueule*, combien d'hommes célibataires auraient lâché la barrière pour la promesse d'une *Miss Monde* cachée sous leurs draps blancs ? Face à Johnny Hallyday, même la plus marmoréenne des statues aurait senti battre son cœur comme elle n'aurait pu le soupçonner un quart de seconde avant son apparition.

L'Apparition.

La première fois que je vis Johnny Hallyday de chair et d'os, il n'était encore qu'une ombre cachée derrière un rideau. Je ne percevais même plus la mélodie oppressante qui harcelait mes oreilles, tant cette vision ressemblait à un mirage. Lorsque le rideau se releva, l'ombre céda sa place à *la* silhouette, tapie dans l'obscurité. Bien que j'eusse reconnu Johnny entre mille copies, la magie de l'instant m'insufflait ce doute déraisonnable. Était-ce bien *lui* ? Par quel enchantement pouvait-il se trouver si près de moi, simple mortel ? L'étonnante sensation de changer de dimension.

Ensuite, il y eut la voix. *Qu'on me donne l'obscurité puis la lumière.* Une première écoute onirique, plus délirante que l'ingestion d'un champignon hallucinogène. Autour de moi, les gens hurlaient, les gens frappaient dans leurs mains, mais je n'entendais rien d'autre que *sa* voix chimérique.

Le plus étrange est que j'allais encore être troublé plus de soixante-dix fois, à chacune de *ses* apparitions devant moi. Comme beaucoup de mes camarades du premier rang, une évidence m'avait rapidement sauté aux yeux : je devais vivre chaque concert de Johnny Hallyday au plus près de lui, sans le moindre obstacle devant moi. Dussé-je dormir une, deux, trois ou quatre nuits sous une tente devant une salle de spectacle, j'étais prêt à tout pour obtenir le privilège inouï de vivre le show à la meilleure place : celle que voyait Johnny.

Après vingt-quatre ou quarante-huit heures d'attente à l'extérieur – chaleur, pluie, froid polaire, stress, ennui – je me sentais dans la peau d'Usain Bolt préparant le 100 mètres des Jeux Olympiques. Si je cours bien, j'aurai la meilleure place.

Si je trébuche, c'est la fin du monde… Avec l'expérience, nous connaissions les salles de spectacle par cœur et le chemin précis à parcourir, comme Michel Vaillant roule les yeux fermés sur la piste du Mans dans la bande dessinée de Jean Graton. Un exemple : les premiers escaliers de Bercy sont particulièrement abrupts. Ou le parcours du Parc Gerland de Lyon nécessite de solides appuis, une bonne endurance et quelques respirations, s'apparentant plus au semi-marathon qu'au sprint. J'ai déjà vu des fans de Johnny quitter la salle car ils n'avaient pas atteint leur place au premier rang. Ils refusaient que leur idole les aperçoive au deuxième rang. L'absurde avait évidemment sa place.

Solidement accroché à la crash-barrière, une seconde attente débutait : la plus éprouvante. Qu'il surgisse derrière une tête de mort géante ou dans les airs à l'intérieur d'une mine d'outre-tombe, Johnny Hallyday entrait toujours à la fin d'une introduction musicale suffocante, entre violons angoissants et basses écrasantes. Évidemment, les lumières flashaient dans tous les sens. Du vert, du bleu, du rouge. Et toujours, la même question : Est-ce la violence du son qui provoque ce sentiment d'emballement dans mon cœur ? Ou est-ce seulement l'annonce de l'apparition imminente de *Johnny Hallyday* ? L'éternité semblait nous séparer de lui. Pourtant, en réécoutant les enregistrements, je me rends compte que les introductions ne dépassent jamais les deux minutes.

La force de l'imaginaire…

À certains moments des tournées, j'étais là tous les soirs. Malgré la répétition, la même excitation se répétait à chaque entrée en scène. La première chanson comportait toujours sa part de magie. Vêtu d'une cape sombre ou d'un manteau d'argent, caché derrière ses lunettes noires, Johnny brillait de mille feux. Hélas évaporé à jamais, ce sentiment de sorcellerie extatique nous transportait tous chaque soir dans un univers où le doute et le malheur n'existaient plus.

D'un geste ou d'un regard, Johnny transformait une vie. Des vies. Nos vies.

Au premier rang, nous avions l'impression de vivre un concert différent. Un concert privé. Johnny avait ce pouvoir : il chantait à la fois pour quatre-vingt mille spectateurs et pour les cinquante personnes devant lui. Perché en haut du Stade de France, le badaud avait l'impression que Johnny lui dédiait sa chanson parce qu'il levait le bras dans sa direction. Au milieu de la foule, un enfant sur les épaules de son père croyait aussi avoir croisé le regard de l'icône et le raconterait toute sa vie à ses amis.

Le Maître de la scène avait les yeux partout.

Souvent, il plantait son regard bleu dans nos yeux béats d'admiration. Plusieurs concerts durant, nous pouvions avoir *l'impression* que Johnny nous regardait. Jusqu'au jour où il nous fixait vraiment. Transpercé par le turquoise perçant du fauve, le doute devenait impossible. Devant son premier rang – dont il connaissait chaque visage – Johnny multipliait les incantations. D'un soir à l'autre, l'une ou l'autre de ses fidèles devenait l'élu(e).

J'aurais aimé que chacun de mes lecteurs puisse vivre un concert de Johnny Hallyday au premier rang.

Lutte contre la vie que tu mènes

Lutte pour la musique que tu aimes

Et que tu gardes en toi

Rock'n'roll attitude

Ces quatre phrases anodines extraites d'une chanson sur un millier conserveront un impact indélébile sur moi : au zénith de Pau, Johnny les chanta un soir devant moi et rien que pour moi. À mes côtés, je me souviens de l'expression hébétée de mon père – spectateur occasionnel, comme s'il venait de comprendre en une chanson pourquoi je dormais devant chaque zénith de France, tournée après tournée.

Le défi de ce chapitre reste insoutenable : comment vous décrire la force d'un échange avec Johnny Hallyday au premier rang ?

Pouvait-on parler de drogue et d'accoutumance ? Un concert sans un clin d'œil de notre idole pouvait être vécu comme une souffrance. *En aurait-il assez de me voir à la même place ? Ne m'aimerait-il plus ? Devrais-je me faire discret ?* À chaque fois que le doute s'intensifiait, Johnny rassurait son fan inquiet en plantant son pied de micro devant lui et en lui dédiant une ou plusieurs chansons. Le *Maître de la scène* avait beaucoup plus qu'un sixième sens.

Johnny aimait aussi chambrer ses fidèles d'un clin d'œil complice. Je me souviens de ses éclats de rire pendant qu'il hurlait en pointant du doigt un fan : « Hey Joe, ma parole, on en oublie que t'es si laid ! » ou « Ici tu n'es qu'un perdant, tu vois ce que je veux dire ? ».

Évidemment, plus les femmes étaient jeunes et jolies, plus elles avaient la chance de voir Johnny Hallyday en face d'elles. Avec le rajeunissement du public à la fin des années 2000, le rocker était particulièrement gâté, chantant chaque soir devant plusieurs jeunes filles d'une vingtaine d'années accrochées à la barrière du premier rang. Face à elles, Johnny avait la tendresse d'un père – comme lorsque je l'ai vu prendre la main d'une admiratrice en lui chantant *L'Idole des jeunes* dans les yeux. Au passage, ce devait être un troublant exercice pour lui : comme s'il avait trouvé la pierre philosophale, il se retrouvait – à l'âge de 70 ans – dans la même position qu'en 1962, tenant la main d'une gamine éperdue d'amour pour lui. À d'autres occasions, il offrait la fougue d'un amant, se laissant aller à mimer l'acte sexuel en chantant *Que je t'aime* (*Quand mon corps sur ton corps, lourd comme un cheval mort*) ou *Gabrielle* (*Tu brûles mon esprit, ton amour étrangle ma vie*). En pleine reprise de Chuck Berry à Montpellier, j'ai vu Johnny laisser dégringoler son pied de micro après un regard un peu trop appuyé sur une jolie blonde qui lui faisait les yeux doux. Coup de foudre à l'Arena ! Le temps de se ressaisir dans un esclaffement rock'n'roll, la chanson reprenait.

À chaque fois que je me plonge dans la carrière de Johnny, je réalise les quatre merveilleuses décennies manquées à cause de mon jeune âge – je suis né en 1989. Toutefois, j'ai eu la chance de vivre l'âge d'or du premier rang. De 2012 à 2016, Johnny descendait chaque soir de son piédestal afin de se mêler à son public. Nous étions à chaque fois aux premières loges. Zazie avait écrit : *Le lion dans l'arène.* Porté par la folie de jouvence de son concert au Royal Albert Hall de Londres, Johnny avait demandé à son staff d'installer un mini-escalier lui permettant de descendre dans la fosse pendant *Quelque chose de Tennessee.* Chaque soir, il descendait au milieu de la chanson et prenait son bain de foule, offrant à tous les fans du premier rang les plus beaux moments de leur existence. Au milieu de la forêt de mains qui cherchaient la sienne, il fallait rivaliser d'idées pour faire partie des *élus.* Le soir de ses 70 ans à Bercy, je profitai de ma grande taille pour lever ma main au-dessus de toutes les autres. Johnny vint la chercher et la serrer de toutes ses forces. Comme deux vieux amis… J'ai la chance que ce moment soit immortalisé sur le DVD du spectacle. Parfois séduit, Johnny embrassait spontanément la main de ses admiratrices. Dans un esprit rock'n'roll, Johnny aimait aussi frapper du poing, ce fameux poing couvert de bagues en formes de têtes de mort. Plusieurs fois, nous eûmes la chance de rentrer chez nous en portant sur les phalanges les stigmates du *check* de Johnny Hallyday. Le genre de blessure qu'on aurait souhaité garder à vie…

Au premier rang, nous eûmes chaque soir le privilège rare de profiter de Johnny hors micro. Un raclement de gorge, un petit cri rock'n'roll, un encouragement à ses musiciens… Johnny s'exprimait aussi lorsqu'il s'éloignait de son pied de micro. Aucun souffle ne pouvait nous échapper. Comme si nous étions au gala d'une vedette locale dans une salle des fêtes poussiéreuses ou dans la halle du marché où traînaient encore les salades invendues du matin. Sauf que c'était Bercy et qu'il y avait quatorze mille cinq cents personnes derrière nous qui braillaient « Johnny Hallyday ». L'homme le plus adulé de France. Rien que pour nous. De même à l'extinction des projecteurs, nos yeux s'habituaient à l'obscurité et apercevaient le rocker en fond de scène, saisissant sa guitare, une serviette ou une bouteille d'eau. Lors du *Tour 2012*, j'aimais particulièrement observer la concentration de Johnny dans l'ombre, pendant son duo avec Amy Keys, *I who have nothing*. Alors que sa partenaire chantait, Johnny restait tapi dans l'obscurité, reprenant savamment sa respiration.

Le premier rang était une parenthèse enchantée de la vie.

CHAPITRE 15

RENAISSANCE (ET RAJEUNISSEMENT DU PUBLIC)

Playlist du chapitre :

Guitar Hero (2011)
20 ans (2012)
Rester Vivant (2014)
De l'amour (2015)
Réclamations (1969)

Le 7 décembre 2009 à l'hôpital Cedar-Sinaï de Los Angeles, Johnny Hallyday était quasi-mort. « La première fois que je suis mort, je n'ai pas aimé ça alors je suis revenu[42]. » Formule hallydéenne. Quelques semaines plus

42 *Extrait de «Dans mes yeux».*

tard, le plus grand chanteur du monde était presque aphone, conséquences de l'intubation prolongée.

Dépression.

Qu'allait-il faire de sa vie s'il ne pouvait plus jamais rechanter ? Un an avant d'être plongé dans le coma, le rocker avait pourtant annoncé que le *Tour 66* serait sa dernière tournée. Rideau. Plus facile à dire qu'à faire. Cloué par la douleur sur son lit d'hôpital, le Phénix avait déjà pris sa décision : il allait reconquérir le Stade de France ! *Le Survivant*, acte II, mais cette fois-ci, Johnny Hallyday ne jouerait pas un personnage. Il serait *lui-même*, l'être réincarné. La rock star m'avait confié son horreur du mot *retraite* : « Qu'est-ce qu'on fait quand on est à la retraite ? On plante des choux dans son jardin ? C'est le début de la fin. Dans mon métier, la retraite n'existe pas. Je me sens toujours aussi con que quand j'avais 20 ans *(rires)* ! » Quand Johnny avait annoncé que la tournée 2009-2010 serait la dernière de sa vie, la France avait pleuré devant la télévision. Quand la *rock star* fut placée dans un coma artificiel à l'autre bout du monde, coulèrent des larmes d'angoisse. Premiers tutoiements de la fin du monde. Enfin, quand la France apprit qu'il allait mieux et qu'il bannissait les mots *tournée d'adieux* de son vocabulaire, coulèrent des larmes de joie, de soulagement, d'espoir. De vie retrouvée. Les larmes de gloire de Johnny Hallyday. Le rocker allait à nouveau faire face à son public avec l'émotion d'un premier amour enfin rafistolé. À la veille de la première tournée de *Johnny Hallyday II*, en 2012, combien d'entre vous avez entendu (voir même prononcé ?) cette sentence hasardeuse : « Tu as raison d'aller voir Johnny car c'est sans doute son dernier concert, il ne tiendra pas longtemps. Il sera peut-être même mort avant le Stade de France. » Beaucoup le pensaient fini, trop vieux, trop fatigué. Pendant que les pisse-froids persiflaient à son égard, Johnny Hallyday façonnait mesure après mesure sa renaissance, en faisant la sourde oreille.

De 2011 à 2017, Johnny assura deux-cent-neuf concerts et soixante représentations au théâtre, enregistra cinq albums et tourna dans trois films. Au cours de cette cure de jouvence, Johnny puisa toute son énergie dans la fougue d'un environnement complètement rajeuni, avec de jeunes musiciens qui avaient l'âge d'être ses fils (voire ses petits-fils !). « Johnny a su s'entourer de personnes jeunes qui n'avaient pas peur de l'aider à réaliser ses rêves, explique Mathieu André. Il est allé chercher Sébastien Farran dans le milieu du rap et a choisi de jeunes guitaristes talentueux qui l'ont boosté, avec Yarol Poupaud et Maxim Nucci. » Face à Johnny, un gang de fans de 18-35 ans avait pris le pouvoir au premier rang des spectacles. L'Histoire pouvait recommencer.

Le 3 décembre 2010, Michel Poggi vous aurait pris pour un *fada* si vous lui aviez dit que son idole allait chanter devant lui le soir même. Pourtant, le Marseillais n'osa pas mettre en doute l'incroyable confidence de Patrick Jakob, l'opérateur-prompteur de Johnny.

– Salut Michel ! fit le fidèle technicien au téléphone. Je suis à Montpellier.

– Qu'est-ce que tu fais là ?

– J'attends Johnny.

– Quoi ? Pourquoi ?

– Il va monter sur scène avec M. Je te mets une place au guichet ?

Interloqué, Michel Poggi prit aussitôt la route pour la capitale de l'Hérault. Moins d'un an après son coma, Johnny allait-il vraiment remonter sur scène ? « En entrant dans la salle, j'ai réussi à accéder au troisième rang. J'étais assez surpris. Dans une fosse de Johnny, personne ne vous laisse avancer. Là, tout le monde s'en foutait. Autour de moi, il n'y avait que des jeunes. "Si vous vous demandez pourquoi un vieux est parmi vous, c'est simple. Je vous annonce un truc. Johnny va venir chanter." » Toujours bien informé, le fan marseillais avait même échangé avec le staff de Johnny avant le concert. « Ils m'ont confié qu'il était mort de peur. Il était notamment inquiet quant à la tenue de sa voix. »

À la fin de l'introduction de *Tanagra*, Matthieu Chedid leva les bras en l'air et se retourna. Au fond de la scène, l'ombre de Johnny Hallyday apparut. La rock star leva le bras puis salua le public les mains jointes. Quelle entrée ! Pendant le premier couplet chanté par Chedid, Hallyday poussa un premier cri – comme pour tester ses cordes vocales – et promena son allure autour de son pied de micro, pour retrouver les réflexes. « Je me suis régalé », sourit Poggi. Plus le morceau avançait, plus le rocker était à l'aise. Un premier sourire en hurlant *Jolie tanagra, tu me fous la gaule*, ces paroles qu'il avait hésité à chanter car ce n'était pas dans ses habitudes. Puis Johnny sautilla sur lui-même. « Autour de moi, les jeunes étaient impressionnés », glisse Poggi.

– Comment ça va, Johnny ? demanda Matthieu Chedid au milieu de la chanson.

– Bien et toi, Matt ? Je suis fou de bonheur d'être là ce soir !

Fan de Jimi Hendrix, le guitariste s'était alors lancé dans son jeu préféré avec Johnny : un question/réponse entre les sons distordus de sa six-cordes et la voix de Johnny.

– Il m'a donné l'envie de revenir, s'exclama Johnny avant de pousser un cri surhumain, prouvant que la bête de scène était bel et bien de retour. Parce qu'il aimait réussir ses entrées et ses sorties, Johnny retira dans un geste théâtral la célèbre coiffe de son ami guitariste, en faisant mine de la jeter dans la fosse.

Quelques jours plus tard, Matthieu Chedid se produisait à Paris-Bercy. Évidemment, de nombreux fans de Johnny avaient acheté leur ticket. Au cas où. « J'ai acheté ma place pour les trois soirs, pour une seule chanson, sourit Laurent Chauvel. J'avais sympathisé avec des fans de M afin de pouvoir accéder au premier rang. "Vous allez me prendre pour un hurluberlu, mais je veux juste être devant pour la chanson avec Johnny, et ensuite pour le rappel quand il revient saluer !" »

Retrouvant sa maison de Bercy, Johnny fut encore plus exceptionnel qu'à Montpellier, chantant admirablement juste, tenant les notes, en harmonie avec la guitare de Matthieu Chedid. Lorsqu'il vint frotter son torse et son bas-ventre contre la guitare de M, Hallyday s'exclama :

– C'est une joie d'être là avec un superhéros de la guitare.

Le Maître de la scène était de retour.

Le 26 mars 2011, TF1 organisa une émission télévisée dédiée au retour de Johnny. Le plateau – une mini-scène au milieu du public – rappelait le célèbre *68' Comeback special* d'Elvis Presley. Johnny avait ressorti quelques pépites à la demande de son nouveau guitariste fétiche. « Matthieu a absolument voulu que je chante *Quand revient la nuit*. Il ne m'a pas fait un cadeau car elle n'est pas facile à chanter. »

Dans le public, Laurine Falconetti exultait de revoir son idole en chair et en os : « Johnny était revenu aminci avec une pêche incroyable, beaucoup de rage et des sonorités différentes. C'était beau de le revoir ainsi, avec sa guitare dans le dos et son allure de rocker. Quel bonheur de sentir sa présence, de comprendre qu'il était de retour pour de bon, la voix et la posture parfaite. »

Deux jours plus tard, l'album *Jamais Seul* sortait dans les bacs. Je me souviens m'être précipité sur l'objet en sortant de l'université et avoir adoré l'ambiance particulière de cet album. Du rock. Du brut. Des guitares. Une voix de Johnny qui diffère selon les morceaux, encore abîmée au début des enregistrements (*Jade dort, La douceur de vivre*), beaucoup plus claire sur d'autres titres. Après plusieurs écoutes, cet album souffre inévitablement de ses textes beaucoup trop faibles, presque bâclés, avec des jeux de mots qui sonnent faux dans la voix du patron. Qu'importe, comme le souligne Laurent Chauvel : « Il ne faut pas écouter cet album de façon égoïste, mais en le remettant dans son contexte. Johnny renaissait. Certes, les textes, ce n'est pas du Johnny. Ils ont joué avec les sonorités des mots, pas leur sens. Pensons seulement à ce dont avait besoin Johnny à ce moment-là : retrouver le goût de la musique – et de la vie. Pour une fois qu'il pensait à lui... » C'est effectivement une évidence : Johnny s'éclate avec Chedid, Nucci et Polycarpe. Les titres avaient été enregistrés en live, après avoir été travaillés à la villa Jade, à Saint-Barthélemy. Un titre – *Vent de panique* – fait même directement référence au cyclone Earl qui avait secoué l'île durant l'été 2010, en pleine écriture de l'album.

Si certains titres sont faibles, d'autres sont exceptionnels, à l'image de *Guitar Hero*, un titre écrit à la gloire de Jimi Hendrix, l'idole de M et le vieux copain de Johnny. J'adore aussi la version rallongée de *Jamais seul* connue seulement des collectionneurs : Johnny divague au son de la guitare distordue de Matthieu Chedid : *Dans mes silences... Je me recueille. Jamais... jamais... Non jamais seul... Tout recommence. Je l'ai fait mon deuil...*

Sachant que Johnny appréciait les Guitar Hero, Matthieu Chedid l'incita à engager Yarol Poupaud afin que celui-ci puisse constituer un groupe pour les différentes émissions de promotion de l'album qu'il n'avait pas le temps d'assurer. À l'époque, Yarol avait quitté FFF et tournait dans les bars underground parisiens avec Black Minou, un groupe de rock qui enchaînait les shows sans arrière-pensées dans des sous-sols sentant la bière.

À l'occasion de l'émission *X-Factor* sur M6, Yarol embarqua ses musiciens pour jouer deux titres avec Johnny : *Guitar Hero* et *La douceur de vivre*. « J'ai rencontré Johnny à ce moment-là, indique Fred Jimenez, le bassiste de Yarol. Il est arrivé pour les balances, on n'a même pas fait de répétition avec lui. » J'ai visionné la vidéo de ce premier live, qui débordait déjà d'énergie. Johnny semblait fasciné par le jeu de Yarol, poussant des cris exceptionnels, et Fred sautillait déjà avec sa guitare basse.

– Je continue la promo avec vous, décida Johnny, emballé, en quittant le plateau.

Quelques jours plus tard, Johnny enflammait le Grand Studio RTL du 22 rue Bayard en interprétant les titres de *Jamais seul* et quelques classiques. L'émission était présentée par Anthony Martin : « Avec le réalisateur de l'émission, on s'était dit : "Wow ! C'est incroyable de voir Johnny comme ça !" Lui qui n'arrêtait pas de dire qu'il voulait être le chanteur d'un groupe y était vraiment arrivé avec Yarol Poupaud et sa petite formation. Au cours de ce tour de chauffe rue Bayard, je sentais que Johnny avait envie d'en découdre à nouveau. Une rage, une énergie rock'n'roll… Et il était très en forme. Son entourage m'avait prévenu qu'il ne chanterait pas plus de deux ou trois morceaux. Finalement, ça tournait d'enfer et Johnny a voulu continuer. Il était tellement content de ce groupe. » Ce jour-là, le public était constitué d'une soixantaine d'auditeurs de RTL, pas forcément des habitués du premier rang des concerts. Laurent Chauvel réussit à trouver une invitation. Johnny le repéra aussitôt : « Johnny a caressé ma joue en me glissant un mot : "Merci pour tout". Cet homme était incroyable, un vrai Penthium. Il voyait des milliers de gens mais était capable de nous reconnaître, même après plus d'un an sans tournée, et après tout ce qui lui était arrivé. Tout était imprimé dans son cerveau. »

Au mois de septembre, la rentrée parisienne de Johnny fut différente de toutes les autres. Pour la première fois, il montait sur les planches d'un théâtre pour y jouer *Le paradis sur terre* de Tennessee Williams. Parce qu'il se lançait dans un défi complètement inédit à 67 ans, Johnny avait désarçonné – voire même inquiété – ses amis et ses fans. Bruno Putzulu : « J'avais très peur d'aller voir la pièce, car j'avais du mal à l'imaginer. Mais en sortant du Théâtre Édouard VII, j'étais agréablement surpris, étonné par sa performance. Comme un grand interprète, il avait eu le réflexe de l'intégrité. Faire avec ce qu'il avait en lui sur le moment, ne pas forcer le trait, ne pas donner au public des sentiments qu'il n'aurait pas éprouvé. Il était très touchant. » Lulu Périn : « J'avais très peur qu'il se gaufre et qu'il soit critiqué. Je savais qu'il était attendu au tournant. Les gens disaient qu'il ne retiendrait pas son texte. En sortant de la *couturière*[43] – très réussie -, j'avais les larmes aux yeux : *Bande de cons, vous ne pourrez pas le descendre !* J'accepte la critique mais ça me blesse quand on se fout de sa gueule. La pièce était tellement bien qu'on y est retournés plus souvent que prévu. » Fabrice Thoumire : « Je ne voulais pas y aller. Johnny se trompait parfois sur un couplet de Gabrielle, c'est ce qui faisait son charme. Du Tennessee Williams à la virgule près, je n'étais pas convaincu. Finalement, je me suis rendu à la première et j'ai pris une baffe dans la gueule. Quelle prestance ! Et il connaissait son texte par cœur. Je n'allais plus voir Hallyday, mais Chicken. On en oubliait presque que c'était lui. »

Pendant tout l'automne 2011, j'avais mon rendez-vous hebdomadaire avec Chicken, le nom du personnage métis joué par un Johnny grimé, authentique, sincère. Tous les mercredis, je me rendais au théâtre pour voir la pièce, que je connaissais évidemment par cœur. Cette pièce était plus qu'une parenthèse pour Johnny : c'était un défi qui allait lui permettre de rebondir. De *renaître*. Lors de son coma à Los Angeles, Johnny aurait

43 *Dernière répétition précédant la générale.*

eu une vision de son père le poussant à tutoyer ses derniers rêves, notamment celui d'être comédien. Quelques années plus tôt, il avait décliné au dernier moment le rôle principal de *Vol au-dessus d'un nid de coucou*, mis en scène par Bernard Murat. À son réveil en décembre 2010, Johnny avait appelé le metteur en scène pour lui dire qu'il était prêt à monter sur les planches. Murat lui proposa une pièce inédite en France, écrite par Tennessee Williams à la fin de sa vie. Johnny partageait l'affiche avec deux autres comédiens : Audrey Dana et Julien Cottereau. « Jusqu'au dernier moment, on se demandait si Johnny allait vraiment venir, confie Cottereau. Vu la puissance du bonhomme, tout le monde marchait sur des œufs. Johnny est arrivé très concentré lors des premières répétitions. Il s'agissait de se familiariser avec l'histoire, les personnages, les situations, caler les déplacements. Ensuite, il a eu deux mois entiers pour apprendre son texte, avec un répétiteur qui l'a suivi à Saint-Barth'. Il a fourni un gros travail sur le texte, car il n'a jamais eu de problème de mémoire. À son âge, de grands acteurs jouent avec des oreillettes. Pas lui ! Je lui tire mon chapeau car il n'est pas évident d'assumer la scène pour un premier rôle au théâtre. Sur le plan technique (sonorisation de la voix, placement, mouvements…), il a tout réussi. Le théâtre, c'est sans filet. Mais Johnny était un peu notre cousin germain. Chanter sur scène et jouer la comédie, c'est du spectacle vivant. Devant nous, Johnny ne montrait pas son appréhension. Mais il fumait deux paquets de Gitanes quotidiennement. Je ne l'ai jamais vu sans sa clope. Dans cette pièce dramatique, ma mission était d'oublier que je donnais la réplique à Johnny Hallyday, même si c'était pratiquement impossible. Il s'appelait Chicken, c'était mon demi-frère avec qui j'avais des relations tendues. Je devais faire un effort constant pour croire en la situation, car le contexte – irréel – me ramenait toujours à sa renommée. Au premier rang, je voyais régulièrement l'un de ses sosies qui agitait ses tickets pour montrer qu'il venait souvent. C'était un dialogue permanent dans mon esprit. Oubli. Transcendance. Retour au réel. Tout était démesuré. J'avais demandé à son garde du corps de se poster dans une alcôve proche du premier rang, au cas où, car j'avais peur qu'un spectateur soit grisé par la proximité et fasse n'importe quoi. Chaque jour, les fans m'abordaient à mon arrivée au théâtre. L'un d'eux m'a persuadé de plaider sa cause auprès de Johnny. »

– Johnny, j'ai rencontré un fan belge qui cherche à t'approcher depuis plusieurs jours. Il rêve que tu signes son avant-bras. C'était aussi le rêve de son père, qui vient de mourir. Cet homme repart ce soir, c'est sa dernière chance.

– OK, montre-le moi, indiqua Johnny en écrasant sa cigarette.

La star se leva lentement, saisit un marqueur et suivit son jeune partenaire. Quelques secondes plus tard, il avait gravé son nom sur le bras du passionné belge, lequel avait fondu en larmes. « Johnny était comme ça, reprend Julien Cottereau. Il n'avait pas besoin de s'épancher. Je n'ai probablement pas eu plus de deux vraies discussions avec lui. On n'imagine pas tout ce qu'il avait à gérer. Dans les coulisses, c'était le défilé : producteur, avocats… En même temps que la pièce, il gérait un changement de management et la préparation de la nouvelle tournée. Son nouveau producteur lui mettait la pression pour refaire des concerts au plus vite. Ce n'était pas évident pour sa concentration. Après la pièce, j'ai vu le monde entier faire la queue devant sa loge, de toute obédience : Michel Piccoli, Alain Delon, Jean-Claude Carrière, Bernadette Chirac… »

Quelques mois avant la pièce, Johnny avait confié ses angoisses à son ami Pierre Rambaldi : – Mais comment je vais faire pour apprendre ce texte ?

« La simple idée d'avoir un trou de mémoire lui donnait le trac, confie Rambaldi. Il traquait encore plus qu'à Bercy. Il avait peur d'y aller ! Mais il a travaillé, il a appris son texte et il a réussi. Il vibrait tous les soirs en lisant les mots de Tennessee Williams. Johnny était fasciné par les grands auteurs américains. Il était très fier d'avoir réussi ce défi. Il ne l'a fait que pour la passion du théâtre. » Johnny était épanoui dans ce rôle de comédien. « Entre la représentation en matinée et celle du soir, j'étais restée dans sa loge, raconte Micheline Pisoni. Johnny était détendu. Il allait bien. Il était très heureux de partager l'affiche avec Audrey Dana. Il disait qu'elle magnifiait sa performance. Cette pièce était un beau succès. Johnny était aussi heureux de m'annoncer qu'il allait repartir bientôt en tournée. » Lors de la conférence de presse à la Tour Eiffel, tenue quelques jours après l'arrêt de la pièce, j'avais demandé à Johnny si son personnage de Chicken lui manquait. La question l'avait fait sourire : « Écoutez... Je commence à me remettre dans la peau d'un chanteur. C'est vrai qu'à l'arrêt de la pièce, le personnage de Chicken me manquait un petit peu. Le théâtre est une histoire de famille, avec les techniciens qu'on voit tous les jours. Généralement, je montais sur scène derrière le rideau un quart d'heure avant de commencer à jouer pour sentir l'ambiance de la salle. Je me suis attaché au monde théâtral. Cela me manque un peu, mais désormais je suis impatient d'aller chanter. Dans ce métier, j'ai la chance de ne jamais m'ennuyer. Quand je ne suis pas en tournée, je joue la comédie. Et inversement. De toute façon, je ne sais faire que ça. Si j'arrêtais tout, je m'ennuierais. »

Un an plus tard, je demandais à Johnny s'il lui arrivait encore de penser à Chicken : « Oui, c'était pour moi une expérience formidable. C'est tout à fait différent de jouer la comédie sur scène devant un public et de chanter devant un public. Je n'avais jamais joué la comédie dans un théâtre. Ça fout le trac de se retrouver sur une scène. Au cinéma, on peut recommencer si on se trompe, et on se trompe souvent. Quand on est sur scène, ça dure deux heures et il ne faut pas avoir de trous de mémoire. On n'a pas le droit de se tromper. C'est très angoissant, surtout quand c'est la première fois qu'on le fait. Mais c'est une expérience que j'ai adorée. Je referai certainement un jour une autre pièce de théâtre. Ça m'a fait travailler beaucoup de choses. J'en ai tiré beaucoup d'enseignements pour mon métier de chanteur. Sur la façon de se déplacer sur scène, par exemple. Quand on joue au théâtre, on se déplace sans musique. Cela m'a beaucoup aidé en tant que musicien pour tous les aspects du spectacle. »

Une fois la parenthèse refermée avec succès, Johnny confirma son grand retour sur scène lors d'une conférence de presse tenue au premier étage de la Tour Eiffel, suivi d'un mini-concert d'une heure et de la présentation de sa nouvelle chanson, *Autoportrait*. J'avais questionné Johnny sur le large renouvellement de son groupe :

– Pouvez-vous nous parler du choix des musiciens pour cette nouvelle tournée ?

– Yarol Poupaud a rejoint le groupe, il dirige la section rythmique[44]. Pour la petite histoire, j'ai rencontré Yarol quand il jouait avec le groupe FFF. Ils avaient assuré la première partie de mon premier Stade de France. C'était en 1998, mon premier ?

– Oui, 1998, m'empressai-je de répondre.

– Voilà, 98. Ensuite, on s'est perdus de vue, reprit Johnny. On s'est retrouvés durant le tournage de *Jean-Philippe*, pour la séquence finale. Yarol faisait de la figuration en tant que guitariste.

– Laurent Tuel est un bon ami et il m'avait parlé de la scène finale, intervint Poupaud. Quand il m'a dit qu'il avait besoin

44 *Finalement, Yarol Poupaud occupa carrément le poste de directeur artistique, initialement donné à Philippe Saisse.*

de figurants guitaristes, j'ai sauté sur l'occasion car j'avais très envie de jouer avec Johnny. Pour le film, on était en play-back. Mais nos instruments étaient branchés donc on jouait vraiment entre les prises.

– On faisait des bœufs : *I found my thrill, on Blueberry Hill.* (*Johnny se mit à chanter devant mes oreilles médusées*). Des tas de trucs comme ça, et on s'est bien marrés.

– Robin Le Mesurier sera-t-il toujours à vos côtés ?

– Bien sûr, Robin sera là. Ça fait dix-huit ans, je ne peux le laisser tomber comme ça (rires).

Une fois la conférence de presse terminée, j'avais échangé avec Greg Zlap, reconduit dans le groupe après avoir gagné le cœur des fans et le respect de Johnny : « C'est un grand moment pour moi de repartir en tournée avec lui. Normalement, je ne pars en tournée avec aucun autre artiste, car j'ai mon propre groupe. Johnny est très audacieux vis-à-vis de l'harmonica. Il insiste toujours pour créer des parties solos. » Concert après concert, Zlap deviendrait encore plus la coqueluche des fans.

Le mini-concert fut un instant atemporel : Johnny Hallyday au premier étage de la Tour Eiffel[45], dans le froid glacial du mois de décembre, devant une centaine de personnes à tout casser. C'était comme un mirage. Je me souviens aussi d'un souffle de mécontentement des fans lorsqu'une demi-douzaine de personnes s'était installée devant la scène. « On a commencé à râler, avant de les reconnaître, s'amuse Laurent Chauvel. Lætitia, Nathalie Baye, Laura Smet, Jade et Joy s'étaient assises en tailleur sur le sol pour ne pas nous gêner. Laura était carrément assise sur mes pieds ! »

---

45 *Johnny a chanté quatre fois à la Tour Eiffel : deux fois au pied du monument, le 10 juin 2000 et le 14 juillet 2009 ; mais aussi le 17 juin 1989 pour les 100 ans de la Tour Eiffel, et donc en 2011 au premier étage.*

Satisfait de son nouveau titre, Johnny chanta deux fois *Autoportrait*, en ouverture et en clôture du concert. Dès la deuxième version, l'esprit des fans avait imprimé le refrain et assurait les chœurs. Ce titre deviendrait l'un des préférés du public de Johnny.

– Je vais te dévisser les boulons, s'exclama le rocker en grande forme, en direction de la Tour Eiffel.

Cette fois-ci, la machine était définitivement lancée. Il ne restait plus qu'à rejoindre Los Angeles, où se dérouleraient les répétitions et le premier concert, en présence des chirurgiens qui lui avaient sauvé la vie au Cedar Sinaï.

Après avoir changé son producteur, Johnny remplaça aussi la quasi-totalité de ses musiciens. Le rocker cherchait l'alchimie parfaite et suivait son instinct. « Après les émissions de promotion, Johnny m'avait imposé dans le groupe alors que la production y était réticente, explique le bassiste Fred Jimenez. Peu de gens croyaient en nous :

– Fred n'a jamais joué dans un zénith, comment voulez-vous qu'il fasse le Stade de France ?

– Yarol n'a pas l'expérience pour diriger un tel orchestre, il va vite dégager.

Sauf Johnny.

– On donne sa chance à Jimenez ! » tonna le rocker.

« Au début des répétitions à Los Angeles, j'avais un contrat d'essai de quatre jours. Je savais que Darryl Jones[46] était en Californie, prêt à intégrer le groupe au moindre faux pas. Je m'étais beaucoup entraîné à la contrebasse car je savais que

---

46 *Bassiste occasionnel des Rolling Stones.*

Johnny y tenait particulièrement pour la séquence acoustique. Ces répétitions furent un rêve éveillé. J'ai eu beaucoup de chance, car j'ai connu un Johnny heureux de venir en studio. Les anciens – Robin Le Mesurier et Harry Kim – hallucinaient car autrefois, Érick Bamy mettait tout au point et Johnny venait seulement à la fin poser sa voix. Durant nos répétitions, Johnny prenait son pied. Chaque jour, on avait l'impression de faire un nouveau concert. Yarol avait instauré une ambiance à la bonne franquette, sans click dans les oreilles[47]. Lors de la tournée précédente, les musiciens avaient commencé les répétitions assis en tailleur à écouter les maquettes de Philippe Uminsky. Tout était balisé. Yarol voulait une liberté totale. *Il n'y a pas de vision*, s'inquiétaient certains musiciens, flippés de la tournure des événements. Mais c'est précisément ce dont avait besoin Johnny à ce moment-là. Il s'emmerdait dans sa baraque et il était content de nous retrouver. Il venait même trop souvent car on n'avait pas le temps de faire les mises en place. Johnny n'ayant aucune patience, il voulait chanter dès qu'il arrivait. On lui disait : "Viens à 16 heures demain, les rythmiques seront prêtes." À peine rentrés du déjeuner, on apercevait Johnny assis sur un tabouret, en train de nous attendre. »

Ce *Tour 2012* fut celui de la renaissance de Johnny Hallyday. Musicalement, Poupaud était revenu aux *basics* : le rock'n'roll. « Yarol a fait une excellente synthèse de tout ce qui était bien chez Johnny, analyse Phil Almos. Yvan Cassar avait été très loin dans les orchestrations. Il fallait prendre une autre direction, Yarol l'a bien compris : amener quelque chose de plus rock, et faire renaître des titres jamais joués. Même s'il était impossible de changer tout le répertoire car avec Johnny, il y avait toujours une vingtaine de titres incontournables. » Thomas Dutronc n'est pas étonné que le courant soit très vite

---

47 *Plusieurs musiciens m'ont confié que Johnny n'aimait pas suivre le «click», qui laisse moins de liberté pour adapter le tempo des chansons.*

passé entre Hallyday et son jeune directeur artistique : « Yarol est un mec bon esprit. Il a eu l'intelligence de prendre Johnny comme un pote, comme un mec avec qui il monte un super groupe de rock qui va déchirer. Et en même temps, il l'a fait avec beaucoup d'intelligence car il connaissait l'éventail des capacités de Johnny. Yarol n'est pas arrivé en mode showbiz mais en mode fraternel et rock'n'roll. C'est aussi ce qui a donné envie à Johnny de revenir aux sources du blues. Yarol a un côté *show-off*, mais sans la frime. Il ne se prend pas au sérieux. Ce qui compte pour lui, c'est la camaraderie, le fun. Johnny et Yarol se sont vraiment bien trouvés. » Dans la tribune à chaque nouveau spectacle, Norbert Krief se délectait du choix de son ami. « Yarol a ramené cette touche folle qui existait dans nos années. En tournée, on se jetait tous les soirs dans le public, comme Yarol l'a fait à Bercy. »

Après un premier concert à Los Angeles, Johnny lança sa tournée française à l'Arena de Montpellier, avant de faire une tournée des stades – dont trois nouvelles représentations au Stade de France – puis des zéniths. Johnny Le Survivant entrait en scène par les airs, caché dans une mine au milieu d'un décor virtuel de fin du monde. Chaque soir, ses musiciens étaient survoltés. Yarol Poupaud courait sur scène comme Rocky le faisait dans les années 80, Greg Zlap jetait son dernier souffle dans chaque note d'harmonica et Fred Jimenez agitait sa basse comme Wilko Johnson avec Dr Feelgood. « Sur scène, Johnny m'avait donné carte blanche, se réjouit le bassiste genevois. Après le premier concert à Los Angeles, il m'avait fait savoir qu'il avait apprécié mon jeu très démonstratif. Sur scène avec Yarol, c'était un joyeux bordel non scénarisé. Pendant *Allumer le feu*, j'ai eu l'idée d'aller donner un coup de boule figuratif aux fans sur la phrase *Lâcher le lion dans l'arène*. Johnny a voulu que je le refasse chaque soir ! Pendant *Fils de personne*, il venait faire les chœurs avec moi, pied sur l'ampli. Johnny aimait qu'on entre sur scène avec le mental de Mike Tyson, pour éblouir son public. En concert, on se laissait porter. Un soir, j'ai eu un moment d'absence. Comme quand on se réveille en pleine nuit à l'hôtel sans savoir où on est. Cela m'est arrivé sur la petite scène : j'ai vu Geoff lever le bras, signifiant la fin d'un morceau. Je ne savais plus quelle note je devais jouer ! Mes mains tremblaient, mon cœur battait fort. »

Lors de mon interview en novembre 2012, j'avais interrogé Johnny sur sa complicité avec les musiciens : « On vit ensemble depuis six mois pour ainsi dire. On est presque comme une famille. On voyage ensemble, on va dans les mêmes hôtels. C'est vrai, il y a une complicité. On s'entend bien, on s'aime bien, on apprécie ce qu'on fait. On travaille ensemble. Chacun donne ses idées sur une interprétation, sur un riff pour la scène, comment le jouer. C'est Yarol qui dirige le groupe, mais on a tous collaboré aux orchestrations. Y'a pas vraiment de chef. Je ne suis pas un chanteur qui chante avec des musiciens derrière moi comme peuvent le faire certains autres artistes français. Le boulot que je fais sur scène, c'est celui du chanteur d'un groupe. Je ne suis pas un chanteur accompagné par des musiciens. »

En devenant sa choriste en 2012, l'Américaine Carmel Helene ne connaissait pas Johnny Hallyday. « Je l'ai rencontré au début des répétitions, à Los Angeles. Cette première rencontre est gravée dans ma mémoire. Sa voix puissante, la confiance qu'il dégageait… Il donnait aussi l'impression d'avoir toujours les pieds sur terre. À près de 70 ans, il était couvert de tatouages, de bijoux, de vêtements rock'n'roll. Il ne pouvait pas laisser indifférent. Quand on a commencé à chanter côte à côte, c'était comme si mon oreille explosait ! La tournée fut exceptionnelle, car Johnny nous traitait de la meilleure des manières, comme des amis : il nous invitait chez lui ou dans les meilleurs restaurants. En tournée, il nous offrait son public pendant l'entracte. Grâce à lui, j'ai chanté devant une mer de quatre-vingt mille sourires au Stade de France. L'ambiance était électrique. Les fans de Johnny étaient d'une loyauté sans égale. Ils étaient là tous les soirs, et sont même venus assister à mes propres shows en France, achetant mes disques au passage. Ces gens sont d'une gentillesse incroyable. »

Chaque soir, Johnny affichait un sourire rayonnant. Son retour sur scène était une franche réussite. Ses inquiétudes étaient derrière lui. Johnny prit alors une décision : il ne s'arrêterait plus jamais ! De 2012 à 2017, le rocker fut plus que jamais présent sur les routes de France. Par exemple, on note qu'il n'a donné aucun concert en 2001 et 2002, entre l'Olympia 2000 et la tournée des stades 2003. Idem, aucun concert en 2004 et 2005 avant *Flashback Tour*, et aucun à nouveau en 2008 avant le *Tour 66*. Mais après sa *Renaissance*, Johnny enchaîna les projets :

2012 : *Jamais Seul Tour*

2013 : *Born Rocker Tour* + Trianon

2014 : *US Tour* + Les Vieilles Canailles

2015 : *Rester Vivant Tour*

2016 : *Rester Vivant Tour*

2017 : Les Vieilles Canailles

Durant les six dernières années de sa vie, nous avons vu Johnny sur scène au moins une fois par an. C'était sa manière de *rester vivant*... Comme s'il voulait courir après l'horloge. Avant même la fin du *Tour 2012*, le rocker avait annoncé à ses musiciens qu'il ne comptait pas s'offrir une année blanche. « Lors de la dernière semaine de tournée, j'ai pris mon courage à deux mains pour enfin remercier Johnny directement, et je suis allé frapper à la porte de sa loge, raconte Jimenez. »

– Johnny, je voudrais te remercier pour cette superbe aventure.

– La fin de quelque chose, c'est toujours le début d'une autre, répondit Johnny après une longue réflexion.

Avant l'ultime concert de Marseille, Johnny s'était adressé à ses musiciens au *catering*.

– Les gars, j'ai vécu une année magnifique avec vous. C'était un réel plaisir de jouer avec ce groupe. Du coup, j'ai décidé qu'on repartait en tournée l'année prochaine.

« Johnny avait conscience de sa chance de revivre de tels moments, estime Jimenez. Après une période de doute, c'était miraculeux pour lui. Tous ses potes étaient morts. À force de trop tirer sur la corde, personne n'a tenu. Sauf lui. C'était un sportif d'élite à la condition physique hallucinante. »

Portée par le succès du concert au Royal Albert Hall de Londres, cette tournée était entourée de magie, mais aussi d'une étonnante proximité avec Johnny, les musiciens et les fans. Même les soirs sans concerts, l'ambiance de tournée se poursuivait. Nous retrouvions Yarol Poupaud pour boire une bière après un concert de rock au Lautrec ou au Bus Palladium, ou Greg Zlap faisait la surprise d'inviter tout le groupe dans l'ambiance enfumée de l'Utopia, un club privé de blues. À tout moment, on s'attendait à voir débarquer Johnny, même si malheureusement la star ne venait jamais, pour éviter de provoquer une émeute et de voler la vedette à ses musiciens.

Sur scène, Johnny aimait plaisanter avec les membres de son groupe. Comme Geoff Dugmore portait un kilt derrière sa batterie, Johnny s'amusait à rappeler à son public la légende selon laquelle les Écossais ne portaient rien sous leur vêtement traditionnel. *Il n'a pas de culotte, il n'a pas de culotte*, scandaient les fans un peu plus nombreux chaque soir au moment de la présentation des musiciens. Certains soirs, Johnny faisait mine d'aller vérifier : « Je confirme. Il n'en a pas ! » « L'histoire du kilt est arrivée par hasard, raconte Dugmore. J'en ai toujours un dans mes valises. Lors du *Flashback Tour*, je me suis amusé à le mettre un soir avant le rappel, pour blaguer. Au milieu de la chanson, Johnny s'est approché de ma batterie et m'a glissé pendant un solo de guitare : «J'adore ! Désormais, tu le porteras tous les soirs !» »

"The Singer" venait souvent près de la batterie pour plaisanter avec celui qu'il appelait son « Écossais préféré ». « Un soir, il m'a fixé en souriant pendant l'introduction de *Que je t'aime*, dos au public. Juste avant de commencer, il m'a fait une grimace en tirant la langue... J'ai manqué de tomber de mon tabouret ! Il était tellement drôle. » Dugmore avait intégré le groupe en 2006. Sur le conseil de Pierre Jaconelli, Johnny s'était rendu à Londres pour observer celui qui jouait déjà quelques partitions sur ses albums (À la vie, à la mort, *Ma vérité*). « Après m'avoir regardé jouer, nous avons dîné au Ivy Restaurant. Je ne saurais dire combien de bouteilles de vin nous avons bu ce soir-là... À cette occasion, il m'a proposé de partir en tournée, et ce fut le début d'une grande amitié. En plus, je retrouvais Robin Le Mesurier que je connaissais depuis les années 80. »

Lors de la *dernière* de la tournée à Marseille, le 22 décembre 2012, Johnny et ses fans se réservèrent mutuellement une surprise. Lorsque la lumière s'éteignit avant la dernière chanson, chaque membre du premier rang avait coiffé sa tête d'un bonnet de Noël avec les lettres JH inscrites à l'avant. Johnny rit beaucoup et apprécia le geste. Il eut l'occasion de remercier ses fidèles directement car ce soir-là, sous l'impulsion de Lætitia, les fans qui avaient suivi toute la tournée avaient été invités en coulisses. À l'arrière du Dôme, Johnny fit le tour de la salle pour serrer la main à chacun. « J'aimerais tout d'abord vous remercier pour votre présence et votre fidélité tout au long de la tournée. Je vous souhaite un joyeux Noël, et à l'avance, une très bonne année 2013. »

Durant cette tournée, Johnny avait constaté une tendance aperçue en 2009 : son public se renouvelait, les jeunes revenaient en masse assister à ses concerts, et surtout se fidélisaient. Les anciens comme David Hocq l'avaient constaté : « J'ai vu les jeunes arriver et prendre le pouvoir. Je me suis senti vieux en découvrant cette nouvelle génération mais j'en étais heureux. Avant, j'étais le plus jeune dans les premiers rangs. Lors du *Tour 2012*, j'étais presque le plus vieux ! Cette prise de pouvoir du jeune public hallydéen a été salutaire. Ces gamins étaient prêts à tout braver pour approcher l'Idole, en dormant chaque nuit dehors. Je trouve cela très beau. Johnny a découvert à la barrière un public renouvelé et rajeuni. Ça lui a fait du bien de constater que les jeunes s'intéressaient à lui. Cette jeunesse a permis son renouvellement. Ils l'ont forcé à conserver sa place de numéro 1. S'il a terminé sa carrière avec une telle aura, c'est aussi grâce à ses jeunes fans. Moi, ça ne m'a pas dérangé de basculer au quatrième ou cinquième rang à cause de leur arrivée. Ils enduraient la pluie, le vent, le froid pour vivre leur rêve. Et ils ont offert à Johnny une fin de vie scénique rajeunie. » Nadine Kerwyn aussi a constaté ce changement : « Ça a toujours été la bagarre pour accéder au premier rang. Mais lors des dernières tournées, les jeunots en ont éjecté plus d'un. Dès l'ouverture des portes, ils couraient tellement vite ! Heureusement, il y en avait toujours un pour écarter son coude et me conserver une place à la barrière. » Enregistrée au fan-club dès l'année 1961, la Belge était un peu la maman de la famille des fans.

Dès la première partie de la tournée en mai et juin 2012, Yarol Poupaud n'en revenait pas : « Lors des premiers concerts, j'ai été surpris par l'âge des fans du premier rang, beaucoup plus jeunes que ce que j'avais imaginé. Ça, c'était l'étonnement du premier soir. Ensuite, j'ai été ébahi de revoir les mêmes têtes le deuxième soir, puis le troisième, puis le quatrième, etc. La fidélité de ce gang était impressionnante. Il y avait bien sûr un roulement, mais quoi qu'il arrive, une partie d'entre eux était là.

J'ai été très étonné par cette ferveur, cet enthousiasme sans égal. Johnny avait évidemment conscience de tout cela. Il était hyper fier d'avoir fidélisé ce jeune public. Il avait une sorte d'addiction à ce premier rang. De temps en temps, ça l'agaçait de voir toujours les mêmes têtes devant lui. Mais dès que l'un d'entre eux disparaissait trop longtemps, il s'en étonnait ouvertement : "Pourquoi il ne vient plus, lui ? Le show ne lui plaît plus ?" Il était très reconnaissant. Johnny avait besoin de se sentir mêlé au public. » Le pianiste Alain Lanty raconte qu'il était sur scène comme au théâtre et qu'à ses yeux, regarder le public était aussi un spectacle : « Ils se battaient pour accéder au premier rang. Johnny savait qu'ils se saignaient aux quatre veines et dormaient dehors pour le suivre partout. Leur présence le rassurait. »

Lors de l'arrivée en masse de ce nouveau public, les conversations allaient bon train chez les purs et durs. Au soir du concert privé à la Tour Eiffel, Fabrice Thoumire et Joël Mazevet s'étonnèrent de la présence de « gamines de 18 ou 19 ans » devant eux.

– C'est qui ces deux filles ?

– Qu'est-ce qu'elles foutent là ?

– Elles écoutent pas du rap ?

« On avait l'habitude d'être entre blousons noirs ou entre types de quarante-cinq ou soixante ans avec des t-shirts Johnny. »

– Je crois qu'elles sont encore plus folles de lui que nous, glisse Joël Mazevet à l'oreille de son ami après avoir écouté leur conversation.

La conversation s'engagea entre les vieux fans et leur relève. « Cette discussion a été un déclic pour moi, explique Fabrice. Grâce à elles, j'ai multiplié par dix le nombre de concerts auxquels j'assistais. Avant, tout mon argent passait dans ma collection. Ces jeunes ne comprenaient pas comment je pouvais privilégier de vieux 45-tours à des concerts. Elles avaient raison. J'ai arrêté net ma collection, et revendu des pièces rares à chaque annonce de nouveau concert. C'était un bonheur de voir le public se renouveler.» « Cela a fait plaisir à tous les anciens de voir cette jeunesse tomber dedans, précise Joël. Cela m'a touché profondément. Face à Johnny, ces gamins avaient les mêmes comportements que nous en 1962. » « J'étais très étonné de voir tous ces jeunes de 20 ans débarquer les uns après les autres, ajoute Patrick Pennetier. Ils faisaient plus de concerts que nous. Je me demandais où ils trouvaient le pognon. Cela m'a émerveillé. »

Parmi ces jeunes qui avaient décidé de suivre Johnny partout, on recensait plusieurs profils : quelques OVNIs qui avaient découvert Johnny par eux-mêmes, en fouinant dans les magasins de disques ou en étant accrochés par son regard ou sa voix lors d'une retransmission d'un concert. « Avant le concert du Parc des Princes 2003 retransmis sur TF1, je ne savais rien de Johnny Hallyday, révèle Laurine Falconetti, née en 1992. Les deux seules chansons que j'avais déjà entendu étaient *Allumer le feu* et *Marie*. Quand je l'ai vu descendre de sa nacelle avec son magnifique costume, j'ai trouvé ça dingue et j'ai aussitôt accroché. J'ai regardé tout le concert, et je me suis aussitôt renseignée sur lui. Dès Noël 2003, j'ai commandé un coffret collector de cent chansons. Mon père était étonné ! Dès que je le voyais à la TV, j'étais folle. En 2006, j'ai assisté à mon premier concert à Marseille. Je me cachais les yeux pour réaliser ce que je vivais. *Il est là, devant toi, cet homme que tu écoutes seule dans ta chambre et que tu aimes tant.* »

Et bien sûr, les enfants de fans.

« J'ai toujours entendu Johnny, car mon père l'écoutait en permanence, confie Laura Morantin. C'était sa vie. À 18 ans, je me suis mariée et j'ai quitté la maison. Je ne savais pas que j'étais fan ! Entendre la voix de Johnny était mon quotidien depuis ma naissance. Seule chez moi avec mon mari, j'ai réalisé que la voix de Johnny me manquait.

– Tu n'étais pas fan à ce point-là quand je t'ai rencontrée, assure Jérôme, son mari. En un an, tu t'es complètement transformée ! »

La Nazairienne assista à son premier concert en 2006, à Rennes. « Arrête de pleurer et regarde-le ! » cria sa mère, découvrant sa fille en larmes à l'entrée de la rock star.

« Quel coup de foudre, s'exclame Laura. Je suis tombée amoureuse aussitôt. »

Mère de famille d'une vingtaine d'années, Laura Morantin cassait les codes. « Devant le zénith de Nantes, une journaliste m'avait abordée, surprise de me voir devant les grilles avec Pauline Pasquier. Elle s'attendait à trouver des bikers barbus au premier rang. » À la place, elle découvrait des gamines de 20 ans…

« On est les *Ultras* de Johnny, s'amusa Laura devant la journaliste. C'est comme au foot ! »

La jeune fille était prête à tout, même à terrifier son mari. « Au mois de décembre, Jérôme tirait une tête d'enterrement quand il m'a laissée devant une salle de spectacle en pleine nuit, dans une tente, au milieu d'inconnus. »

– Tu ne vas quand même pas dormir là ?

– C'est ce qu'il faut pour être au premier rang ! Tu sais, même si Johnny s'asseyait sur une chaise sans rien dire sur scène, je passerais la nuit ici. En concert, je suis une autre Laura. La Laura que tu connais se métamorphose quand Johnny surgit. Tu ne reconnaîtrais pas ta femme !

Alban Bertin, lui, s'est intéressé à Johnny pour approfondir la passion de son père. « À la maison, il passait son temps à regarder des concerts. Je ne comprenais pas pourquoi c'était si important pour lui. J'ai rencontré ses amis fans, j'ai suivi les tournées avec lui. Et j'ai tout compris ! Une fois qu'on vit le truc… À Bruxelles, Johnny m'a serré la main. C'était exceptionnel. » Pour le fils… Et pour le père : « Quand Johnny te touche, c'est fou. Mais quand tu vois Johnny prendre la main de ton gamin, c'est indescriptible. C'est divin ! »

Aurélien Thoumire avait 6 ans le jour de son premier concert, en 2006. « Je connaissais déjà l'ordre des chansons par cœur. Avant le dernier morceau, il y a eu un silence. J'ai crié : *La quête* ! Sur les épaules de mon père, j'étais au-dessus de la foule. Johnny m'a regardé. Glaçant ! J'ai eu peur. Quand j'étais au lycée à Rouen, il m'est arrivé de faire trois concerts à Paris dans la semaine. »

« Je passais beaucoup de temps chez ma grand-mère alors je fouinais dans les cassettes vidéo, sourit Steven Castot. Je me souviens de l'enregistrement du Parc des Princes 93 et d'un documentaire raconté par Catherine Deneuve. Je me disais : *Ce gars-là est extraordinaire*. J'ai découvert en même temps l'artiste et le bonhomme. J'avais été à un spectacle de cirque avec l'école, je pensais que Johnny allait arriver. Je le cherchais partout. Quand j'ai eu le permis, j'ai fait beaucoup d'aller-retours Rouen-Paris, dans le simple but de le voir atterrir à Roissy. » Comme Steven, Tennessee faisait partie d'une bande de jeunes qui suivait l'idole à travers la France : « J'ai aimé Johnny à la seconde où je suis né. Mes parents m'ont montré des vidéos de moi à l'âge de 2 ans : j'imitais les postures de Johnny du *Lorada Tour*, et je connaissais par cœur le décompte de *Lady Lucille*. J'avais 4 ans lors du premier concert au Stade de France. Je me rappelle du feu d'artifice pour *Allumer le feu*. En 2012, j'ai passé mon permis avant la tournée qui marquait son retour. Je voulais assister à quatre ou cinq shows. Finalement, j'ai consacré plusieurs mois à la tournée ! Plus les concerts passaient, plus je voulais y aller. »

Pour certains, Johnny a représenté une force, un modèle. Maëva Bermand : « J'ai eu une révélation en 2006 quand j'ai vu Johnny en vrai. Moi, la petite fille de 13 ans qui sortait de sa campagne mosellane et faisait face à Johnny Hallyday ? J'avais du mal à croire qu'il s'agissait du vrai. Suivre Johnny en concert a changé ma vie. Il m'a donné beaucoup de courage. Il m'a fallu affronter mon extrême timidité pour passer des heures dans les files d'attente, afin de le voir de près. »

Florian Large : « Mon père est fan de Johnny. J'ai été bercé par sa musique sans trop y prêter d'attention. À la séparation de mes parents, je voyais très peu mon père, alors je me suis raccroché à Johnny, pour combler le manque. Pendant la tournée 2006, j'ai commencé à dormir dans ma voiture devant les salles de spectacle. À partir de 2009, on a sorti les tentes et cela s'est généralisé. »

Être né dans les années 90 ou 2000 et être fan de Johnny n'était ni naturel, ni facile à vivre au quotidien. Condensé d'expériences :

« Au collège, c'était un peu compliqué, avoue Pauline Pasquier. Beaucoup d'enfants se moquaient car ils trouvaient décalé et ringard d'aimer une star âgée. D'autres – plus gentils – trouvaient ça touchant de me voir à fond. Mais la plupart ne connaissaient pas bien sa carrière. Je n'ai jamais rien caché. Je portais des t-shirts Johnny et j'écrivais son nom sur mes trousses et mes cahiers. À 18 ans, je m'étais dit : *Je m'en fous, je suis majeure, j'achète une tente et je suis la tournée*. On a créé une bande de jeunes. En passant mon Bac la même année, ce n'était pas évident. »

« L'image du public d'Hallyday n'était pas bonne, ajoute Tennessee Thelier. On était assimilés à des images de beauf, de cas social… que nous n'étions pas. J'ai reçu beaucoup de remarques qui n'étaient pas liées à la musique, mais à la représentation. En primaire et au collège, je me suis fait insulter parce que j'étais fan de Johnny. Les jeunes sont méchants entre eux… Moi, j'étais fier et je m'en foutais de ce que les autres pensaient. Depuis sa disparition, l'image a changé et Johnny a pris encore une autre dimension. Alors qu'ils trouvaient ça ringard, les gens disent aujourd'hui : *Ah, tu as eu de la chance de le rencontrer.* »

« Tout le monde rigolait quand je disais que j'étais fan de Johnny, confirme Alexandrine. Au lycée, j'en ai pris plein la gueule. J'achetais au fan-club les t-shirts et les lunettes Johnny. J'ai dû attendre l'année 2015 pour rencontrer quelqu'un de mon âge qui partageait ma passion. Les gens trouvent toujours bizarre de voir le visage de Johnny en fond d'écran de mon téléphone plutôt que celui de mon mec. J'ai 31 ans mais ma passion est une fierté. Mon réveil, c'est *L'envie*. Ma sonnerie de téléphone, *Que je t'aime*.

« Au début, je n'en parlais pas autour de moi, confesse Laurine Falconetti. Je n'osais pas. Je me sentais décalée par rapport à mon époque. Ma meilleure amie m'a regardée bizarrement quand je lui en ai parlé. “Pourquoi t'écoutes Johnny ? C'est une musique de vieux !” Forcément, ça m'a refroidi. Le regard des autres était délicat. Toutefois, ma passion était tellement grandissante que ça ne passait pas inaperçu. Il suffisait de jeter un coup d'œil à mon lecteur MP3, il n'y avait que des chansons de Johnny ! Grâce aux réseaux sociaux, j'ai rencontré Pauline puis d'autres jeunes dans toute la France. On partageait notre passion avec beaucoup de complicité. »

En 2012, j'ai demandé à Johnny s'il pensait que sa popularité pouvait être éternelle : « Je ne sais pas. Je me rends compte qu'à l'évidence j'ai un public assez large. Quand j'ai commencé, les gens avaient mon âge. Ils ont eu des enfants, ont emmené leurs enfants aux concerts. D'abord, ceux-ci suivaient leurs parents. Mais en grandissant, ils ont choisi de venir me voir. Et eux-mêmes ensuite ont eu des enfants ! J'ai eu cette chance de commencer jeune et d'avoir un public extrêmement fidèle, ce qui me permet de chanter aujourd'hui pour trois générations. C'est de la chance ! Les gens aiment ce que je leur donne. Cela me touche beaucoup. On a fait pas mal de concerts à l'étranger cette année : j'ai vu des gens au premier rang que j'ai vu dans d'autres concerts un peu partout durant la tournée. Ça m'a ému. J'en voyais bien une dizaine tous les soirs que je voyais dans chaque ville. »

Et l'histoire n'allait pas s'arrêter à cette tournée 2012. Je me souviens de cet intense mois de juin 2013 – 16 spectacles en 25 jours – avec en point d'orgue du *Born Rocker Tour*, un double-concert le soir des 70 ans de l'indestructible Hallyday : Bercy à 21 heures en direct sur TF1, puis le Théâtre de Paris à 1 heure du matin ! « On a joué avec Brian Setzer, sans avoir jamais répété, s'exclame Fred Jimenez. À l'arrache, mais c'était ça le rock'n'roll ! » Et c'était surtout terriblement réussi, devant un millier de personnes, mélange de fans purs et durs qui auraient manigancé n'importe quoi pour obtenir un ticket, de chanceux à la loterie de la billetterie et d'invités VIP, comme Jean Dujardin ou Patrick Bruel, lequel était rentré à Paris en vitesse après son concert à Rouen, pour ne pas manquer l'événement. « J'ai chanté *Et puis je sais* ce soir au zénith de Rouen, en signalant que c'était l'anniversaire de Johnny », m'avait glissé le chanteur autour d'une coupe de champagne, lors de la réception d'after-show.

Et quel show ! « La setlist transpirait le rock'n'roll, s'enflamme David Hocq. Quand il a chanté *Réclamations*, je voulais lui crier : *Regarde le sourire que tu as mon Johnny, tu devrais zapper des tubes et chanter ça tous les soirs !* »

J'ai une anecdote amusante à ce propos. Après le concert, je suis allé féliciter Yarol Poupaud pour le choix des titres, très pointu. *Réclamations* est un morceau issu de l'album *Rivière... ouvre ton lit*, qui n'avait jamais été joué sur scène, pas même au moment de sa sortie.

– Si cela ne tenait qu'à moi, j'organiserais un concert de Johnny où l'on jouerait tous les titres de l'album de 1969, dans l'ordre, m'a confié le guitariste. Ce serait dément !

– Carrément ! Tu peux compter sur nous.

Cette nuit-là, Johnny fêta son anniversaire avec sa famille et ses amis intimes dans une salle privée du Théâtre de Paris, pendant que le deuxième cercle d'invités était réuni dans la grande salle décorée pour l'occasion. À l'aube, j'assistai à une scène pleine de tendresse lorsque Johnny repassa par la grande salle, au moment de quitter le théâtre. Josette Sureau, sa plus grande fan, promue dès le début des années 60 au rang de présidente du fan-club, se jeta sur Johnny dès qu'elle le vit. Avant qu'elle ait pu faire un pas, les gardes du corps s'interposèrent. Passablement éméché après deux concerts et du très bon champagne, Johnny Hallyday s'agaça auprès de son service de sécurité. « Laissez-la passer ! Josette ! Ma Josette ! Comment vas-tu ? » Ce simple échange, une fois de plus, en dit long sur la relation unique entre Johnny Hallyday et son public.

En sortant du Théâtre de Paris au petit matin, je regagnai aussitôt le XIIe arrondissement de Paris pour reprendre position devant Bercy. Quelques heures plus tard, le quatrième concert du week-end devait débuter ! « On a fait ce troisième Bercy dans un état de relâchement, presque sans avoir dormi, et c'était probablement notre meilleur, savoure Fred Jimenez. Avant le concert, Yarol s'était coupé avec un couteau de cuisine. On était comme sur un nuage, dans le lâcher-prise. Après le concert, Johnny nous a emmenés au restaurant pour une soirée magique. »

Lors de ce *Born Rocker Tour*, j'ai souvent traîné dans les coulisses. À Bordeaux, au soir de la première, j'avais longuement échangé avec le metteur en scène Bernard Schmitt au sujet de la conception des tours de chant, pendant que Yarol Poupaud nous servait un fond de vodka exhumé du réfrigérateur des musiciens.

– Parfois, c'est compliqué d'ajouter des morceaux inhabituels, expliqua Schmitt. Par exemple, ça faisait des années que je tannais Johnny pour reprendre *Entre mes mains*. Il a enfin accepté ! Avec la voix puissante qu'il a aujourd'hui, c'est magnifique.

– *Marie* est une très belle chanson, mais pas un morceau de scène. Ne pourrait-on pas la remplacer ?

– Vous savez, avec *Marie*, Johnny fait du Johnny, et ça lui permet de se reposer tout en restant dans son personnage. Juste avant, il chante quatre titres rapides : *Allumer le feu*, *Je suis né dans la rue*, *Rock'n'roll man*, *Excuse-moi partenaire*. *Marie* est un titre facile à chanter pour lui, il n'a pas besoin de pousser la voix, et le public – qui adore ce titre – assure les chœurs. À la fin du morceau, il écarte les bras, serre les poings, seul dans une croix de lumière. Bref, il nous fait du grand Johnny. Et après, c'est reparti pour le rock avec *Deux étrangers* !

Ce soir-là, j'avais aussi découvert le perfectionnisme à l'extrême de notre idole.

– As-tu aimé le concert ? m'interrogea Lætícia.

– Évidemment ! Il a divinement bien chanté et ça tourne déjà très bien.

– Alors dis-lui ! Il n'est pas content du tout de sa performance.

Johnny apparut dans l'encadrement de porte de sa loge, caché derrière ses lunettes noires, et je le félicitai pour son concert. Toutefois, la rock star n'était pas du genre à débriefer ses concerts avec ses fans, ni avec les journalistes. J'ai su après qu'il n'avait pas aimé son interprétation de *Rock'n'roll man*, qu'il retirerait du tour de chant dès le concert suivant. J'ai vérifié ma première impression sur l'enregistrement : le concert tout entier était réussi, y compris *Rock'n'roll man.*

Dans la foulée de l'électrique *Born Rocker Tour*, Johnny tourna le film *Salaud, on t'aime* avec Claude Lelouch puis retrouva ses fans avant Noël pour un concert unique au Trianon avec encore un choix de chansons très rock. En 2014, il partagea la vedette avec ses amis d'enfance pour *Les Vieilles Canailles.* « C'était très touchant de voir ces trois copains réunis, confie Michel Amsallem. Dans l'œil de Johnny, une chanson avec Eddy Mitchell n'avait rien à voir avec un autre duo. Trois potes d'enfance étaient devenus des stars, tout en restant les meilleurs amis du monde et en étant différents. Eddy aurait été incapable de faire ce qu'a fait Johnny (démesure, entrées en scène…), mais il n'en a jamais été jaloux, car il avait d'autres qualités. » Dans les coulisses, Thomas Dutronc était émerveillé : « Je suis devenu fan de Johnny grâce aux *Vieilles Canailles* ! Je l'ai peu vu dans mon enfance car mon père n'aimait pas assister aux concerts des autres. Ma mère[48] avait beaucoup insisté pour m'emmener à Bercy en 1987, le spectacle mis en scène par Michel Berger. Pour moi, Johnny, c'était l'époque Berger, les tubes, *Retiens la nuit*, *Souvenirs, souvenirs*… Mais il y a tellement de choses à écouter que j'avais fait l'impasse sur certaines époques. En le voyant sur scène avec mon père et Eddy, j'ai compris quel géant de l'interprétation il était, et quel bonheur de le voir en live. Ça m'a coupé le souffle, j'avais l'impression de revivre les années

48 *Françoise Hardy.*

70, de voir un vrai concert de rock, surtout quand Johnny a enchaîné *Gabrielle* et *Le pénitencier.* » Thomas Dutronc n'a pas tort, car cet instant du spectacle correspondait au top départ tacitement conclu entre les fans et le staff de Johnny. Pour ne pas gêner le public de Dutronc et Mitchell – plus sage - la consigne de rester assis avait été respectée. Mais au premier coup de batterie de *Gabrielle*, les fauves étaient lâchés ! Je me souviens d'un soir où, assis au dix-huitième rang, j'avais tutoyé le record du monde du 100 mètres d'Usain Bolt pour atteindre le Graal éternel : la barrière. Ces concerts furent l'occasion pour les jeunes fans de découvrir l'ambiance des concerts assis des années 80, quand il fallait attendre que Johnny hurle « Tout le monde debout ! » pour se ruer vers la scène. »

Quelques semaines plus tard, Thomas Dutronc était invité par TF1 à chanter dans une émission dédiée à Johnny. Il choisit d'interpréter *Elle est terrible* : « Viens répéter avec nous, on est peinards dans le studio, ce sera cool », lui indiqua Yarol Poupaud.

« Pendant que je chantais son morceau de 1962, Johnny était assis sur une chaise, en train de fumer des Gitanes, confie Thomas. C'était une grosse pression de chanter devant lui. Je n'avais pas trop préparé car je pensais défricher la chanson avec Yarol, sans imaginer que Johnny serait là. J'étais impressionné, mais scié par sa gentillesse. Il ne dégageait que de bonnes ondes. Pour moi, il était comme un oncle. Il était vachement paisible, et m'a dit qu'il aimait ma façon de chanter son rock, en me donnant quelques conseils, m'expliquant comment il avait abordé ce morceau la première fois. Ni hautain, ni donneur de leçons. Une modestie et une humilité bien plus grande que chez des chanteurs moins importants que j'ai pu croiser aux Enfoirés. J'ai adoré ce moment, à le regarder enchaîner cigarette après cigarette. Ensuite, on s'est beaucoup amusés à chanter *Noir c'est noir.* Il avait le sourire, ce fond léger des années 60 qui ne se prend pas au sérieux. »

Dès l'année suivante, Johnny repartit en tournée pour quatre-vingt-dix concerts répartis entre 2015 et 2016, le fabuleux *Rester Vivant Tour*, qui fit notamment étape à Barcelone. Particularité de cette tournée – la dernière de Johnny en solo – le nombre de pépites oubliées ressorties des cartons par le rocker et son pointilleux directeur musical : *J'ai pleuré sur ma guitare*, jamais chanté depuis 1981. *J'ai besoin d'un ami*, écarté depuis 1975. *Victime de l'amour*, jamais chanté hormis lors de sa création au Palais des Sports en 1982. *Tomber c'est facile*, vestige du *Johnny Circus*. Ce choix de chansons était un émerveillement pour les fans, même si cela pouvait dérouter le grand public. J'ai en mémoire une réflexion d'un reporter de RTL qui n'était pas habitué à suivre Johnny : « Mais pourquoi chante-t-il des morceaux totalement inconnus ? » J'avais discuté de l'éternel casse-tête avec Yarol Poupaud, dans les coulisses du zénith de Saint-Etienne :

– Pourquoi avez-vous retiré *Tomber c'est facile* de la setlist ?

– Malheureusement, on sentait que le morceau ne soulevait pas assez la salle. En début de concert, on avait besoin d'un titre comme *Noir c'est Noir* pour chauffer tous les spectateurs. Je sais qu'au premier rang, vous adorez les titres rares, mais on est obligés d'équilibrer. »

En écrivant ce livre, j'en ai reparlé à Yarol : « Le premier rang, c'était mon baromètre. Si les membres du gang n'étaient pas contents, c'est qu'il y avait un problème. Je pensais à eux quand on répétait un nouveau morceau ou quand on cherchait de nouvelles idées d'arrangements pour un vieux titre. *Qu'est-ce qui pourrait leur plaire ?* Quand je voyais le sourire sur leurs visages, c'est que c'était gagné. Je savais que les fans fidèles étaient des passionnés de rock'n'roll. Alors même si le répertoire de Johnny est rempli de tubes énormes, on se faisait plaisir de temps à temps à jouer des morceaux plus rares, plus pointus. Les fans adoraient, et nous on kiffait aussi. »

Au début du *Rester Vivant Tour*, Yarol Poupaud s'était approché des premiers rangs pour glisser une nouvelle très attendue des purs et durs : « Ça y est, j'ai réussi à enlever *Marie* de la setlist, vous êtes contents ? »

« Johnny a redécouvert des titres grâce à Yarol, apprécie Laurent Chauvel. Depuis la Cigale en 2006, je ne l'avais jamais vu aussi bon. Yarol a apporté un son plus basique, plus rock'n'roll, grâce à sa grande connaissance de la musique américaine des années 50. Il a apporté un souffle nouveau, et a engagé d'excellents musiciens. Par exemple, Phil Almos est un gratteux exceptionnel, très blues, très rockabilly. »

Philippe Almosnino devint effectivement le troisième guitariste du groupe en 2015. « J'ai intégré son équipe à l'occasion d'une émission télévisée. Yarol m'a présenté à Johnny. J'étais timide et réservé, lui aussi. C'était déroutant car entre la courte répétition et le live, c'était réglé en quelques minutes. C'était dur de réaliser que tu accompagnais le vrai Johnny. Si l'aventure s'était arrêtée là pour moi, j'aurais été content malgré tout. Pour l'émission suivante, il y avait vingt chansons à travailler. Je me suis rendu compte que je connaissais pratiquement tous les morceaux. Johnny avait été un fil rouge dans ma vie. En tant que spectateur, je l'avais vu à plusieurs reprises : Place de la République et Fête de l'Humanité en 1991, Stade de France 2009, Bercy et Théâtre de Paris en 2013… Quand j'étais petit, je n'aimais pas les émissions de variété, sauf quand il y avait Johnny. Il transpirait énormément, chantait à genoux. En travaillant son répertoire, tout venait naturellement. Après cette émission, Sébastien Farran m'avait demandé d'aller dans la loge de Johnny. »

– Qu'est-ce que tu bois ? fit le rocker.

Quelques secondes plus tard :

– Tu veux faire partie du groupe ?

– Évidemment oui !

« Je sentais qu'il fallait travailler pour mériter sa place. Je n'ai jamais pris une chanson à la légère. À chaque titre de son répertoire, j'écoutais toutes les versions que je pouvais trouver. Parfois Yarol me disait : "Écoute ce disque, tu entendras de quelle manière ils interprétaient ce morceau à cette époque." Johnny voulait une forte présence de guitares, électriques et acoustiques, et aussi un son *country*. »

« Il joue de tout ce dont nous ne savons pas jouer », disait humblement Johnny en évoquant Phil.

Rythmique, acoustique, steel guitar… « Cela permettait à Yarol et Robin d'être libres dans leur solo sans se préoccuper de la rythmique. Je faisais le lien entre la section rythmique basse-batterie et les claviers. » Outre la célèbre introduction de *Gabrielle*, Philippe Almosnino jouait aussi le solo de *Mon p'tit loup* et *La terre promise*. « Je parlais assez peu avec Johnny. Pendant *La musique que j'aime*, il venait s'appuyer sur moi, cela suffisait à mon bonheur. J'avais conscience d'être là pour la musique, et seulement pour ça. Avec Yarol, on a le même âge et on a vécu la même jeunesse à travers plein de groupes de rock. Se retrouver sur scène avec l'Idole, c'était une chance, une responsabilité et un plaisir hallucinant. Johnny aimait ses musiciens et ressentait leur engagement. Personne n'était pétrifié par l'enjeu. Ce n'était que du bonheur d'accompagner cet homme. Le groupe était fantastique : Greg Zlap est un harmoniciste hors pair. Je n'ai jamais entendu quelqu'un jouer comme lui et pourtant j'en ai vu beaucoup, aux États-Unis et en Angleterre. Renaud Gensane était le plus jeune du groupe, lui aussi le plus exceptionnel à la trompette. Geoff Dugmore, il suffisait de se tourner vers sa batterie pour avoir le sourire. Les frères Filey ont des voix à tomber. Et quand Alain Lanty débutait l'introduction piano-voix de *Je te promets*, j'en oubliais presque de démarrer ma partie tellement c'était beau... Yarol et Robin étaient toujours inspirés pour leurs solos. Sans oublier le reste de l'équipe (Amy, Carmel, Laurent, Jean-Max, Thomas, Dave, Allen), tous de grands musiciens, de bons amis. On pouvait se focaliser sur n'importe quelle partie du spectacle, tout était époustouflant. C'était le côté incroyable avec Johnny Hallyday. Quand on voyait tout ce qu'il faisait à son âge, on ne pouvait pas rester en retrait. Chaque musicien donnait le maximum pour lui. Et quel public ! En arrivant dans chaque zénith, on découvrait les tentes des fans installées devant. Dans ce *Rester Vivant Tour*, tout était particulier et démesuré. Seul Johnny pouvait provoquer ça. C'était une leçon de vie, une leçon de musique. Lors de mon premier *Que je t'aime*, à Nîmes, j'ai pris une claque. Johnny avait tendu son micro. Et là, onze mille personnes ont hurlé *Que je t'aime*. Rien que de l'évoquer, j'en ai encore la chair de poule. »

Tombé dans la marmite l'année précédente, Thomas Dutronc ne pouvait pas rater cette nouvelle tournée : « Quand Johnny s'est écrié : "Je suis content d'être avec vous ce soir", c'était la première fois que j'entendais un chanteur dire ça avec autant de sincérité. » Johnny aimait son public et ses musiciens. « Johnny avait choisi ce groupe avec soin, au-delà des compétences, explique Alain Lanty. Une alchimie s'est créée en 2012 et n'a jamais cessé de grimper. » « J'ai senti que Johnny voulait fédérer son groupe, ajoute Renaud Gensane. Il n'y avait pas un concert sans une invitation dans un super restaurant. Jamais dans un fast-food... Il était très attentif à l'ambiance dans son équipe. » Le trompettiste né en 1987 avait rejoint le groupe en 2015, comme le choriste Stefan Filey, lequel semblait transporté dans un rêve : « Lors des répétitions à Los Angeles, on travaillait le matin et Johnny arrivait dans l'après-midi pour valider les titres. Il avait toujours le dernier mot. Je l'ai trouvé très pointu, avec beaucoup de références artistiques tournées vers les années 50-60. »

– Je veux un riff à la Stax[49] sur ce morceau ! Pourquoi je n'entends pas plus de cuivres rhythm'n'blues ?

« Avec Johnny, il n'y avait jamais de perte d'énergie. Il savait ce qu'il voulait. Dès qu'il sentait un manque artistique, il transmettait à Yarol. Jamais d'entre-deux. "C'est super". Ou : "J'aime pas, on passe". J'avais des frissons quand on chantait *Voyage au pays des vivants*. Je me retrouvais dans les années 70. Ça déchirait ! À L.A., Johnny était décontracté, sans garde du corps. Il n'y avait aucune pression ni ondes négatives sur le *Rester Vivant Tour*. »

Johnny impressionnait beaucoup ses jeunes musiciens, par son vécu. Un soir, ils assistèrent au concert du *Tedeschi Trucks Band*.

– C'était bien mais ça ne vaut pas Jimi Hendrix, confia Johnny à ses musiciens dans un sourire.

« Il avait côtoyé un tel OVNI de la musique, soupire Filey. C'était sa référence. Chaque musicien aurait aimé être une petite souris quand Hendrix a enregistré *Hey Joe* ou quand il a fait ses premiers pas sur scène. Johnny y était ! » Ce que ressentait Johnny en pensant à Hendrix en assistant à n'importe quel concert ressemblait probablement à notre propre impression, depuis le 6 décembre 2017. Comment trouverons-nous des émotions musicales comparables ?

Outre les délicieuses vieilleries, lors de ce *Rester Vivant Tour* Hallyday offrit à son public des nouveautés en pagaille, avec le titre d'ouverture (*Rester Vivant*) et de clôture (*Te manquer*) issus de son dernier album, ce qui n'était pas arrivé depuis les années 70. Le rocker interpréta aussi *Seul* et *Au café de l'avenir*. En cours de tournée, il estomaqua son auditoire en annonçant

---

49 *Stax Records, label de Memphis spécialiste de musique soul.*

la sortie d'un album-surprise, *De l'amour* ! Ainsi furent intégrés à la setlist quatre nouveaux morceaux, *De l'amour*, *Mon cœur qui bat*, *Dans la peau de Mike Brown*, *Un dimanche de janvier*. « Johnny nous a convoqués un soir dans sa loge, explique Stefan Filey. «Je voudrais répéter une chanson avec vous.» Avec sa guitare, il nous a joué *Mon cœur qui bat*, et nous avons travaillé le titre ensemble. Le soir, au catering, il est revenu nous voir : "C'est bon, vous vous souvenez des voix pour le nouveau titre ?" »

Lors du *Tour 2012*, Johnny avait déjà intégré trois titres de son album *L'Attente* en cours de tournée. Une nouvelle habitude qui s'explique par l'attachement que portait le rocker à ses dernières productions, conformes à ses goûts. « Dans ses derniers albums, Johnny n'a jamais été aussi proche de la musique qu'il a vénéré toute sa vie, décrypte Anthony Martin, spécialiste musique à RTL. Ses ultimes opus sont fantastiques : c'est la synthèse de Johnny. De la musique américaine, tout en gardant une base de tradition française. Il y est à la fois le bluesman des années 50 qui chronique les temps difficiles, l'actualité et sa propre vie. C'est musicalement riche, bien produit et à la fois brut… Johnny parle de lui plus que jamais, avec des textes à hauteur d'homme. Il est très rare qu'un artiste parvienne sur le tard à son but ultime. Johnny était très fier de ses derniers albums. Enregistrer avec des jeunes comme Maxim Nucci, ça le boostait. »

Et ces ultimes opus ont cartonné auprès du public : « Comme la plupart des vieux fans, ma période discographique préférée – celle où il n'y a absolument rien à jeter – est comprise entre 1969 et 1973, développe Didier Moser. Mon Top 5 d'albums indestructibles, c'est *La génération perdue*, *Rivière*, *Flagrant délit*, *Les rocks les plus terribles*, *Insolitudes*. La période 2012-2017, je dirais que c'est une fin de carrière inespérée. J'adorais M et Yodelice avant même qu'ils bossent avec Johnny, les ayant vus plusieurs fois en concert auparavant. Mais même sans cela, on a retrouvé un son roots, un style qui s'éloignait de la variété, des bons textes (sauf pour *Jamais seul*... Quel dommage...) et des albums qui ont une vraie unité. Le passage chez Warner a eu du bon. Chez Universal, il s'empêtrait dans ces albums patchwork où tout le monde venait placer son morceau, et où il fallait collaborer avec la star en vogue du moment... Et malheureusement, l'après 2017 s'annonçait très prolifique, d'après les envies glissées par Johnny dans les interviews. » Sandrine Bonnaire se souvient de ses conversations sur la musique avec Johnny, pendant le tournage de *Salaud, on t'aime*. « Il était satisfait de s'être vraiment éloigné de la variété : “Je me suis débarrassé de beaucoup de choses avec ma maison de disques. Ce que j'ai envie de faire désormais, c'est vraiment du blues.” Je sentais qu'il aurait même aimé enregistrer des albums encore plus pointus, des trucs à la John Lee Hooker. »

Le *Rester Vivant Tour* fut également l'occasion pour une poignée de jeunes fans de danser sur scène pendant la chanson *De l'amour*. Læticia avait organisé un concours. Évidemment, les participants n'étaient pas des danseurs aguerris mais les fans du premier rang, qui à force d'entraînement et de soin apporté à la production de leurs vidéos, avaient remporté le concours. « Je suis loin d'être un danseur, mais j'ai décidé de participer en tournant un vrai clip, raconte Florian Large. Quel trac ! Je voyais tous les copains au premier rang... Après notre prestation, nous avons été félicités par Johnny.

– J'ai adoré vos vidéos. Vous avez super bien dansé. Vous venez d'où ?

« Je n'oublierai jamais la puissance de sa voix. Dans sa loge, Johnny regardait *On n'est pas couché*. Patrick Bruel était l'invité de Laurent Ruquier. »

– Oh, Bru-Bru ! s'exclama Johnny dans un grand sourire.

En partant, Florian adressa quelques mots à son idole. Comme beaucoup de fans, il s'inquiétait de l'enchaînement infernal des concerts.

– Prends soin de toi Johnny, repose-toi, dit Florian.

– Oh, pffff, fit Johnny, levant les yeux au ciel. »

Pendant que Florian était reçu par Johnny, je me trouvais dans la pièce d'à côté avec Lætícia Hallyday. En reportage pour RTL, je venais recueillir ses impressions sur cette *Danse de l'amour* qu'elle avait initiée. « C'était dément ! J'ai trouvé ces danseurs amateurs très touchants, hyper à l'aise, bien ancrés sur la scène de Bercy. C'était bouleversant. Je les félicite car c'était hyper courageux de leur part. Pourtant, ce n'était pas si facile… » Lætícia avait eu cette idée en admirant son mari pendant le tournage du clip à Los Angeles : « Je n'imaginais pas l'engouement que ce concours de danse allait générer auprès des jeunes. On a reçu énormément de vidéos, de belles créations artistiques. Ils se sont donné beaucoup de mal. Quand j'ai présenté l'idée à Johnny, il a aussitôt été emballé. » Ce soir-là à Bercy, mon interview avec Lætícia a été plusieurs fois interrompue. Dans la loge juxtaposée, Johnny demandait sans cesse où se trouvait sa femme, et avait toujours quelque chose à lui demander ! « Où est Lætícia ? » « Excusez-moi, mon homme m'appelle », glissait Madame Hallyday avant de se presser auprès de son mari.

À l'issue de la tournée, Johnny reçut tous ses musiciens dans sa loge, un par un. « D'un clin d'œil, Johnny nous signifiait qu'on n'avait pas intérêt à aller bosser ailleurs, raconte Stefan Filey. Il m'avait parlé de l'alchimie ressentie durant cette tournée. Quand ce Monsieur te regarde droit dans les yeux et te dit qu'il compte sur toi, wow… »

Pour des raisons évidentes, Stefan Filey n'oubliera jamais la dernière phrase du rocker à son égard : « En 2018-2019, je repars en tournée avec la même équipe. »

Inutile d'en rajouter plus. Rester Vivant. Chanter avec ses potes pour rester debout. L'éternelle motivation de Johnny Hallyday, à l'image de son ultime combat contre la maladie, traversé sur scène pendant l'héroïque tournée des *Vieilles Canailles* puis en studio pour enregistrer *Mon Pays, c'est l'amour*. Cette tournée se résuma parfois à une montagne russe d'émotions. Après le premier concert à Lille, nous étions tous sous le choc : Johnny semblait diminué, avait dû s'appuyer sur un tabouret pendant une grande partie du show.

Dans la brasserie Beers and co qui était le QG des fans après les concerts, j'avais vu plusieurs personnes en larmes, incapables de s'exprimer. Une seule phrase tournait en boucle : *Il faut qu'il arrête cette tournée, ça ne nous dérange pas, il doit se soigner*. Nous avons eu l'explication plus tard : ce soir-là, Johnny sortait d'une chimiothérapie et souffrait de surcroît du décalage horaire. Après quelques jours d'inquiétude, les concerts suivants nous transportèrent dans un autre monde : à Bercy, Johnny se sentait mieux, ne sortait plus de scène et se muait même en percussionniste pendant *La fille du père Noël* interprétée par Jacques Dutronc. Et surtout : cette voix ! Trois ans plus tard, je réaffirme ce que j'avais dit le 24 juin sur RTL, dans l'émission-débrief d'Éric Jean-Jean : « Toute personne débarquant ce soir dans les gradins de Bercy en provenance de la Lune ne pourrait deviner que Johnny Hallyday souffre d'un cancer du poumon ». Impossible ! Une voix puissante, posée, inégalable. Johnny m'avait bluffé. J'étais plus fier de lui que jamais. Une fois encore, la France avait douté. En serait-il capable ? Aurait-il encore de la voix ? N'allait-il pas s'écrouler sur scène ? Rappelez-vous cette confidence faite à Sébastien Jounel, mais aussi à son guitariste Robin Le Mesurier[50]. Johnny voulait mourir sur scène. Johnny avait une telle capacité de renaissance que nous nous sommes mis à y croire : et s'il surmontait son cancer ?

Derrière Johnny, Thomas Dutronc était assis au bar, tous les soirs. « J'ai voulu suivre cette tournée pour plusieurs raisons : je sentais que ce serait mythique car je me doutais qu'il s'agirait de la dernière tournée de Johnny, mais aussi la dernière de mon père. »

– Pourquoi tu ne viendrais pas sur scène avec nous ? proposa Eddy Mitchell. Tu t'installerais au bar.

« Johnny était galvanisé. Malgré la fatigue et ses séances de chimiothérapie, il restait extrêmement perfectionniste. Dans sa position, je suis sûr que mon père aurait évité de faire les balances. Johnny, plutôt que de se morfondre dans sa chambre entre médicaments et tourments de son cancer, préférait être sur scène, même pour répéter. Au milieu des guitares électriques, il se sentait bien. À Carcassonne, j'avais insisté auprès de mon père – sobre depuis plusieurs mois – pour qu'il aille boire un coup avec Johnny. "Tu sais, ce sera peut-être la dernière fois…" Ce fut la dernière fois. »

---

50 *Cf. «Mes mille concerts avec Johnny», de Robin Le Mesurier.*

CHAPITRE 16

L'IMPOSSIBLE DEUIL

Playlist du chapitre :

Si tu pars (2005)
M'arrêter là (2002)
Ça n'finira jamais (2008)
Et maintenant (Gilbert Bécaud, 1961)
Jojo (Jacques Brel, 1977)

« *Pour ses fans, anciens ou nouveaux fidèles,*
Éternels témoins de ses mille vies,
Adorateurs inconditionnels, habités par les paroles de ses chansons,
Et par l'écho du moindre de ses pas,
Ensemble prions,
Prions pour leur donner la force de rester vivants[51] »

---

51 *Extrait du livret de messe de l'hommage funéraire du 9 décembre 2017, en l'Église de la Madeleine.*

Prémonitoires, ces mots inscrits dans le livret de messe de l'hommage funéraire du 9 décembre 2017 supposaient déjà l'horrible existence que vivraient les accros à Johnny Hallyday, à l'an 0 du reste de leur vie. En découvrant ce texte sur l'agenouilloir de la Madeleine, je n'avais d'abord pas prêté attention à cette funeste prophétie. Seule comptait la douleur de l'instant. Le reste me dépassait.

Je n'ai pas écrit ce chapitre dans la joie – comme les seize autres. Saisi par la violence des sentiments négatifs et le chagrin collectif, ma respiration et le rythme de mon cœur se sont emballés déraisonnablement au moins une page sur deux, comme en ont attesté les chiffres inhabituels affichés par l'oxymètre de ma fiancée médecin. Si les chapitres précédents attestent de l'exceptionnelle existence des proches de Johnny Hallyday (fans, musiciens, auteurs, techniciens…), ils dévoilent aussi leur jusqu'au-boutisme et leur propension à avoir trop rarement imaginé la vie sans *lui*. Nous souvenions-nous simplement de ce qu'était notre quotidien avant de découvrir Johnny Hallyday ?

« La plus belle époque de ma vie est révolue, tranche gravement Steven Castot, né en 1992. Tout ce que j'ai vécu, c'est avec lui ou grâce à lui. Maintenant, c'est terminé. »

Jour zéro. Nuit du mardi 5 au mercredi 6 décembre 2017. La nuit était encore noire dans la ville de Saulx-les-Chartreux dans l'Essonne en région parisienne, mais le très matinal Joël Mazevet avait allumé comme tous les jours avant l'aube sa radio préférée. RTL. La radio de Johnny, évidemment. « Flash spécial. Mon sang s'est glacé. *Ils n'annoncent pas un truc vrai*. C'était horrible. Dans ma vie, Johnny a tout partagé. Mes joies, mes peines… D'un seul coup, une voix à la radio disait qu'il n'était plus là. » Joël eut envie de crier à la nuit que cette information n'était qu'une sale rumeur infondée. Hélas cette voix était celle d'un homme de confiance : Georges Lang. « Avec le recul, je dois dire que ça a été le moment le plus pénible de ma carrière d'homme de radio. Je me souviens très bien de cette nuit où je travaillais dans mon studio rue Bayard, comme je le faisais souvent après mes émissions en direct. Il était 2 heures 48 du matin quand mon ami Philippe, un technicien de RTL, est monté me voir en me tendant une dépêche de l'AFP annonçant la mort de Johnny. Il nous a fallu quelques secondes pour décider de stopper les rediffusions de nuit afin de reprendre l'antenne en direct à 3 heures du matin et annoncer avec Olivia Leray, la journaliste présente à la rédaction cette nuit de décembre, la mort de l'artiste le plus populaire en France depuis les années 60. Je connaissais l'expression "avoir la gorge nouée", mais je ne savais pas que l'émotion pouvait empêcher de parler à ce point. C'est donc avec une énorme appréhension que nous avons annoncé la terrible nouvelle et enchainé avec un programme complètement improvisé avec uniquement les titres les plus emblématiques de Johnny, et ce jusqu'à ce que l'info se répande et que la rédaction se mobilise aussitôt pour revenir sur la mort de l'artiste français adulé par des millions de fans. Ce matin-là, la France se réveillait sous le choc de la nouvelle, tout le pays était subitement en deuil en entendant la lecture de la déclaration de Lætitia Hallyday envoyée à l'AFP. »

« J'écris ces mots sans y croire. Et pourtant, c'est bien cela. Mon homme n'est plus. Il nous quitte cette nuit comme il aura vécu tout au long de sa vie, avec courage et dignité. Jusqu'au dernier instant, il a tenu tête à cette maladie qui le rongeait depuis des mois, nous donnant à tous des leçons de vie extraordinaires. Le cœur battant si fort dans un corps de rocker qui aura vécu toute une vie sans concession pour la scène, pour son public, pour ceux qui l'adulent et ceux qui l'aiment. »

Devenu quelques mois auparavant chauffeur routier dans l'espoir de conduire un jour les camions techniques de Johnny, Teddy Bezet transportait le matériel de Matthieu Chedid en direction de Montpellier quand il entendit la nouvelle. « J'ai appelé ma mère en pleurant. Quand elle a réalisé que Johnny était mort et que j'étais sur l'autoroute au volant de mon camion, elle a pris peur. J'ai prononcé des paroles insensées. »

– À quoi ça sert d'être là s'il n'y a plus Johnny ? Autant aller le retrouver aussitôt…

« Elle m'a fait jurer de ne pas faire de connerie. »

Jour 1. Mercredi 6 décembre 2017.

Stupeur. Pleurs. Malheur. Existe-t-il de jolis mots avec la terminaison « eur » ? Le bonheur d'avoir connu Johnny et partagé un infime morceau de sa vie, glissent les langues réconfortantes. Mais il était bien trop tôt pour cela. Ce matin-là, l'hiver devenait le plus rigoureux et le plus triste de l'histoire. Dans les stations de sports d'hiver, même les bonshommes de neige étaient verdâtres. Tout n'était plus que chagrin, affliction et désolation. Déjà, on entendait la voix lettrée de Jean d'Ormesson, décédé la veille. « Un écrivain doit faire attention à ce qu'il écrit, à ce qu'il dit et à la manière dont il meurt. Jean Cocteau est mort le même jour qu'Edith Piaf. Piaf a pris toute la lumière et on n'a pas beaucoup parlé de Cocteau. » La vie est faite de prémonitions qui pour la plupart ne se réalisent pas. Les autres nous laissent cois. « Ce matin-là, j'ai pensé à Johnny dès le réveil, relève Norbert Krief. C'était étrange. Et puis j'ai allumé la radio… »

Ce matin-là aurait dû être un matin *normal*. Aurélien Thoumire aurait dû se rendre au lycée en pensant à ses soucis d'adolescent, en écoutant son album préféré, *Lorada*. Pourtant, ce matin du mercredi 6 décembre 2017 reste le souvenir le plus douloureux de sa vie. « Chaque jour, je suis réveillé aux aurores par la musique douce de France Bleu sur mon radioréveil. À 6 heures 30, une phrase inaudible m'a sorti de mes songes :

"Johnny Hallyday est décédé". Engourdi par le sommeil, je n'ai pas compris ce que j'ai entendu et je suis allé prendre mon petit-déjeuner. Comme si de rien n'était... En rallumant la radio dans la cuisine, j'ai réentendu et assimilé la nouvelle et je me suis affolé. *Cette fois, ça n'a pas l'air d'être une rumeur.* Je suis allé voir mon père et on s'est effondrés tous les deux. Dans le bus qui m'emmenait au lycée, je pleurais sans discontinuer. Même le chauffeur s'est inquiété. Il a compris ma peine. » Toute la France allait bientôt comprendre. Et prendre un énorme coup de massue sur le crâne.

Dire qu'elle rêvait de féérie... En ce jour 1 sans Johnny Hallyday, Ginette Canet s'apprêtait à fêter son anniversaire dans le parc d'attractions de Disneyland Paris avec, évidemment, un sourire ému en pensant à sa rencontre avec la star au Balzac, onze ans plus tôt. Mais la nouvelle allait tomber... « Johnny est parti le jour de mon anniversaire, déplore tristement Ginou. J'étais à l'hôtel de Disney pour fêter mes 60 ans. Sous la douche, j'entendais sonner mon portable, imaginant que des messages d'anniversaire arrivaient les uns après les autres. J'ai regardé mon téléphone sans m'inquiéter et ce que j'ai lu m'a fait l'effet d'une bombe. Je n'ai plus quitté ma chambre d'hôtel. »

Esseulée dans sa peine au milieu de ses collègues, Laurine Falconetti tenta de faire face. « Je m'étais forcée à tenir le coup au travail. J'étais un zombie. Tout à coup, mon corps a dit "stop". Je me suis effondrée, j'ai fait une crise de panique. J'ai dû sortir en larmes. »

Malgré les mauvaises nouvelles entourant l'état de santé de Johnny lors des précédentes semaines, beaucoup avaient essayé de se persuader d'une issue favorable. Car Johnny s'en était toujours sorti. « Sa disparition m'a fait l'effet d'un choc, avoue Yves Rénier. C'est toujours dur pour moi d'en parler. J'ai perdu un ami. Jusqu'alors, il renaissait toujours de ses cendres tel un phénix. La force de ce mec était incroyable. Je n'ai jamais vu quelqu'un de cette dimension. Alors on y croyait… »

La nouvelle se répandit peu à peu. « Mon père a téléphoné très tôt, je n'ai pas eu le temps de répondre, glisse David Hocq, les larmes aux yeux. Il a rappelé aussitôt. Quand j'ai décroché, il avait la voix qui tremblait. “Johnny est mort”. Surpris par son appel matinal, je n'avais même pas imaginé ça. » Actuels ou anciens, les musiciens de Johnny sombraient à leur tour : « J'ai quitté le groupe de Johnny à la fin des années 90 mais quand j'ai appris sa mort à la TV, j'ai pleuré », avoue l'harmoniciste Christophe Dupeu.

Chaque coin du monde où Johnny Hallyday avait laissé une trace était couvert d'un voile noir. « Je suis resté pétrifié en apprenant son décès, soupire le guitariste canadien Rejean Lachance. C'est le genre de personnes dont on n'imagine jamais la mort. J'ai tout mis entre parenthèses pour composer un morceau instrumental à son honneur, *Repose-toi guerrier*. Cela m'a aidé à passer ce moment, en repensant à mes souvenirs impérissables avec Johnny. » Au milieu de l'Océan indien, Rocky partagea sa peine avec la population malgache : « J'étais à Madagascar quand Johnny est parti. Dans la rue, les gens m'ont présenté leurs condoléances. C'était hallucinant ! Johnny était une immense star à Mada sans y avoir jamais mis les pieds. » Et même à Osaka, où se trouvait le batteur Geoff Dugmore : « j'étais en tournée au Japon quand j'ai reçu la nouvelle. Dans un premier temps, j'ai refusé d'admettre sa mort. Deux semaines avant, nous avions échangé par message au sujet de la prochaine tournée. J'avais le cœur brisé. J'ai aussitôt appelé Robin, puis Alain Lanty. Ensemble tous les trois, nous avons pleuré d'incompréhension. Je n'accepte toujours pas son décès. J'ai conservé chacun de ses SMS, chacun de ses courriels, et j'ai toujours avec moi son dernier message vocal. »

Sur RTL, le chef du service culture Anthony Martin multipliait les directs et les interviews : « En vingt-trois ans de radio, je n'ai jamais fait un tel marathon d'antenne. Jusqu'à l'hommage national du 9 décembre, c'est comme si le temps s'était figé. Les témoignages arrivaient de toute part. Aucun artiste n'a refusé de parler. *Aucun*. Très peu de vedettes concentrent une telle unanimité. Avec les appels d'auditeurs fans de Johnny, tout était démultiplié dans l'émotion. Nous avons essayé de produire l'hommage le plus intense et le plus riche qui soit, parce qu'il le méritait. Dès que je m'approchais du micro, une pensée guidait tous mes mots : *Johnny m'écoute. Alors attention. Faut pas déconner !* Je le sentais près de moi dans le studio. »

Mon téléphone sonna souvent ce matin-là. J'avais peu répondu. L'heure n'était pas aux confessions mais au recueillement. Alors que je garais ma voiture à Marnes-la-Coquette pour déposer, comme des centaines d'autres, un bouquet de fleurs devant la grille de la Savannah, un appel retint mon attention. Georges Lang.

– Salut Thibaut. Je suis en train de préparer mon émission spéciale de ce soir. Je cherche le CD des *Enfants du rock à Nashville*, de 1984. L'aurais-tu dans ta discographie ?

– Oui bien sûr, je te l'apporte rue Bayard.

En arrivant devant RTL avec une montagne de disques sous le bras, je retrouvai Georges chez Savy, la célèbre brasserie faisant face à la station. L'animateur des nuits musicales de la première radio de France m'expliqua l'angle choisi pour son émission : défricher les influences artistiques de Johnny et sa façon d'interpréter la musique américaine, le blues et le rock'n'roll, à travers plusieurs enregistrements pointus. En sus des enregistrements de Nashville, je lui proposai par exemple le duo avec Chris Isaak en 2006 sur *Blueberry Hill* ou les rocks du Théâtre de Paris en 2013. Une fois en studio j'introduisis chacun des morceaux en détaillant les conditions d'enregistrement ou les anecdotes importantes. « Tu as du mal à parler de Johnny au passé », me fit remarquer Georges Lang alors que nous évoquions – au présent – les retours aux sources de Johnny à chaque décennie.

Voici les chansons que nous avions diffusées ce soir-là :

Nashville Blues (The Everly Brothers)

Nashville Blues (Johnny en duo avec Don Everly, et Tony Joe White à la guitare)

Toi, tais-toi

Mon p'tit loup (ça va faire mal)

Blue Suede shoes (en duo avec Carl Perkins)

L'idole des jeunes (version 84 au Spencer Manor de Nashville)

Polk salad Annie (en duo avec Tony Joe White)

If I were a carpenter (en duo avec Emmylou Harris)

That's all right (avec les Stray Cats)

37ème étage (avec Brian Setzer)

Hi-heel sneakers (avec Brian Setzer)

Blueberry Hill (avec Chris Isaak)

Georges conclut l'émission ainsi : « Il est parti il y a moins de vingt-quatre heures et il nous manque déjà énormément. Le temps ne va rien arranger à l'affaire. »

Je n'oublierai jamais cette *Collection* spéciale avec Georges Lang, l'heure de radio la plus forte de ma vie. Un hommage improvisé sans notes et sans filet, suivant le fil rouge de la vie de Johnny Hallyday : le rock'n'roll. C'est à peu près tout ce qui comptait pour lui. Alors que je vivais la journée la plus triste de mon existence, j'avais quelque peu réussi à oublier le chagrin pendant soixante minutes, grâce au son de la voix de Johnny qui tapait fort dans mon casque. Georges avait poussé la musique si puissamment que les murs de ce studio mythique venaient nous réconforter.

À la fin de l'émission, Georges m'a demandé de l'aider à sélectionner les meilleures adaptations de standards américains interprétés par Johnny, afin d'anticiper son émission du lendemain. Je ne suis jamais retourné au 22, rue Bayard. Trop de souvenirs liés à Johnny dans cette merveilleuse radio…

Pendant que nous passions des disques à RTL, Teddy Bezet était prostré devant son camion à Montpellier. Détruit, le jeune homme reçut le soutien de Matthieu Chedid. « Quelques semaines avant, je lui avais montré mon tatouage "Johnny" et nous avions discuté de l'album *Jamais seul.* Il savait donc que j'étais un immense fan. En pleurs dans les coulisses de l'Arena, je craignais que tous les techniciens ne se moquent de moi, mais l'inverse s'est produit. Quand Matthieu Chedid est arrivé, il est venu me consoler et a exigé que je me repose. À 18 heures, il m'a fait inviter dans sa loge afin que j'écoute sa répétition de *Quelque chose de Tennessee*, qu'il allait jouer le soir en hommage à Johnny. »

Certains lecteurs pourraient éprouver des difficultés à comprendre la violence de la disparition de Johnny dans l'esprit de milliers de fans. Et toutes les histoires dramatiques qui en découlent. Sébastien Morrisseau tente d'apporter une explication : « Avec Johnny, c'est une histoire d'amour parfaite d'un bout à l'autre. Je n'ai jamais été déçu par lui. On ne s'est jamais engueulés. Il n'y a pas un seul mauvais souvenir. Johnny, c'est que du bonheur. Rien ne m'a fait plus souffrir que son départ. C'est le décès qui fait le plus mal, car avec *lui* tout était bien. »

Jours 2 et 3. Jeudi 7 et vendredi 8 décembre 2017. Après la première nuit du reste-de-leur-vie, tous ceux qui avaient malgré tout réussi à trouver le sommeil se réveillèrent dans un état que Johnny avait connu tant de fois dans sa vie de noctambule : la gueule de bois. La douloureuse sensation d'être transportés dans une autre vie. Toutes les chaînes étaient passées en mode Télé-Hallyday. Les clips passaient en boucle. Nous avons rapidement appris qu'un hommage national se tiendrait en l'église de la Madeleine et que le corps de Johnny s'envolerait sur cette petite île des Caraïbes : Saint-Barth'. Je ne sais plus vraiment ce que j'ai ressenti à l'annonce de cette nouvelle. À mes yeux, Saint-Barth' présentait encore le reflet d'une île abstraite inaccessible, connue seulement à travers les albums de vacances du rocker. Une histoire restait à écrire.

Alors que le monde affluait toujours devant la maison de Marnes-la-Coquette, certains fans prenaient déjà leur quartier devant la Madeleine. Être les premiers, vaille que vaille, une dernière fois. « Avec Nathalie, nous avons passé la journée à Marnes-la-Coquette, de 9 heures à 1 heure du matin, raconte Bruno Escure. Ensuite, nous avons dormi dehors, devant la Madeleine, sous la neige. » Corinne Lemasson s'effondre en larmes en repensant à cette nuit insensée : « J'avais une terrible bronchite depuis quelques jours, alors Thierry ne voulait pas qu'on y aille. On a malgré tout passé la nuit sous la neige, devant l'église… C'était horrible, mais on a vécu des moments très forts cette nuit-là, avec le noyau dur des fans. Certains chantaient. On avait besoin de cette ambiance. »

Pour la millième et dernière fois, l'inconditionnelle belge Nadine Kerwyn mit à l'épreuve ses rhumatismes. « Je suis arrivée à Paris dès le jeudi, et j'ai passé deux nuits dehors devant la Madeleine. Le grésil, la neige… J'ai eu tellement froid. À 5 heures du matin, le staff de Johnny nous a appris que les fans du premier rang pourraient entrer à l'intérieur de l'église. C'était un sentiment très fort. On était remerciés pour une vie de fidélité. » Le dernier cadeau de Johnny Hallyday à ses fans.

Jour 4. Samedi 9 décembre 2017. Après une nuit glaciale, un joli soleil avait éclairci le ciel bleu et le portrait géant de Johnny, affiché sur les colonnes de la Madeleine.

L'homme le plus populaire de France ne souhaitait pas quitter ce monde devant un parterre de personnalités triées sur le volet. Si les milliers de passionnés sur les Champs-Elysées ne pouvaient évidemment pas tous être invités dans les murs de la Madeleine, une centaine d'entre eux eut ce privilège, grâce au travail des *anges gardiens* – les gardes du corps – qui connaissaient personnellement ou visuellement chacun des fans qui avaient consacré leur vie à suivre Johnny. Au milieu des fans, je retrouvai Joey Gréco, qui avait fait le voyage de New York pour dire adieu à son vieil ami. Le guitariste de 1963-1964 avait apporté ses photos de l'époque afin de prouver qu'il avait bien été un intime du rocker, des années auparavant.

Nous avions rendez-vous devant un café situé à quelques centaines de mètres de l'église. Le fidèle Pistache vint ensuite nous chercher pour nous emmener dans l'église néo-classique. « Quel immense privilège d'être à l'intérieur, là où des milliers de gens voulaient se trouver, remercie encore Sébastien Morisseau. Cela m'a fait du bien. »

Avant d'entrer, nous assistâmes à l'ultime concert des musiciens de Johnny Hallyday. Installés sur une scène, ils avaient décidé de tout faire à l'identique : le micro de Johnny était installé à la bonne hauteur, tandis que Patrick Jakob faisait défiler les paroles sur son prompteur. Les milliers de personnes amassés devant l'église et dans la rue Royale chantaient à la place de Johnny. Chaque couplet versait une larme supplémentaire. Une expérience traumatisante pour les musiciens. « J'ai vécu ça comme un mauvais rêve, souffle Phil Almos. Le cauchemar d'un musicien, c'est de ne pas s'entendre jouer, de sentir ses cordes molles. Sur le parvis de l'église, c'était pire que cela : un concert sans chanteur. On avait la France face à nous. Une

France triste… C'était émouvant… mais très rude. J'avais du mal à réaliser que je jouais ces chansons pour la dernière fois. Autour de moi, il n'y avait que des scènes de chagrin. Robin Le Mesurier – un homme très sensible – était effondré. Le simple fait de le voir dans cet état était une épreuve. En jouant, je me suis retourné et j'ai vu Alain Lanty – ce bonhomme, ce grand musicien – qui s'essuyait les yeux entre deux notes. Merde, quoi… Qu'est-ce que c'était dur. On regardait son portrait géant en réalisant à quel point cet artiste avait bouleversé nos vies. » Alain Lanty confirme la sensation de son ami guitariste : « C'était absolument horrible. Avant de monter sur scène, je ne comprenais pas le sens de ce que nous allions faire. Jouer derrière son micro vide, merde… Et j'ai vite compris que la foule amassée allait chanter à sa place. C'était terrifiant et douloureux. J'en garde un souvenir trouble : comme quelque chose que je veux extraire de ma mémoire. Je jouais en pleurant, submergé par l'émotion. J'étais trop malheureux de savoir que c'était la dernière fois. » Guitariste mythique des années 80-90, Norbert Krief était aussi sur scène : « C'était phénoménal de voir ces mouvements d'affection de la foule. La personne qui provoquera ça un jour n'est pas encore née. Sur scène, on était tous tétanisés, anéantis. On s'est fait la bise, basta. La veille, lors de la répétition, on ne parlait pas non plus. On a juste échangé sur l'ordre des chansons. C'était terrifiant. »

« Pendant que les musiciens jouaient, j'avais l'impression qu'il s'agissait d'une plaisanterie, que Johnny allait sortir de scène », confie amèrement Thierry Lemasson. « Jusqu'à l'entrée dans l'église, je n'acceptais pas que Johnny soit parti, avoue Laura Morantin. Une fois à l'intérieur, j'ai été gagnée par une effroyable tristesse. J'ai touché le cercueil avant qu'il parte. » « Voir le cercueil mais ne pas le voir lui, c'était terrible », souffle Aurélien Thoumire. « Je suis entré dans la Madeleine à côté de mon père, comme le jour de notre premier concert, indique David Hocq. Sans lui, je ne sais pas si j'aurai eu la force. » « Je n'ai pas compris ce qui se passait, poursuit Yann Ekwalla. Mon cerveau n'était plus là. »

Seuls des flashs me restent de la cérémonie. Une pluie de larmes. Une collection de visages tristes, et de regards réconfortants. Le chagrin incontrôlable de Maxim Nucci, qui était passé à côté de moi après avoir majestueusement joué de la guitare en hommage à son ami. Le poème lu par Jean Réno, choisi par les adorables Jade et Joy. Les yeux exorbités de Greg Zlap, concentré sur sa partition de Gabrielle pour oublier l'asthénie de l'instant. La détresse de Line Renaud, chancelante dans l'allée centrale. Le cercueil blanc.

« C'était comme son dernier grand spectacle, estime Sébastien Morisseau. Il est entré accompagné d'une grande lumière blanche. Et quand il est sorti, la lumière du jour avait changé de couleur, devenue orange. Une dernière fois, il avait soigné son entrée et sa sortie. Comme si c'était prévu... Est-ce que c'était le destin ? Est-ce que c'était Dieu ? Ce fut ma dernière image de lui. »

Après avoir griffonné d'une larme le livre d'or de la messe, je m'avançai vers la sortie. En haut des marches de l'église, ce fut le choc de ma vie. À l'intérieur de la Madeleine, nous ne savions pas que la France entière était là, dehors, triste et silencieuse. Quelle secousse émotionnelle... Déjà hébétés par la cérémonie à la fois belle et mélancolique, comment réaliser ce qui se trouvait face à nous ? Combien de soirées au Stade de France aurait-il fallu pour rassembler tous ces gens ?

« Si Johnny a vu cette foule immense à travers l'au-delà, il a forcément été touché et très étonné, confie Laurent Olmedo. Bien qu'adulé par la France entière, il vivait dans un doute permanent. “Mon cauchemar, c'est qu'on m'oublie. Au bout du compte, qu'est-ce que j'ai fait à part chanter du rock'n'roll ?” »

Le bassiste genevois Fred Jimenez a vu dans la cérémonie de la Madeleine un juste final de la carrière de son ancien patron. « Avec Johnny, j'avais parfois l'impression de jouer du rock chrétien – malgré les bagues en têtes de morts qu'il portait aux doigts. Le côté christique de Johnny Hallyday est indéniable. Avez-vous réalisé le nombre de fois où il prononçait un vocable du mot amour pendant un concert ? C'est l'explication de son succès. Johnny était là pour l'amour. En jouant à ses côtés, je voyais les réactions qu'il provoquait sur le visage des gens. Le public nous renvoyait une telle énergie, on prenait tout de plein fouet. Et tous ces rituels… D'abord, un stade entier fait le signe de croix pour *Gabrielle*. Ensuite, les gens hurlent *Que je t'aime*, comme s'ils avaient reçu le corps du Christ, comme s'ils avaient communié avec une sorte d'hostie hallydéenne. Enfin, Johnny descend dans la foule, prend les mains des gens comme un curé distribue des pains bénits. Johnny était un prophète, et le message de lui qui restera, c'est l'amour. Comme dans la chanson : *Plus grand, plus fort, c'est l'amour à mort.* »

Après la cérémonie, je pris Yarol dans mes bras afin de le remercier pour ce que lui et les musiciens avaient fait.

– C'est normal, fit le guitariste. Partir en musique, avec du rock'n'roll, au son de *Gabrielle*, c'est ce que Johnny voulait, c'est certain.

De son côté, Alain Lanty alla à la rencontre des fans qui avaient assisté à la cérémonie derrière les barrières. « C'était bon de parler avec eux, confie le pianiste. Ils en avaient besoin, mais moi aussi. On était tous égaux dans la peine. Sans idolâtrie, sans selfies, on a simplement partagé notre chagrin. »

Partout l'émotion gagnait les plus fidèles serviteurs de Johnny. Sur le plateau installé par BFM TV sur le parvis de la Madeleine, l'historien hallydéen Jean-François Chenut laissa couler ses larmes en retraçant la carrière de Johnny. L'ex-Premier ministre Jean-Pierre Raffarin regagna ses bureaux à pied par la rue Tronchet, noire de monde. « Au-delà de la tristesse, j'ai ressenti une complicité avec les gens. Grâce aux codes de Johnny, on pouvait se comprendre en quelques signes. L'événement était tellement prégnant que j'ai eu la sensation d'assister à son dernier concert. Les gens pleuraient et chantaient à la fois. »

Florian Large fit exception en ce samedi 9 décembre. Présent à tous les grands concerts de Johnny depuis vingt ans, il n'avait pas réussi à se résoudre à prendre la route. « J'étais pourtant invité comme les autres fans du premier rang, mais j'ai refusé de vivre ce moment de tristesse. Dans sa vie, Johnny n'a apporté que de la joie et du bonheur, pas du chagrin. J'ai parfois un peu le remords de ne pas lui avoir dit au revoir, mais au moins je n'ai pas en tête les images de la cérémonie. » Florian était moins armé pour faire son deuil... « Les premiers jours ont été compliqués, poursuit le Berruyer. Pour moi, c'est comme si on était entre deux tournées mais que la prochaine n'aura jamais lieu. J'arrive à me consoler en attrapant un CD et en l'écoutant. Le moindre événement dédié à sa mémoire permettra de le faire exister. C'est ce qui nous fait tous tenir. »

Dans un état d'épuisement moral et physique, nous quittâmes la Madeleine pour débuter une nouvelle vie, où seul l'esprit de Johnny Hallyday nous accompagnerait désormais. Depuis ce jour où la Tour Eiffel affichait en lettres blanches *Merci Johnny*, je n'ai jamais cessé d'être au contact de tous ceux qui ont chuté de l'Everest en perdant leur guide. Marqué par ces rencontres touchantes, parfois déprimantes, j'ai voulu vous raconter le terrifiant Blues maudit des fans de Johnny Hallyday.

Évidemment, j'aimerais commencer avec les plus anciens. Ceux qui ont connu Johnny au début des années 60. Une vie à réinventer. Mon entretien avec Nadine Kerwyn a été déchirant. Je l'ai vue tant de fois le sourire aux lèvres au premier rang des salles de spectacles que j'avais peine à reconnaître cette dame âgée jadis pleine de vie et d'énergie, désormais gagnée par le chagrin et le désespoir. En pleurs, Nadine m'explique pourquoi ses cheveux ont subitement blanchi. « Souvent ma coiffeuse me disait que j'avais un beau blanc et qu'il serait opportun de cesser les teintures. Mais pour moi, il était hors de question que Johnny me voie avec les cheveux blancs. Je répondais alors à ma coiffeuse que je stopperais les colorations quand Johnny arrêterait de chanter. J'avais dit cela sur le ton de la boutade. Jamais je n'avais imaginé qu'il meure de mon vivant. Je pensais partir avant lui. Je n'étais pas préparée pour subir un tel choc. Son absence m'est insupportable. Avec sa force de caractère, je pensais qu'il passerait outre cette nouvelle maladie. C'est atroce. Je ne peux pas accepter son décès. Il ne méritait pas ça. Durant toute sa vie, il a fait le bien autour de lui. Il disait toujours qu'il ne pouvait pas vivre sans nous, ses fans. L'inverse est terriblement vrai. Chaque soir, mon mari regarde la télévision dans le salon pendant que je m'enferme dans la chambre : je regarde un ou deux DVD de concert et je ne peux pas m'empêcher de pleurer en revoyant tous ces souvenirs. Je dois absolument recevoir ma dose de Johnny tous les soirs. Parfois je m'interroge : *Que pensent mes petits-enfants en me voyant ?* Ma petite-fille me raconte parfois que son père[52] pleure le dimanche en écoutant Johnny quand il passe l'aspirateur. À 9 ans, j'imagine qu'elle se dit : *Si papa et mamie sont dans cet état, c'est que ce Johnny Hallyday en valait vraiment la peine*. Je serai fan jusqu'à la fin de ma vie. Je quitterai ce monde au son de *Vivre pour le meilleur*. »

Issu de la même génération, Joël Mazevet vit toujours au rythme de son idole. « Je l'écoute tous les jours. Chaque fois que je monte dans ma voiture, j'insère un nouveau CD. Pendant tout le trajet, j'ai la gorge serrée mais je repense à tout ce qu'il m'a apporté. Sur mon vélo, je chante ses chansons sans

52 *Johnny, le jumeau de Sylvie (cf chapitre 1).*

m'arrêter, même quand je fais 100 bornes ! Il fera toujours partie de ma vie. Je n'imagine pas une journée sans penser à lui. Depuis 1962, cela ne m'est jamais arrivé. »

Alors que leur quotidien était centré sur l'écoute quotidienne des chansons d'Hallyday, certains fans ont sombré dans la dépression au point d'être incapables d'écouter le moindre morceau de leur idole. « Il m'a fallu quatre mois avant d'être capable d'écouter sa voix, siffle tristement Stéphane Bertin. J'ai commencé par les années 60 et 70, l'époque dont je n'ai pas de souvenir contemporain. C'est un vide impossible à combler… Alors je l'ai comblé par l'alcool. Alors que je coulais, ma femme m'a sorti de là et m'a aidé à me relever. Mon monde s'était écroulé du jour au lendemain. Je me suis raccroché à mon entreprise, en travaillant de manière excessive pour m'échapper de ce cauchemar d'une vie sans Johnny Hallyday. Les gens peuvent-ils comprendre ce que nous ressentons ? Je suis retourné au zénith de Nantes pour accompagner ma femme au concert de Pascal Obispo, en restant incapable d'y accorder de l'intérêt. J'ai pris une telle claque. Quand il a chanté *Gabrielle* en hommage à Johnny, je me suis effondré. On ne pourra jamais revivre des moments aussi intenses. Rien ne pourra me rendre aussi fou que Johnny Hallyday l'a fait. Quand le décor s'ouvrait, j'entrais dans un autre monde. »

Après des années de privation et de sacrifices insensés pour suivre Johnny, Pascal Labelle s'est retrouvé orphelin : « J'ai fait une grosse dépression. Pendant trois mois, je n'ai pas écouté une seule chanson. C'était aussi très dur de sortir de chez moi. Aujourd'hui, je m'accroche aux souvenirs et j'enrage dès que j'entends des critiques négatives qui salissent son image. » « Je n'ai pas fait mon deuil car j'attends toujours qu'il annonce une nouvelle tournée », ajoute mélancoliquement Sébastien Morisseau.

Pendant plusieurs semaines, je ne suis pas parvenu à joindre Yann Ekwalla. On me disait qu'il avait sombré. « J'ai pété un plomb le jour de la sortie du dernier album. Cela m'a fait réaliser que c'était vraiment la fin. J'ai pensé à mettre fin à mes jours. Je n'avais plus goût à rien. La vie m'avait pris ce que j'aimais le plus. Johnny, c'était une drogue. J'ai coupé les ponts avec tout le monde. J'ai tout fait pour m'en sortir. Je suis allé voir un prêtre, qui s'est étonné qu'un homme puisse autant idolâtrer quelqu'un. Ensuite, j'ai été suivi psychologiquement pendant plus d'un an. Au fond de moi, je sais que la mort de Johnny m'a détruit. J'ai dû penser à ma famille et me réadapter à une nouvelle vie. C'est pour ma femme que je suis remonté à la surface, grâce au discours de mon médecin :

– Pensez à votre femme. Elle a accepté votre passion. Elle a vécu toute sa vie avec deux hommes, Johnny et vous.

– C'est vrai qu'il prenait énormément de place, répondit Yann. Il passait toujours avant ma famille.

– Qu'a fait Johnny quand il a perdu des amis ? interrogea le médecin.

– Il était sur scène, bredouilla Yann. Il avait chanté *J'ai besoin d'un ami* en hommage à Christian Audigier.

– Et Johnny serait-il heureux de vous voir dans cet état ?

– Non. Je pense qu'il me dirait que je ne suis qu'un con, et que ce n'est pas ça le rock'n'roll.

« Le fait de réaliser ce que Johnny m'aurait dit m'a fiché un nouveau coup de blues, mais cela a aussi aidé mon esprit à remonter peu à peu. Aujourd'hui, je ne peux toujours pas revoir des concerts entiers. J'y vais étape par étape, avec des vidéos sur Youtube. Je peux désormais entrer dans ma pièce dédiée à Johnny. Pendant plus d'un an, j'ai été incapable de franchir cette porte… Mais il y a des choses qui me semblent insurmontables. Le dernier DVD de Bruxelles, jamais je ne pourrai le regarder.

Le zénith de Nantes – le dernier endroit où j'ai vu Johnny – n'existe plus pour moi. Je n'y remettrai jamais les pieds. Quand je passe à proximité avec mon camion, je détourne le regard. Et Saint-Barth', je ne veux même pas y penser. Je ne suis pas assez fort mentalement pour le voir comme ça. Le jour de mes 50 ans, ma famille et mon patron se sont cotisés pour m'offrir un billet d'avion pour m'y rendre. Quand j'ai ouvert l'enveloppe, toutes les émotions sont remontées dans ma gorge. “Merci à tous, mais je ne suis pas prêt. Je ne peux pas.” On a revendu le billet. Je l'avais toujours dit : quand le King nous quitterait, la vie s'arrêterait. »

Souvent, ce deuil impossible a été traversé en famille. « Mon père le vit très mal, reconnaît Aurélien Thoumire. Pendant un an, il n'a pas écouté une seule chanson, ni regardé une seule image de Johnny. Ce n'était même pas la peine d'évoquer le sujet. Lors de dîners chez des amis, il changeait aussitôt de conversation si quelqu'un l'interrogeait sur Johnny. Dans notre famille, les tournées hallydéennes ont toujours été très importantes. Au moindre coup de blues de la vie, on apprenait que Johnny viendrait chanter au zénith de Rouen ou à Bercy. Le temps d'un concert, on oubliait tout. Savoir qu'on n'aura plus cette magie, ça fait mal. Mon père fera son deuil petit à petit mais cela restera toujours compliqué. » Un an après avoir interrogé Aurélien, j'ai rencontré son père, Fabrice, pour prendre de ses nouvelles : « Je ne m'en remets toujours pas, entame le Normand. Comme la vie est fade sans lui… Je commence à regarder des DVD, mais c'est dur. Il y en a certains que je ne peux toujours pas voir, comme les deux concerts de Londres en 2012 dont j'ai la vidéo. Je passe des heures dans mon musée et j'écoute les enregistrements pirates[53]. Je repasse des vieilles

---

53 *Beaucoup d'enregistrements pirates de concerts de Johnny circulent dans les filières de collectionneurs. Ils ont été captés au fur et à mesure des tournées par les fans, qui introduisaient des enregistreurs dans chaque salle de concert.*

VHS et ça me donne la chair de poule. La pilule n'est toujours pas avalée. Je me rends compte de l'importance qu'il avait dans ma vie, et c'est à peine croyable. Maintenant qu'il n'y a plus de tournée, j'ai repris la collection. Tous les soirs, je suis les enchères sur ebay. Récemment, j'ai retrouvé le programme du Palais des Sports 1969 ainsi que tous les premiers magazines du fan-club. » Fabrice ne prononce jamais le nom *Johnny*. « Pour moi, c'est "le Grand", avec un G majuscule. C'est comme ça. Il me manque tellement… »

Son fils Aurélien a aussi la voix chevrotante quand il raconte les deux premières années de sa vie vécues sans Johnny Hallyday. « Je me suis réfugié dans la musique, y compris dans mon orientation professionnelle. Mais à chaque concert regardé, je réalise que je ne vivrai plus jamais ça. Et quand je pense à mon futur métier dans la musique ou l'événementiel, je ne peux m'empêcher de m'attrister en comprenant que je ne travaillerai jamais pour lui. »

Laurine Falconetti repense parfois à l'époque révolue des tournées. « J'ai l'impression d'avoir grandi trop vite, que mes années folles sont très loin. C'était une époque de bonheur, d'insouciance où ma seule préoccupation était l'heure de mon train pour aller voir Johnny. On me demande souvent si un autre artiste serait en mesure de me donner ces émotions, mais c'est impossible. Il n'y a plus de flamme, plus de passion. Johnny me transcendait et me transcende toujours quand je l'écoute. Quand je regarde un concert, il y a toujours un moment de nostalgie. » La jeune femme se sent désormais investie d'une mission : « C'est à nous de faire perdurer l'œuvre de Johnny, pour le faire découvrir à ceux qui ne l'ont pas connu. Je raconte beaucoup aux gens ce que j'ai vécu avec lui et ma perception de cet homme. Il a tellement marqué ma vie. »

Les fans contaminés dès la naissance – parfois même *in utero* ! – par leurs parents ont aussi leur lot de peine. Pour eux, la vie sans Johnny Hallyday n'avait jamais existé. Pas une seconde. Tennessee Thelier a lutté contre cet étrange sentiment de rejet : « J'avais tellement peur de faire un blocage que j'ai aussitôt écouté en boucle tous les albums. Depuis, j'écoute Johnny au moins une fois par jour, que ce soit cinq minutes ou deux heures. Si je ne le fais pas, je ressens un mal-être et je passe une ou deux chansons pour me détendre. Comme une drogue... Ma femme n'aime pas Johnny mais elle comprend ma passion. Une fois par mois, elle me laisse ma soirée pour visionner un concert. En général, ma fille de 6 ans en regarde la moitié avec moi. Elle est attirée par lui.

Parfois, l'histoire du soir est remplacée par mes souvenirs avec Johnny qui l'intriguent énormément. “T'as trop de la chance, mais comment t'as fait pour prendre une photo avec lui ?” Elle me fait parfois pleurer. “T'as vu, j'ai dit *Que je t'aime* à Johnny. Tu crois qu'il serait content ?” Le 15 juin, je regardais le DVD de Bercy 92. Ma fille s'est levée pendant la chanson *Pour moi tu es la seule* : “T'as vu Johnny, je danse pour ton anniversaire !” Quand mon fils est né, la seule et unique chose qui pouvait le calmer était la voix de Johnny. Je pense qu'il avait beaucoup entendu l'album *Mon pays, c'est l'amour* pendant la grossesse. Grâce à mes enfants, ma collection “Johnny” sera peut-être sauvée à ma mort. J'en parle souvent avec mon père. Lui sait qu'elle sera entre de bonnes mains... »

La relève. La Nazairienne Laura Morantin a aussi transmis sa passion. « Ma dernière fille a prononcé le mot “Johnny” avant le prénom de ses frères et sœurs. Le matin, elle refuse les dessins animés au profit du DVD des *Vieilles Canailles*. Ma suite est assurée ! Quoi qu'il en soit, j'écouterai Johnny jusqu'à mon dernier souffle. Dans ma salle de bains, je diffuse ses concerts encore plus fort qu'avant. Je chante comme s'il était toujours en face de moi avec son sourire charmeur. Johnny, c'est la légende, mon idole, ma star, mon tout. Je l'aime de tout mon cœur. »

Les enfants, évidemment, réalisent la peine de leurs parents. Sébastien Jounel : « Au quotidien, je vis très mal l'absence de Johnny. Il y a des dates qui font mal. Le 15 juin, je l'écoute toute la journée et je souffre. Ça manque tellement. On ne peut plus vivre à travers les grandes messes de ses anniversaires à Bercy ou au Stade de France. Ce n'est vraiment pas facile tous les jours. Il faut aller de l'avant mais c'est dur. J'ai perdu ma source d'énergie. Mes filles ressentent mes faiblesses. Quand j'allume un CD de Johnny dans ma voiture, ma fille Laura m'interrompt parfois : "Arrête papa, ça me donne envie de pleurer." »

« Tout s'est effondré avec sa disparition, ajoute Christine Bodart. Johnny faisait partie de ma famille, de ma vie. Il m'a tout apporté avant de tout me prendre. J'ai eu l'impression d'enterrer mon père une seconde fois, car je m'étais raccroché à Johnny à sa mort. Le plus difficile, c'est d'accepter cette situation. J'ai essayé de reconstruire ma vie pour mes enfants, pour tenter de revivre, mais il manquera toujours quelque chose. Voir une image de Johnny à la TV aujourd'hui, c'est une pénitence. »

En Afrique de l'Ouest, Eddie Ledrapier (président du fan-club *Johnny* au Bénin) a souffert en silence. « Je ne suis plus sorti pendant six mois. L'un de ses gardes du corps est venu en vacances chez moi au Bénin, cela m'a beaucoup aidé. Je ne m'en remets pas. Et je ne m'en remettrai jamais. Je n'écoute toujours pas ses chansons, et on a arrêté les soirées du fan-club. J'ai passé des nuits à pleurer seul comme un con, dans mon camion au milieu de la brousse. À Cotonou, les gens me traitent de fou. Je leur réponds qu'on est des milliers… »

« Pendant plusieurs semaines, on entendait du Johnny partout, même dans des endroits improbables où sa musique n'était jamais diffusée, poursuit Alexandrine. En soirée à Biarritz, j'ai dû quitter la salle car le fait d'entendre sa voix me donnait envie de pleurer. »

Déjà marqué par un passé difficile, Teddy Bezet n'en a pas moins été bouleversé : « Je n'ai pas eu une vie facile, malgré cela, je n'ai jamais autant souffert ni pleuré que quand Johnny est parti. Peut-on appeler ça dépression ? En tout cas, je ne parlais plus à personne. Quand je vois les images de l'hommage du 9 décembre, je détourne toujours le regard. »

Les larmes ont coulé et couleront encore… « Je ne ferai jamais mon deuil, assure Bruno Escure. C'est une évidence. La blessure est trop profonde. » Réalisateur de trois films avec Johnny, Claude Lelouch confie aussi sa douleur : « C'est un homme qui me manque beaucoup. Beaucoup, beaucoup, beaucoup (*regard dans le vague*). C'est très dur de vivre sans Johnny, de ne plus jamais l'avoir au téléphone. »

Dans son bureau, Jacques Rouveyrollis me montre tous les cadres photos des artistes qu'il a éclairés : « J'en ai perdu tellement. Gainsbourg, Barbara, Aznavour, Jean Marais… Et Johnny. Pour moi, ces gens-là sont comme des parents : dans votre tête, ils ne meurent jamais. Ces artistes étaient d'une telle dimension que leur mémoire est imprimée en nous. J'ai le regret de ne plus les avoir physiquement, mais mentalement, je les garde en moi. »

Lucien Périn a aussi pris le parti de poursuivre sa passion quotidiennement. « Je n'ai jamais arrêté d'écouter Johnny. Même quand ça me fait pleurer, je continue… Je travaille seul avec mon oreillette branchée toute la journée sur sa discographie. En revanche, j'éprouve des difficultés à me plonger dans nos souvenirs personnels avec lui et je n'en parle pas beaucoup. Il vit en moi. »

Parler du “Grand”. Un exercice douloureux, éprouvant, émouvant pour beaucoup de passionnés. Lors de certaines interviews, j'avais parfois l'impression d'écrire un livre-thérapie en endossant le rôle du psychologue qui écoute. Certains ont retenu leurs larmes quand d'autres ont éclaté en sanglots. À l'issue des entretiens, ces fans éplorés confessaient souvent qu'avoir enfin extériorisé leurs émotions et raconté leurs souvenirs avec Johnny les avait apaisés. Pour une partie, la tâche est encore trop ardue. Il faut se rendre compte que cela dépasse très largement la perte de son chanteur préféré. Des couples ont explosé avec la mort de Johnny Hallyday. Des familles brisées. Certains ont refusé de raconter leur histoire dans ce livre, parce que leur cœur est toujours marqué au fer rouge par la disparition de leur guide. « Je ne sais plus en parler, m'explique l'un d'entre eux. C'est très dur. J'ai vécu ça à fond. C'était ma vie. J'en ai toujours parlé avec le cœur mais maintenant je ne peux plus. Je garde tout pour moi. Je suis trop à fleur de peau. C'est très sensible. Je n'y arrive pas. Je vis mon deuil dans l'ombre, dans mes pensées, dans mes souvenirs, en l'écoutant tout seul. Quand on m'interroge, je dis simplement que Johnny était un homme de cœur. Pour le reste, je ne suis plus apte. »

J'ai également été très marqué par mes retrouvailles avec Robin le Mesurier, en octobre 2019. Lors de chacune de mes discussions avec le guitariste anglais en coulisses des concerts ou à RTL, j'avais appris à connaître un homme extrêmement gentil, timide et peu disert. Depuis la disparition de son "frère" de rock'n'roll, Robin est meurtri. Durant la matinée que nous avons passée ensemble, je ne compte pas le nombre de fois où il a prononcé tristement cette terrible phrase, en conclusion de chacune des anecdotes : *It will never happen again* (Cela n'arrivera plus jamais). Bien qu'il soit plus jeune et plus solide, j'ai toujours senti la même émotion dans les yeux embués de Greg Zlap dès qu'il évoque son mentor de scène. Dans l'atelier de l'harmoniciste, il y a du Johnny partout. Une guitare dédicacée par le rocker, des disques, des souvenirs de tournée… Et un ordinateur contenant plus de trois mille photos de concert ou de répétitions. Dès qu'il posait son harmonica, Greg prenait son appareil photo. Le musicien flashait si souvent son patron qu'en faisant défiler tous ses clichés, nous sommes parvenus à reconstituer la gestuelle de Johnny dans une chanson, comme s'il avait enregistré une vidéo. On y voit aussi Johnny chantant à genoux en répétition, ou s'essayant à la trompette sous le regard amusé des cuivres américains. Un jour, Greg m'a confié qu'il ne montait jamais sur scène sans une pensée pour Johnny. « En me demandant de faire le show à ses côtés avec mon petit harmonica, Johnny m'a transmis un feu qui est toujours en moi. » Pour lui rendre hommage à chacun de ses concerts, Greg a composé le *Blues du pénitencier*, s'inspirant de la mélodie du tube de 1964. « Je voulais un morceau exclusivement instrumental car sa voix est irremplaçable. J'ai choisi la mélodie du *Pénitencier*, sur laquelle je rajoute une rythmique très rapide qui rappelle mon solo de *Gabrielle.* » « Mon plus grand réconfort depuis la mort de Johnny, c'est Greg Zlap, indique Bruno Baille. Il fait vivre Johnny, le perpétue avec un immense respect. » Créé en 2018, le fan-club de Greg Zlap a d'ailleurs été fondé par… un accro à Johnny.

Tous ceux qui ont partagé la vie du rocker continuent d'interpréter ses morceaux sur scène. Yarol Poupaud arpente les routes de France avec *Fils de personne,* Nanette Workman inonde Québec au son de *Apprendre à vivre ensemble* et de tous les titres enregistrés à Londres quand Johnny était son producteur au début des années 70. « Il est toujours vivant dans mon cœur », sourit la chanteuse américaine. Louis Bertignac varie les plaisirs : « Au moindre de mes concerts, il y a toujours un fan pour me dire : “Tu nous jouerais pas un petit Johnny ?” Je le fais toujours avec plaisir. » Le plus bel hommage d'un artiste qu'il m'ait été donné de voir est celui de David Hallyday, avec *Sang pour sang* et *J'ai oublié de vivre* au tour de chant de son *Éternel Tour*, avec ces mots introductifs : « Je voudrais chanter pour un artiste de dingue, irremplaçable, je ne trouve plus d'autres mots. Cet album que nous avons fait ensemble, c'est ce que je garde en moi. Cela nous a permis de passer plusieurs mois ensemble. » Sobre et fort. Derrière David, le portrait de Johnny était apparu sur l'écran géant. Au fil de la chanson, la photo s'était dédoublée avec le visage de David. Stupéfiante image. À 54 ans, le seul fils du rocker a bientôt l'âge qu'avait son père lors de son premier Stade de France, en 1998. S'il n'a pas du tout la même voix et qu'il chante son propre répertoire (très rock et très qualitatif), la ressemblance reste frappante. Les mimiques. Les gestes. Le regard. L'énergie sur scène. La générosité face au public. En fixant David sur la scène de la salle Pleyel, j'ai plusieurs fois été saisi par l'impression de voir en lui le fantôme de son père. Quelques semaines plus tard, je le revoyais dans le minuscule théâtre du Casino de Deauville. Comme son père, David était descendu de la scène pour chanter au contact de ses fans. Avec lui, la légende Hallyday continue…

Tony Frank, lui, se plonge dans ses photos, en retrouvant de temps en temps de vieux négatifs. « J'ai toujours du mal à penser que je ne vais pas le revoir. Lors des vingt dernières années, on ne se voyait plus vraiment. J'avais donc l'habitude de vivre sans lui. Par conséquent, je ne parviens pas à réaliser qu'il est mort. J'adore ce type. Je sais, je n'arrive pas à parler de lui au passé… J'ai vécu tellement de choses auprès de Johnny. » Pour l'acteur Bruno Putzulu, le moment le plus dur est celui des vacances : « Quand l'été arrive, j'ai toujours une drôle de sensation. Je repense au bateau de Jojo sur lequel il aimait m'inviter, et j'ai l'impression que cela arrivera encore. Comme si c'était impossible qu'il ne soit plus là. On pensait toujours qu'il se sortirait de toutes les situations. Chaque jour, je pense à lui… »

Si nous conservons en mémoire notre dernière image de Johnny sur scène, les intimes ressassent leur ultime conversation. Pour Jacques Verrecchia, c'était à Carcassonne, dans les coulisses du dernier show de Johnny. « C'était très marquant, se souvient l'avocat. Il a fendu la foule d'invités pour venir m'embrasser. »

– Jacques, je suis vraiment content de te voir. Je pars à Saint-Barth', mais faut qu'on se voie en septembre quand je rentre à Los Angeles. Tu as toujours mon numéro ?

– Bien sûr, si tu n'as pas changé.

– Toujours pareil. Le même numéro que Læticia, avec le dernier numéro qui change.

« Ce sont les derniers mots qu'il m'a dits. Je m'en suis rendu compte après coup. Il n'est jamais retourné à Los Angeles. »

Les auteurs déplorent le syndrome de la page blanche – nouvelle version : « Quand Johnny est parti, c'est la première fois que j'ai ressenti ce manque, confie Emmanuelle Cosso-Merad. J'ai éprouvé de la tristesse, humainement et artistiquement. Sans le connaître intimement, j'avais une relation artistique très forte, et son décès m'a fait l'effet d'un grand vide. »

Dans le monde du spectacle, techniciens, chauffeurs, gardes du corps ou cuisiniers se tombent toujours dans les bras lorsqu'ils rencontrent un ancien collègue des "tournées Johnny". Camus et Hallyday ayant inventé le fonctionnement des tournées modernes, l'empreinte laissée dans ce milieu est très forte. Et c'est pour vivre la vie de Johnny par procuration que de nombreux fans ont suivi cette voie. Forcément, chaque retour sur les traces des exploits de Johnny est une épreuve. « Chaque zénith, chaque salle, chaque stade me rappelle une histoire avec lui, confirme le chauffeur poids lourds Johnny Bednarz. Quand je suis entré au Stade de France avec mon camion, je ne pouvais m'empêcher de me dire que le matériel que je transportais aurait pu être celui de Johnny. En plus, j'ai appris que les camions de notre entreprise étaient rouges sur décision de Johnny. Il adorait Ferrari, et il voulait que ses véhicules soient tous identiques. En arrivant au zénith de Paris, je me suis frotté les yeux en réalisant qu'en 1984 ils avaient explosé la porte du milieu pour faire entrer le décor. » Pour gagner quelques sous en période de vacances scolaires, Aurélien Thoumire est devenu *roadie*[54]. « À la fin d'un concert, je me suis installé au milieu du Zénith avec une enceinte portative et j'ai diffusé l'introduction du Zénith 84. Quelle fierté ! » Devenue productrice de spectacles, la jeune Basque Alexandrine voit des fantômes quand elle accompagne un artiste au zénith de Pau. « Dans les coulisses, il y a plusieurs photos dédicacées par Johnny. Ensuite, je l'imagine partout. *Il était dans cette loge. Il a emprunté ces escaliers.* »

Personnellement, j'ai toujours une pensée pour lui en entrant dans le palais omnisports de Paris-Bercy, pour un tournoi de tennis ou un match de basket. C'est la salle qui à mes yeux représente le mieux la force de Johnny. Celle où je l'ai le plus souvent applaudi : Quatorze fois !

Le 19 octobre 2018, comme des milliers de Français simultanément, j'imaginai Johnny Hallyday chanter *Mon pays, c'est l'amour* ou *Made in rock'n'roll* sur la scène de Bercy. Après de longs mois d'attente, l'ultime album studio du rocker disparu était enfin proposé à nos oreilles. Hasard pour les uns ou signe du destin pour les autres, j'atterrissais à Saint-Barthélemy trois heures avant la sortie de l'enregistrement. À quelques mètres de Salines – l'une des plus belles plages de l'île – et à fond, j'écoutai pour la première fois la dernière trace sonore laissée par Johnny. Cette première écoute réservait un cocktail de sensations fortes : cristalline à souhait, la voix du rocker en fin de vie est sublime, d'une pureté et d'une sincérité presque uniques. Connaissez-vous beaucoup de chanteurs affichant une telle perfection en enregistrant leurs dernières chansons, à quelques semaines d'être soufflés par la maladie ? La clarté de sa voix me rappelle l'idéal absolu d'*Hamlet* en 1976, l'un des albums où Johnny chante le mieux. En comparaison, la voix du rocker fatigué lors

54 *Machiniste itinérant.*

de son premier album post-coma en 2011, *Jamais seul*, était presque voilée, gutturale parfois. « Ce dernier album est un tour de force, décrypte Anthony Martin. L'énergie qu'il met dans la première partie est exceptionnelle. C'est hallucinant qu'il se soit jeté dans ces chansons avec cette énergie. Les titres sont très forts, les paroles lui collent à la peau. En studio, il a tout donné. Johnny chante comme un condamné, avec une gravité dans la voix. Pour les fans et tous ceux qui connaissent bien Johnny, il existe plusieurs niveaux de lecture dans cet opus, qui est d'une autre dimension. La manière dont il s'est vendu [55] est à l'image de sa carrière : unique. Johnny en aurait été tellement fier. »

Les musiciens qui ont travaillé sur cet album en restent aussi très marqués, à l'image de la choriste Carmel Helene : « J'étais au courant que Johnny était très malade. C'était très particulier d'être appelée pour enregistrer mes voix sur son tout-dernier album, comme si j'entrais un peu dans l'histoire. Les séances étaient très poignantes. J'aurais aimé lui exprimer toute ma gratitude et mon respect. »

Une fois l'album finalisé par Bertrand Lamblot, Maxim Nucci, Yarol Poupaud, Yvan Cassar et Lætícia Hallyday, les auteurs furent invités à écouter le fruit de leur travail en avant-première. Ils constatèrent que le deuil n'était toujours pas fait : « L'émotion était très forte, confie Jérôme Attal. Au fil des chansons, Bertrand Lamblot pleurait, Maxim Nucci n'en était pas loin non plus. Dès la première écoute, j'ai senti la vitalité du mec. Il croulait sous les problèmes, rongé par la maladie, mais le studio a été sa récréation. Je ne ressens pas la même noirceur que dans le disque-testament de Bowie [56]. Johnny a insufflé une telle immédiateté dans ses chansons qu'on a l'impression qu'il les chante encore. Son énergie a rendu son album immortel. J'ai

---

55 *Meilleur démarrage de ventes de tous les temps en France.*

56 *Blackstar.*

aussitôt adoré sa manière de chanter mon texte, *L'Amérique de William*. Dans la phrase *Des villes-fantômes sous la lune*, il fait le "E" de *fantôme* et monte un peu dans les aigus. C'est sublime. »

Chez les fans, *Mon pays, c'est l'amour* raviva une flamme perdue dans le chagrin incommensurable de la disparation du « Guide ». « Je me suis jeté sur l'album dès sa sortie, s'extasie Johnny Bednarz. Je me revois tout excité au volant de mon camion à Montpellier en écoutant *Mon pays, c'est l'amour*. J'en avais oublié la sombre réalité. *Qu'est-ce qu'elle va donner sur scène !* Je l'imaginais prendre un pied énorme à chanter ce rockabilly. Je devinais même son sourire en l'écoutant chanter. Je pensais à la prochaine tournée. Et puis je réalisais. Et j'ai sombré. À nouveau… »

Christine Bodart ne souhaita pas prendre ce risque. « J'ai acheté tous les coffrets de l'album mais j'ai tout laissé dans l'emballage pendant plusieurs mois. Je ne pouvais me résoudre à écouter ça. Il aurait dû chanter ces titres sur scène. » La frustration restera éternelle. « J'ai ressenti un phénomène mystique – presque magique – autour de ce dernier album, philosophe Alexandrine. Il suffisait de l'écouter chanter pour le voir sur scène. » Si un rêve est la moitié d'une réalité [57], nous nous étions tous persuadés de l'impossible à force d'en avoir eu la vision.

L'Impossible deuil. Pour tous ceux qui s'en sont sortis, l'annuelle et éternelle résurgence du 15 juin est une date qui rapproche du précipice. Parc de Sceaux, Stade de France ou Bercy, l'anniversaire de Johnny a souvent été l'occasion de gigantesques réunions de famille hallydéennes. « En 2020, c'était pire que tout, déplore Christine Bodart. Perdue dans mon trip, je ressentais le besoin de faire mes valises et de quitter la Belgique pour rejoindre le Stade de France. Au moins l'année précédente, il y avait le Grand banquet. Ça, c'était une belle thérapie. »

---

57 *Citation de Joseph Joubert (essayiste, 1754-1824).*

Le Grand banquet ? « L'idée est née lors d'un soir de déprime sur Facebook, retrace Patrick Pennetier. On avait besoin de se retrouver entre fans… comme avant. J'ai proposé d'organiser un barbecue dans un grand champ. Florian a vu plus grand : et pourquoi ne pas organiser un concert ? On a tout imaginé pour deux cents personnes, et plus les jours passaient, plus les réservations affluaient. » Finalement, Florian Large et Patrick Pennetier allaient organiser une véritable festival-hommage à Johnny, dans la banlieue de Bourges. « On a décidé d'ajouter tout ce que Johnny aimait, poursuit Florian. Des concerts, une ambiance américaine, de la convivialité… On ne voulait pas une messe avec des larmes, mais une fête avec des rires. Devant l'engouement inattendu, j'ai compris qu'il y avait un manque chez les gens. Dès le mois d'avril, le festival du 15 juin 2019 était complet. Durant un week-end, on s'est sentis utiles. Ce genre d'événement fait perdurer la mémoire de Johnny. » Outre les concerts, les deux fans ont réussi à créer un véritable mini-village pendant deux jours, à l'image de ce que Johnny avait imaginé en 1972 pour son *Johnny Circus*. Même Pierre Billon était là. « C'était la star de notre festival, sourit Florian. C'était tellement génial de le voir débarquer en pleine cambrousse, monter sur scène sans demander le moindre euro. Billon, c'est une part de Johnny, le vieux pote présent jusqu'au bout, un mec bien. Il a donné de sa personne pour notre festival. » Je me souviens de l'arrivée de Pierre Billon au Grand banquet, provoquant un léger mouvement de foule : chacun voulait sa photo ou sa dédicace ! « Pour les fans de Jojo, je représente l'un de ses amis fidèles, qui a été avec lui jusqu'au bout de sa vie, explique Pierre Billon.

Certains pleurent quand ils me touchent ou qu'ils me font la bise. C'est assez invraisemblable. » Comme le précisait Florian, l'auteur de *J'ai oublié de vivre* était venu chanter gratuitement. « Je refuse de faire des trucs payants pour Johnny. Ramasser 1 000 euros pour chanter en son honneur, jamais de la vie. Si on m'appelle, je prends ma guitare sèche et je viens raconter quelques chansons, point. »

Avant de remonter sur sa puissante bécane, Pierre Billon avait même acheté des t-shirts du Grand Banquet pour en offrir à Lætitia Hallyday, laquelle en céda un à Jean Reno. « Quelques jours plus tard, un magazine a publié une photo de Jean Reno portant notre t-shirt, écarquille les yeux Florian. C'était un truc de fou… » Après Billon en 2019, Daniel Angeli avait accepté d'être le parrain de l'édition 2020[58]. Un autre gardien de la mémoire d'Hallyday. « Avec mes filles, on s'arrange pour faire plaisir aux fans, raconte le photographe. J'offre des tirages, je me rends aux rassemblements. J'ai même visité le musée d'un fan qui a tapissé sa maison de photos de Jojo. Je comprends ce qu'ils ressentent : ils ont perdu la moitié de leur vie, si ce n'est pas plus. Je veille au grain afin que sa mémoire soit respectée. Jojo avait un don : il soignait les gens. Et c'est toujours le cas aujourd'hui, même trois ans après sa mort. Une dame est venue dans mon loft pour acheter tous mes livres de photos. Elle m'a expliqué qu'après avoir été dans le coma, elle avait retrouvé la mémoire grâce aux chansons de Johnny. »

Daniel Angeli lui-même n'a toujours pas digéré la disparition de son ami. Dans son loft dédié à la mémoire hallydéenne, l'ex-photographe officiel pioche régulièrement au hasard dans la discographie hallydéenne : « Récemment, j'ai redécouvert l'album *Le cœur d'un homme*, dont on ne parle jamais. De la ballade amoureuse *Always* à la reprise de Cabrel – *Sarbacane* – quelle beauté ! Je regarde aussi des concerts en vidéo. Mon extrait préféré, c'est le duo avec Bruel au Stade de France. Je le regarde deux à trois fois par mois. »

---

58 *Edition annulée en raison de la situation sanitaire.*

D'autres rassemblements ont vu le jour, organisés à Perpignan par l'association Made in rock'n'roll ou encore à Ramatuelle, sous l'impulsion de Rocky, guitariste iconique des années 80. « Au départ, je voulais rassembler quelques musiciens sur un immense parking. Finalement, le maire de Ramatuelle nous a offert gracieusement le Théâtre de verdure et tous les anciens musiciens de Johnny qui étaient disponibles ce jour-là sont venus. On était quarante sur scène ! On ne voulait pas d'imitateurs, alors on a chanté à tour de rôle. Cela nous a aussi permis de rencontrer des musiciens qui ont joué avec lui à une époque différente de la nôtre. » Ça n'finira jamais…

Pour les *bikers*, le devoir de mémoire s'effectue évidemment sur la route. Les Desperados sont sortis de leur sommeil pour retrouver leur lustre d'antan. Fan de Johnny, Jacques Fossé a eu le privilège d'être adopté par la bande. « C'est grandiose de porter ces couleurs. Ce sont celles de Johnny. » Quelques jours avant sa mort, Johnny avait exprimé à ses amis son désir de refaire un road-trip l'année suivante. Ils l'ont fait sans lui… « Le Grand était avec nous sur la route, sourit tristement Pierre Billon. Il sait qu'on roulera toujours pour lui. On continuera autant qu'on peut. Ce n'est pas un pèlerinage mais c'est notre façon de déposer des fleurs au cimetière. Nous, on apporte notre cœur sur le voyage.

Après avoir roulé toute la journée en pensant à lui, le soir on partageait nos souvenirs des aventures de Jojo : "Tu te souviens de ce qu'il avait fait ce jour-là ? Qu'est-ce qu'on avait ri…" » Des histoires de cigarettes craquées dans des motels non-fumeurs, de pourboires glissés sous le manteau pour faire taire les grooms, d'extincteurs à incendie qui inondent une chambre à cause de l'odeur des Gitanes…

L'un des lieux où les *Brothers* de Johnny ont à nouveau posé leurs valises est devenu une ville-symbole : Mexican Hat. Accompagnés de Lætitia, les bikers ont planté un clou sur une plaque commémorative, devant la chambre du rocker. « Mexican Hat était son meilleur souvenir du road-trip de 2017, alors cet endroit s'imposait. Lætitia nous a rejoints à Durango et elle est montée derrière moi. Ce motel, c'est les films américains, la bécane au cul de la chambre. Tout est en bois, on fait son propre café. » Et depuis que cette plaque a été déposée, la vague magique des fans de Johnny s'est soulevée : le motel affiche complet ! « C'est un problème pour moi, indique Philippe Lacarrière, organisateur de road-trips. J'ai désormais beaucoup de mal à y réserver des chambres car elles sont toutes occupées par des fans de Johnny. » Bruno a déjà prévu d'emprunter ses routes un jour, avec un guide pas comme les autres. Depuis le décès de son idole, il vit sa passion par procuration en roulant aux côtés de Pierre Billon. « Je l'ai rencontré sur un plateau TV, puis je l'ai revu à Saint-Barth'. Pour moi, c'est un truc de fou. On passe des week-ends ensemble. Je n'ose pas trop parler de Johnny, mais c'est lui qui me raconte. Pierre a conservé les derniers messages vocaux que Johnny lui a envoyés. Parfois, il me les fait écouter. À Vichy, on a écumé des bars où Johnny était déjà passé. »

Chacun trouve sa bouée de sauvetage pour retomber du bon côté de la vie. Pour Jonathan Luciani, un t-shirt a tout changé. Depuis plusieurs années, il rêvait d'acheter la même tenue que son idole – un t-shirt noir représentant le drapeau américain. De son vivant, Johnny avait même répondu à ses interrogations, indiquant au jeune homme qu'il s'agissait de la marque américaine John Varvatos. Impossible pourtant de le trouver. Le vêtement datait probablement d'une vieille collection. Après le décès de la star, Jonathan reçut un message de Lætitia Hallyday : « Donne-moi ton adresse, je vais t'envoyer le t-shirt. Johnny serait super content de savoir que tu vas le porter. » Et elle s'exécuta. « Quand je l'ai reçu, je n'y croyais pas ! Emballé dans un papier Dior, il sentait leur maison. On voyait qu'il s'agissait d'un vêtement avec du vécu. Taille M. Un mini-trou en bas est sans doute la conséquence des cendres de ses cigarettes. Grâce aux photos sur Internet ou dans les magazines, je sais qu'il l'a souvent porté. Il avait une série de t-shirts qu'il affectionnait et qu'il portait sans arrêt. De mon côté, je l'ai mis le 15 juin pour son anniversaire et c'est tout. Je le regarde tous les matins en m'habillant. Une part de lui est chez moi. »

Grâce à la générosité de Johnny Hallyday, des centaines d'objets culte sont disséminées partout dans le monde. Ni collectionneur ni matérialiste, le rocker ne gardait presque rien. Il donnait tout : guitares, bijoux, costumes, décors, etc. On peut parfois avoir des surprises : un soir après un mariage, je me suis retrouvé à dormir sur un matelas dans une chambre d'amis. À côté de moi trônait la statue du Palais des Sports 82 avec la lance utilisée par Johnny lors du combat. Celle avec laquelle il achève son ennemi et qu'il brandit au-dessus de sa tête à l'issue de *Voyage au pays des vivants.* « Je collectionne les costumes de scène de Johnny, raconte Sébastien Morisseau. Ma plus belle pièce, c'est le blouson Daytona du road-trip de 1990, avec l'aigle sur le côté. Mon rêve est d'acquérir celui du Zénith 84, mon premier spectacle. Ceci dit, les costumes ne valent plus grand-chose sans Johnny. Que ce soit sur moi ou sur le mannequin, cela ne rend pas pareil. C'est *lui* qui les mettait en valeur, avec ses bras musclés. Grâce à tous ces souvenirs, je pourrai raconter à ma fille qui était Johnny Hallyday. J'ai eu tellement de chance de connaître cet homme, ce monstre sacré. La vie continue difficilement, mais il ne sera jamais mort tant qu'on parlera de lui. »

Six pieds sous terre, Jojo
Tu chantes encore
Six pieds sous terre, Jojo
Tu n'es pas mort[59]

---

59 *Extrait de la chanson Jojo de Jacques Brel.*

CHAPITRE 17

SAINT-BARTH', L'ULTIME VOYAGE

Playlist du chapitre :

L'Eldorado (1998)

J'en parlerai au diable (2017)

Je ne suis qu'un homme (2017)

Always on my mind, (Elvis Presley, 1972)

Hallelujah, (Jeff Buckley, 1994)

Je chercherai le temps qu'il faut.
Je trouverai l'Eldorado.
[…]
Ce bout de terre au bout du monde, où le soleil pose ses bagages.

[...]
Un morceau d'île posé sur l'eau, pour s'abriter du bruit des larmes,
[...]
pour y planter enfin sa croix.

Étrangement prophétiques, ces paroles troublantes datent de 1998, lorsque Johnny interprétait *L'Eldorado* dans l'album réalisé par Pascal Obispo. Patrice Guirao avait écrit la chanson au soleil d'une autre île, Tahiti. « Il y a dans cette chanson une résonance avec les rêves de Johnny. Il affectionnait la Polynésie, le mythe de Brando, l'atoll de Tetiaroa. Je me disais que cet Eldorado qu'on cherche tous pouvait se trouvait là. »

À cette époque, Johnny et Læticia sillonnaient les eaux caribéennes à bord du yacht *Only you* à la recherche de leur eldorado. Au milieu des merveilles antillaises, un petit caillou paradisiaque avait particulièrement retenu leur attention : Saint-Barth'. Christophe Colomb Hallyday avait déjà découvert la minuscule île de Saint-Barthélemy vingt ans plus tôt alors qu'il voguait dans les Caraïbes sur le *Vendredi 13*, un voilier de course malchanceux au palmarès vierge, devenu un "charter" de stars. Cette mauvaise fortune n'avait pas inquiété le jeune rocker de 34 ans, tête brûlée et pas superstitieux. C'était en 1977, une période où Saint-Barth' n'était pas encore habitué à voir débarquer des pléiades de stars. « On s'arrêtait tous les jours dans une petite île des Antilles », rapporte Tony Frank. En toute simplicité, Johnny avait accosté sur l'île accompagné de son ami Joe Dassin. Ensemble, ils avaient dégusté quelques pastis au Select, le bar des marins situé sur le port de Gustavia. Après avoir amarré le *Vendredi 13* dans la baie de Corossol, Hallyday et Dassin avaient rendu visite à leur ami Gilbert Bécaud, descendu dans un hôtel de la Baie des Flamands, au Nord-Ouest de l'île.

Avec Lætícia, le coup de foudre fut mutuel et immédiat : les deux amoureux se prirent à rêver d'une maison de vacances à Saint-Barthélemy. Sublime demeure sur les hauteurs de la baie de Marigot, la Villa Jade serait érigée plus tard, entre 2006 et 2008. « On a visité une bonne quarantaine de maisons et de terrains pendant plusieurs mois avant de trouver l'endroit idéal », raconte Daniel Angeli. Le couple Hallyday y séjourna chaque été, parfaite bouffée d'oxygène pour reprendre son souffle avant et/ou après une longue tournée. Sur sa terrasse, devant sa gigantesque piscine à débordement, le rocker solitaire pouvait admirer pendant des heures les milliers d'étoiles qui tapissaient le ciel immaculé.

En découvrant cette vue imprenable et inspirante, très exactement un an après sa mort, je me suis posé deux questions : à quel moment Johnny Hallyday avait-il décidé que Saint-Barthélemy serait son eldorado éternel ? Combien de fois y avait-il pensé en contemplant les astres ? Quoi qu'il en soit, cette idée était solidement ancrée dans son esprit, assez pour la véhiculer autour de lui. « Je faisais partie d'une petite équipe qui l'entourait lorsqu'il était à Saint-Barth', raconte David Blanchard, professeur de surf originaire de l'île. Il nous en avait parlé. Johnny nous avait dit : "Je suis tellement bien à Saint-Barth que si je meurs un jour, j'aimerais être enterré ici." On pensait que c'était impossible, qu'il n'allait pas le faire. Une personne aussi célèbre enterrée à Saint-Barth', c'était du jamais vu. C'est important que sa décision ait été respectée. Il a choisi ça pour la tranquillité. Ici, il se promenait dans la rue sans problème. » Bruno Magras, président de la collectivité de Saint-Barthélemy n'y avait pas cru non plus : « Deux ans avant sa mort, Johnny m'avait demandé de lui trouver une place au cimetière de Lorient.

– Je ne veux pas qu'on vienne m'emmerder au Père Lachaise !

« Je croyais à une boutade. »

Même s'il n'a pas encore pu se rendre sur l'île, le jeune Steven Castot se félicite de cette décision : « Johnny a toujours été "l'inaccessible étoile", avec un côté surréaliste. Pour être proche de lui, il faut continuer à accomplir un grand effort. Il a toujours fait voyager ses fans. En quelque sorte, Johnny continue à donner du rêve. Les gens vont à Saint-Barth' et vivent un truc. C'est dans la continuité. Cela lui va mieux que si on pouvait aller le voir en permanence à Paris. »

Christine Bodart, elle, était révoltée de cette décision… avant de poser un pied sur le sol de Saint-Barth'. « Je n'acceptais pas son choix de nous avoir privés de lui, et j'avais de la peine de le savoir seul. Là-bas, j'ai cherché à rencontrer tous ceux qui l'ont connu et j'ai compris. J'ai réalisé que sur cette île, il était le pote de tout le monde. Les gens aimaient l'homme et mettaient le chanteur de côté. Ils m'ont raconté qu'il aimait boire sa choppe de bière sur le port, ou faire ses courses au Super-U en short à fleurs. Ça m'a fait un bien fou. »

Johnny aimait tellement cette île… Pendant plus de dix ans, David Blanchard a vécu de nombreux moments d'intimité avec le couple Hallyday. Pendant que nous scrutons les prouesses de ses jeunes surfeurs, assis sur la terrasse de la cabane de surf multicolore de Lorient, il me confie ses souvenirs avec Johnny. Fils de l'ancien maire et issu d'une famille originaire de Saint-Barthélemy depuis plusieurs générations, il s'est donné une mission passionnante mais pas gagnée d'avance : faire découvrir aux stars le Saint-Barth' « local », loin du côté "bling-bling" généralement rattaché à l'image de l'île. Avec les Hallyday, cela a parfaitement fonctionné. « Je leur ai fait découvrir les piscines naturelles, les grottes. On a fait du snorkeling (*de la randonnée aquatique*) pour découvrir les poissons, les oursins, l'évolution du récif. Ça les a beaucoup intéressés. Ils ont vu la simplicité qu'on a à Saint-Barth'. À force de découvertes, ce n'étaient plus des clients, mais des amis. Chaque été, c'était un bonheur de les retrouver. On dînait souvent ensemble, Johnny était très friand de mes histoires, lorsque je racontais des anecdotes sur l'île que je tiens de mes grands-parents. » Alors qu'il n'a jamais vu Johnny Hallyday en concert, David Blanchard se souvient avoir été estomaqué par le charisme du personnage, dès leur première rencontre. « En tant que maître-nageur, j'avais été appelé pour apprendre à nager à une petite fille de 4 ans. Je ne connaissais pas le nom de la famille en question, j'avais seulement l'adresse. La maison était remplie d'invités, mais Johnny s'était approché de la piscine, alors que j'étais dans l'eau avec Jade, sa fille. »

– Tu écoutes bien le monsieur car il va bien t'apprendre à nager, ordonna le patriarche.

– Le monsieur s'appelle David. Enchanté ! osa le maître-nageur en guise de premier pas.

« J'avais été très impressionné. Un tel phénomène, une personne qui génère une aura importante. Je n'oublierai jamais ce premier contact. » Et pourtant, David Blanchard n'avait jamais vu l'oiseau triompher devant quatre-vingt mille personnes au Stade de France.

En vacances, Johnny menait une vie normale et s'intéressait à la progression de ses filles. « Le jour du deuxième cours, la maison était vide. Nous étions dans la piscine, sous un grain de pluie. Johnny et Læticia nous regardaient derrière la baie vitrée. Le lendemain, ils nous observaient du coin de l'œil. Tout à coup, Jade a traversé la piscine en nageant, et ils ont presque sauté dans l'eau de joie ! » Au fur et à mesure des moments partagés, le timide maître-nageur réussit à briser la glace. « Je respectais vraiment le bonhomme. Par sa voix, sa présence, ses yeux de loup, bleu perçants. Je n'osais pas trop aller vers lui. Dès que j'arrivais à la Villa Jade, j'essayais d'être discret. Et il m'appelait ! "David, viens !" Je passais un moment avec lui, il me remerciait de ce que je faisais pour les filles. C'était vraiment sympathique de sa part car il me reconnaissait à ma propre valeur. Il a compris pourquoi j'étais là. Pas pour me faire de l'argent, mais pour lui faire découvrir l'île, du fond du cœur. Derrière ce masque de Johnny Hallyday, c'était un homme accessible. Sa personnalité était comme un bouclier. En fait, une fois que tu le connais, tu traverses le bouclier comme tu veux. Wow ! Au départ, tu ne penses pas qu'une telle armure soit accessible ainsi. » David Blanchard a même donné quelques cours de perfectionnement de natation à Johnny lui-même, afin qu'il se sente plus à l'aise dans l'eau.

Alors que notre discussion prend fin et que je quitte à regret le superbe point de vue de la cabane multicolore, David m'apprend que Johnny venait régulièrement sur cette plage de Lorient, le repère des surfeurs de l'île. « Il avait été surpris de la capacité de Jade et Joy à savoir surfer au bout de deux ou trois cours. Il les observait au bord de l'eau et envisageait de monter un business sur la plage. »

Tous ceux qui ont déjà eu le privilège de se rendre à Saint-Barthélemy pourront imaginer la scène que je vais décrire. Lisez puis fermez les yeux… À la fin du cours de surf, lorsqu'il quittait la plage, Johnny empruntait un petit chemin qui tombait nez à nez sur… le cimetière de Lorient, où il repose aujourd'hui pour l'éternité. Johnny contournait ainsi les tombes et sa future demeure afin de se rendre au Jojo Burger, célèbre restaurant de burgers de Saint-Barthélemy. Encore un clin d'œil de cette île pour Johnny Hallyday, surnommé "Jojo" par ses vieux potes. À Saint-Barth', il y a aussi le Jojo Supermarché et Jojo Primeur. Assis à la table qui avait la meilleure vue sur le cimetière, le rocker-vacancier avait l'habitude de commander son double-cheeseburger, accompagné de vin et d'une bouteille de rhum qu'il aimait ramener chez lui. Souvent, son photographe Daniel Angeli l'accompagnait.

– Regarde, ton resto est encore plein, plaisantait Angeli.

– T'as vu comme le cimetière est beau ? Faudra qu'on achète deux places.

En déjeunant là-bas plusieurs fois, sous le cagnard des Caraïbes, je me suis interrogé : *combien de fois avait-il imaginé le scénario de sa mort en admirant le cimetière de Lorient ?* J'utilise volontairement le verbe "admirer" en repensant à cette phrase d'une enfant venue accompagner ses parents, en provenance de Paris : « C'est le premier cimetière que je trouve joli. » Tout à la fois blanc - le marbre – et coloré – les centaines de fleurs –, l'endroit est à l'image du minuscule caillou de Saint-Barth' (23 km^2) : à taille humaine, avec vue sur la mer. Lorsqu'on arrive pour la première fois, on est secoués par plusieurs émotions : l'endroit est d'une beauté tellement simple. Minuscule. Johnny Hallyday est-il vraiment là ? On marche sur le sable, et on arrive devant sa sépulture, qui n'est ni plus grande, ni plus visible que les autres. On en revient à la chanson *L'Eldorado*. Johnny veut « s'abriter du bruit des larmes ». Après plusieurs vies d'excès et de concerts hors du commun, la plus grande star française a choisi le calme et l'intimité. « Bizarrement, je me suis senti bien en découvrant l'endroit où il repose, confie Pauline Pasquier, qui doit chercher ses mots tant cette pensée lui semble contradictoire. La première fois, c'était un grand moment d'émotion. Je voulais voir comment c'était, où il était. La tombe est belle, tout est respectueux. En plus, il y a de la vie autour du cimetière, j'étais soulagée car Johnny n'aimait pas être seul. » La Nantaise s'est déjà rendue deux fois sur l'île de son idole. « Là-bas, c'est paradoxal. On est heureux même s'il n'est plus là. »

J'ai croisé Laurent Chauvel sur le port de Gustavia, alors qu'il venait de débarquer sur l'île de Johnny. Il appréhendait alors son premier regard sur la tombe de son modèle. « Les deux ou trois premières fois que je suis passé devant le cimetière, j'ai tourné la tête. Je ne voulais pas voir la tombe de façon impersonnelle. »

La sépulture du rocker est un concentré d'émotions fortes. De magnifiques créations fleuries représentent une moto, des guitares… En fleurs roses et blanches, on lit les quatre lettres L.O.V.E. déposées devant la croix, laquelle est entourée de nombreux colliers déposés par les fans. Sur le marbre, aucune inscription ne donne le nom du défunt, car la précision est inutile : plusieurs plaques funéraires sont déposées régulièrement par les admirateurs du rocker, avec une photo, un message, ou des extraits de chanson. « C'est ton souvenir, au plus fort de l'absence, qui me fait tenir. I'll be true to you » ; « Des fleurs et des dentelles, pour que tes nuits soient douces ». Autour du marbre s'amassent des centaines de galets sur lesquels les fans inscrivent leur prénom, leur ville, un souvenir (« merci de m'avoir offert ta chemise un soir de concert ») ou parfois des regrets (« j'aurais tant aimé te rencontrer »). Quelques mois avant le décès de Johnny, j'étais en road-trip dans l'Ouest américain, sur les traces du "biker" Hallyday. J'avais rapporté en France une petite poignée de sel de la Death Valley et une pierre rouge de Monument Valley, deux endroits chers à Johnny, qu'il évoque dans ses chansons *Johnny Rider* (1974) et *Monument Valley* (2006). Désormais, ces minéraux sont mélangés au sable de Lorient, reposant avec Johnny Hallyday. « Devant la tombe, je suis resté sans réaction, poursuit Laurent Chauvel. Comme un gros choc émotionnel. Je n'avais plus de souffle, je ressentais comme un malaise. J'essayais de faire le tri dans ma tête mais je n'avais plus aucun repère, c'était insensé. Tout est forcément à part avec lui, de A à Z. J'avais déjà visité la tombe d'Elvis à Memphis, et sans l'avoir connu, j'avais versé une larme, car c'était plus concret. Là, il planait un truc étrange. Je n'aurais pas été surpris de voir débarquer une moto, et que Johnny nous tape dans l'épaule en disant "Oh les gars, j'suis là". Même si c'était absurde. »

Bien que les visites restent en nombre restreint – distance, coût et complexité du voyage obligent – de nouveaux fans arrivent chaque jour, par groupe de deux ou trois, en avion ou en bateau. Instantanément de nouvelles fleurs, pierres et plaques sont déposées sur la tombe. Comme des offrandes… « Johnny, c'est mon dieu. Pourtant, je suis très chrétienne », affirme Nathalie Jaskulski. Malgré ces centaines de présents, la sépulture est toujours impeccable, ordonnée, nettoyée. On doit cela à Jean-Pierre Millot, éditeur à Saint-Barth' depuis plus de vingt ans, surnommé le "Gardien du temple silencieux". Silencieux, car il fuit les caméras et les micros, fidèle à l'adage bien connu sur l'île paradisiaque : « Pour vivre heureux, vivons cachés. » Gardien du temple, car il vient quotidiennement et bénévolement à la tombée de la nuit afin de mettre de l'ordre sur la tombe et allumer les bougies. Le lendemain matin, il revient pour essuyer les dégâts des nombreuses averses de pluie qui tombent souvent la nuit dans les Caraïbes. « J'avais promis à Johnny que je m'occuperais de sa tombe tous les jours. Et il savait que je tenais toujours mes promesses. » Lorsque Læticia n'est pas sur l'île, Jean-Pierre Millot lui envoie chaque soir une photo, afin qu'elle suive l'évolution et découvre les nouvelles attentions des fans. « Johnny m'avait confié : "Ce sont les *vrais* qui viendront me voir" », raconte parfois Jean-Pierre Millot, devenu une figure très respectée parmi les fans de l'Idole des jeunes, ravis de constater son investissement de tous les instants. Le "Gardien du temple silencieux" avait rencontré Johnny dans les années 70, et l'histoire aurait pu mal se terminer. Coiffeur débutant, il travaillait alors pour Jean-Claude Camus. Alors qu'il devait seulement s'occuper des choristes, il avait été appelé pour pallier la défection du coiffeur de… Johnny Hallyday ! Stressé, il avait manqué de brûler les cheveux du rocker, qui ne lui en tint pas rigueur.

Lorsque Læticia est à Saint-Barth', Jean-Pierre Millot l'aide à organiser de belles et émouvantes veillées. Presque chaque soir, Læticia, Jade et Joy, accompagnées d'amis et de fans – plus ou moins nombreux selon la période – se retrouvent en toute simplicité et avec beaucoup d'intimité pour écouter des chansons de Johnny, assis autour de la tombe. L'épouse du rocker gère la playlist, qui va des grands tubes (*Requiem pour un fou*, *Diego, libre dans sa tête*, *Quelque chose de Tennessee*…) aux pépites adorées des fans (*J'ai pleuré sur ma guitare*, *Que ma Harley repose en paix*) en passant par des chansons d'autres artistes, que Johnny aimait particulièrement, comme *Me and Bobby McGee*, version Janis Joplin. « Mon homme écoutait régulièrement cette chanson, me confie Lætitia pendant qu'elle la diffuse. Il avait ressorti les paroles, il voulait la rechanter. » La première et seule version de ce standard country par Johnny date de 1975, *L'histoire de Bobby McGee*, adaptée dans un rythme plus rapide par Michel Mallory dans l'album *La terre promise* enregistré à Nashville. *Always on my mind* d'Elvis Presley et *Hallelujah* de Jeff Buckley concluent généralement la veillée de Lorient, après les incontournables reprises d'Aznavour, Piaf et Brel : *Sur ma vie*, version Stade de France 1998, *L'Hymne à l'amour* (Bercy 1995) ou *Quand on n'a que l'amour* (Bruxelles 2016).

Le 5 décembre 2019, Jacky Letort était debout juste derrière Lætitia. En pensant à Christine et à Johnny, les regards de ces deux êtres écorchés se croisaient et en disaient long. Vingt ans après ses escapades tropéziennes à la poursuite de Johnny, Nathalie Jaskulski était là aussi, comme en 2018 et en 2020. Avant même d'avoir quitté Saint-Barth', son voyage de l'année suivante avec son compagnon Bruno était déjà réservé. « C'est un besoin. Il faut qu'on vienne chaque année.

C'est très dur de repartir, j'ai l'impression d'abandonner Johnny. » « Ça me réconforte de passer des soirées avec lui, confirme Bruno. Ensuite, je me sens mieux. » « La première veillée, c'était vraiment dur, se remémore Pauline Pasquier. C'était la première fois que je revoyais Lætitia et ses filles. J'étais assise à côté de Joy, dans l'intimité de la famille. C'était vraiment très émouvant d'écouter les chansons de Johnny, juste devant lui, auprès de sa femme et ses filles. Ça m'avait fait du bien. » Lors de sa première veillée, la Belge Christine Bodart suivit les conseils de Lætitia :

– Mettez votre main sur le marbre.

« J'ai senti qu'il était là. J'ai senti sa main sur la mienne. C'était magique, unique. »

Lors de mes cinq séjours à Saint-Barth', j'ai parfois passé des journées entières au cimetière de Lorient. Des 30 degrés à l'ombre à 8 heures du matin, au milieu d'après-midi intenable où la citronnade du Jojo Burger permet de se rafraîchir en voyant rentrer les surfeurs de la plage, j'ai vu passer bon nombre de fans de Johnny, de tous milieux, qui venaient passer une quinzaine, une semaine, ou seulement une journée auprès de leur idole. Certains, issus d'un milieu aisé, avaient l'habitude de passer des vacances au soleil. D'autres avaient mis toutes leurs priorités de côté dans le seul but de se recueillir sur la tombe de leur idole. Tout abandonner pour Johnny, une fois encore. Une dernière fois.

Le coût exorbitant du billet d'avion et des logements est insuffisant pour arrêter les plus fidèles hallydéens. L'imposant "budget Johnny" est désormais dévolu au voyage dans les Caraïbes. « Lors du *Rester Vivant Tour* avec Nathalie, on a assisté à 18 concerts, explique Bruno. Le prix des tickets de concert en double, le transport et les nuits d'hôtel... On ne peut plus faire tout ça, alors on vient à Saint-Barth'. » Et c'est ainsi que des centaines d'admirateurs inconditionnels ont réalisé leur plus grand périple, celui qu'il n'aurait jamais imaginé. « Ma mère a contracté un crédit afin de me payer le voyage, indique Sébastien Jounel. Elle avait compris l'importance de ce voyage pour moi. » Patrick Pennetier prévoit déjà d'y retourner. « Quand t'es là-bas, ça te remue les côtes, ça te secoue. » Il garde en mémoire des veillées entre potes, en décembre 2018, avec une bouteille de rhum qui tourne, et des chansons rares de Johnny Hallyday. Il s'était même lié d'amitié avec un autre fan, qu'il avait toujours détesté car il lui reprochait de resquiller pour atteindre le sacro-saint premier rang ! Certains ont profité d'une grande occasion : Thierry et Corinne Lemasson ont réservé leur voyage le jour de leurs 30 ans de mariage, et ont choisi la période du début du mois de décembre 2019. « Cela nous a permis de partager des moments avec d'autres fans, l'échange est important. On a suivi deux veillées complètes avec Læticia, et on passait au cimetière trois ou quatre fois par jour. » Jacques Fossé, lui, a déposé une plaque de la part des Desperados avant d'envoyer une photo de la sépulture à tous les membres du club de bikers fondé par Johnny. Même des stars internationales sont venues : Paul McCartney – accompagné de ses musiciens Brian Ray et Abraham Laboriel Jr – et Bono, le leader de U2.

D'autres n'ont pas encore franchi le pas, mais y pensent quotidiennement. « Y'a des jours, j'ai envie de tout plaquer et de prendre un avion dans la seconde, reconnaît Stéphane Bertin. À d'autres moments, ça me fait peur. Je sais que je dois y aller, j'en ai besoin. Cela risque d'être violent. » La peur de réaliser qu'il ne vit pas dans un cauchemar depuis le 6 décembre 2017. « Pour moi, il n'est pas décédé, a choisi de penser Bruno Baille. Je ne veux pas aller à Saint-Barth, je ne veux pas voir la tombe. Johnny est immortel. » Le Boulanger préfère rouler au volant de sa Dauphine, en Ardèche, et s'arrêter quelques minutes au cimetière de Viviers où repose Huguette Clerc, la maman de Jean-Philippe Smet. Comme un placebo…

Didier Duval, lui, a réalisé l'impossible. À 57 ans, cet homme handicapé vit dans un foyer, à Tours. Admirateur de Johnny depuis toujours, il l'a vu plusieurs fois en concert (Toulouse, Paris, Orléans…). Son éducatrice, voyant qu'il avait beaucoup d'argent sur son compte, l'a encouragé à en profiter, et lui a demandé quel était son rêve. « Je veux aller voir la tombe de

Johnny à Saint-Barth'. » Virginie Fissiaux, accompagnatrice de voyage, a emmené Didier dans son périple : « Didier n'avait jamais pris l'avion, c'était le voyage de sa vie. Sa valise était prête depuis deux mois, il a eu des pépites dans les yeux pendant tout le séjour. » Pendant une semaine, Didier s'est rendu au cimetière plusieurs fois par jours, appréciant particulièrement l'ambiance tamisée du soir : « Il y avait du vent mais j'ai réussi à allumer les bougies. Jean-Pierre m'a donné deux bougies. » Aidé par son accompagnatrice, Didier parvint également à trouver un point de vue pour admirer la *Villa Jade*, bien cachée dans les hauteurs de l'île. Dans son foyer, craignant de faire des jaloux, Didier avait répandu l'information qu'il partait en vacances à… La Rochelle ! « Il existe un véritable amour pour Johnny dans le foyer, explique Virginie Fissiaux. Le 6 décembre 2017, tous étaient en pleurs, des drapeaux étaient accrochés aux fenêtres. » Didier ayant acheté un nombre incalculable de souvenirs à l'effigie de Johnny et Saint-Barth', il n'a pas pu cacher bien longtemps son voyage à son retour…

À Saint-Barthélemy, il n'y a pas que le cimetière de Lorient. « J'ai l'impression que Johnny hante cette île », assure Julien Parent. « On le sent partout », confirme Nathalie Jaskulski. Première étape du pèlerinage : la *Villa Jade*, relativement difficile d'accès. Après s'être heurtés au grand portail blanc, certains vont même jusqu'à louer un bateau pour avoir le meilleur point de vue possible de la mer. D'autres ont eu la chance inouïe d'accéder à l'intérieur… Lors des dernières tournées de son mari, Lætícia Hallyday était très présente et se rapprochait énormément des fans. Malgré la barrière de la foule, des liens se sont tissés. À Saint-Barth', elle a ainsi reconnu de nombreux visages qui lui étaient très familiers. Fidèle parmi les fidèles, Pauline Pasquier a eu le privilège d'être invitée à déjeuner dans la maison de son idole, plus d'un an et demi après son décès. « Je sentais la présence et l'âme de Johnny partout dans la maison, j'avais toujours l'impression qu'il allait arriver. Face à cette magnifique piscine, je repensais à toutes les photos de Johnny en train de se baigner. Lætícia m'a montré où il se plaçait à table, et j'ai goûté aux *ribs*, le plat préféré de Johnny ! » Un immense cadeau que la jeune fille n'est pas près d'oublier. Laurent Chauvel, lui, a vécu une soirée de rêve très exactement un an après le pire souvenir de sa vie (la nuit du 5 au 6 décembre 2017). Après avoir assisté à la veillée-anniversaire du décès de Johnny, ce fan inconditionnel a été invité à la réception organisée à la Villa Jade, en présence des amis de la famille Hallyday. « Dans ma tête, je me suis dit qu'il fallait savourer chaque instant. En franchissant la porte, je me suis demandé si ce que je vivais était bien réel. Toute ma vie, je serai reconnaissant envers Lætícia. C'était le monde à l'envers, car ça lui faisait immensément plaisir que je sois là, que je découvre la maison de Johnny, ses habitudes. Lorsqu'elle m'a proposé de m'asseoir sur le canapé à la place que Johnny occupait toujours, je n'osais même pas. J'avais l'impression d'être au cœur de leur histoire, dans l'intimité. Ensuite, j'ai discuté avec ses amis, dont Pierre Rambaldi. Il m'a raconté ses vacances à Saint-Barth' avec Johnny. Ils aimaient se retrouver au Bar de l'Oubli, sur le port de Gustavia, pour déguster des *Chicken wings*. »

Une fois la maison visitée ou aperçue, le pèlerinage hallydéen-caribéen se poursuit dans les lieux chers au cœur du rocker. Un endroit incontournable : le *Ti Saint-Barth'*. Situé Pointe Milou (une vue à couper le souffle sur le large), tout près de la *Villa Jade*, ce restaurant cabaret était le repère principal des soirées festives du rocker, qui y emmenait tous ses amis. Témoin directe de cette belle époque, Carole Gruson, la propriétaire : « J'ai vu un Johnny heureux, qui souriait, s'amusait. Chez nous, il était détendu et normal. C'est comme si ce n'était pas Johnny Hallyday ! Il n'était pas très démonstratif, restait à sa table sans se mettre en avant. C'est assez incroyable car on avait peine à se rendre compte qu'il s'agissait de Johnny, le monument légendaire. On avait une relation d'humain à humain. »

Jusqu'au soir du 13 août 2015, quand Johnny eut des fourmis dans les cordes vocales, un soir de *showcase* de Manu Lanvin. « Johnny n'a pas pu s'empêcher d'aller taper le bœuf avec lui, raconte Carole Gruson, toujours émerveillée par le souvenir de ce show impromptu. Simplement et instinctivement, il s'est levé pour aller chanter avec Manu. Quel moment magique ! Johnny qui chante au milieu d'un restaurant ? Tout le monde avait l'impression de rêver. On a mis du temps à retomber sur terre. » Déchaîné autant qu'éméché, Hallyday chanta *That's all right (mama)*, le premier succès d'Elvis Presley. Furieusement rock and roll !

– Qu'est-ce que j'l'aime, ce mec-là ! s'extasia le rocker à la fin du morceau improvisé.

Deux ans plus tôt, il était déjà monté sur la scène du *St-Barth Family Festival* pour interpréter *La musique que j'aime* avec Manu Lanvin. Bouc et cheveux grisonnants, vêtu d'un t-shirt de ville, le rocker de 70 ans rayonnait de simplicité. Et quelle voix !

Depuis l'inoubliable nuit de *That's all right*, le *Ti* est entré dans la légende hallydéenne. À l'intérieur du restaurant-cabaret, une dizaine de photos témoignent de l'amour réciproque entre le rocker et le lieu branché de l'île. « Depuis son décès, les fans viennent au *Ti* comme ils iraient à Lourdes, raconte Carole Gruson. Je découvre chez eux une grande pudeur. C'est à peine s'ils osent entrer à l'intérieur. Ils regardent les photos, veulent s'imprégner du lieu où il a vécu tant d'émotions. Je n'avais jamais rencontré des gens qui aimaient autant quelqu'un. Un véritable amour, une grande dévotion. » Au cœur de leur voyage, les fans de Johnny peuvent ainsi déguster l'imposante côte de bœuf cuite au charbon de bois traditionnel dont la star raffolait.

Sans l'avoir forcément prémédité, Johnny Hallyday a aussi transformé la vie de plusieurs personnes à Saint-Barth'.

« Johnny a mis la lumière sur notre île, explique Carole Gruson, patronne du *Ti* depuis 1995. Avant qu'il n'arrive, les Français ne connaissaient pas Saint-Barthélemy. Les touristes étaient exclusivement des Américains, surtout des New-Yorkais. Quand j'allais à La Poste en France et que je demandais 'un envoi à Saint-Barth', je devais expliquer que c'était à côté de la Guadeloupe. » Après la construction de la *Villa Jade*, la famille Hallyday passait une partie de chaque été sur son petit caillou paradisiaque. Invitation d'amis stars, photos dans les magazines et sur les réseaux… Saint-Barth' devint ainsi l'un des endroits branchés du mois d'août. Une période autrefois plutôt calme sur l'île, les Américains ayant l'habitude de venir pour Thanksgiving, Noël et le Nouvel-an.

Fan de Johnny depuis son enfance, le Normand Paul Laboulais s'est carrément installé sur l'île de son idole en 2014. « La première fois que je suis allé à Saint-Barth', c'était pour Johnny, et je suis tombé amoureux de l'île. » Paul trouva un travail de cuisinier à l'Hôtel *Le Toiny*, et multiplia les extras dans des restaurants ou soirées privées… notamment au *Ti Saint-Barth'* ! « J'avais 23 piges et peu d'expérience, j'étais le petit nouveau sur l'île. Mais quand les Hallyday sont arrivés au *Ti*, Lætitia m'a embrassé et Johnny m'a salué. Mes collègues n'en revenaient pas. Personne ne pouvait s'imaginer que j'étais un petit con qui les suivait partout *(rires)*.

– Mais comment tu les connais ?

–…

– Bon, ce soir, on change nos plans. Laisse tomber le reste de la salle, tu vas t'occuper exclusivement de la table de Johnny.

Quand le rocker se leva pour aller chanter avec Manu Lanvin, Paul était aux premières loges. « Si quelqu'un était vraiment bouche bée dans ce restaurant, c'était moi ! Tout s'est arrêté le temps d'une chanson. J'étais cloué devant lui. Dans mon esprit, je ne travaillais plus au *Ti*. J'admirais Johnny, hyper à l'aise dans ce cadre familial et irréel. Cet été-là, je me suis souvent retrouvé dans la position de servir Johnny. »

Parfois dans la plus stricte intimité. À Gustavia, Paul fut engagé pour préparer un dîner chez une famille de locaux, en présence de Johnny, Læticia, Mamy Rock et les filles. « Cela m'impressionnait encore plus ! Pendant la préparation, j'étais tellement stressé que j'ai renversé et cassé un vase de très grande valeur. Forcément, la propriétaire était agacée. » L'arrivée des Hallyday apaisa la situation.

– Oh, Paul, c'est toi ? fit Læticia. Vous avez de la chance, c'est un garçon adorable.

Surprise, la propriétaire ne put qu'acquiescer, avant que Johnny ne présente à son tour le jeune serveur, qu'il identifiait parfaitement. Attrapant Paul par le cou, le rocker s'adressa à son hôte.

– Tu vois ce mec-là ? Il m'a suivi partout et a couché dehors pour me voir à plusieurs reprises. Alors t'as intérêt à bien le traiter !

Alors que Paul remplissait généreusement de rosé le verre de son idole, Johnny lui glissa un conseil :

– Tu vois, la prochaine fois, tu sers jusqu'au milieu, pas plus. C'est mieux.

Lors des étés suivants, Paul fut toujours invité à la *Villa Jade* pour les anniversaires des filles de Johnny.

Il fut aussi le seul fan présent lors de l'enterrement du rocker au cimetière de Lorient. « J'aimerais que tu sois là avec nous », lui avait écrit Læticia en atterrissant à Saint-Jean. « J'ai été très touché d'accompagner Johnny jusqu'au bout », confie Paul qui venait de surcroît de vivre un grand nombre d'émotions contraires. Apprenant le décès de son idole, il avait acheté à prix d'or un billet d'avion pour se rendre à la Madeleine mais était resté bloqué en Guadeloupe. « J'étais en pleurs dans l'aéroport car je savais que je n'aurais pas le temps d'arriver à Paris pour la cérémonie, et puis j'ai appris qu'il avait choisi Saint-Barth' comme ultime demeure. J'ai vu ça comme un signe du destin. »

Au mois d'août 2017, le Normand avait vu son idole pour la dernière fois au *Ti Saint-Barth'*, quelques mois après être rentré en métropole pour assister aux *Vieilles Canailles*. « Je n'étais pas allé le saluer, pour ne pas le déranger. Je me suis contenté de le regarder quelques minutes. Je regrette un peu de n'avoir pas osé lui parler ce jour-là, pour la dernière fois. On aurait tous aimé prendre Johnny dans nos bras et l'embrasser. »

Aujourd'hui, Paul Laboulais vit toujours à Saint-Barth' et peut même apercevoir le cimetière de Lorient de sa terrasse. Il en est l'un des visiteurs les plus réguliers, souvent dans l'ombre et la discrétion. « J'aime les moments intimes avec lui, tard le soir en sortant du travail. Je m'assois sur le sable en fumant ma clope et je lui raconte mes malheurs. Si je m'engueule avec mes amis, ils savent toujours où me trouver. Johnny est un vrai soutien. »

Situé sur le port face au *Select*, le *Bar de l'Oubli* était aussi l'un des établissements appréciés du rocker. Johnny y emmenait ses amis, à commencer par Antoine Duléry et son épouse. Après avoir écumé les boutiques de Gustavia, le rocker proposa au couple Duléry de s'arrêter boire un verre.

– Ok mais pour une fois, nous t'invitons, prévint l'acteur.

– Non non, c'est moi qui invite, répondit Johnny.

– Arrête, tu me fais ch..., je peux bien te payer un verre de rhum ?!

– Non !

– On est deux contre toi ! osa Madame Duléry.

– Ouais mais moi, je suis Johnny Hallyday, s'envola le rocker dans un éclat de rire.

Depuis 2017, stars et anonymes se pressent aussi au *Pasha*, boutique chic de prêt-à-porter installée à Gustavia. Et c'est encore Johnny qui en est à l'origine… Le gérant, Olivier Genet, raconte : « Un jour de l'été 2017, j'ai vu arriver Johnny et Læticia devant la boutique. Il a demandé à essayer les maillots de bain, et a acheté tous ceux qui étaient disponibles sur le portant ! Dans la foulée, ils ont choisi chacun une casquette « SBH ». J'étais un peu impressionné par sa grosse personnalité, j'en ai oublié de lui faire signer son ticket de carte bancaire ! » Quelques jours après, Johnny postait sur son compte Instagram une photo avec sa casquette noire brodée bleu. Un mois plus tard, l'ouragan Irma – cyclone le plus dévastateur de l'histoire des Antilles – ravageait Saint-Barth', alors que Johnny était déjà de retour en France pour suivre son traitement. Conséquence du cyclone, *Pasha* dut déménager dans une boutique dans les hauteurs de l'île, à Lurin, et les premiers mois furent éprouvants financièrement. Les hôtels étant détruits, les touristes ne venaient plus. Mais les fans de Johnny avaient repéré la fameuse casquette « SBH », dont les ventes quadruplèrent après le décès de la star. Déclinée en plusieurs couleurs, la casquette reste aujourd'hui le produit phare de la boutique. « Le fait que Johnny ait porté cette casquette nous a sauvés financièrement », souffle Olivier Genet, qui avoue avoir parfois été attendri par des fans désemparés : « J'ai fait un prix à certains qui n'avaient pas du tout le budget pour cette casquette *(elle vaut 75€)*, car j'ai compris qu'ils la désiraient vraiment. » « Les commerçants sont très accueillants, se réjouit Julien Parent. On comprend instantanément pourquoi Johnny a choisi Saint-Barth'. Il faut venir le voir pour le croire. Je n'imagine pas de meilleur endroit au monde pour être tranquille. »

Alors que nous discutons sur la plage des Flamands – tout près de l'endroit où Johnny était venu rendre visite à Gilbert Bécaud avec Joe Dassin – Julien me raconte avec émotion ses soirées au cimetière de Lorient : « J'y passe vers 23 heures, tout seul, au calme, face à la mer, sous les étoiles... » Evidemment, Julien repense à ce fameux *selfie* déclenché par Johnny Hallyday *himself* en plein concert, le 22 mars 2016 à Rouen. Les moments passés près de Johnny le soir, à Lorient, sont tout à fait propices à ce genre de recueillement, pour se remémorer les plus beaux souvenirs en commun. Les admirateurs de l'Idole échangent, rires ou larmes à l'appui. « Tu te souviens de ce concert sous le chapiteau dans les années 70 ? » « J'ai vu Johnny quarante-cinq fois en concert », croit pouvoir impressionner un fan, qui trouve toujours plus fou et plus assidu que lui. En fin de compte, peu importe le nombre de concerts, de voyages ou de photos avec la star. Face à la sépulture de Johnny après un tel périple, chacun ressent et exprime un même amour inconditionnel pour Johnny Hallyday. Cette dévotion qui a impressionné Carole Gruson lorsqu'elle a vu débarquer les fans de Johnny dans son cabaret de luxe. Cette fidélité qui éberlue tous ceux qui découvrent ce que signifie « être un fan de Johnny ». Anonyme du cent-cinquantième rang du Stade de France ou star planétaire à la tête du groupe U2, les deux ont fredonné une chanson de Johnny sur sa tombe, dans le simple but de rendre hommage à cet homme qu'ils aimaient intensément. De près ou de loin. Ce livre est aussi le témoin de ces histoires incroyables. Avant de mettre ce récit sur papier, j'y ai souvent songé, assis sur le sable de Lorient. La chaleur des bougies, le scintillement des étoiles. Chaque soir, je ne pouvais m'empêcher de lever les yeux et vérifier. Vérifier quoi ? Cette étoile qui brille systématiquement plus fort, plus puissante que les autres. Cela paraît invraisemblable, mais ce roman de la vie de Johnny Hallyday est truffé d'extravagance, de rocambolesque et d'abracadabrantesque. Et pourtant, tout est vrai. Tout est sincère. Un amour authentique. Inconditionnel. Et cet astre qui brille plus que les autres dans le ciel, c'est grâce aux yeux de Julien, Jacky, Pauline, Nathalie, David, Laurine, Thierry, Sandrine, Mathieu, Robin, Nono, et tous ces milliers d'autres. Car depuis leur véritable naissance – le jour où ils ont vu Johnny Hallyday pour la première fois – tous ces gens ont vécu un rêve éveillé, et leur vie normale est devenue extraordinaire, *stricto sensu*. Au cours de mes entretiens, combien de fois ai-je entendu cette phrase : « Tous ces moments merveilleux, on ne pourra jamais les revivre. C'est terminé. On ne retrouvera pas ce bonheur. » Cette terrifiante sensation de comprendre que pour certains fans désœuvrés, c'est plus qu'une partie de leur vie qui s'est arrêtée en même temps que celle de leur idole. Mais s'ils oublient parfois de vivre leur vie d'après, les fans de Johnny poursuivent le culte qui fait renaître chaque jour un peu plus la plus grande star française. Les chansons, les concerts, les films, les photos, les statues, les festivals, les voyages, les mariages entre fans, les « bébés Hallyday »... Johnny a modifié la vie de dizaines de milliers de gens sans forcément s'en rendre compte. Il savait pourtant ce que ces gens avaient fait pour lui : « C'est vous et seulement vous qui avez fait Johnny Hallyday. Nom d'un chien, vous êtes un public en or ! » Je n'oublierai jamais ses mots... Encore aujourd'hui, et pour longtemps, des yeux brillent chaque milliseconde pour le chanteur aux 1 000 vies, et se reflètent dans cette sensationnelle étoile. Cette étoile dans leurs yeux, dans nos yeux, c'est Johnny Hallyday.

REMERCIEMENTS

Merci à Johnny Hallyday pour ces dix années de bonheur. Merci pour les émotions, les tournées, les chansons. Durant cette année d'écriture, j'ai eu la sensation de vivre chaque jour auprès de vous. Signer ce livre est une fierté et un honneur, parce qu'il raconte votre histoire, votre légende.

Merci à Lætícia. Je n'oublierai jamais ta gentillesse et ton immense générosité.

Merci à tous mes personnages – musiciens, auteurs-compositeurs, techniciens, staff, fans, réalisateurs, acteurs… Collecter puis retranscrire vos souvenirs fut un travail captivant.

Merci à toutes les personnalités – de Marc Lévy à Jean-Pierre Raffarin – pour ces entretiens passionnants à propos de notre étoile commune.

Merci à Océane, ma fiancée et directrice artistique, qui a suivi avec passion et assiduité – chapitre après chapitre – la construction de ce livre.

Merci à Emmanuel, mon éditeur, qui a cru en moi et en la puissance du public hallydéen.

Merci à Robin Le Mesurier et Pauline Pasquier, qui m'ont permis de rencontrer mon éditeur.

Merci à la Team Hallyday qui m'a accompagné sur les routes.

Merci à Laure, Olga et toute l'équipe de Talent Editions.

Merci à Jean-François Chenut, mon Maître hallydéen, pour sa science, sa passion et ses encouragements.

Merci à mes parents et ma famille, qui ont écouté des milliers de chansons de Johnny Hallyday sans l'avoir choisi.

Merci à Joey Gréco, pour cette soirée exceptionnelle dans la cuisine de Bobbie Clarke.

CRÉDITS PHOTOGRAPHIQUES DU LIVRET PHOTOS :

Page 3 :
Photo 1 : © Thibaut Geffrotin
Photo 2 : © Fabrice Thoumire

Page 5 :
Photos : © David Hocq

Page 6 :
Photo 2 : © Fabrice Thoumire

Page 7 :
Photo 2 : © Patrick Robert
Photo 3 : © David Hocq

Page 8 :
Photo 3 : © David Hocq

Page 9 :
Photo 1 : © Ezra Petronio

Page 10 :
Photo 1 : © David Hocq
Photo 2 : © Matthieu Bitton
Photo 3 : collection privée Manou Roblin

Page 12 :
© Xavier Merchet-Thau

Page 13 :
Photo 1 : © Christophe Guibbaud AbacaPress
Photo 4 : © Thibaut Geffrotin

Page 14 :
Photos 1 et 2 : © Johnny Bednarz

Page 16 :
© David Hocq

Également paru chez Talent Éditions

Imprimé en France par CPI
en octobre 2020
N° d'impression : 160169
Dépôt légal : octobre 2020

Talent Éditions est engagé dans le développement durable afin de limiter l'empreinte carbone de la fabrication de ses livres. Soucieux de l'impact environnemental de notre métier, nos ouvrages sont imprimés en France sur du papier certifié issu de plantations gérées de manière éco-responsable. Les livres non-commercialisables sont recyclés et réutilisés pour la fabrication d'autres produits cartonnés.